侯杰 主编

民国中國文化史要籍汇刊

（影印本）

近代稀见旧版文献再造丛书

第五卷 下

陈登原 中国文化史（下）

南開大學出版社

陳登原編著

下冊

中國文化史

世界書局印行

陳登原編著

中國文化史

下

世界書局印行

下册目录

卷三 近古卷

第一章 近古文化概説……一
一 本系文化之延長……一
二 近古文化之特徵……五
第二章 近古文化史中之陰霾……一〇
三 婦女地位之降落……一〇
四 臣子地位之低落……一六
五 平民地位之低落……二〇
六 民族地位之降低……二四
第三章 抗衡黑暗之文治……二九
七 印刷術……二九
八 盃酒釋兵權……三四
第四章 寧靜與掙扎……三九
九 書院制度……三九
一〇 官學與選舉……四三
一一 道學……四八

一二　神宗熙寧前之時世……五三
一三　熙寧更法……五七
一四　自元祐至崇寧……六三
第五章　新外族之陶冶……六七
一五　西夏與遼之開發……六七
一六　宋金文物關係……七二
第六章　舊民族文明述……七六
一七　宋代詩文……七六
一八　經學語錄及小說……八一
一九　宋詞概說……八六
二〇　北宋人學藝……九一
二一　宋藝術……九六
第七章　南宋文明史……一〇一
二二　南方開明與湖山沉醉……一〇一
二三　文學方向之轉變……一〇五
二四　理學方向之轉變……一一一
二五　南宋文明之病徵……一一六
第八章　異族入主與新文明……一二一
二六　元人之承襲與掀動……一二一

二七　元人海運……一二六
二八　北部文物之維護……一三〇
二九　元人學藝……一三四
第九章　明朝成立以後……一三九
三〇　專斷政治之更進一層……一三九
三一　民生困苦之更進一層……一四四
三二　理學之波折與萎沉……一四八
三三　奴婢與婦女之沉淪……一五二
第十章　明人文物……一五六
三四　書院制度之延長……一五六
三五　詩文社之勃興……一六〇
三六　明代詩文……一六四
三七　八股文與雜體文學……一六九
三八　公私之收藏……一七三
三九　明代技藝論叢……一七八
卷四　近世卷
第一章　近世文化概說……一八五
一　本系文化之延長……一八五

二　近世文化之特色……一八九
第二章　西教與西學之萌芽……一九四
三　初期來華之基督教……一九四
四　初期基督教徒之風度……一九九
五　西教士之學術的表演……二〇三
六　國人之迎拒……二〇九
第三章　屠殺與玩弄……二一五
七　滿漢歧異……二一五
八　文字獄之慘闇……二二〇
九　考試與特舉……二二四
一〇　四庫全書……二二九
第四章　清學術之轉換方面……二三七
一一　藏書與校勘……二三七
一二　清學述概（上）……二四一
一三　清學述概（下）……二四六
一四　清代文藝雜事……二五一
第五章　清政局之轉換方面……二五六
一五　吏治之刷新與腐敗……二五六
一六　國力之消長及邊疆經營之欠缺……二六〇

一七　滿漢同化問題……二六五
第六章　由海洋來之波浪……二六九
一八　由禁海至開海……二六九
一九　西洋技藝之認識……二七四
二〇　民族創痛之開始……二七八
二一　對外態度之轉變……二八三
二二　堅甲利兵政策之來因去果……二八八
第七章　國家財計之變革……二九二
二三　賦稅制度之因革……二九二
二四　社會經濟之病態……二九六
二五　農商業之凋敝……三〇〇
第八章　追求西洋文明之徬徨……三〇五
二六　機械之仿造與採用……三〇五
二七　西洋政術之探討……三〇九
二八　國人視聽之更易……三一四
第九章　中國之演變……三一八
二九　新政治之建設……三一八
三〇　新經濟之建設……三二二
三一　新婦女之建設……三二七

第十章 中國之文藝復興……………………………………三三一
三二 新文學運動……………………………………三三一
三三 新文字與新語言……………………………………三三五
三四 新教育之演進……………………………………三三九
三五 科學運動與國故整理……………………………………三四三
三六 最近中國之進步……………………………………三四九

第一章　近古文化概説

一　本系文化之延長

言中古文化時，曾指以爲上古文化之延長。延長云云，於近古文化史亦可徵信云。所謂近古者，蓋指宋以訖明季。（非明之亡）然其間，固雅有中世之流風遺沫云。列舉於下。

以政治言之。中古史中固有君主專斷之傾向，而近古效而尤之。然亦有非限君主之論調，而近古亦仍而存之。以前者言，則李心傳建炎以來朝野雜記（甲集卷十）云：『丞相秦官也，自漢末改爲大司徒，歷代不能正。國初循唐制，以王公至列曹同平章事爲宰相。……神宗新官制，以三省置侍中，中書尚書二令，虛而不除。……以尚書左右僕射，兼門下中書侍郎爲兩相。然中書揆而議之，門下審爲復之，尚書承而行之，則是首相不復與朝廷議事矣。』以後者言，相之名位雖低，而仍中古之遺，相權蓋仍隆。顧氏日知錄，引漢唐封駁之制，謂爾時大臣，可以封還詔書。以爲『人臣執法之正，人主聽言之明，可以並見。五代廢弛，宋太宗淳化四年，始復給事中封駁。而司馬池猶謂門下雖有封駁之名，而詔書一切自中書以下，非所以防過舉也。』日知錄九封駁條 考諸宋史，太祖欲官符彥卿，而趙普懷「宣」不行。宋史石守信傳 哲宗時王岩叟以天子任『命不由門下省出，岩叟請對言之益切。』宋三四二王傳 ——則君權之稍有限制，殆亦中古之遺。

上皆由事實方面立論，其在言論上亦然。以君權之漸大言之，中古史中王導不肯與元帝並坐，以爲太陽下同萬物，蒼生何由仰照。晉六十五王導傳 考唐書八十八劉文靜傳，亦有此語。其在近古史中之宋，則王曾筆錄云：『舊制，宰相早朝上殿，命坐，有軍國大事則議之。常從容賜茶而退。……自唐室歷五代，不改其制，抑古所謂坐而論道歟。國初，范質王溥在相位，上雖傾心眷倚，而質等自以前朝舊相，且憚上英俊，具劄子面取進止，退各疏所得聖旨，臣等同署字以識之。如此則盡稟承之方，免口誤之失。帝從之，自此奏御寖多，或至旰昃，啜茶之禮尋廢，固勿暇於坐論矣。』頁七至八學津討原本 ——此與王導劉文靜之說，同爲小儒拘拘者矣。以君權之尚小言之，中古史人君呼人臣，時或用「君」用「公」。漢周亞夫傳唐八十八裴寂傳 而宋祖與慕容延釗，固猶相「爾汝」。宋二五一釗傳 中古史中，段灼告武帝：天下者，非一人之天下。晉四八灼傳 宋王應麟困學紀聞卷十六 亦不忘情於『以一人治天下，不以天下奉一人。』史事雖紛賾，然有聯係如斯。

以經濟社會言之，近古史上之大事，有地主之縱恣，及女權之低落。關於後者，近古之宋儒，好言餓死事小，失節事大。朱子文集二十六與陳師中書 而隋高帝時，已『以風俗淩遲，婦人無節，於是立格，……九品妻毋得再醮！』隋七十五劉炫傳 是先乎宋儒而早有輕女者。關於前者，吾書曾引陸贄言及王酒胡事。王酒胡見玉泉子頁三十三稗海本俱見中古四四節 考洪容齋三筆卷十六多赦長惡條云：『婺州富人盧助教，以刻核起家。因至田僕之居，爲僕父子四人所執，投置杵臼內，搗碎其軀爲肉泥。既鞫治成獄，而遇己酉赦恩獲免。至復登盧氏之門，憤笑侮之曰：「助教何不下莊收穀？」』是後。乎。唐世，而益。有。恃。富。欺。貧，以招。急。免。之。反。噬。者。

明史（一六五）丁瑄傳載，正統間，漳泉以農民不肯向田主餽粟，而至有鄧茂七之亂，固亦此類。——此屬於經濟方面。

又如社會習俗，宋俞成螢雪叢說（說郛六十九引）云：『據胡牀，畜蕃狗，舞柘枝，動蠻樂，皆士大夫之所不可為；而為之者，無乃循習已久，而恬不知怪乎？』俞氏歎此為以用夏變夷。考胡牀之用，漢末三國，蓋已有之（語詳十七史商權二十四箕踞條）；而番樂之用，亦非近古始然，語在中古文化史（第二節）所引王建涼州行。

至。如。以。思。想。言。之，近古史中，非曰宋儒之學耶。然亦兩晉清談之餘耳。錢大昕十駕齋養新錄（卷十八清談）云：『魏晉人言老莊，清談也；宋明人言心性，亦清談也。孔子曰：吾道一以貫之，忠恕而已矣；故曰道不遠人。後之言道者，以孝弟忠信為淺近，而騁心於空虛窈遠之地，與晉人清談奚以異哉？顧寧人云：昔之清談，談老莊，今之清談，談孔孟。』豈以人之性不甚相遠，故其跡相類耶？

即如宋儒語錄，蓋亦中世之遺。養新錄又言：『佛書初入中國，曰經、曰律、曰論，無所謂語錄也。達摩西來，自稱教外別傳，直指心印。數傳以後，其徒日衆，而語錄興焉。支離俚鄙之言，奉為鴻寶；並佛所說之經典，亦束之高閣矣。釋之語錄始於唐，儒之語錄始於宋。儒其行而釋其言，非所以垂教也。語錄行而儒學有鄙倍之言矣，語錄行而有有言而不必有德者矣！』意同。

以文。藝。言之，近古之受於中古之沾溉者，亦不少焉。近人黜稱宋詞，而莫是龍筆塵（奇晉齋叢書本一頁）云『寒鴉飛數點，流水繞孤村，斜陽欲落處，一望暗消魂。此隋煬帝野望詩也，何異唐人五言絕句體？而秦少游，改作小詞。』近人盛治元劇，而揆之於古，史記滑稽傳，已有優孟衣冠，能爲孫叔之形，以感楚王。西京雜記卷三又載黃公治虎之戲。至唐則有蘭陵王、踏搖娘諸作，見於舊唐書。音樂志又有參軍戲，趙璘因話錄卷一云：『肅宗宴於宮中，女優有弄假官戲，其綠衣秉簡者，謂之參軍。』范攄雲溪友議卷九云：『優伶周季南，善弄陸參軍，歌聲徹雲。』降至於元，則陶宗儀言：『副淨，古謂之參軍』矣。輟耕錄二十五胡少室云：『世所盛行宋元詞曲，咸以昉於唐末，然實陳隋始之。蓋齊梁月露之體，矜華角麗，固已造端。至陳隋二主，並富才情；俱湎聲色，所爲長短歌行，率宋人詞中語也。煬之春江、玉樹諸篇，尤近至望江南諸闋，唐宋元人，沿襲至今，詞曲濫觴，實始此際。』又云：『優伶戲文，自優孟抵掌孫叔，實始濫觴，漢官者傳，脂粉侍中，亦後世裝旦之漸也。魏陳思傳粉墨堆髻，胡舞誦俳優小說，雖假以逞其豪俊爽邁之氣，然當時優家者流，裝束固可槩見，而後世所爲副淨等色，有自來矣。』同見少室山房筆叢四十一卷——可知戲詞之受沾溉者，亦豈特參軍、隋詞一二節而已哉。

參軍之名，既起於唐，而宋時仍之。岳珂桯史云：『秦檜賜第望仙橋，賜銀絹萬匹兩……有詔，就第賜宴。中席，優長誦致語，退，有「參軍」者，前褒檜之功德。一伶以荷葉交椅從之。參軍方拱揖謝，忽墮其幞頭，見髻後有二大巾環爲飾。伶指而問曰：「此何環？」曰：「二聖環。」伶遽取仆擊參軍之首曰：「爾但坐太師交椅，清取銀絹例物，此環掉腦後可也？」一坐失色，檜怒，明日下伶於獄。』桯史卷七此其徵焉。即以科學論之，亦可證前此之所有，近古仍受其餘。中古史中，稱祖沖之千里船，中古二十八節然宋史岳飛傳、虞允文傳，陸游老學庵筆記卷一、李心傳建炎以來繫年要錄，卷五十九吳自牧夢粱錄卷十二仍記其事。說詳拙作祖沖之傳後人文五卷七期又稱記里鼓車，（中古史二一節）然宋史（二九八）燕肅傳，仍稱『嘗造指南記里鼓二車，及攲器以獻。』則制於中古者，未絕跡焉。近古史中，印刷爲大事矣，印刷分拓墨雕版二事，考石經之起，遠推自漢。困學紀聞（卷八）謂：『石經有七，漢熹平則蔡邕，（出范書邕傳）魏正始則邯鄲淳，（出魏書江式傳）晉裴頠，（出晉書頠傳）唐開成中唐元度，（出舊唐文宗紀）後蜀孫逢吉等，（出范成大石經始末記）本朝嘉祐中，楊南仲等，（出宋史藝文志）中興，高廟御書。（出玉海四十三）』則拓墨之法，中古已有，而雕版亦未嘗不如斯焉。

案和凝雕板，已見五代史記（五十六）王修版本述云：『鏤板刻書，意在流傳；然經書史籍，初無版行。而歷日字書，通俗淺陋之書，需之者衆，故先有雕板。佛經以誦諷供養者衆，故亦先有雕板。日本寶龜元年，有陀羅尼經之刻，在代宗大歷五年，可旁證也。大歷四年，元白刊刻詩文，固無實證。以時考之，未爲背謬。唐時雕印之書，咸通以前，已稱極盛。燉煌千佛洞有咸通九年，王玠所刻金剛經，今存英倫博物院。每半葉六行，行二十字，實爲宋元高麗明刻佛經之先河。』（浙江圖書館館刊三卷三期）則中古期中，唐人刻書，固信而可徵者已。

二　近古文化之特徵

然近古文化，豈無以異於中古乎？則又不然。列舉其大，蓋有五端：

其一，則國力之衰微與強大，雜沓而至也。此蓋於宋元而徵之！

宋自太祖接五代亂離，太宗曾北伐契丹，『自燕京城下軍潰，北人追之，僅得脫。凡行在服御寶器，盡爲所奪。從人宮嬪，盡陷沒。股上中兩箭，歲歲必發。其棄天下，竟以箭瘡發云。蓋北人乃不共戴天之仇，反捐金繒數十萬以事之爲叔父。』（王銍默記頁二十二）可知宋初已屈辱矣。以後二百年間，對北人常輸歲幣。（廿二史劄記卷二六歲幣條）具見其低首伈伈。趙翼云：

『宋之爲國，始終以和議而存，不和議而亡。蓋其兵力本弱，而所值遼金元三朝，皆當勃興之運，天之所興，固非人力可爭。』（劄記二十六和議條）葉適亦喟然而曰：『天下之弱勢，歷數古人之爲國，無甚於本朝者。』（水心集卷五紀綱十一）蓋高宗南渡，匡山舟覆，初乃必然者也。

邵伯溫聞見前錄（卷十九）云：『康節先公嘗言祖宗立天下之士，非前朝可比。內無大臣跋扈，外無藩鎮專橫，獨夷狄爲可慮。故有十六國詩云：「普天之下號寰區。大禹曾經治水餘。衣到敝時多蟣虱，瓜當爛處足蟲蛀。龍章本不資狂寇，象魏何曾薦亂胡？尼父有言堪味取，當時欠一管夷吾。」』北宋弱勢可想，況南宋乎？

但宋亡，元繼，國力則又勃然。曩曾謂唐討日本，只劉仁軌一勝。（中古卷三十六節）然元人之攻日也，『辛巳六月半，元賊由四明下海，大船七千隻，至七月半，抵倭口白骨山，築土城，駐兵對壘。晦日，大風雨作，雹大如拳。船爲大浪掀翻，韃軍半沒於水。海船僅回四百餘隻，二十萬人在白骨山上，無船渡歸，爲倭人盡剿，山上素無人居，惟多巨蛇。相傳唐東征將士，咸隕命此山。故曰白骨山，又曰骷髏山。元賊又道自高麗往攻倭，敗尤甚。其酋既歸，幾遭虜主所殺。並罰賠金銀鈔物，咸窘且怨，虜主又謀舉攻之。躭羅國航倭甚近，韃已奔據其國，運餉調兵於彼，爲餉衆窺倭之地。』（鄭思肖心史卷上頁六十七）聲勢煊赫，亦可謂雖敗猶榮。豈止於今日書之，而足以資吾民之感喟哉？

其二，則南方之開發，與北方之啓發，仍相並而至也。以北方言之，遼金元三代，決非中古史中五胡之比。遼太祖則用韓延徽，『營都室，建宮殿，正君臣，定名分，法度井井。』（遼七十四延徽傳）金滅遼而興，則宋人且稱之曰：『今金源之植根既久。不可以一舉而滅。』（宋四三六陳亮傳）其在於元，忽必烈亦用邪律楚材『定賦稅，草儀制，禁屠殺，進圖書，』時人比以爲治天下匠。（見陶九成輟耕錄卷二元史一四五）則北方三大族，更迭開化，此固前世所無者也。其在南方，亦以康王南渡，世家從行，故南方益以華奐。陳亮語孝宗『今卿將相，大抵多江淮閩蜀之人。』宋史（四〇六）崔與之傳論云：『唐張九齡姜公輔，宋余靖，皆出於嶺嶠之南。而為名世公卿。造物者，曷嘗擇地而生賢？』羅大經曰：『巴邛閩嶠，夙稱荒陋。而漢唐以來，漸產人材。至本朝益盛，古稱山西出將，山東出相，又曰汝潁多奇士，燕趙多佳人，其說拘矣。』（鶴林玉露卷四）南方之日繁榮，此詩人所以有直把杭州作汴州之歎，而金主亮所為起駐馬吳山之羨者也。

田汝成西湖游覽志餘（卷二）云：『紹興淳熙之間，頗稱康裕。君相耽逸，縱樂湖山，無復新亭之淚。有林升者，題一絕旅邸云：「山外青山樓外樓，西湖歌管幾時休。暖風熏得游人醉，直把杭州作汴州。」此南人自道其盛也。中興禦侮錄（卷上頁二〇學雅堂本）云：『亮一日登揚州望江亭，指顧江山之勝，謂其下曰：朕不入浙，誓不反國。因改其亭曰不歸亭。賦詩於壁曰：萬國車書久混同，江南何倘隔華封，提兵百萬西湖上，駐馬吳山第一峯。』心史（卷下頁七七）云：『北地稱真定府最為繁華富庶。有南人北遊，歸而言曰：曾不及吳城十分之一二。他州城郭，更荒涼不足取。宜乎北人來南，遇有所見，率私懽喜嗟訝！』——此可以見宋元時代之南方矣。

其三，則中古時期所產生之思潮，至近古則混合為一也。

考中古思潮，首推儒釋道，然隋書李士謙傳有日月五星之別。唐咸通中，優人李可及，亦戲為三教論衡。（詳知不足齋本唐缺史卷下）是三教者，蓋尚鼎立。其在於宋，則三者混合為一，以為宋明理學之胚。程明道『出入於老釋者數十年。』（宋元學案卷十三）朱熹則辛棄疾弔之曰：『案上數編書，非莊即老；會說妄言，始知道。萬句千言，不能自忘堪笑。今朝梅雨霽，青天好。』（稼軒樂府卷七（四印齋本）讀莊子聞朱晦庵即世）——蓋宋元明經學，實已集三教之大成。胡應麟曰：『宋初，邢昺等尚多以注疏傳。至洛閩談理，而經學迥別前代矣。』（筆叢卷三十八）姚際恒云：『周程張朱，皆出於禪。……程朱之學不息，孔孟之道不著。』（四庫提要一百二十九）——宋儒理學之功，且莫證，然亦以見宋明人之言經，有以異夫漢唐人之說經，而更有異於淸人之說經焉。——此亦文化史中一大事云。

近古學者損耗精力於道學，較之宋之削弱，其害尤烈。例如太極無極之辨，實不過儒學之張冠李戴。朱彝尊太極圖授受考云：『自漢以來，諸儒言易，莫有及太極圖者。……惟道家者流，著太極三五之說，唐開元中，明皇爲制敍，而東蜀孟琪注玉淸無極洞仙經，衍有「無極」「太極」諸圖。按陳子昂感遇詩云：太極生天地，三元更廢興。……陳摶居華山，曾以無極圖刊諸石，爲圜者四，位五行其中。……乃方士修煉之術爾。相傳摶受之吳嵓，嵓受之鍾離權，權得其說於伯陽，伯陽聞其說於河上公，未嘗僞爲千聖不傳之祕也。元公取其圖而轉易之，亦爲圜者四，位五行其中。……更名之曰太極圖，仍不沒無極之旨。由是諸儒推演其說。』（曝書亭集卷五十八）蓋宋儒理學之出於釋道，而文以儒家之名，灼然無可疑也。包羅爲一，所謂推陳出新者是也。皮錫瑞曰：『困學紀聞云：「自漢儒至於慶歷間，談經者守訓故而不鑿，七經小傳出而稍尚新奇矣。至三經義行，視漢儒之學若土梗。」據王氏說，是經學自漢至宋初未嘗大變，至慶歷始一大變也。七經小傳，劉敞作。三經新義，王安石作。元祐諸公，排斥王學，而伊川易傳專明義理，東坡書傳橫生議論，雖皆傳世，亦各標新。』（經學歷史四十八頁）然則禮學固自古所無，而經學亦異於前此也。

其四，則近古期中，頗有新興之科學也。

雕板且別論，如以大器言之，李慈銘越縵堂日記曰：『梁陳書華皎傳云：皎陳於巴州，因便風下船，募軍中小艦，令先出當賊。大艦受其拍。賊艦發拍皆盡，然後官軍以大艦拍之，賊船皆碎，沒於中流。案此所謂「拍，」卽今所謂砲也。彼時皆以石爲之。』（荀學齋日記己集下）然則中古史中，有砲矣，未有炮也。至宋則有炮矣。王得臣麈史（卷上）云：『宋次道東京記說八作司之外，又有廣備攻城作。今東西廣備隸軍器監矣。其作凡十目，所謂火藥青窰猛火油金火……是也。』此則中古所無，而近古所有者歟！

其五以實業言之，亦有顯徵焉，中國今日所輸諸國外者，非曰絲耶茶耶棉耶。絲導源於上古，（上古卷廿二節）茶始用於中古，（中古卷二十一節）而棉則用於近古者也。徐光啓農政全書（卷三十五）『李延壽南史曰：高昌國有草，實如繭，中絲如細纑，名曰白疊。取以爲帛，甚軟白。李時珍本草綱目曰：木棉有草木二種，交廣木棉，樹大如抱。……江南淮北，所種木棉，四月下種，莖弱如蔓。……此種出南蕃，宋末始入江南。今則偏及江北與中州矣。不蠶而棉，不麻而布，利偏天下，其益大矣。』考元史世祖紀。至元二十六年，特設木棉提舉司。明食貨志亦謂太祖令民田五畝至十畝，栽桑苧木棉各半畝。蓋古及中古惟有綿耳。『棉字亦始於宋，此字可云新增，不可云俗。』（癸巳類稿卷七吉貝木棉字義）『其種本來自外蕃，先傳於粵，繼及於閩，元初始於江南，而江南又始於松江，』（陔餘叢考卷三十）然觀東南人之祀黃道婆，知此實業之搖撼中古人士矣。

黃道婆見下（二十九節）引輟畊錄（卷二十四）乾隆上海志（卷七）有張之象黃道婆祠記云：『上海西南廿餘里爲烏泥涇，故有黃道婆祠云。道婆者，姓黃氏，本鎮人也。初流落崖州，元元貞間，附海舶歸，閩廣多種木棉，織紡爲布，名曰吉貝。而道婆最善此業，州里宗之。……先王之制禮也，法施於民則祀之。吾松之民，仰機利之食，實道婆發之。無忘追本之思，則祠祀可不廢矣。』

第二章　近古文化史中之陰霾

三　婦女地位之降落

中古文化史開始時，頗有陰霾，秦漢專斷是也。近古文化史中之陰霾，其惟婦女地位之低落乎？婦女地位在上古史之末固已有低降之象。韓非（六反篇 十八）曰：『且父母之於子也，產男則相賀，產女則殺之。此俱出父母之懷姙，然男子受賀，女子殺之者，慮其後便計之去利也。』中古時，輕女之風益著。司馬彪續漢書云：『陳蕃諫桓帝曰：鄙諺曰，盜不過五女門，以女貧家也。』（太平御覽卷四九五）男尊女卑隱然型成。故東京之季，曹大家作女誡曰：『生男如狼，猶恐如羊；生女如鼠，猶恐如虎。』（通鑑一九七胡注）惟當時，不曾有守節等事，故光武之寡姊，思嫁朱宏。（范書宏傳）而蔚宗作史傳，存列女，不非陷沒胡子，狎生二子之蔡琰。即在隋唐，劉炫傳雖有偪人守節之議，然蘭陵公主死殉後夫，隋書尚登之列女傳之首。紀昀（槐西雜志卷一）以為頗乖史法，殊為不明中古風氣。——惟中古之時，政治經濟胥由男子為政，則男子之苛求於女子，而因以造就女權之輕落者，在近古史中，亦履霜堅冰之徵云。

北堂書鈔（七十六）引謝承後漢書云：『黃昌為蜀郡太守。初昌為州書佐，其婦歸寧於家，遇賊被擄，遂流轉入蜀，為人妻。後其子犯事，詣昌自訟。昌疑母不類蜀人，因問所由，對曰：「妾本會稽餘姚戴次公女，州書佐黃昌妻也。為賊所擄，遂至於此。」昌驚呼前，謂之曰：何以志黃昌也。對曰：昌左足心有黑子，自言當為二千石。昌乃出足示之，因相持悲泣，還為夫婦，竟以禮重焉。』可知史通所謂：『蔚宗後漢，傳標列女，徐淑不齒，蔡琰見書。彤管所載，將安準的？』史通內篇人物三○ 非。衡。時。之。定。論。已。然御覽一二三 又引謝承刑法志：『范延壽，宣帝時爲廷尉，燕趙之間有三男共娶一女，生四子，長各求離別，爭財分子，縣不能決。於是延壽決之，上言男子貴倡，女子貴貞。今三男一女，悖極人倫，比之禽獸，生子屬其母，於以四子並付母，尸三男於市。』則男子爲政，在中古時固已有提倡貞節之萌芽矣。

清談時期中，女子雖或被狎弄，而地位頗似稍高。中古卷三二節 藝文類聚卷三五 引妒記云：『謝太傅劉夫人，不令公有別房。公既深好伎樂，後遂欲頗立伎樂。兄子外生等微達此意，共問訊劉夫人，因方便言關雎螽斯，有不妒之德。夫人知爲諷己，乃問誰爲此詩，笑云：「周公。」夫人曰：「周公是男子，相爲爾；若使周姥撰此，當無有此。」』——此非。特。可。徵。中。古。婦。女。之。拘。束。較。少。亦。可。知。男。子。自。私，則。女。子。更。折。落。其。人。格。云。此又唐武后之所以蓄意更政已。武后自奇女子，趙翼廿二史劄記卷十九武后納諫知人條 已言之。宋太祖云：『則天一女主耳，雖刑罰枉濫，而終不殺狄仁傑，所以能享國者，良由此也。』李燾續資治通鑑長編卷七 舊唐書七十八 張白宗傳，載朱敬則諫武后愛陽道壯偉者，后不以爲罪，眞奇女子也。

以故近。古。之。始，女。子。之。桎。梏。尚。微。史稱周祖四娶皆再醮婦。廿二史劄記卷二一 王定國甲申雜記云：『李化先，少好神仙事，父母強令娶婦，遣行人議曹氏之女，及禮席之日，曹氏已入門，化先踰垣而走。曹氏復歸，後曹氏選納爲后，慈聖光憲是也。』頁二知不足齋本 慈聖非他，仁宗之后，宋史二四二 可以。見。彼。時。婦。人。之。節，非。所。忌。也。

周密齊東野語卷十六 載兩鉅公借用妻妾事，當時以爲美談。范文正公之母，吳處厚青箱雜記卷五 鄧近仁之母，宋元學案七十四 皆再嫁他人，由子奉養，而時人不以爲醜。王東溆柳南隨筆云：『改嫁，女子失節事也。而葉水心翁誠之墓誌云：女嫁文林郎馮遇，夫死，再嫁進士何某。』卷一 秉筆直書，當日不以爲異焉。

然北宋以還，貞節之說愈張。朱子與陳師中書云『令女弟甚賢，必能養老撫孤，以全柏舟之節。此事更在丞相夫人獎勸扶植，以成就之。使自明沒爲忠臣，而其室家生爲節婦，斯亦人倫之美事。計老兄昆弟，必不憚贊成之也。昔伊川先生嘗論此事，以爲餓死事小，失節事大，自世界觀之，誠爲迂闊。然自知經識禮之君子觀之，當有以知其不可易也。』朱子文集卷二十六 方苞望溪集卷五曹氏女婦貞烈傳敍 云：『嘗考正史及郡縣志，婦人守節死義者，周秦以前可指計。自漢及唐亦寥寥。北宋以後，則悉數之不可更僕矣。』——可知以婦節爲近古史中之特徵者，蓋非漫然。近古以後，則益變本加厲矣。

考古者雖有男女不雜坐曲禮上 男女授受不親孟子離婁上 之說，要未實行。周亮工書影云：『相傳海忠介(瑞)有五歲女方啖餌，忠介問餌誰與？答曰僮某。忠介怒曰：女子豈能漫取童餌，能即餓死，方稱吾女。女即涕泣不飲啖。家人百計進食，卒拒之，七日而死。』據俞樾茶香室續鈔卷四引 流弊至斯，豈又宋儒所及料哉？鶴林玉露卷十二 云『胡澹庵十年貶海外，北歸之日，飲於湘潭胡氏園，題詩云：「君恩許歸此一醉，傍有梨頰生微渦。」謂侍伎黎倩也。朱文公見之，題絕句云：「十年浮海一身輕，歸對梨渦却有情。世上無如人欲險，幾人到此誤平生。」文公集全載此詩，但題曰自儆云。』道學諸公律身之嚴，吾人庸得非議，或恨其副果不佳，遂至有『搭臺死節』詳施可齋閩雜記卷八 可痛事爾。

貞節之外，其又有危害女子者，則弓足也。

弓足起始，至早當在北齊以後。北齊書任城王諧傳 有男女易舃事可徵。弓足起因，當因於男子之玩弄女子。袁枚隨園詩話卷四有趙鈞臺買妾，而不弓纖，因以弓足乞其爲詩。其人曰：『三寸金蓮自古無，觀音大士亦雙趺；不知弓足何時起，起自人間賤丈夫？』蓋字字實錄也。推尋其朔，當在近世。宋張邦基墨莊漫錄卷八云：『婦人之弓足，起於近世，前世書傳皆無所自。南史齊東昏侯爲潘貴妃鑿金爲蓮花，以貼地令妃行其上，曰此步步生蓮花。然亦不言其弓小。如古樂府玉臺新詠皆六朝詞人豔纖之書，類多體尙美人容色之殊麗，又言粧飾之華，眉目唇口腰肢手指之類，無一言及纏足者。如唐之杜牧、李白、李商隱之徒，作詩多言閨幃之事，亦無及之者。惟韓偓香匳集有㢘子詩云：「六寸膚圓光緻緻」，唐尺短，以今量之，亦自小也，而不言其弓。』道山新聞以爲南唐李後主宮婢窅娘作俑，疑亦故歸之於一人。俞正燮癸巳類稿卷十三書舊唐書輿服志後詳舉博引，謂：『弓足之事，宋以後則實有可徵。』——以此爲近古婦女之地位低落要非誣云。

關於此，余女弟謹型爲紀念家君六十初度，曾譔弓足考。較俞氏所云，頗有增出，不贅於此。蓋守節之弊，道學諸君啓之；而弓足，則文人之故也。白挺湛淵靜語卷一云：『伊川先生六代孫淮……之族，尙舊居池陽，婦人不纏足，不貫耳，至今守之。』可見道學者流，於此無與。

近古以後，此風愈厰。清初入關，曾一度嚴禁，見王士禛池北偶談卷十七及徐珂清稗類鈔。但匪久卽取銷此禁令。其以明令禁止此弊習者，實始於民國元年。當時孫文令曰：『纏足之俗，由來難考，起於一二好尙之偏，終致滔滔莫易之烈。惡習流傳，歷千百載。害家兇國，莫此爲甚。夫將欲圖國力之堅強，必先圖國民體力之發達。至弓足一事，殘毀肢體，阻礙血脈，害雖加於一人，病實施於子姓。生理有徵，豈得云誣？至因纏足之故，動作竭蹶，深居簡出，教育莫施，世事罔聞，遑論獨立謀生，共服世務？以上二者，特其大端。若他弊害，更僕難數。曩者志士仁人，嘗有大足會之設，開通者已見解放，固陋者猶執成見。當此除舊布新之際，此等惡俗，尤宜先事革除，以培國本。爲此通令，仰該部通令各省，一體勸禁。其有故違禁令者，予其家屬以相當之罰，切切此令。』民國元年三月十五日大總統令內務部

丐足之外，尤足以象徵女權之微者，則官伎是。伎，或謂始於管仲之女閭。見周語。魏武帝有銅雀故伎，則女樂耳。然唐時之伎，侑酒佐舞而已，未必賣淫，如王之渙旗亭賭酒是也。詳辛文房唐才子傳三 其在於宋，則在官者曰官伎。西湖游覽志餘卷二十六云：『宋時閫帥郡守等官，並得以官伎歌舞。然不得私侍枕席。熙寧中，祖無擇坐與官伎薛希濤通，爲王安石所劾。』而在家者曰家伎，東軒筆錄卷七云：『王韶知鄂州，一日宴客，出家伎奏樂入夜，席客張績沉醉，挽家伎不前，遽將擁之。家伎泣訴於韶。坐客皆失色，韶徐曰：「比出爾曹以娛賓，而今乃令賓客失懽？」命取大盃罰家伎。』——伎之種類加多，又可徵女子在社會上之沒落也。

而更足以窮阬女子者，則女子無才便是德之謬見也，蓋亦近古期始之。考御覽一三七引司馬彪續漢書云：『鄧皇后禹之孫，訓之女。……后七歲讀論語，十二歲通詩。諸兄讀經，輒難問徵。意在書傳。母非之曰：當習女工，以共衣服。今不是務，汝當舉博士耶？后重違母意。』而孫光憲北夢瑣言卷六謂台州婦人『蕭惟香，有才思，未嫁。於所居窗下，與進士王玄晏相對。因奔瑯琊，復淫邪不禁，王舍之於逆旅而去，遂私接行客，託身無所，自經而死。唐有數百首詩，所謂才思非婦人之事誠然也。』其反在宋，雖朱子『嘗病女戒鄙淺，欲別集古語成一書，曰正靜、曰卑弱、曰孝愛、曰和睦、曰儉質、曰寬惠、曰講學。』鶴林玉露卷十一 然先乎朱子，鄭俠已言『余

嘗怪世之人生子女，不知教，豚彘畜之。……其知名教之有益於世者，亦不過以教男子，而女。子。獨。不。教。曰，婦人之職，無非無議，惟酒食是謀；曾不思夫古之人，所以能盡爲婦之道，而至於是詩者，孰非學之力哉？若男子出入閭巷，交際士友，尙可見而識焉。若女子者，深閨內閾，無所聞見，可不使知書哉？是教子之所急，莫若女子之爲甚。乃置而不教，此悍婦戾妻，驕奢淫佚，狠狽不可制者，所以比比！』西塘文集卷四謝夫人墓表 俠言如斯，正可見北宋人之於女子，已逸養而無教也。

兩宋才女如李易安胡與可，均以詩文出男子上，且以訕人，遂至惡聲隨之。如齊東野語卷十所載黃子由夫人胡與可事，實足以殘賊女性。考朱子論「小學」，固自言女子亦當有教。後儒往往不遵其言，小倉山房集三十二金纖纖墓志銘曰：『論者動謂詩文非女子所宜，殊不知……三百篇中葛覃卷耳，誰非女子之作？迂儒穴坯之見，誠不然也。』蓋袁枚知古之女子教育，與近世之蒙錮女子者不同。

況以大家庭制度之叢脞，爲女子者，自益無幸福可言。大家庭制者，前史稱之曰累世同居。詳陔餘叢考三十九 鶴林玉露五卷云：『陸象山家於撫州金谿，累世義居。一人最長者，爲家長，一家之人聽命焉。逐年選差子弟，分任家事，或主田疇，或主出納。』謝肇淛云：『古今同居者，漢有樊重、晉郎、方貴，俱三世；博陵李幾七世；河中姚氏十三世；宋會稽裘承詢，十九世；陸象山等，累世義居，又不知凡幾代也。漢稱萬石君家法，唐則穆質柳公權兩家，爲世所崇尙。至宋，則不勝書矣。』五雜俎卷十四——可知家庭之益大於宋，而株困家內之婦人，其苦自更有進矣。

舊唐書一八八張公藝傳，載高宗問公藝，以何故而能九世同居？『公藝書百餘「忍」字，高宗爲之流涕。』在此百忍之間，女性之受曲抑者，何限？故五雜俎又言：『浦江鄭氏對（明）太祖之言曰：「臣同居無他，惟不聽婦人言耳！』此格論也，雖百世可也。』五雜俎卷十四——可知家族之單位愈大，則女子愈受委曲也。

四　臣子地位之低落

女子地位低落以外，臣子地位蓋亦低落也。

試以大臣之名實徵之，即可知臣之地位之降低。相者副也，原有副貳君主之義。陳樹鏞漢官答問卷一振綺堂叢書本云：『漢制，丞相謁見，天子御座爲起，乘輿爲下。』觀於漢書八十四翟方進傳，如淳師古所注，更可見漢帝對於宰臣之禮遇。高祖稱蕭何「君自謝民」，景帝語周亞夫，「此亦不足君所。」漢書各傳 其在於晉，成帝幼時，尚拜於王導，元帝亦引導共坐，導辭曰：『若太陽下同萬物，蒼生何由仰照？』晉書六十五導傳 即在於唐，相之位置微已，然尚不如近古之微也。讀劉文靜傳，裴寂傳，可知已。

唐書八十八劉文靜傳高祖即位，『多引貴臣共榻，文靜諫曰「今率土莫不臣，而延見臣下，言尚稱名，帝坐嚴尊，屈與臣子均席。此王導所謂太陽俯同萬物者也。』又裴寂傳八十八云：『唐公即位，曰使我至此者，公也。……日給御膳，視朝必引與同坐，入閤則延臥內。』唐初重視大臣可見。

晉書職官志云：『丞相，相國，並秦官也。晉受魏禪，並不置。……非復尋常人臣之職。』又云：『太尉，司徒，司空，古官也。自漢歷魏，置以爲三公。及晉受命，迄江左，其官相承不替。』同見晉廿四 是相之名至漢末而滅也。唐書四十六百官志敘云：『宰相之職，佐天子，總百官，治萬事，其任重矣。然自漢以來，位號不同，而唐世宰相名尤不正。初，唐因隋制，以三省之長中書令，侍中，尚書令共議國政，此宰相職也。自後，以太宗嘗爲尚書令，臣下避不敢居其職。……故常以他官居宰相職，而假以他名。自太宗時，杜淹以吏部尚書，參議朝政；魏徵以祕書監，參預朝政；其後或曰參議得失，參知政事之類，其名非一。』则假而有同三品同中書門下平章事之職，則相之名至唐而又微也。至近古之宋，則曰參知政事矣。相之頭銜，至斯而又一輕。

宋史一六一職官志敍云：『宋承唐制，抑又甚焉，三公三師，不常置宰相，不專任三省長官，尚書門下，並列於外。又別置中書禁中，是爲政事堂。』又云：『宋承唐制，以同平章事爲眞相之任，無常員。』是宋雖承於唐，抑又減焉。李心傳建炎以來朝野雜記甲集卷十云：『唐制，中書、門下、尚書三省，中書揆而議之，門下審而復之，尚書承而行之。則是首相不復與朝廷議論矣。』唐初宰相，已權分名微，至宋則益甚。其至於明，則三省之名，一變而爲「六部，」「大學士。」袁袠世緯卷上簡輔云：『秦始皇任丞相，專相李斯，……高皇帝深慮遠算，因胡李之敗，鑒蒙古之失，博稽往籍，略倣周制，革丞相，而置六部，公孤之官，不輕畀人。……』則局勢又一變也。明史七十二職官志云：『明官制沿漢唐之舊，而損益之；自洪武十三年，罷丞相，不設。析中書省之政，歸六部，以尚書任天下事，……而殿閣大學士，祇備顧問。帝方自操威柄，學士鮮所參決，』卽斯之謂。

卽宰相之職權，亦漸次而微矣。

漢哀帝欲封董賢，而王嘉封還詔書，後漢鍾離意爲尚書僕射，數封還詔書。唐制，凡詔勑，皆經門下省，事有不便，得以封還。而給事中，有駁正違失之掌，著於六典。人臣執法之正，人主聽言之明，可以並見。五代廢弛，宋太宗淳化四年，始復給事中封駁。而司馬池猶謂門下雖有封駁之名，而詔書一切自中書以下，非所以防過舉也。節錄日知錄卷九封駁條考宋史石守信傳，太祖欲官符彥卿，而趙普懷「宣」不發。宋史二五〇是門下掌封駁，蓋猶可以限制君權；然此制後亦寖廢。哲宗之時，朝廷命令，已多不由「門下。」（宋史三四二王岩叟傳）南渡以後，則斜封、墨勅，一意橫行，國愈弱而君愈強矣，而後明清因之。

宋史四〇五劉黻傳謂度宗時，黻上書言曰：『帝王之樞機，必經中書參試門下封駁，然後付尚書省施行。凡不由三省施行者，名曰斜封墨勅，不足效也。……政事由中書則治；不由中書則亂。天下事，當與天下人共之，非人主所可得而私也。』君權張大後，流弊可見。

即臣工之禮遇，亦較前世爲卑也。

宋史二四九范質傳云：『先是宰相見天子，議大政事，必命坐而議之。從容賜茶而退，唐及五代，猶遵此制。及質等憚帝（太祖）英睿，每事輒具劄子進呈，具言曰如此庶盡稟承之方，免妄庸之失。帝從之，由是奏御寖多，坐論之禮寖廢。』此其說與王曾筆錄同，筆錄（頁七—八學津討原本）云：『舊制，宰相早朝上殿，命坐；有軍國大事，則議之。常從容賜茶而退。……自唐室歷五代，不改其制。抑古所謂坐而論道者歟？國初，范質王溥在相位，上雖傾心眷倚，而質等自以前朝相，且憚太祖英睿，具劄子面取進止。退各疏其事所得聖旨，臣等同署字以志之。如是，則盡稟承之方，免□誤之失。帝從之，自是奏御寖多，或至旰昃，固勿暇於坐論矣。』——此亦臣道日卑，君權日盛之一徵也。（參閱人文六卷一期拙作書王定國聞見近錄後）王定國聞見近錄（頁二知不足齋本）所見略異：『故事，執政奏事坐論殿上。太祖皇帝即位之明日，執政登殿，上曰：朕目昏，持文字近前。執政至榻前，密遣中使撤其座，執政立奏事，自此始也。』然無論眞相如何，要之，尊君卑臣，則不可否認也。其流弊有如朱子所云：『古者三公坐而論道，方可子細說得。如今莫說教宰執坐，奏對之時，頃刻即退。文字懷於袖間，只說得幾句，便將文字對上宣讀過。且說無坐位，也須有個案子，令鬧展在上指畫利害；上亦知得仔細。今頃刻便退，君臣間如何得同心理會事？」朱子語類卷一二八則是宰相入朝，案子都無可憑也。

道山清話頁二十七「舊制，講讀官坐而講讀，置書策於御案上。仁宗（時，）忽一日講讀官已班立，忽有內侍自御屏後立大聲曰：有聖旨，今後起立講讀。自是遂爲定制。至神宗朝，王安石爲侍讀，以言道之所存，請復賜座。有旨下禮官議。韓維以爲當賜座，劉攽以爲不可。……於是安石之請不行。至元祐初，程頤復請坐講，太皇以皇帝幼冲，豈可先教改動先人制度，有制令不得行。」——至斯，則師道亦見壓於君權矣。

明制臣工謁見，四拜或五拜三叩首。明史五十三禮志 其在於淸，則須三跪九叩。詳淸會典二十七 尊君卑臣，蓋有如斯。朱子語類一百三十四 云：『黃仁卿問，自秦始皇變法之後，後世人君，皆不能易之，何也？曰：秦之法，盡是尊君卑臣之事，所以後世不肯變。』朱子亦知宋之尊君卑臣，而因以致宋以後人之不肯變乎。

然近古之初，與近古之季，要亦有別。宋史一二五 慕容延釗傳稱『延釗與太祖友善，顯德末，太祖任殿前都檢點，延釗爲副，嘗兄事延釗。及卽位，每遣使勞問，猶以兄呼之。』王君玉國老談苑卷一頁三 云：『太祖嘗暑月納涼於後苑，召翰林學士竇儀草詔處分邊事。……見太祖岸幘跣足而坐，儀卽退立閤門。……太祖自視微笑，遽索御衣，……儀卽奏曰：「陛下新卽大位，四方瞻望，宜以禮示天下。……恐賢傑之徒，聞而解體。」』君臣相見，猶存敬禮，其在於明，則廷杖詔獄，緹騎東廠，刑不上大夫。曲禮上 之旨，泯矣。

吳瑞登兩朝憲章錄卷三 云：嘉靖三年，胡世寧以疾在告，聞大禮之議，廷臣有杖死者。乃上疏曰：『羣臣有罪，宜悉下司寇問理，罪狀明白，輕重誅黜，皆依律斷。若乃鞭扑施於殿庭，刑辱上於大夫，非所以昭聖德之美也。』說詳拙作書黃宗羲明夷待訪錄金陵學報四卷二期蓋明季君權益重。

五　平民地位之低落

豈特臣子地位低落而已，即平民之地位，亦在低落中也。中古之時斥富人爲豪民爲兼併之徒，董仲舒陸宣公均持此論。而趙宋以後，則公然號爲田主。詳日知錄十蘇松田賦之重鄭震讀書偶見說郛卷二十有田可以養氣條曰：『孟子云無恆產者無恆心無恆產而有恆心，惟士爲能。』正慮爲士者無田，失其恆心也。蘇秦曰使我有洛陽二頃田，安能佩六國相印？乃是說無田至此。孔明告先主曰臣成都有桑八百株，薄田十五頃。子弟衣食，自有餘饒。亦是說有田可以自給。蘇老泉亦云：洵有山田二頃，非凶歲可以無飢，有田，眞可以養氣也。觀於此可知宋時人之好爲地主者，地主多，則農民苦矣，何況農民之更有所苦耶？

宋時農民之苦，又有力役之苦。溫仲舒所謂：『行者辛苦，居者怨曠。』宋史二六六溫傳韓琦所謂：『孀母改嫁，親族分居，或棄田與人，以免上等，或非命就死，以求單丁。』宋一七七志『富者休息有餘，貧者敗亡相繼。』同上蓋富貴之人，可以竄名軍籍仕籍，而不負丁役之義務，役斯全歸於平民已。

宋史一七三食貨志云：『福建地狹人稠，無以贍養，生子多不舉。』蓋當時重租之下，大多數之佃農，固無以爲生也。魯應龍閑窗括異志云：『嘉興紐七者，農佃爲業。嘗恃頑抗賴主家田米，種早禾八十畝，悉已成就，收割囤穀於柴積之間，遮隱無蹤，依然入官訴傷，而柴與穀半夜一火焚盡。壬戌歲秋，其弟紐十二，亦種早禾八十畝，藏穀於家。又且怨天尤地，次日午間天宇昏暗，大風捲起，其家一火，灰燼無餘。』頁二十稗海本而洪邁容齋續筆卷七又載主客分租之制可知當時之爲農民者，不近於佃奴者凡幾希？

宋史三三三朱壽隆傳『歲惡民移，壽隆諭富室大姓，蓄爲田僕，舉貸之息，官爲置籍，貧富交利。』壽隆與狄青同時，則當北宋時而已有佃奴矣。李燾續通鑑長編三九七記元祐二年王覿言『田連阡陌，役屬佃戶，匹夫用此，雄於一鄉。』則佃人爲奴，果非虛也。

然固有宋之限田矣，宋史一七三食貨志言之；宋史四二六陳靖傳言之。然所謂『公卿以下毋過三十頃』誌者，其實則限品官佔田免稅之田。吾觀李心傳建炎以來繫年要錄卷五十載紹興元年：『柳約言，軍興科需百出，望官戶名田過制者，與編戶均一科敷，從之。』又卷五十一載紹興二年，方孟卿言：『近權戶部侍郎柳約，請申祖宗限田之制，凡品官名田數過者，科敷一同編戶。今郡縣之間，官戶田居其半，而佔田數過者極少。自軍興以來，科需與編戶一同。若以格令免科需，則必取於民，必致重困。臣謂艱難之際，士大夫義當體國，豈可厚享佔田之利？又況商富大賈，多以金帛竄名軍中，及假名冒戶，規免科需者，比比皆是。願寢前詔，勿行。從之。』——然則宋之限田，與王莽異，竟似限官戶免稅之田；豈限田之數字哉？縮於此者伸於彼，則民戶又重困矣。

考宋時地主，非但苛求貧佃，兼嘗侵蝕公賦。江西通志載胡順之『景德進士，知浮梁縣。豪民臧氏，素橫負租。順之率吏至其家，掩捕，按致其罪。』江西通志六十六此與上述厚享占田之利，均可謂地主之兩重兼併。以故兩宋所重，重在均賦。詳下十三節義二十五節豈能均田？鶴林玉露卷七載：『林勳賀州人，紹興中，進本政書，欲漸復三代井田之法。……今宜立之法，使一夫占田五十畝以上者爲良農，不足五十畝者爲次農。其無田而爲閑民，與非工商在官，而爲游惰末作者，皆驅之使爲隸農。良農一夫，以五十畝爲正田，以其餘爲羨田；正田毋敢廢業，必躬耕之。其有美田之家，則無有買田，唯得賣田。至於次農，則毋得賣田，而與隸農，皆得買美田以足一夫之數，而昇爲良農。凡次農隸農之未能買田者，皆使之分耕良田之美田，各如其夫之數，而歲入其租於良農，如其俗之故。』勳所稱良農，則地主也。次農隸農，均輸租如舊，未必有力買良農之美田。勳言未嘗合於事也，而朱子陳亮深愛其書，(宋史四三六勳傳)亦足以見其時對付豪民之無辦法矣。

蓋當時富人之勢，其大致當有如下列者。

其一，富者貴者，合於一人，宋時景地，與中古史中，未嘗殊也。

方太祖之盃酒釋兵權也，語石守信，則曰：人生白駒過隙耳，不如多積金帛田宅以遺子孫。歌兒舞女，以終天年。(宋史二五〇守信傳)又曰：汝曹何不釋去兵權，擇好田宅市之。(司馬光涑水紀聞卷一)又曰：『人生如白駒過隙耳。所謂富貴者，不過欲多積金帛，厚自娛樂，使子孫顯榮耳。汝曹何不釋去兵權，擇便好田宅市之，爲子孫立永久之業？多置歌兒舞女，日飲食相懽，以終天命。』(邵伯溫聞見前錄卷一)是則金帛田宅，蓋與兵權有同似處也。

宋史稱王旦不市田宅，(旦傳)又稱『王淵家無宿儲，每言朝廷官人，以爵祿足代耕，若事錐刀，我何愛爵祿？曷若爲富商大賈耶？』(宋史三六九淵傳)考舊唐書(九十九)張嘉貞傳：『所親有勸植田業者，嘉貞曰：吾忝歷官榮，曾任國相，未死之際，豈憂飢餒？若負譴責，雖富田莊，無所用也。比見朝士廣占良田，及身沒後，多爲無賴子弟作酒色之資，甚無謂。聞者歎服。』是貴人多貲，中古已然，但及宋益甚爾。

其二，則富者尊者，集於一身也。

孟子曰：『天下有達尊三，爵一、齒一、德一，朝廷莫如爵，鄉黨莫如齒，輔世長民莫如德。』(公孫丑下)爵者貴也，齒者年也，德者才也。而顧未有以富招人尊者。其在於宋，則廉布清尊錄云：『大桷張氏者，以財雄京師。凡富人以錢委人權其出入而取其半息，謂之行錢。富人視行錢，如部曲也。或過行錢之家，設特位置酒，婦人出勸，主人乃立侍。富人遜謝，強令座，再三，主人乃敢就座。』（說郛十一）始知吳敬梓所記程明卿萬雪齋事，蓋中古史中實錄云。

儒林外史（二十三四）記萬雪齋幼時，在程氏司客，後有資產，然程明卿來時，仍不得不叩頭拜謁，與銀萬兩。此即行錢部曲之謂也。

其三，則法律方面，亦偏袒富人焉。紹興四年四月，王居正言：『臣聞殺人者死，百王不易之法，……蓋以殺人而不死，則人殆無遺類矣。……臣伏見主毆佃客至死，奏聽勅裁，取赦原。至元豐始減一等，配鄰州，而殺人者不復死矣。及紹興又減一等，止配本州，並其同居並毆至死，亦用此法。僥倖之途既開，鬻獄之弊滋甚。由是人命寖輕，富人敢於專殺，富者有知，沉冤何所訴焉？』（李心傳繫年要錄七十五）是兩宋之間，主欺佃，已如斯。其在於元，則元史（一〇三）刑法志（婚戶）云：『諸奴婢背主在逃，杖七十七。』又云，『諸典賣佃戶者禁，佃戶嫁娶，從其父母。』前者不必復論，以後者論之，佃戶嫁娶，豈有時干涉於其主；而典賣佃戶，豈亦有時而有之耶？

案朱子語類（一三二）云：『岳太尉飛，本是韓魏公佃客，每見韓家子弟，必拜。』考大清律例輯覽（卷十七）鄉飲酒禮云：『鄉黨敍齒，士農工商人等平居相見，及歲時揖讓之禮，幼者先施；坐次之列，長者居上。如佃戶見田主，不論齒敍，並行以少事長之禮。』揆諸朱子言，知此禮由來遠已

以故時人呼聲，注於救濟貧民者，蓋亦有人。

邵博聞見後錄(卷十八頁)云：『鮑口云民有三亡，豪強大姓，蠶食無厭，一亡也。馬援云：大姓侵百姓，乃太守事耳。然以曹操之勇，尙云先在濟南除殘去穢，是以爲豪強所忿，恐致家禍，故謝病去。今之君子，欲以區區之禮義廉恥，裁大姓之暴吾民者，計亦疎矣。』宋垂亡時，廬陵羅大經著鶴林玉露(卷五)云：『本富爲上，末富次之，姦富爲下，今之富者，大抵皆姦富也，而務本之農，皆爲僕妾於姦富之家矣。』觀於志士仁人之言若斯，則近古史中所以有王荊公之新法，朱元晦之社倉，其故自有在矣。而平民之疾苦，自在其中。

顧寧人菰中隨筆云：『宋時諸郡，有慈幼局。貧家子不能育者，許抱至局中。書年、月、日、時，局有乳媼鞠養之，他人家或無子女，來取於局，歲祲子女多入慈幼局，故道無拋棄子女。』(據惠棟九曜齋筆記卷一引) 此可以表示社會病態之一方面，然明史(一六五)丁瑄傳，又記鄧茂七爲地主虐政而糾衆叛變之事，則社會病態已深，微末之救拯，無以已之也。

六 民族地位之降低

豈特平民地位降低而已，卽全民族之地位，亦在降低中。

趙翼論宋事云：『蓋其兵力素弱，而所值遼金元三朝，皆當勃興之運，天之所興，固非人力可爭。』(廿二史劄記廿六和議條) 又謂：『宋眞宗與遼銀十萬兩，絹二十萬匹，仁宗加歲幣銀絹各十萬兩匹。夏元昊既納款，又賜銀絹茶綵各二十五萬，南渡後，高宗與金和，歲幣銀絹二十五萬兩匹，孝宗改爲二十萬兩匹。開禧用兵既敗，增爲三十萬兩匹。至金哀宗時，宋停其歲幣，元太宗曾來徵歲幣，宋不與。』(同上歲幣條) 是兩宋三百年，可云以和與幣而存也。而其端，由宋開國時啓之。

太祖之時，以契丹而曲容李漢超之不法，（歐陽修歸田錄—宋史李傳）李燾續長編（卷八乾德五年）亦記太祖爲契丹故，而優容張美之不法，具徵畏敵如虎。其在太宗，則雖伐契丹，而至於大敗：『凡行在服御寶器，盡爲所奪，從人宮女，盡陷沒。股上中兩箭，歲歲必發。其棄天下，竟以箭瘡發云。』（王銍默記頁二十二）而眞宗時澶淵之盟，遼沈括記其事云：『景德中，河北用兵，車駕欲幸澶淵，中外之論不一。獨寇忠愍（準）贊上意，乘輿方渡河，虜騎充斥，人情恟恟。上使人微覘準所爲，而準方酣寢，鼻息如雷。人以其一時鎮物，比之謝安。』（夢溪筆談卷九）仁宗慶曆三年（一〇四三）遼又來脅，乃使富弼聘焉，卒加幣而和。『王拱辰曰：戎狄無厭，好窺中國之隙，且陛下只一女，萬一欲請和親，則如之何？仁宗閔然動色曰：「苟利社稷，朕亦豈愛一女耶？」拱辰語塞。』（魏泰東軒筆錄卷九）——昌熾盛大之時，而其勢已如斯！

陳師道后山集（卷二十四談叢四）云：『熙寧中，張文定公以宣徽使召，衆謂天子修貢爲辱，而陛下神武，可一戰勝也。公獨曰：陛下謂宋與契丹戰，凡幾戰勝負若何？兩府八公皆莫知也。神宗以問公，公曰：宋與契丹，大小八十一戰，惟張齊賢太原之戰，才一勝耳。陛下視和與戰孰便，上善之。』是北宋之辱於遼者至矣。

神宗以還，女眞勃興，徽宗約金攻遼，卒以召亡。然宋『閱其無人矣，雖微童貫，挑女直以進之，其能免乎？』（宋論八靖康之禍條）其後靖康禍作，高宗南渡。『自金人犯中國，所過名都大都，率以虛聲喝降，如探囊得之。』（李心傳建炎以來繫年要錄卷三十七）『梁王自馬家渡渡江，江之南雖有兵，望見吾軍，即奔走。』（同上卷一九四引金人語）高宗建炎三年『上遣使詣金主晟請和，且致書宗維。略曰：古之有國家而逼於危亡者，不過守與奔而已。今以守則無人，以奔則無地，此所以諰諰然惟希閣下憐之而已。』（同上卷二十六）哀憐之態，視中古史中之東晉，過而無不及已。故議和之過，亦不當專責之秦檜也。

放翁追感往事云：『諸公可謂善謀身，誤國當時豈一秦？不是夷吾出江左，新亭對泣亦無人。』然東晉時尙得新亭對泣，蓋『宋以前入寇者，無如金源之強。建炎之時，儘有將材，勢不敵也。十六國僭僞之主，惟苻堅慕容垂有大志。劉石雖堅，要是草竊之資，故東晉得以晏然江左。使當金源時，勢如破竹矣。』（朱一新無邪堂答問卷一）自允論也。

南渡以後，宋金間有兩大戰，一爲采石，一爲符離。然采石之勝，要亦危而後濟者，（詳李心傳要錄一九三又一九四）『是時（金主）亮雖遭殺，殘虜北歸，紀律肅然，無一人叛亡。此豈易勝之師乎。朱文公曰：「謝安之於桓溫，陳魯公之於完顏亮，幸而捱得他死爾」。』（鶴林玉露卷四）至於張浚符離之敗，詳周密齊東野語（卷二）魏公三戰本末。孝宗恢復之念，由是熸焉。王弱生讀宋史張浚傳云：『十萬良家等蟻蠓，符離一夕水流紅。魏公心法由來異，鼻息如雷學寇公。』（彭遵泗蜀故卷九引此）鼻息如雷者，鶴林玉露（卷六）笑浚之敗也。嗣後而有韓侂胄之伐金，亦不出於敗之一途。無惑乎於葉水心之慨然而語曰：『天下之弱勢，歷數古人之爲國，無甚於本朝者。』（水心集五紀綱二）

寧宗時，李壁使北詩云：『天連海岱壓中州，煖翠浮嵐夜不收。如此山河落人手，西風殘照懶回頭。』（宋詩紀事五十六）又劉改之題京口多景樓詩云：『壯觀東南二百州，景於多處卻多愁。江流千古英雄淚，山掩諸公富貴羞。北府只今惟有酒，中原在望莫登樓。西風戰艦成何事，只送年年使客舟！』（玉露卷五）亦黍離麥秀之意云。

不久而蒙古來矣，元興，宋亡矣。呂留良東莊詩存（倀倀集頁十一）云：『如此江山亭，宋末陳仲美畫。按，彼宋南渡後有如此江山亭。宋（亡）遺民，畫此圖以見意。』昔尙有亭，今則存圖，文文山過安慶詩云：「風雨宣城路，重來白髮新。長江還有險，中國自無人。」（劉壎隱居通議卷十二引）鄭元佑遂昌雜錄（頁十七，畫齋叢書本）云：『宋末琴士汪水雲者，工於詩，詩皆清麗可喜。

杭城破後，其詩有曰；「西塞山邊日落處，北門關外雨來天。南人墮淚北人笑，臣甫低頭拜杜鵑。」又曰：「錢塘江上雨初乾，風入端門陣陣喧；萬馬亂嘶臨警蹕，三宮灑淚濕鈴鸞，童兒賸遺追徐福，厲鬼終當滅賀蘭。若說和親能活國，嬋娟剩遣嫁呼韓。」又題王導像云：「秦淮浪白蔣山青，西望神州草木腥，江左夷吾甘半壁，只緣無淚泣新亭。」』——三百年來民族之辱至於斯而極矣。

宋遺民錄（卷十二）引梁隆吉四禽言云：『行不得也哥哥，湖南湖北春水多，九疑山前叫虞舜，奈此乾坤無路何？行不得也哥哥。』又遂昌雜錄（十頁四）載鄧光薦爲文信國舊客，『宋亡以義行著。其所著鷓鴣詞有云：行不得也哥哥，瘦妻弱子羸牸駝，天長地闊多網羅，南音漸少北音多，肉飛不起可奈何，行不得也哥哥！』——均民族之血淚也。故記之不厭其詳云。

然民族之創痛，亦有代價在焉，則南華之開化是焉。

考五胡亂華時，南方曾一次開化。（詳中古卷二十節）然在唐時，宋璟開府廣州，尙教廣人以瓦居。（舊唐九六宋璟傳）其在於宋，閩嶠亦與大漠對舉。（詳默記三七頁）似不甚發達。然北宋時代，杭州已日漸發揚。歐陽修所云：『又其俗習工巧，邑屋華麗，蓋十餘萬家。環以湖山，左右映帶，而閩商嶺賈，風帆海舶，出沒於江濤浩渺，雲烟杳靄之間，可謂盛矣。』（文忠集四〇有美堂記）而『陳止齋謂本朝名節，自范文正始，議論文章，自歐陽子始，道學自周子始。三君子皆萃於東南，殆有天意。』（困學紀聞卷十五）宋史崔與之傳論云：『唐張九齡姜公輔，宋余靖，皆出於嶺嶠之南，而爲名世公卿，造物者曷嘗擇地而生賢哉』（宋史四〇六）——第在南渡以後，則南方更啓朗矣。

南渡後之臨安，觀宋史（四三六）陳亮傳可見；竹坡詩話（津逮本二頁）云：『維揚之擾，衣冠皆南渡。』而柳永詞有荷花十里，桂子三秋之句，金主亮遂以萌南侵之心。(詳羅大經鶴林玉露卷一) 林昇詩云：『山外靑山樓外樓，西湖歌舞幾時休；熏風吹得游人醉，直把杭州作汴州。』(詳田汝成西湖遊覽誌餘卷二) 朱子亦謂杭州，『今宮室臺榭之盛如斯，如何勸得？』(詳語類一百三十一) 周密武陵舊事(卷三) 又載當時西湖遊幸之樂。蔣正子山房隨筆，又載賈似道之奢華。(知不足齋本十七頁) 周煇淸波雜誌(下稗海本) 吳自牧夢粱錄(卷十二) 均載當時湖船之勝。——知浙江華奐極已。且他處未嘗不繁盛也，羅大經言：『巴邛闔嶠，夙稱荒陋，而漢唐以來，漸產人材，至本朝益盛。古稱山西出將，山東出相。又曰：汝潁多奇士，燕趙多佳人，其說拘矣。』(玉露卷四) 可知南宋之時，南北文野有間者，蓋不止一杭州焉。

自此以往，以至明淸，唐甄潛書(下之上) 曰：『吳越之民，衣穀帛，食海珍；河汾之民，衣不過布絮，食不過菜餅。』顧亭林曰：『使我澤中有牛羊百，江南不足懷也。』(先正事略卷二十七亭林事略) 此蓋主開放北方之詞耳。異日洪楊貪戀江南，不肯北伐，卒以致敗。(參看章炳麟檢論七頁二十二) 葉昌熾於拳變亟時，曰：『聞宣武門外，人似潮湧，市肆皆焚香以迎。乃知北人，無一非混小子也！』(緣督廬日記卷八庚子五月) 蓋於南北之差異，益有微詞已。

其他，則易有之曰：尺蠖之屈，以求信也。蓋有兩宋(九六〇——一二七六)三百餘年之屈，而後有元明二代之伸。如元之征日本是也。撫今思昔，近古史上之殊色異榮，蓋何時而能再來乎？謝肇淛五雜俎云：『元之盛時，外夷朝貢者千餘國，可謂窮天極地，罔不賓服。而惟日本倔強不臣，阿拉罕等率師十萬往征，得還者三人耳。』(卷四) 周密癸辛雜識(續集下頁二四二) 云：「至元十八年，大軍征日本。船軍已至竹島，與其太宰府甚邇。方號令翌日分路以入，夜半，忽大風暴作，諸船皆擊撞而碎。四千餘舟，所存二百而已。全軍十五萬人，歸者不能五之一。凡棄糧五十萬石，衣甲器械稱是。是夕之風，木大數圍者皆拔，或中折，蓋天意云！』——非戰之罪，天不佑我，然亦空前絕無之大事焉，視宋之屈辱者有間已。

當時遺民對元，多惡感，故深以其見敗於日本爲快。鄭思肖心史（卷上頁五六上虞羅氏鈔本）有元賊謀取日本二絕一錄云：『涉險應難得命還，倭中風物素橫蠻。縱饒航海數百萬，不直龍王一怒間。』（參看本卷第二節）要亦因噎廢食之論。趙翼陔餘叢考，（卷十八）有元時疆域之大一條，可參看。

第三章 抗衡黑暗之文治

七 印刷術

然中古文化中有一極焜燿之事物，則印刷術之盛行是已。印刷之興，遠當溯諸拓墨，拓墨亦複印之一焉，而拓墨，則與石經有關。

考自漢至宋，石經有七。（參困學紀聞卷八本卷第一節已引）後漢書呂強傳，蔡邕傳，均言其事。水經注（卷十六穀水）云：『光和六年，刻石鏤碑，載五經，立於太學講堂。蔡邕以熹平四年奏定正書六經文字，靈帝許之，邕乃自書丹於碑，使工鐫刻，立於太學門外。於是後儒晚學，咸取正焉。及碑初立，其觀視及筆寫者，車乘日千餘兩，塡塞巷陌矣。魏正始中，又立篆古隸三字石經。』楊衒之洛陽伽藍記（卷三）云：『報德寺，有漢國子學堂。堂前有三種字石經二十五碑，表裏刻之，寫春秋尙書二部，作篆科斗隸三體字。漢右中郎將蔡邕筆之遺跡也。猶有十八碑，餘皆殘毀。復有石碑四十八枚，亦表裏隸書，寫周易尚書公羊三部。』——自此以後，代有踵述。如唐有開成石經（通鑑二四五）是也。石經功能所在，固有同於印板，以其能是正文字；後更拓墨施於石經，則愈似印刷之複印也。

王國維觀堂集林（卷二）魏石經考云：『拓石之法，未識始於何時，然拓本之始見於記載者，實自石經始。後漢書蔡邕傳碑始立，其觀視及摹寫者，車乘日千餘兩。晉書趙至傳，至遊太學，遇嵇康於學，寫石經。石季龍載記，遣國子博士詣洛陽，寫石經。自漢至晉之中時，尚無拓墨之法。隋志注載梁有一字石經，三字石經，其爲拓本或寫本，並無可考。惟隋志之兩種石經，確爲拓本。志與封氏聞見記，均明言之。』可知拓本始於隋唐間，已有明徵。惟此爲凹板之石印，而印刷則爲凸板木刻耳。故葉昌熾語石（卷九）云：『長興雕造經典，始用黑字。若唐以前石刻，惟碑額兼用陽文！（案指海第一集有顧炎武石經考，可參看。）

至於正式之雕版，論其源起，亦有數說。

其一，則河汾燕間錄云：隋開皇十二年，（五九二）敕遺經廢像，悉行雕撰。』（據顧槐三補五代藝志引）漁洋以爲雕撰所自。但雕者，或指雕像，且初唐不聞有此，（如舊唐書一六五柳仲郢傳言仲郢鈔書）隻證難從，置之不論可已。

其二，則白氏長慶集有勾勸炫售於市之語。王國維云：『雕板之興，遠在唐代，其初見於記載者，吳蜀也，而吾浙爲尤先。元微之作白氏長慶集敍，自注云「揚越間多作書摹勒樂天及予雜詩，賣於市肆之中。」夫刻石亦可云摹勒，而作書鬻賣，則非雕板不可。然則唐之中葉，吾浙已有刊板矣。』（觀堂集林二十一兩浙古刊本考）此所記，似較隋時之說稍妥。然爲審慎計，而不廢前人之說者，則元白之詩之勒賣，固未可輕視爲雕板也。故王闢之澠水燕談錄（卷六）云：『白樂天嘗謫官江州，多遊東林，即今廬山寺，寺有蓮花莊，藏有白集七十卷，傳云居易自寫同遠大師大集，不許出寺，廣明知高駢帝取去」云。

宋宋敏求春明退朝錄（卷下頁十一）云：『唐白文公自勒文集，成五十卷，後集二十卷，皆寫本，寄藏廬山東林寺，又藏龍門香山寺。高駢鎮淮南，寄語江西廉使，取東林集而有之。香山集，經亂亦不復存。……後唐明宗子秦王從榮，又寫本，寘院之經藏，今本是也。後人亦補東林所藏，皆篇目次第非眞，與今吳蜀摹板無異。』考白氏置集寺中，原爲不朽計；如其時已有印刷，以助不朽，則曷爲不自付印刷，而但以寫本藏寺哉？說者謂白自寫白集，人自印白集，二事並行，——恐匪然也。但唐季已有雕板之說，則可謂顛撲不破者爾。

顧櫰三補五代史藝文志云：『案通考經籍門，以爲刻書始於後唐馮道，沈存中筆談，孔平仲談苑，王仲言揮麈後錄，陶岳五代史補同。然棻猗覺寮雜記云：唐末益州，始有墨板。石林燕語，則謂唐柳玭家訓序，中和三年，在蜀見市肆字書雕本，是唐時已有印刷矣。至河汾燕間錄又謂隋開皇十二年十二月，勅遺經廢象，悉令雕撰，王新城尙書，以爲刊書之所自。然則雕板肇於隋，行於唐，擴於五代，精於宋，如胡應麟之說無疑也。郎瑛七修類稿，又謂唐時不過有一二，至馮道始撰印五經。』前人之說如爾。

日本寶龜元年，有陀羅尼經之刻，此可傍證唐人雕板。（見本卷第一節引王修版本逸）冊府元龜云：後唐長興中，馮道李愚奏曰：『嘗見吳蜀之人，鬻印刷文字，色類繁多，』（據王氏兩浙古刊本轉引）長興離唐亡，不過二十餘年。曰色類繁多者，則二十餘年前，庸得即曰無之。善乎葉夢得之言曰：『世言雕板印書，始馮道，此不然。但監本五經板，道爲之爾。柳玭家訓敍，言其在蜀時，嘗閱書肆云字書小學，率雕板印紙。則唐固有之矣，但恐不如今之工。』（石林燕語辨卷八頁三儒學警悟本）馬令南唐書（二十六）

浮屠應之傳云：『元宗喜楞嚴經，……敕應之書鏤板，既成，上之。』朱新仲猗覺寮雜記下五三頁云：『雕板文字，唐以前無之，唐末益州始有墨板。』——均其徵焉。

至於五代以迄於宋，則工事愈興矣。

明宗長興三年，宰相馮道李愚，請令國子監正田敏，校正九經刻板印賣。又中書門下，請依石經文字，刻九經寫板。同時，則又有毋昭裔，仕於僞蜀者也。秦再思記異錄云：『毋公者，蒲津人也。仕蜀爲相。先是公在布衣日，嘗從人借文選及初學記，人有難色。公浩歎曰：予恨家貧，不能力致，他日稍達，願刻板印之，庶及天下習學之者。後公果於蜀顯達，乃曰：今日可以酬宿願矣！因命工匠日夜雕板，印成兩部之書。公覽之，欣然曰，適吾願矣。復雕九經諸書，兩蜀文字，由是大興。』古今類事卷十九引蜀中如斯，中土可想已。

案王溥五代會要云：『長興三年，中書門下奉請依石經文字，刻九經印板，敕令國子監集博士儒徒，將西京石經本，各以所業本經，句度鈔寫，注出仔細看讀。然後召能雕字匠人刻印，廣頒天下。』又『周廣順三年，判國子監事田敏，獻印板九經書五經文字樣各二部，一百三十册。』據徐炯補五代史考二十二引毋昭裔之時代，據王明清所云，則似。。。。比馮李爲早。揮麈餘話卷二云：『毋昭裔貧賤時，常借文選於交遊間，其人有難色。發憤異日若貴，刻板以鏤之，遺學者。後仕王蜀，爲宰，遂踐其言，印行書籍，創見於此。事載陶岳五代史補。後唐平蜀，明宗命太學士李鶚書五經，仿其制作，刊板於國子監。監中。明清家有鶚書印本，存後題長興二年也。』然王國維駁之云：『案後唐始刊九經，據册府元龜所載，馮道李愚等奏，固發端於吳蜀印板文字。然以爲仿蜀毋昭裔文選之制，又大不然。昭裔相蜀，在孟昶明德二年，後唐清太二年，至廣政十六七年，尚在相位。仲言言其相王蜀，已非事實，其刊文選，在相蜀後，自不得在長興之前。孔平仲珩璜新論云：「周廣順中，蜀相毋昭裔請刊印九經，通鑑載昭裔刻九經在廣政十六年，卽周廣順二年，正田敏板成之歲也。」（觀堂集林卷二十一覆五代刊本爾雅跋）可知與蜀後唐同時印刷，具徵當時印事之滋興也。

綜言之，印刷者導源於唐季，演進於五代，盛行於宋初，殆可謂爲無語病也。

宋史二〇二藝文志敍云：『周顯德中，始有經籍刻板，學者無筆札之勞。』邢昺傳（宋史四三一）載景德二年，昺答太宗之問謂『國初不及四千，今十餘萬，臣少從師業儒，經有疏者百無一二，蓋力不能傳寫。今板本大備，儒庶家皆有之。』然則印刷之昌明，其便利於學者何限？時人因噎廢食之論，不足道也。

盛，如梓庶齋老學叢談（卷中上頁三）云：『書籍板印，始於後唐，昔州郡各有刊行文籍，寰宇書目備載之。雖爲學者之功，而讀書之功不及古人矣。』前人持此說者甚衆，然究爲因噎廢食，當以昺傳爲正也。且宋初印刷，固無今日之便。東坡集（五十一）與陳秀才書云：『兒子到此，鈔得唐書一部，又借得前漢欲鈔，若了此二書，便是窮兒暴富也。』程俱麟臺故事（武英殿本卷三）云：『淳化三年，帝登閣觀羣書齊整，謂侍臣曰：「喪亂以來，經籍散失，周孔之教，將墜於地。朕卽位之後，多方收拾，鈔寫購募，今方及數萬卷。」……他日又謂侍臣曰：「爾來武臣子孫，頗有習儒學者；蓋自人所好耳。」呂蒙正曰：「國家褒待文士，爵祿非輕，故人人自勸，乃聖化所及。」』——則宋初猶多鈔書供讀者。非如南宋，則李心傳建炎以來朝野雜記（甲集四）云：『監本書籍者，紹興末年所刊，九年九月，張彥實爲尚書，卽請取各州郡學舊監本書籍，鏤板印行，從之。』鏤板之事，竟如家常便飯也。

印刷發明以後，書之裝訂，亦起變化。考古時有簡有册，鄭注中庸，以單執爲簡，連簡爲册。左氏傳敍云：大事書册，小事書簡。捲簡於册，則謂之卷。劉熙曰：卷，綣也自紙發明，而卷子本盛行。蓋卷子與手鈔，實爲相係之事。其後印刷昌明，而有旋風裝焉。四角向外蝴蝶裝焉：板心向內正文向外而有包背裝焉：如永樂大典裝略似今日和裝而再後則有線裝焉。文化工具日趨便利，印刷昌明，眞近史史上大事哉！與近古史上之火藥發明，同於焜燿已。

案火藥之發明，見本卷第二節引荀學齋日記己集下及塵史。卷下而金史一一六蒲察官奴傳，又詳言其制；陔餘叢考卷三十亦有所記，收入本卷二〇節宋人學藝中。

八　盃酒釋兵權

印刷之盛行，蓋適在北宋粉飾文治之時。今存北宋類書，如太平御覽，册府元龜，太平廣記，皆成於宋初。然其動機，則與中古之漢武修書近世之清開四庫，蓋同出於鋪飾文治，銷磨英才之一念爾。王明清揮麈後錄卷一云：「太平興國中，諸降王死，其羣臣或宣怨言。太宗盡收用之，寘之館閣，使修羣書。如文苑英華太平廣記之類，厚其廩祿，贍給以役其心，多卒老於文字之間云。」元劉壎隱居通義卷十三云：「宋初編文苑英華之類，並不足采。或謂當時削平僭僞，其降臣聚朝，多懷舊者，慮其或有異志，故皆位之館閣，厚其爵祿，使編纂羣書，如御覽廣記英華諸書，遲其歲月，困其心志，於是諸降國之臣，俱老死文字間。世以爲深得老英雄法。」——有是哉此言也。蓋徵之於宋初之削奪武人，即所謂盃酒釋兵權者，而益信也。

盃酒釋兵權，即指宋祖曲宴石守信等，諷其謝病引退，事具宋史二五五王彥超傳，二五〇石守信傳。王闢之澠水燕談錄卷一司馬光涑水紀聞卷一邵伯溫邵氏聞見前錄卷一王曾文正筆錄頁九十學津本其詳見余弟叔陶所著盃酒釋兵權考。

考唐季以來武人跋扈。中古卷四十二節浸假而至『天子之廢立，出於士卒（則）由唐明宗始。明宗以此得之，而反爾之報，在其後人。』困學紀聞卷十四蓋『大歷貞元之間，節度固已爲士卒所立。唐末尤甚。而五代接於本朝之初，人主之興廢，皆羣卒爲之擁戴。一出而天下俯首聽命。』水心集卷五兵論二夯市靖市，已見中古卷四十二節無論已。即宋祖本人，葉夢得云：『太祖皇帝微時，嘗被酒入南京高辛廟。香案上有竹杯筊，因取以占己之名位。俗以一俯一仰爲聖筊，自小校而上，至節度使，一一擲之，皆不應。忽曰：過是則爲天子乎，一擲而得聖筊。』石林燕語卷一爲官當作節度使，此其徵矣。他日之所謂「黃袍加身」，不過武人擁立耳。

黃袍加身之事，詳宋史卷一太祖紀。李燾續通鑑長編卷一頁三司馬光紀聞卷一頁三蘇轍龍川別誌卷上頁二考澠水燕談錄卷八記：『李淑守鄭州，題（後周）少主陵曰：弄耜牽車晚皷催，不知門外倒戈回。荒坟斷隴才三尺，剛道房陵半仗來。』明敖英綠雪亭雜言頁十云：『岳蒙泉咏陳橋兵變，有曰：阿母素知兒有志，外人翻道帝無心。又曰：黃袍不是尋常物，誰信軍中偶得之。或曰：使藝祖聞此，亦將無以自解。』可謂得史事之眞！

然武人何以如此有權耶？

所謂有權，蓋宋初五季之武人，一則專用人之權，廿二史劄記二十二五代藩鎮皆用武人條二則專財賦之權，同上同卷五代藩鎮封財之習故水心集卷四財總論云『唐末藩鎮自擅，財賦散失。更五代而不能收。加以非常之變屢作，排門空肆，以受科斂之害，而財之匱甚矣。』三則專司法之權：李燾續長編卷二云：『唐季以來，典刑弛廢。州縣掌獄吏，不明習律令，守牧武人，率恣意用事。』（參宋史二五〇王審琦傳）而軍權之不統於中央，士僅知效死於其將，猶不與！——在如斯之景地中，宋祖既以趙孟而貴，能不慮於趙孟之亦能賤之乎！宋之初年，武人仍橫，宜宋祖之不得安枕焉。明李日華六硯齋三筆（卷一）云：『太祖賜王審琦鐵劵，劵文曰：負運鼎之雄材，統經邦之大略。一言興天地之機，萬世開磐石之固。黃河有如帶之流，泰山有如拳之石。故使我念卿，使卿常襲寵榮，克保富貴。今恕卿九死，子孫恕五死，雲孫恕三死。如違此誓，天不蓋，地不載，國祚傾危。建隆三年□月□日賜秦王劵誓。』——可見當時安反側之至。太祖嘗與慕容延釗相爾汝，而即位後仍此。（宋史二五一釗傳）歸田錄（卷一）又記李漢超所爲不法，而太祖不敢詰。王定國聞見近錄（頁二五知不足齋本）云：『太祖即位，方鎮多偃蹇，所謂十兄弟者是也。上一日召諸方鎮，授以弓劍，人馳一騎，與上私出周子門大林中。下馬酌酒，上語方鎮曰：「此處無人，爾輩欲作官家者，可殺我而爲之！」方鎮伏地戰恐，上再三喻之，伏地不敢對。上曰：爾輩是眞欲我爲主耶？方鎮皆再拜稱萬歲。上曰：爾輩既欲我爲天下主，爾輩當盡臣節，毋或偃蹇。方鎮復再拜呼萬歲，與飲盡醉而歸。』事雖莫須有，然太祖之有戒心也可知。

故太祖於盃酒曲宴之外，更有文治者數事焉。

其一，則王君玉國老談苑（卷一）云：『太祖嘗語趙普曰：唐室禍源，在諸侯難制，何術以革之？普曰：列郡以京官權知，三年一替，則無虞。因從之。』蓋初下湖南，即置通判。（宋史一六七官志）歸田錄（卷三）極言通判權大，監制駐在長官，奪武人行政之權。則太祖之措處一也。

其二，創番休之制，使兵均依時而遷。（宋史一八七）故將不專其兵；又收郡國強悍之兵，『聯營厚祿，以收材武之士，屯重兵於京師，以銷四方不軌之氣。』續長編三〇一『數遣使者，分詣諸道，選擇精兵，凡其材力技藝，有過人者，皆收補禁軍，聚之京師，居營躬自案閱訓練，皆一以當百，諸鎮皆自知兵力精銳，非京師之敵，莫敢有異心！』涑水紀聞卷一『悉招聚四方無賴不逞之人，刺為兵，連營而居之，所以太平之業定！』朱弁曲洧舊聞卷九——兵既全在國家控制之下，文治自易，此則太祖之措處二也。

其三，葉水心曰：『太祖之制諸鎮，以執其財用之權為最急。』水心集四財二 陳傅良云：『國家肇造之初，創方鎮專賦之弊，以天下留州錢物，盡名係省。』止齋集卷十九赴桂陽日奏事劄子 而轉運使宋史一六七官志之設，尤能使財在上，此則太祖之文治三也。

以上三則，別詳王仲言揮麈餘話卷一頁二五—三一津逮本

太祖以後，至太宗，行此諸端尤亟。『藝祖思靖天下，以為不削節度，其禍不息……（然）其時太原強盛，所以備守之者，猶倚邊將。至太宗則又漸收之，雖邊庭亦如內地矣。』水心集五紀綱二 因之而宋之節度使，甚非唐舊，『節度使皆留京遙領官職，不必赴任。』揮麈餘話卷一『國初節度使猶有赴治所者，謂之歸鎮，以為異禮。』徐度卻掃編卷上——武臣既束手歸朝，在文治之下，甘聽文人之嘲弄而莫敢誰何矣。

故北宋一代武臣甚見侮於文臣，如王德用應人之求，則曰：『某武人，素不閱書，若奉薦，則色叫矣。』王得臣塵史卷中 太宗內宴，曹翰欲與於賦詩，則曰：『卿武人也，宜以刀字為韻。』王處厚青箱雜記卷六 焦用犯韓琦軍法，狄青以焦用好兒為請，『魏公曰：東華門外以狀元唱出者，乃是好兒，此豈得為好兒耶？立青而面誅之。』王銍默記頁二十 歐陽修則劾許懷德謝表怠慢。宋史三二四 昭槤嘯亭雜錄曰：『有宋一代，武臣寥寥。惟狄武襄立功廣南，稍為生色……乃歐陽公露章劾之，至恐其有他心。狄公終以憂憤而卒。其後賊檜得以陷岳武穆，亦襲歐陽之

故智耳。』嘯亭雜錄卷二此武人低抑，蓋矯唐亂而過甚者也。

但削奪將權之文治，較諸印刷術之於文治，其結果自異矣。朱子語類一二八云：『本朝鑒五代藩鎮之弊，遂盡奪藩鎮之權，兵也收了，財也收了，賞罰刑政一切收了，州縣遂日就困弱，靖康之禍，虜騎所過，莫不潰散。』——使州郡之兵單弱，此則其敝一也。

呂東萊曰：『國家治體，有遠過前代者。……然文治可觀，而武績未振。多勝相望，而幹略未優。故雖昌熾盛大之時，而此病已見。是以元昊之難，韓范皆一時之選，而莫能平殄，則事功之不競，從可知已。』東萊集卷一淳熙四年劄子良由文臣統軍，當然有疎虞之咎。夢溪筆談卷九所載，寶元中，夏元昊叛，上問邊備，而輔臣皆不能對者，即可見其病已。蒼狗捕鼠，以文監武，斯則其敝二也。

宋史五三三种世衡傳論云：『宋懲五季藩鎮之弊，稍用逢掖治邊陲，領介胄。然兵勢國之大事，非素明習，而欲應變決策於急遽危難之際，豈不殆哉！』意同。

至於分裂將權，莫相統屬。御帶編云：『范文正公為陝西經討使，以邊兵訓練不精，蓋無專任其責者，又部署鈐轄等權任相並，莫相統一，是以屢致挫衄。』卷上頁三〇仁宗時儂智高之亂，龐莊敏謂：『向者主帥所以屢敗，由大將不足以統一，裨將人人自用，故遇敵輒北。』澠水燕談錄卷二將權分裂，莫為節度，斯則其敝三也。

又如番休更戍之制，則使：『兵不知將，將不知兵，』宋史一八八通考一五三屯重兵於京師，使足抵衡諸道，則軍費日繁。東坡集卷十八定軍制十四真仁之際，國用於以不足，斯則其敝四也。

有斯四敝，而又乘之以遼宋新發於鉶之勢，因而北宋之削弱成。路史國名紀卷信封建後論曰：『天下之枉，未足。

以害理；而矯枉之枉常深，天下之弊，未足以害事；而救弊之弊常大。』（日知錄九藩鎮）顧寧人云：『嗚呼，人徒知藝祖罷節度爲宋百年之利，而不知奪天下之兵與財，其害至於數百年而未已也。』李塨閱史郄視（卷三）云：『顏習齋先生曰，宋主以將得衆心而竊天下；故銷將權，去藩鎮。而不知將縮兵弱，遂至於積衰而喪亡。』——救弊之弊常大，蓋痛乎其言之已。

故北宋號稱承平，而其中自有寧靜苟安與勉求出路之二大運動也。

第四章　寧靜與掙扎

九　書院制度

寧靜者，蓋由臣子地位低落而來，武人低頭而來，印刷昌明而來，國家文治而來；掙扎者，則由民族地位低落而來，武力不振而來，平民地位低落而來，——由寧靜而孕育者，則道學及書院是已，由掙扎而表現者，則荆公變法是已。請先述書院制度。

考有唐書院之制，業見上卷。（中古四十二節）至宋則更盛矣。在唐以前，私人授學之所，名曰精舍。謝承後漢書云：『陳實字仲弓，歸家立精舍，講授諸生數百人。』（御覽一八一）『董春，會稽餘姚人。立精舍，遠方門徒，從學者常數百人。諸生多升講堂，鳴鼓三通，橫經捧手請問者百人，追隨上堂，問難者百餘人，』（御覽四〇四）此卽書院之前身。六朝以還，此風愈盛，僧道又各有精舍，以授其徒，此蓋書院之前身云。

吳曾能改齋漫錄卷四云：『王觀國學林新編云：「晉書孝武帝幼奉佛法，立靜舍於內殿，引沙門居之。因此世俗謂佛寺爲靜舍」。觀國案古之儒者教授生徒，其所居皆謂之精舍。故後漢包咸傳云：『咸住東海立精舍講授』；又檀敷傳云：立精舍講授。又姜肱傳云：盜就精廬求見。注曰：精廬，卽精舍也。以此觀之，精舍本爲儒者設，至晉武立精舍，以居沙門，非有儒釋之別也。」——以上皆王說。余案三國志引江表傳云：「于吉來吳，立精舍，燒香讀道書，制作符水，以療病」。然則晉武以前，道士亦立精舍矣。』吳說釋精舍之起。案曹公亦欲築精舍以讀書。魏志一注 賈長江集有延長里精舍獨居詩，徐星伯唐兩京城坊攷卷四 則精舍之生命又甚長也。

宋時，官立學校，其制固班班可考。如太學生之議論朝政，其事歷歷可舉。如爲徐元杰訟冤者，太學生也：宋史三二四元杰傳 請起李綱黃潛善者，太學生也。宋史四五五陳東傳 劉漢弼之卒也，『太學生蔡德潤等百七十有三人，伏闕上書，以爲暴卒。』宋史四〇六漢弼傳。然私人授學之風，固已不替。曲洧舊聞云：『宋次道龍圖云「校書如掃塵，隨掃隨有。」其家藏書，皆校三五過，居春明坊，昭陵時，士大夫喜讀書者，多居其側，以便於借置故也。當時春明坊宅子，比他處僦直，常高一倍。』舊聞卷四 則私人來學之風也；宋史三三六范鎮傳云：『薛奎守蜀，一見愛之，館於府舍，俾與子弟講學。』則私人聘師之習也。而私塾之設，亦當時所習見者。

魏泰東軒筆錄卷十一：『范文正公在睢陽，掌學，有孫秀才者，索游上謁，文正贈錢一千。明年，孫生復道睢陽謁文正，又贈一千。因問何爲汲汲於道路？……文正曰：吾觀子辭氣，非乞客也。二年僕僕，所得幾何，而廢學多矣。吾今補子爲學職，月可得錢三千，以供養，子能安於爲學乎？孫生再拜大喜。……後十年，聞泰山下有孫明復先生，以春秋教授學者，道德高邈，朝廷召至太學，乃昔日索游孫秀才也。』則私人自行授徒，如今世之私塾者，固亦有之。涑水紀聞（卷二）載李穆，『聞酸棗王昭素先生善易，往師之，昭素喜其開敏。』則私人從學於私人者，亦不少矣。

而書院，則規模較大，立法較細。通鑑（二二一）稱唐元宗開元十一年，置麗正書院，其事不甚可詳。其在北宋，則胡瑗之安定書院，史稱其盛云：『瑗教人有法，科條纖悉備具，以身先之。雖盛暑，必公服坐堂上，嚴師弟子之禮。……從之游者，常數百人。慶曆中，興太學，下湖州取其法，著為令。』（宋史四三二瑗傳）蓋『瑗之弟子千數，別其老成者為經社，』（宋三四四係儒傳）則班級之設，安定蓋已有之。事具宋元學案云。

宋元學案（卷一安定學案）云：『先生昌明正學，以身先之。雖盛暑，必公服坐堂上，嚴師弟子之禮，視諸生如子弟，諸生亦愛敬如父兄。其教人之法，科條纖悉具備。立經義治事二齋，經義則選擇心性疏通，有器局，可任大事者，使之講明六經。治事則一人各治一事，又兼攝一事，如治民以安其生，講武以禦其寇，堰水以利田，算歷以明數是也。』

然北宋書院，猶設治事之齋，其在南渡以後，則純然以書名院，而寧靜之講讀，遂為當日之學風。宋初，有四大書院，曰白鹿洞，曰嶽麓，曰應天，曰嵩陽。南宋之時，書院尤夥，如杜州書院等是，然案白鹿洞之規橅，初不過『緝先儒純固愨實之遺風，復大學離經辨志之始教。』（淳熙六年白鹿洞書院記見呂祖謙東萊集卷六）杜州書院之講堂，不過『有六齋，曰尚德，曰復禮，曰守約，曰慎獨，曰志道，曰養浩。』（全祖望鮚埼亭外編卷十六杜州書院記）白鹿洞講學錄（卷三）載朱子四時讀書歌云：『蹉跎莫遣韶華老，人生惟有讀書好；（春）北窗高臥羲皇侶，只因曾稔讀書趣；（夏）床頭賴有短檠在，對此讀書功更倍；（秋）讀書之樂何處尋，數點梅花天地心；（冬）——』蓋官學與書院，同為寧靜之學而已。

宋史四三四陸九淵傳，載九淵在白鹿洞，講君子喩於義一章，聽者至爲泣下，朱熹以爲切中學者隱微之病；然徒重於講，何益之足云？

蓋南宋之時國難愈益，士子之持敬持靜，亦愈甚。而書院乃益發達。續通考卷五十云：『宋自白鹿石鼓應天嶽麓四書院後，日增月益。書院之建，所在有之。寧宗開禧中，衡山有南嶽書院，掌教有田，育士有田，略仿四書院之制。嘉定中，涪州有北岩書院。至理宗時尤夥。其得請於朝，或賜額，或賜御書，及間有設官者，應天有明道書院，蘇州有鶴山書院，丹陽有丹陽書院，太平有天平書院……』餘不錄 平情論之，設書院以濟科舉之窮，官學之敝，其意不可厚非。獨憾其與道學一齊發達，無非僧侶習靜之所，竟標聖賢絕學之名。時勢愈急，而所教於儒子者，愈空靜而無用。故周密志雅堂雜鈔卷下稗海本云：『嘗聞鄉曲沈子固先生云，道學之黨，名起於元祐哲宗，盛於淳熙。其徒甚盛，蟠結其間，假此以惑世者，眞可以吹枯噓生。凡治財賦者，則目爲聚斂；開閫捍邊者，則目爲麤材；讀書作文者，則目爲玩物喪志。留心吏事者，則目爲俗吏。蓋其所讀書，止四書近思錄通書太極圖西銘及語錄之類，自詭爲絕學，首正心齊家，以至治國平天下。故爲之說曰：爲天地立心，爲生民立命，爲前聖繼絕學，爲萬世開太平。爲州爲縣，爲監司，必須建立書院，或道統諸賢之祠。』——此可以見書院與道學之關係，而於宋之國勢爲功爲罪，固難論定。然介乎南北宋間之書院，其不足以應付民族屈辱之時勢者，則固明甚。

且宋時書院，如安定白鹿洞等等，尙多以私人誠信相孚號召，無官場習氣。宋元學案：『象山在應天書院精舍，學者坐以齒，傅子雲坐末席，象山令設一席於旁，時令代講，或疑之，象山曰：「子雲，天下奇材也。」』及出守荊門，盡以書院事付之』宋史四三四蔡元定傳記韓平原設禁僞學時，捕元定，『朱熹與從游者數百人，餞別蕭寺中。坐客興歎，有泣下者。熹微視元定，不異平時。因喟然曰：友朋相愛之情，季通不挫之志，可謂兩得之矣。』是寧靜之中饒有栩栩生動之意。

其在於元，則書院之長，命之於官。元史選舉志：『凡師儒之命於朝廷者，曰教授，路府上中州置之；命於禮部，及行省等者，曰學正、山長。路州縣及書院置之。路設教授、學正各一員，上中州設教授一員，縣設教諭一員，書院設山長一員。』（元史八十一）則迂腐之學，而又雜之以官僚之習，雖私人所設，在所而有，要與書院初創時之旨趣異矣。

船山宋論（卷三）謂：『眞宗咸平四年，詔賜九經於聚徒講習之所，此書院之始也，嗣後胡安定孫明復起師道，立學者興，以成乎周程張朱之盛。……（然）旣立太學於京師，立儒學於郡邑，……而爲用草茅之士，私立門庭以抗君師，以擅尸其職？使支離之異學，雌黃之游士，熒天下之耳目，而蕩其心！』——船山詆私人設學之非，實誤。考書院之精神，惟在私人講授，無學官冷迂習氣，苟此而不存，則書院眞不如無有矣！妄書所見於此。

一〇 官學與選舉

但書院之制，雖半爲寧靜之代表，猶不如其時之官學，其時之選舉，爲呆板而不適於用也。

考宋初用士，本以詩賦論策帖爲主。（詳宋史一五五選舉志）其制舉則無常科，所以待天下之材。（宋史一五六志）又有律學、武學、書學、畫學、醫學諸科，（均在宋一五七志）而其所重者，尙在善作詩論之進士，善帖墨義之明經。（宋一五五）本已虛靜無用，而又重煩其手續，如禁止挾書入場及口接耳語。（宋史一五五）試官入院，則卽行鎖閣。（歐陽修歸田錄卷三）舉子之文，別加謄錄。（能改齋漫錄一）舉子之名，別加糊名考校，（盧浦筆記三）具詳中古卷中。（節四十）上以斯求，下以斯應，其士子固已如奴隸已；蓋以視夫唐制愈嚴已。王孟涂澠水燕談錄（卷二）云：『進士之舉，本朝尤盛，而沿革不一。開寶六年，因徐士廉伐鼓訴訟，帝覆試，覆試自此始。分甲次，自興國八年王世則榜始。賜袍笏，自祥符中姚曄榜始。賜別科出身，自咸平三年陳堯咨榜始。唱名，自雍熙二年梁灝榜始。彌封謄錄，復校編排，皆始於景德祥符之間。』又云：『唐制禮部試舉人夜試以三鼓爲定。後唐長興，改用晝試。侍郎竇貞固以短晷難成，文字不盡意，非取士之道，奏復夜試。本朝引校多士，率用白晝，不復繼燭，』則科令之嚴，可想見已。

求之狹而督之嚴，故士子有不通古今之病。程史（卷九）云：『歐陽文忠公知貢舉，故事，士子有疑，許上請。……士忽前曰：諸生欲用堯舜事，而疑其爲一事或二事，惟先生幸教之！觀者鬨然，文忠不動色，徐曰，似此疑事，誠恐疑誤，但不必用可也。』曲洧舊聞（卷三）載韓察院言：『元豐初讀舉人試卷，其程文中或有云，古有董仲舒，不知何許人？當時傳者，莫不以爲笑。此與定陵時省試舉子於簾前上請云：堯舜是一事，是兩事，絕相類。』文昌雜錄（卷一）云：『劉莘老言，昔在鄆州，進士李矩赴公試，問里人李演云：堯舜如何，可以對天地否，聞者無不大噱！』——此王安石所以相神宗而一反之以經義取士也。

案胡仔漁隱叢話（前集卷二十九）云『世傳歐陽公掌貢闈，舉子問堯舜是幾種事，公曰：疑事不須用此。或曰：此乃南唐湯悅楊鸞問答，見鄭文寶江表志。』——疑此事流轉久云！

安石相神宗，『罷詩賦帖經墨義，士各占治易詩書周禮禮記一經，兼論語孟子。』（宋史一五五）韻語陽秋云：『荊公深不喜詩賦，有試院中五絕。其一云：少年操筆坐中庭，子墨文章頗自輕，聖世選才終用賦，白頭來此試諸生。作詳定官後有詩云「童子嘗誇作賦工，暮年羞悔有揚雄。當年賜帛倡優等，今日論材將相中。細甚客卿因筆墨，卑於爾雅注魚蟲。漢家故事真當改，新咏知君勝弱翁！」』阮閱詩話總龜後集三七引 安石既蚤非詩賦取士，因而唐以來思用經義試士之潛意義現於行事矣。

朱子語類一百二十八云『學究，即唐之明經也。進士科，則試文字學究科，則試墨義。有才思者，多試進士科；有記性者，則應學究科。凡試一大經，兼一小經。每段舉一句，令寫上下文，以通不通爲去取……但未必曉文義，正與和尚轉經相似。又有司待之之禮，亦不與進士等。進士入試之日，主文者設案焚香，垂簾講解。至學究則撤幕以防傳遞，其法極嚴。有渴至飲硯水因而黥其口者，當時以爲笑。歐公亦有詩云焚香禮進士，撤幕待諸生。此荊公所以惡而能之。』雖然，荊公所以惡詩賦而專用經義者，則亦有歷史之背景焉。通鑑二四四稱唐文宗時『上患今世文士，不通經術，李德裕請依楊綰議，進士試論議，不試詩賦。』亦見舊唐二九楊綰傳 則用經義以取士其由已久。

然於士子之不能應世，經義取士，果有濟否？陳師道後山談叢後山集二十一云：『王荊公改科舉，暮年乃覺其失。曰：本欲變學究爲秀才，不謂變秀才爲學究也。蓋舉子專誦王氏章句，而不解義，正如學究誦注疏耳。』是安石晚年蓋亦悔之。終宋之世，經義與詩賦，究爲何者宜於取士，實不易置答云。

李心傳建炎以來朝野雜記甲集十三云『祖宗以來，但用詩賦取士。神宗重經術，遂廢之。元祐兼用兩科，紹聖又廢詩賦。建炎三年，王唐公爲禮部侍郎，言復以詞賦取士。自紹興二年科場始。曾侍御統，請廢經義，而專用詞賦，上意向之，呂元直不可而止。十三年，國學司業高抑崇建言士以經術爲本，請頭場試經義，次場試詩賦，末場試子史論時務策各一。十五年，詔經義詩賦，分爲兩科，於是學者競習詞賦，經學寖微。二十年，多上諭沈守約曰：恐數年之後經學遂廢。明年二月，詔舉人兼習兩科。三十一年，言者以爲老成經術之士，強習詞章不合聲律，請復舍科取士。仍詔經義合格人有餘材，許以詩賦不足之數通取，迄今不改！』——可見變革紛然，而終於不得擇善以從也。

取士不足以應世變，則學校之制，亦須因時而更定焉。國子監之在宋初本無定員。宋志一五七 至神宗熙寧四年十月，中書省言：『近制增廣太學，益制生員，除主判官外，直講以十人爲額，每十員共講一經，委中書選差。其生員分三等，以初入學者爲外舍，不限員；自外舍昇內舍，內舍昇上舍，上舍以百員，內舍以二百員爲限。』李燾續通鑑長編三二七 至元豐二年『太學有齋舍八十，齋容三十人，外舍生二千，內舍生三百，上舍生百，總二千四百。』續長編三〇一 此蓋有近於今世班級之制，而足以破除考試制度爭一日之短長之弊也。

宋史一六五職官志，謂諸生始入學在外舍，後昇內舍。凡內舍行藝與所試之等俱優者，爲上舍。國子監條 ——然則三舍之制，頗似今日之學校升級，蓋頗可捄科舉憑文之窮！又一五五選擧志云：『王安石謂古之取士俱本於學，請興建學校以復古。』是三舍之制，原爲捄科舉之弊來也。

然三舍之法，不過思於寧靜中略得改革士風，又豈無弊者哉？呂祖謙宋文鑑卷六十載王岩叟請罷三舍法疏云：『自三舍之法立，雖有高行異材，未見能取而得之，而犇競之患起；犇競之患起，而賄賂之私行；賄賂之私行，而獄訟之端作，獄訟之端作，而防猜之禁嚴；博士勞於簿書，諸生困於文法。……臣竊謂……不必於科舉之外，別開進取之多歧，以支離其心而激其爭端，使利害得失日交戰於胸中。』蓋聚士於一處名曰『三舍』，而責其應選舉之求，則爭激乃愈甚於科舉，此實選舉制度之不善，而非三舍法之不善也。

宋史一六五國子監謂熙寧立三學，『總二千八百人，隸籍有數，給食有等，庫書有官，治疾有醫。』可與今制對比。其後新舊黨爭，多陷意氣，如蔡京『罷科舉法，悉倣太學三舍法。』宋史京傳陳善捫蝨新話云：『崇觀三舍，一用王氏之學，文字語言習尚浮虛，千人一律。』卷十一則以制度為政爭之具，更不必論其與科舉之優劣已。

宋南渡後，太學三舍法仍通行。趙昇朝野類要卷二云：『入外庠宗學者，皆外舍生；公試中等，即依例陞補內舍。』『內舍校定分數，入二年一試，陞上舍。』『上舍試中優等者，釋褐，以分數多者為狀元。其名望重於科舉狀元。』可知宋之三舍與常科，正如清季之學堂與常科，同為登用人材之制。惟宋重三舍，清季則尚右科試而左學校卒業者耳。

平情論之，三舍與科舉之制，其利弊不在乎制度之本身，而在乎學科之頒定。三舍學經義，科舉試經義，率天下之聰明才智，而試之以無用之科，拱手以求其為孔孟立言。學士之心誠靜而拘於書矣；然而無如世變何也。但觀宋亡時，三學之制，可以見當時之科舉與學校，均教人以寧靜也。

吳自牧夢粱錄卷十五記宋季臨安學制，『太學有二十齋，扁曰服膺、禔身、習是、守約、存心、允蹈、養正、持志、節性、率履、明善、經德、循理、時中、篤信、果行、務本、貫道、觀化、立禮十七齋扁，俱米友仁書。餘節性、經德、立禮、各扁、張孝祥書。……紹興間，太學生員額三百人，今爲額千七百十六。以上舍三十人，內舍三百六人，上舍千四百人，國子生員八十人……日供飲膳，爲禮甚豐……於此見平日朝廷教士之厚，而平時教養之功，所以爲他日大用之地也。』——他日有何用，徒以供賈似道之利用耳？（詳周密志雅堂雜鈔卷下）

二　道學

科舉及三舍寧靜而不足捄世，而道學則靜之源矣。亦北宋之始所產焉。宋史（四二七）道學傳敍云『道學之名古無是也。……至宋中葉，周敦頤出於舂陵，乃得聖賢不傳之學，作太極圖說通書，推明陰陽五行之理，……張載作西銘，又極言理一分殊之情，然後道之大原出於天者，灼然而無疑焉。仁宗明道初年，程顥及弟頤實生，及長受業周氏，已乃擴大其所聞。』道學之來由如斯。惠棟松崖筆記（卷三）云：『梁元帝譔孝德傳，道學傳，道學者道家之學也。宋史以周程張朱入道學傳，誤襲其說，而濂溪之太極，朱子之先天，實皆道家之學。』道學之眞相如斯。濂溪者，周敦頤也。蓋長於神宗國家多難之世，而實與王安石同時者。二程其弟子焉。

仁宗神宗之世，正北宋掙扎求生之時，而周子適出，其弟子二程適與荊公更法同時，讀史者可以睹世變矣！

蓋自六朝隋唐以來，三教之勢常鼎立而莫相上下。（中古卷三十七節）時方粗平，（雖外患甚烈）調和夾雜，固宜有由云。唐人重佛，而宋初未嘗不重佛，冷齋夜話（卷十頁八）云『朱世英言余昔從（王）文公（安石）定林，數夕聞所未聞。……曰成周三代之際，聖人多生儒中，兩漢以下，聖人多生佛中。』故宋史（二四二）記太祖后孝明晨起讀佛書也。

考道學之學確有出於佛者。二程者，史稱其『年十五六時，其弟正叔聞汝南周茂叔論，慨然有求道之志。泛濫於諸子，出入於老釋者數十年，反求之六經，而後得之。』（宋元學案卷十三明道學案，宋史四二七道學傳）此其徵也。朱熹因之，愈可見已。也。

陳亮龍川集（卷十六）跋朱熹送郭秀才敘後：『晚得從新安朱元晦游，見其於陰陽卜筮書畫技術，皆世所有而未易去者，皆存而信之，豈悅物而不留於物者固若斯乎？』陸雲錦芝園雜記（卷四）朱子注書有原本云：『虛靈不昧，出大智度論；不可限量，出華嚴經；物我之理，固有之性，心之體用，吾心正而天地之心亦正，活潑潑地，皆出佛書。』——果如所言，宋儒之由甚明，無怪乎劉祈歸潛志（卷九）述李屏山語，謂伊川諸儒竊我佛書

更有出於道者，張端義貴耳集（卷下頁二十三）云：『濮上陳搏，以先天圖傳种放，放傳穆修，修傳李之才，之才傳邵雍。放以河圖洛書傳許堅，堅傳范鄂昌，鄂昌傳劉牧修，牧修以太極圖傳敦頤，敦頤傳二程。濂溪得道於異僧壽涯，晦庵亦未然其事以異端目之。』陳搏等人蓋道教之流，而宋儒之師也。異日朱子之注參同契，蓋不能與魏伯陽絕緣，而伯陽則道家也。（詳四庫提要一四六）

案太極圖者本卷二節已引曝書亭集（五十八）有太極圖授受考。至河圖洛書，其源非出於儒家，事亦至明。紀昀槐西雜志（卷一）論之云：『世傳河圖洛書，出於北宋，唐以前未見也。河圖作黑白圈五十五，洛書作黑白圈四十五。考孔安國論語注，稱河圖即八卦。（孔氏注今佚，此乃何晏集解所引）是孔門本無此五十五點之圖。陳搏何自而得之？至洛書既謂之書，當有文字，乃亦四十五圈，與河圖相同。是宜稱洛圖，不宜稱書。……劉向劉歆班固並稱

洛書有文。孔穎達正義，併詳載其字數。雖所說字數不同，而足見自漢至唐，洛書無黑白點之僞圖也。』此中情節，朱子亦微認之。文集三十八答袁樞仲問易云：『此非熹之說，乃康節之說；非康節之說，乃希夷之說。但當日諸儒既失其傳，而方外之流轉相付受以爲丹灶之術。至於希夷康節，乃反之於易，而後其說始得復明於世。』是朱子謂道學受道家之所遺，豈不明哉？

至於承受儒教之名，蓋可莫論。全祖望鮚埼亭集外編三十一題眞西山集云：『臨川李侍郎穆堂類稿譏其眞西山沉溺於兩氏之學，此豈有聞於聖人之道者。……兩宋諸儒門庭徑路，半出入於佛老。然則其不能攘斥佛老，固其宜耳。』——蓋儒其名而釋道其實，宋儒之謂乎！

今考其所用之工具，一則曰易也。以其玄焉，袁本晁公武郡齋讀書志云：『程氏易十卷，皇朝程頤正叔譔。朱震言頤之學出於周敦頤，得之於穆修，亦本於陳摶，與邵雍之學本同。然老歐之解不及象數，頗類胡瑗。』景迂云：胡武平周茂叔同師潤州鶴林寺僧壽涯，其後武平傳其學於家，茂叔則授二程，與震之言不同。』卷一上——自有易，而陰陽等無稽之談，可以文託於其上矣。

二則曰學庸也。學庸二篇本戴禮之文，惟與語孟比較，則玄虛爲甚。故宋儒特提而出之，尊而奉之。朱子黃州二程祠堂記文集八〇云：『先生之學，以大學論語中庸孟子爲標指，而達於六經。使人讀書明理，以誠其意，正其心，修其身，而自家至國，以及於天下。其道坦而明，其說簡而通，其行端而實，蓋將有以振百代之迷而納之聖賢之域。』此其徵焉。

十駕齋養新錄十八道條云：『中庸，言道之書也，曰天命之謂性，率性之謂道。蓋道本於天也。又曰天下之達道五，君臣、父子、夫婦、兄弟、朋友之交。是道不外於五倫也，故曰道不遠人，又曰道也者，不可以須臾離也……孟子曰：夫道若大路然，豈有索之虛無以爲道者哉？』蓋宋儒利用中庸，言性言道，非先秦儒家之舊也。

其三，則雜糅夾雜，如無極太極之說。考『韓康伯注易「一陰一陽之謂道」云：道者何，無之稱也。其注太極云：夫有必生於無，故太極生兩儀也。正義中之云：太極謂天地未分之前，元氣混而爲一，即是太初太乙也。老子云：道生一，即此太一也。混沌既分，即有天地。故曰太極生兩儀，即老子云：一生二也。晉人以老莊說易，後儒知其非，而終不脫此窠臼。』養新錄十八 ——道本在邇，而宋儒說之遠已。

無極太極之理，生平不甚解，亦不求甚解，即通書西銘，姑亦略之云。

以此爲體，則其用相何似，以今考之，蓋有四者。

一曰迂腐。沈作喆寓簡卷五論：『二程之學，自有佳處……其實土木偶也，而盜一時之名。……劉元城言：哲宗嘗因春日……自起折一枝柳，程頤爲說書，遽起諫曰：方今萬物生榮，不可無故摧折。哲宗色不平，因擲棄之。溫公聞之不樂。謂門人曰：使人主不欲親近儒生者，正爲此等人也。』此其徵也。

二曰向裏。程子釋窮理云：『誦詩書，考古今，揆人事，反復研究而思索之，求止於至善，蓋非一端。』二程粹言卷一 朱子答竇文卿書云：『爲學之道，只在着實操存，密切體認，自己身心上理念，切忌輕自表襮，引惹外人辯論，枉費應酬，分卻向裏工夫。』朱子全書卷三 因之而有半日讀書半日靜坐之謬論生已。

三則曰主敬。程子謂『主一之謂敬，所謂一者，無適之謂一。且欲涵泳主一之義，一則曰無二三矣。言敬，無如聖人之言易所謂敬以直內，義以方外。須知直內乃是主一之義。至於不敢欺，不敢慢，內不愧於屋漏，皆是敬之事也。』二程遺書卷十五 朱子則明示及門曰『敬以直內，是持守工夫。義以方外，是講學工夫。』全書卷二十八 程朱之說如斯，不才者得以自文矣。

邵博聞見後錄卷十云：『紹興以來，趙元鎮好伊川之學。元鎮不識伊川，士資以進。反用妖妄，眩惑一世。每拱手危坐，竟日無一言；或就之，則曰吾方思誠，姑去；爲姦爲僞者，十人而九。』主敬之所致如斯。

而最後所以統攝三者者，則靜也。程明道言『性靜者可以爲學。』宋元學案十三 『伊川每見學者能靜坐，便歎其好學。』鶴林玉露卷三 其弟子楊時因有師門立雪可笑之事。宋史四二七時傳 朱子述程子故事云『用功處伊川言之詳矣。但莊齊整肅則心便一；一則自無非僻之干。』而朱子本人嘗『問伯羽如何用功，曰且學靜坐，痛抑思慮。』宋元學案卷四十八 豈待末流之弊，固已陷惡道矣。

羅大經鶴林玉露卷六 引『南軒言，符離之役，諸軍皆潰，惟存帳下千人。某終夕傍皇，而先公方熟寢，鼻息如雷。』可笑已！

於是乎，而有玩物喪志之說：謝良佐『學於河南程夫子之門，頗以該洽自多。講貫之間，旁引傳記，至或終篇成誦。夫子笑曰：子可謂玩物喪志矣。先生聞之，爽然自失，面熱汗下。』朱子文集八〇上蔡祠記 而有薄鄙事功之說。『（二程）……之學，其視一時之事業，詞章、論議、氣節，所繫孰爲輕重，所施孰爲短長，當有能辨之者？』同上八〇二程祠記 故二程在時，才氣橫溢之人，多致其不滿。吾曹因世論人，在北宋杌隉不安之日，忽有如此等儒衣儒冠之僧道，亦當爲北宋歎不幸者也。

故程子當日，已爲人所輕薄。元祐之初，時人有『五鬼十物十八姦之號。』詳李燾續通鑑長編四〇五 吳曾能改齋漫錄卷十東坡詆程頤條云：『東坡才氣高，一時未肯下人。故自言疾程頤之姦，見公奏議。又詆程為糟麋陂里叔孫通，見孫君孚談圃。然議者以為過。』張端義貴耳集云：『司馬溫公薨，東坡欲主喪，遂為伊川所先。東坡不滿意，伊川以古禮斂，用錦囊囊其尸，東坡見而指之曰：欠一件物，當寫作信物一角，送上閻羅大王。東坡由是與伊川失歡。』卷上頁二十二學津討原本 是道學初起之時，不能滿人意如斯。

李燾續長篇三百七十三元祐元年 引劉摯言『若夫紛紛之論，致疑於頤者，非獨如臣言也。直以自古以來，先生處士，皆盜虛名，無益於用，若頤者特以迂闊之學，邀君索價而已。』是程氏並世之人，雅有疑之者。參本卷十四節

道學功罪本可不論，惟在北宋緊張之秋，發為性理恬靜之說，其不足以匡捄時艱，自令人不能無憾已。故崔銑後渠漫記卷三明人小說本 引謝枋得言『宋亡於道學大明之日』，責賢者備，非無以夫！

二　神宗熙寧前之時世

道學起於宋初，盛於英神之際。神宗之立，自太祖歷太宗眞仁以至神宗熙寧元年，九六〇—一〇六八 蓋百餘年也。此百餘年者，當寧靜而無所事事？抑當掙扎以求出路哉？蓋國家民生之所需，熙寧前後，固非袖手以談性命之時。

其一，則軍備不修也。

歐陽修歸田錄卷一頁六云：『李漢超為齊州防禦使，……關南百姓，詣闕訟漢超貸民錢不還，及掠其女為妾。太祖召百姓入見，徐問曰：「自漢超在關南，契丹入寇者幾？」百姓曰：「無有也。」太祖曰：「往時契丹入寇，邊將不能敵，河北之民，歲遭刼虜，汝於此時，能保全其資財婦女乎？今漢超所取，孰與契丹之多？」』可徵一代眞龍，畏敵似

虎，其後嗣蓋益有甚。石晉以『幽薊十八年陷北虜，（至宋時）幾二百年。豪傑之士每每歎嗟而痛惜。』澠水燕談錄卷十

顧寧人云：『宋以金幣和戎，張元一浮薄亡命爾，一佐元昊卽舉世不能一禦，其武備胥可知也。』郡國利病書六十二陝西八葉

水心云：『天下之弱勢歷數古人之爲國無甚於本朝者。眞宗之末，仁宗之初，契丹守和約者三十八年。趙德明亦三十年。文恬武嬉，舞蹈太平，不見其爲弱也。及元昊始叛，章得象毅然憤其小醜，欲翦滅之，立論必於不赦。旣而屢出屢敗，潼關以西人無固志，而契丹遂擁兵境地，以邀索周世宗之故地。使富弼重爲解之，然後乃已。然後形勢大屈，而天下皆悟其爲弱症矣。』水心集五紀綱三 名臣傳雖云：『仲淹與韓琦協謀，必欲收復靈夏橫山之地。邊人謠曰：軍中有一韓，西賊聞之心骨寒，軍中有一范，西賊聞之心破膽。』朱子五朝名臣言行錄七之二引 亦當日諛辭爾，非信史也。

馮辰恕谷年譜卷五 引惲皋聞與恕谷書云：『生平讀書善疑，見有宋韓范司馬諸公，聲光震煜，居然大人。而國勢厭厭，日就迫蹙，以成靖康之禍。竊謂西賊破膽之謠，中國復相司馬之戒，直是當日諛辭，全無實驗。』有是哉，其言也。中國復相司馬見名臣言行錄七之二

其二，則國用困疲也。

熙寧四年，東坡上神宗萬言書云：『我仁祖之御天下也，持法至寬，用人有敍。專務掩覆過失，未嘗輕改舊章。然考其成功，則曰未至；以言乎用兵，則十出而九敗。以言夫府庫，則僅足而無餘。』東坡集二十四眉州本 僅足無餘，蓋猶美言之云。知水心文集卷五財總論二第 所言，則洞若觀火矣。

水心財總論云：『唐末藩鎮自擅，財賦散失，更五代而不能收。……故太祖之削藩鎮，以執其財用之權，爲最急。旣而僭僞次第平一，諸節度伸縮惟命，遂強主威，以去其尾大之患者，財在上也。至於太宗眞宗之初，

用度自給，而猶不聞以財爲患。及祥符天禧而后，內之畜藏稍已空盡，而仁宗景祐明道，天災流行，繼而西事暴興，五六年不能定。夫當仁宗四十二年號爲本朝至平極盛之世，而財用大乏，天下之論擾擾，皆以財爲慮矣。是以熙寧新政，重司農之任，更常平之法，排兼幷，專斂散，興利之臣四出。』——熙寧以前，財用之匱可見。

其三，則民生病苦也。

蓋宋初之民，苦於力役者一，『或棄田與人，以免上等，或非命求死，以就單丁。』（宋志一七七）苦於貧窮者一，元祐初上官均言：『天下之民，十室之中，貧用匱乏者十之六七。』（續長編三六七）苦於地主者一，鄭俠西塘集（卷四王孺人墓志）云：『熙寧元豐之交，里中薦饑，富民閉廩，以高其糴。』斯伊川所以致慮於瓦解，荊公所以痛惡乎兼併也。

安石變法前十八年，（皇祐二年）伊川上仁宗書云：『今天下民力匱竭，衣食不足，春耕而播，延息以待。一歲失望，便須流亡。……國家財用又多不足。……臣觀京師緣邊，以至天下，率無二年之備。卒有連歲凶災，如明道中，不知國家何以待之？坐食之卒，計逾百萬，強敵乘隙於外，姦雄生心於內，則土崩瓦解之勢，深可虞也。』（伊川集一，兩程遺書本）臨川集（卷四）兼幷云：『三代子百姓，公私無異財。人主操擅柄，如天持斗魁。賦予皆自我，兼併乃姦回。後世始倒持，黔首遂難裁。秦王不知此，更築懷清臺。禮義日已偷，聖經久塵埃。』又（卷十二）感事云：『賤子昔在野，心哀此黔首。豐年不能食，水旱尚何有？雖無剽盜起，萬一且不久。特愁吏之爲，十室空八九。……取貲官一毫，姦桀已云富。彼皆方怡然，自謂民父母。』則姦富之困民，又何加焉。

其四，則曰政事萎沉也。

考仁宗以後，英宗已欲更法奮起，劉元城云：『天下之法，未有無敝者。祖宗以來，以忠厚仁慈治天下，至於嘉祐末年，天下之事似乎紓緩委靡不振。』三朝名臣言行錄六之二 朱子云：『且是仁宗朝，是甚次第時節。國勢却如此緩弱，事多不理。英宗即位，已自有性氣要改作。但以聖躬多病，不久晏駕，所以當時謚之曰英。』語類一三〇 蓋趙普之大甕，李沆之無口瓠，至英神之際，而其敝見矣。

鶴林玉露卷十一『趙韓王爲相，置兩大甕於坐屏後，凡有人投利害文字，皆置其中，滿即焚之於通衢。』文瑩續湘山野錄云：『李相沆嘗被同年馬亮責之曰「外議以兄爲無口瓠。」公曰「吾居政府，然無良才。但中外所陳利害，一切報罷，聊以補國爾。」』頁二六津逮本 葉水心云：『自景德以後，王旦王欽若以歌頌功德撰次符瑞爲職業，上下之意，以爲守邦之大猷，當百世而不變，蓋古人之未至，而今人之獨得也！』水心集五紀綱二 蘇子由云：『眞宗初即位，李沆爲相，帝雅敬沆，嘗問治道所宜。沆曰：不用浮薄新進喜事之人，此爲最先。』龍川別志上 此足見太宗眞仁號爲極盛之宋之政治也。

以故神宗熙寧以前，西夏契丹倔強之時，變法更法，雅爲時代要求。范仲淹云：『國家革五季之亂，富有四海，垂八十年。綱紀法度，日削月侵，官壅於下，民困於外，不可不更張以捄之。』文正奏議上應詔條陳十事 東軒筆錄云：卷九『歐陽公自歷官至爲兩府，凡有建明，詞意堅確，王荆公嘗歎其可任大事。』東坡集四十五道光壬刊本 上富相書云：『自明公執政，而朝廷之間，習爲中道。……軾之不肖，竊以爲天下未治，兵之未振，財之未豐，夫天下之有望於明公，而未獲者，其或由此也歟？』朱子語類曰：『子由初上書，煞有變法意；只因當時非獨荆公要如是，諸賢都有變更之意。』又云：『熙寧變法，亦是勢當如此。凡荆公所變更者，東坡亦欲爲之。及見荆公做得紛擾狼狽，遂不復言，卻去攻他。』上兩

同見語類一三〇 考程明道於熙寧二年，論王霸之辨云：『或謂人君舉動，不可不愼，易於更張，則爲害大矣。臣獨以爲不然。所謂更張者，顧理所當耳。……豈若因循苟簡，卒致敗亂者哉？……願陛下奮天錫之勇智，體乾綱而獨斷，霈然不疑，則天下幸甚。』明道文集卷二 ——蓋當時有名諸公，大抵思因弊而更法，荊公上百年無事劄子，正緣神宗思有所爲，王安石乃起而謀『解吾君之憂』也。

臨川集四十一 有荊公上神宗本朝百年無事劄子云：『一切因任自然之理勢，……上下偷惰，取容而已。……故雖儉約，而民不富，憂勤而國不強。』是荊公變法，爲針對敵強、國困、民貧、政萎、四大問題而來。而神宗爲人『至神廟即位，富於春秋，天資絕人。是時見兩蕃不服，及朝廷州縣，多紓緩不及漢唐全盛時。每與大臣論議，有拂然不悅之色。當時執政從官中以爲方今天下，正如大富家上下和睦，田園開闢，但屋宇少修飾，器用少精巧，僕妾樸魯遲鈍。但有鄰舍相侵侮，不免歲時以物賂之，其來已久。……遂不敢承當上意，改革法度。獨金陵揣知上意，以一身當之。』三朝名臣言行錄六之二 ——於是而熙寧掙扎之變法來已。老泉嘉祐集卷十六上韓舍人書云：『方今天下雖號無事，而政化未清，獄訟未息，賦斂日重，府庫空竭，而大者又有二虜之不臣。天子震怒，大臣憂恐，自兩制以上，皆宜苦心焦思，求所以解吾君之憂者。』荊公蓋爲解吾君之憂而來也。

一三 熙寧更法

故自宋興（九六〇）至神宗熙寧元年（一〇六八）已屆百年；而王安石更法之事起。安石以嘉祐三年（一〇五八）上萬言書，以爲財力困窮，風俗衰壞，患在不知法度耳。神宗熙寧元年，召安石入對，二年，拜參知政事，以經術經世『於是設制置三司條例司，……而農田水利、青苗均輸、保甲、免役、市易、保馬、方田諸役，相繼並興，號爲新法。』以上摘錄宋三二七安石傳 ——以今論之，蓋應世變之掙扎也。

蓋新法之作，有基於作興人材者，三舍及經義取士是已。詳前本卷第十節 有基於強兵者，保甲是已。保甲者民兵也。宋史安石傳 蓋自太祖盃酒釋兵權後，屯重兵於京師，以抗衡諸道，則軍費日繁。詳本卷第八節參王仲言揮塵餘話一頁二五——三一 故更法之前，『韓魏公在中書，同列議養兵之弊，無術以革之。魏公沉思良久，曰：「養兵雖非古，然積習已久，勢不可廢。」』沈作喆寓簡卷五 東坡集卷十八定軍制進策十四云『兵農異處，兵不得休而爲民，民不得息肩而無事於兵者，千有餘年，而未有如今日之極者也。……秦漢以來，天下何其殘敗之多耶？其弊皆起於分民而爲兵。……近歲以來，募兵之多，無如今日，然皆老弱不教，而衣食之費，百倍於古。』——故安石以民兵矯之。朱子語類一三○云『京畿保甲之法，荊公做十年方成。至元祐時，溫公廢之，深可惜。蓋此是已成之事，初時人固有怨者，後來做得成，想人亦安之矣。卻將來廢了，可惜！』蓋荊公保甲之制，固自有其背景，及成功也。

有基於練武者，保馬是也。保馬者，民牧官馬也。王安石傳 考古時民原牧馬，『馬以駕車。』左昭二五年正義 故論語稱有馬者借人乘之，國策亦稱『衞人迎新婦，婦上車，問驂馬誰馬也？』衞策七 漢時始有官馬之制，然猶不廢民馬。徐彥登歷代茶馬奏議卷一 自唐以來，馬常仰給於蕃，故宋初余靖上言：『近自西賊不庭以來，買馬數少不足。此蓋中國久墮馬政，故不能蕃息。』宋祁亦言『今議者但欲益兵破賊，不知無馬，且不能爲兵也。』同見茶馬奏議卷一 ——此安石保馬之制之所由作也。

文彥博曾反對保馬，以爲『戶配一馬，繫之維之，皆可蕃息乎？既不蕃息，則後將可繼乎？』奏議卷一 然大元馬政記，言官括民馬；百二十五 明時邊鄙之地，亦曾定『均給俵夫牧養之規，上戶領騍馬二匹，中戶領騍馬一匹，下戶只領兒騍馬一匹。』奏議卷二 則保馬之政，亦未必不可行也。

其基於富國者，均輸，和買，市易，是也。

均輸者，令官測京師所缺，度貴賤遠近，以上供也。王安石傳 此其法，桑宏羊蓋已行之於漢。史記平準書 史稱其節制富商大賈，民不益賦而天下用饒。唐時，劉晏亦行之：舊唐一二三劉晏傳『自諸道巡院距京師，募捷足置遞相望，四方物價之上下，不四五日知。故食貨之重輕，權在掌握，朝廷獲美利而天下無甚貴賤之憂。』晏傳 ——蓋以奪富商壟斷之利焉。

和買者，貸款於民，而預買民之製造品也。『眞宗祥符初，王旭知穎州，値飢歲，嘗出款貸民，而翌年官收其絹。其後李士衡行之陝西，民以爲便。』詳吳曾能改齋漫錄卷十二 王絲爲縣令，亦以歲歉，貸公款於民，而於翌年收其絹。詳范文正集四王絲墓表 蓋以救工商之窘焉。

市易者，則有二義：一則官貸錢於商人，出息什之二。安石傳 一則『審知市物之價，賤則增價市之，貴則損價鬻之，因收餘息以給公上。』宋一八六志 ——以前者言，曾鞏知越州『歲飢，度常平不足贍，……風富人自實粟，視常平價，稍增，以予民。……』宋三一九曾傳 以後者言，則魏泰東軒筆錄卷四云：『天下之財匱，良由貨不流通；貨不流通，由商賈不行。商賈不行，由兼併之徒巧爲挫折。故朝廷設市易司於京師，以售四方之貨，常低昂其價，使高於兼併之家，低於倍蓰之直，而官不失二分之息，則商賈自然無滯矣。』——審是道也，亦可行也。

案水心集卷四財計上云『當熙寧之大臣，慕周公之理財，爲市易之司，以奪商賈之贏。分天下以債，而求取其什二之息。曰：此周公泉府之法也。天下之爲君子者，又從而爭之曰：此非周公之法也……然而其法行而天下終以大敝。』——水心所斥，公賣式之市易耶？銀行式之市易耶？有鑒於宋時兼併之烈，則兩者，寧非當必行乎。

富國，而外新法而有基於便民者，方田、免役是也。

方田之制，蓋以四到各千步歲量其肥瘠而定稅。宋安石傳 蓋自唐兩稅制後，均田不能，故爲均稅。安石以前，歐陽修爲滑州通判時書丞孫琳，已行其法。事詳徐度卻帚編下頁十二 時在仁宗慶曆二年。歐氏曾有論方田均稅劄子，以爲『公私皆利，簡當易行。』文忠集百三 ——是此法亦饒有歷史之背景者。東坡文集卷九策別四云：『今夫一戶之賦，官知其爲賦之多少，而不知其地之幾何？如是其增損出入，惟其意之所爲。官吏雖明，法禁雖嚴，而其勢無由以止絕。』則方田均稅，固有必要云。

免役之制，即廢除以前差役之制，令民出錢雇役，使役者自役農工自農工以分其業。宋安石傳 考差役之弊，宋史食貨志明言之。如『韓絳言聞京東民有父子兩丁，將爲衙前役者，父告子曰：吾當就死，使汝曹免於凍餒。』則免役之行，使人但出錢雇游手以充役，不亦便於人乎？且宋史七一七 原言里正衙前以賠累破家，『嘉祐中欲稍乃命募人充役』已。明夷待訪錄晉史 云『宋時差役，……衙前以主官物，……戶長以督賦稅，……丁壯以逐捕盜賊，……手力散從以供驅役……。』此等事，似非有專業不可。若一一差用，自能勞民。故荊公未秉政前，韓琦已言『州縣生民之苦，無過於里正衙前』已。詳宋一七七志

便民之外，而又有捄民於兼併之中者，青苗是已。

青苗之法，蓋於秋收以前，官貸錢與農，及其稔而還之。宋安石傳及一七六志 安石先爲鄞令，（慶歷三年）『瀕海民采捕爲生，貧田貸豪右金，得乘機重息之。安石特出官錢，輕息以貸，至秋則田畝之入，安然足償。』光緒鄞縣志二十五名宦傳 蓋試之前而有效者。周煇清波別志下頁一九 云：『陝西兵興時，經略使貸三司錢以佐軍……李慶程權慶州，鈎考得所貸八萬緡，悉償之，遂令廢其庫，視民缺乏之時，令自總度穀麥之入，預貸官錢。至穀麥熟，則償，謂之青苗錢。數年後，軍食常有餘。其後青苗法，蓋取諸此。』此則稽之昔而有徵者。——日後南宋朱熹，有建陽社倉記朱文公集七十九 云：『紹興某年，歲適大祲，姦民處處羣聚，飲博嘯呼。……邑名士魏君爲言於常平使者袁侯，得米若干斛以貸。於是物情大安，姦人自折。及秋將斂，魏君又請築倉長灘，廢置之旁，以便輸者。且爲後日凶荒之備，毋數以煩有司。自是歲小不登，即以告而發之。如是數年，三里之人，始得飽食安居，以免於震擾夷滅之禍。』周密癸辛雜識後集五十一 云：『朱元晦平生議論前無古人。獨廟議以僖祖東向，及社倉二事，與王介甫正同，殊不可曉。』——然則青苗之制，蓋亦垂諸後而不廢者矣。

青苗與社倉，固略有不同。朱子文集七十九 金華社倉記云：『以余觀於前賢之論，而以今日之事驗之，則青苗者，其立法之本意，固未爲不善也。但其給之也以金，而不以穀；其職之也以官吏，而不以鄉人士君子；……是以王氏能以行於一邑，而不能以行天下。』可知在原則上言之，朱子固許贊青苗法者。『呂本中雜說云：神宗病甚，不能言。宣仁謂曰：我欲爲汝改某事某事，凡二十餘條。神宗皆點首應。獨至青苗法，再三問，皆不應。』李燾續長編三八四元祐元年八月條引 足見神宗之篤信青苗，青苗至高宗建炎元年，始明詔停放。宋史二四 行之幾六十年。熙豐間之爭青苗，始爲私人意氣之爭？不然，害民之法，何以可延至六十許年之久乎？

李日華六硯齋筆記云：『王介甫字吾浙之鄞，鄞濱海，其民多夏乘筏采捕爲生。有田率在田麓，故民得指田爲質，以貸豪右之金。而豪右得乘機重息之。介甫特出官錢，輕息以貸，至秋則田畝之入，安然足償。所謂青苗法也。於鄞實善政，及爲相，必欲推而徧之於天下，非矣。鄞人至今德之，立祠陀山下，神亦甚靈。』（卷二頁三三）是青苗本無可議。林槩爲仁宗康定時人，勸民養馬，又請士民爲兵，（宋四三二槩傳）是保甲之制，安石以前有之。仁宗時嘗命石曼卿籍鄉兵，（宋四四二石延年傳）是鄉兵之制，安石以前有之。當時韓濤定減役之計，（宋三三〇濤傳）是免役之法，尤非安石所創者。（漢書昭紀元鳳四年有「過更」之制，尤與免役似）仁宗時，丁度『請令民畜一戰馬者免二丁。』（宋二九二度傳）皇祐時葉清臣亦言監牧之敝，賦馬於民之得。（宋二九五葉清臣傳）是保馬之制，固非安石所能創者矣——然則所謂新法，固非突然而來。

船山宋論（卷六熙豐新法條）謂經義、保甲、保馬、免役，宋後迄不能廢。然如青苗法者，在南宋即有社倉。朱子文集（七十九）建陽長灘社倉記，已言其利；則似亦可垂諸後者。

然安石變法，原以恢宏弱症爲主，故熊本興瀘渝之役，（詳宋三三四本傳）章惇發梅山之師；（宋四七一惇傳）王韶主熙河之役。（宋三二八韶傳）後者針對外患。邵伯溫云：『熙寧初，王荊公已有寵，勸帝用兵，以威四夷。於是用王韶取熙河，以斷西夏右臂。又欲取靈夏，以斷大遼左臂。』（聞見前錄卷五）是已。前者則開啓荊榛。王夫之云：『章惇之邪，灼然無待辨者。……然而澧沅辰靖之間，蠻不內擾，而安化靖州等州縣，迄今爲文治之邑，與湘湖郡縣相齒，則其功豈可沒乎！』（宋論卷六）是也。齊東野語（卷一詩用史論）云：『劉貢父咏史詩云：自古邊功緣底事，多緣嬖佞欲封侯；不如直與黃金印，惜取沙場萬骷髏。蓋指當日王韶李憲輩耳。』然當日國事，固非空談厭武可救。張横渠欲結客以取洮西之地。（宋四二七載傳他可知已。

然而，熙寧變法，終乏善果。蓋行法之「人」，如陳世隆（北軒筆記頁五 知不足齋本）所謂：『新法既行，散青苗錢於議廳，而設酒肆於譙門。民持錢出，誘之使飲。又恐其不欲也，則令伎女坐肆鼓樂以蠱惑之。小民無知，爭競鬪毆。則又差兵校，列枷杖以彈壓之。』——是人固不甚得焉。而行法之「時」，則如鄭俠所謂『臣伏覩去年大蝗，秋冬亢旱，以至於今，經春不雨。麥苗枯焦，禾黍麻豆，粒不及種。……皆由中外之臣，輔相陛下不以道以至此。……臣願陛下開倉庫，振貧乏。其諸有司斂掠不道之政，一切罷去。庶幾早召和氣，上慰天心。……竊聞南征西伐者，皆以勝捷之勢，山川之形，圖而來獻。料無一人以天下之民，質妻賣子，流離逃散，斬桑伐棗，拆毀廬舍，皇皇不給之狀，爲圖而獻於前者。臣不敢以所聞聞，謹以安上門所見繪成一圖。……謹附狀投進。』（西塘集卷一熙寧七年上流民圖疏）——是「時」固不甚宜焉。

於是熙寧七年，權停新法。元豐中雖曾踵行，而已爲強弩之末已。

一四 自元祐至崇寧

神宗死而哲宗（一〇八六—一一〇〇）繼，其初則元祐之罷新法也，其繼則紹聖之紹述也。徽宗欲建中靖國，而卒爲崇奉熙寧之崇寧（一一〇二—一一〇七），經政和宣和以至於靖康，（一一二六）卒亡於金。此北宋政治略史也。

元祐者，哲宗幼，高后聽政，相司馬光，而務反新法也。當時溫公執政，蓋未免有意氣用事之處。如欲反熙寧元豐之用武，則寧棄河湟；幸得孫路一言，始得全陝西一路於夏人覬覦之手。（詳宋史三三二孫路傳）必欲反荆公新法之文治，則寧罷免役；——責賢者備，書此爲後世政爭者戒爾。

沈作喆寓簡：（卷五）『溫公主差役之法，雖其門下士如范忠宣，亦未以爲便也。東坡議如忠宣，溫公不聽。至與東坡，幾不相樂。又意在必行，限止五日。時姦臣蔡京知開封府，迎合溫公意，用五日限盡改畿縣雇役爲差役。至政事堂白溫公，溫公喜曰：「使人人如待制，何患法之不行？」嗚呼，用小人而行法者，王介甫之術也。溫公以道德居相位，亦效尤；何哉？』考荊公新法，亦有不可非處；故蔣士銓忠雅堂詩集（卷十三讀荊公集）云：『事業施行與志違，當年得失咎何歸！更張治國求強富，錯誤隨人著刺譏。立法至今難盡改，存心復古豈全非！終身刻苦無知己，文字難參意旨微。』又（讀宋人論新法劄子）云：『三代而還不可爲，漢唐刑措且難期。羣黎福薄人焉救，累葉財空運久虧。本欲鍼刀蘇痼疾，豈知藥石付庸醫；後來十九遵遺教，功罪如何請細思！』——亦至論也。

蓋元祐元年（一〇八六）四月：『王安石卒，司馬光手書與呂公著曰：「介甫文章節義，過人處甚多。但性不曉事而喜遂非，致忠直疏遠，姦佞輻輳。敗壞百度，以至於此。今方矯其失，革其弊，不幸介甫謝世，反覆之徒，必詆毀百端。光意以爲朝廷特宜優加厚禮，以振浮薄之風。全力主張，則全仗晦叔也。」』（續長編三七四）昔『荊公聞溫公入相，則曰：司馬十二作相矣。蓋二公素相善，荊公以行新法作相，溫公以不行新法辭樞密使，反覆辯論，三書而後絕。荊公知溫公長者，不修怨也。至荊公薨，溫公在病告中，聞之，簡呂申公曰：「介甫無他，但執拗耳。贈卹之典，宜厚大哉。」』（邵氏聞見前錄卷十二）鄭子產曰：『吾聞爲政者，不改其度，故以能有濟也。』（左昭四年）朱子答王子合書云：『若一一顧卹，必待人人情愿而後行之，則無時可行矣。』（朱子文集四十九或鶴林玉露十六）以執拗罪人，誠莫須有。且新法之敗，荊公以外之人，亦須同負責任哉。二程遺書：（卷二上）『新法之改，亦是吾黨爭之者有太過，成就今日之事，塗炭天下，亦須兩分其罪可也。……

以今日之患觀之，猶是自家不善從容，至如青苗且放過，又是何妨！』聞見前錄卷十五云：『明道先生嘗曰：「介甫性很愎，衆人以爲不可，則執之愈堅。君子既去，所用皆小人，爭爲刻薄，故害天下益深。使諸君子未與之敵，委曲平章，尚有聽從之理。且小人無隙以乘，其爲害不至如此之甚焉。」天下以先生爲知言。』蓋安石用章蔡，而溫公亦用蔡京。詳宋史四七二是用姦之失，未可全非安石也。

尤可驚者，當日遼夏勢熾，而北宋自哲宗初年，司馬疾歿之前後，所謂賢者，又復自樹朋黨，『當時有洛黨、朔黨、川黨之語。洛黨以程正叔侍講爲領袖，朱光庭賈易爲羽翼；川黨以蘇子瞻爲領袖，呂陶等爲羽翼。朔黨者以劉摯梁燾王岩叟劉安世爲領袖，羽翼尤衆，諸黨相攻擊而已。正叔多用古禮，子瞻謂其不近人情，如王介甫；深疾之，或加抗侮。故朱光庭賈易不平，皆以謗訕誣子瞻。執政兩平之，是時既置元豐大臣於散地，皆含怨刺骨，而諸賢不悟。……』邵氏聞見前錄卷十三——洛蜀互爭，匪久而哲宗紹述之說起巳。

當時謂程氏黨與爲五鬼。見李燾續長編四〇五寓簡卷十又載溫公薨時，蘇軾戲侮小程之事。邵博聞見後錄二十云：『劉莘老著論曰「紛紛之論，致疑於程頤者，直以自古以來，先生處士，皆盜虛名。若頤者特以迂闊之學，要君索價而已。……聖人自有中道，過之則偏。天下自有常理，背之則亂。伏望審眞僞，重名器云云。」孔文仲論曰「頤在經筵，僭橫造請權勢，騰口間亂，以償怨仇。致市井之間，目爲五鬼之魁。……汚下憸巧，素無鄉行。經筵陳說，僭橫無分。偏謁貴臣，歷造臺諫。宜放還田里，以示典刑。云云」劉器之論曰：「程頤歐陽棐畢伯游楊國寶孫朴，交結執政子弟，縉紳之間，號爲五鬼。」又曰進言者必曰五鬼之號，出於流俗不經之言。臣亦有以折之。方今士大夫，無不出入權勢，何不盡得鬼名？惟其陰邪潛伏，進不以道，故頤等五人，獨被惡聲。……蘇子瞻奏則曰：「臣素疾程頤之姦，形於言色。……」』此卽所謂洛蜀黨成也。張端義貴耳集（上頁十九）云『自范文正公論事始分朋黨，伊川則曰洛黨，朱光庭賈易附之力攻洛黨，蘇氏父子也。……君子不立黨，伊川見道之明，未能免此。淳熙則曰道學，慶元則曰僞黨，深思由來，皆非國家福。』朋黨之紛如此。及哲宗年長，於是楊畏發難於前，（宋三五五楊畏傳）章惇用事於後，（宋四七一惇傳）而紹述之議起。然人材日下，較諸神宗季年，『護法沙門』者流，蓋猶不及世事可知已。

李燾續長編（二五二）『熙寧七年安石以旱災罷政，知江寧府。神宗約其復來，曰：「無或食言，從此浩然長往也。」……安石薦（元）絳代己，仍以（呂）惠卿佐之，於安石所爲遵守不變也。時號絳爲傳法沙門，惠卿爲護法善神。』然哲宗時之傳法者，蓋愈降已。

哲宗死而徽宗繼，建號爲建中靖國。（一一〇一）其初嘗『語輔臣語及元祐紹聖時，皆欲以大公至正之道，扶偏救弊。……乃改元曰建元靖國。』（清波別志上頁二）明年親政，則改元崇寧，崇寧者，崇熙寧也。』（蔡絛鐵圍山叢談卷一）其事蓋發於蔡京，（宋四七二京傳）而人材愈下，國事愈不堪也。

宋史蔡京傳『徽宗決意用京，……賜坐延和殿，命之曰「神宗創法立制，先帝繼之；兩遭變更，國是未定。朕欲上述父兄之志，卿何以教之？」京頓身謝願盡死。』崇寧二年，乃令州縣立元祐黨人碑，（事具王仲言揮塵後錄卷一）

——自此行新法，以至於北宋之亡。

徽宗對內，則粉飾昇平，雖有宋江（宋史張叔夜傳）方臘（宋史童貫傳）之亂，而歌舞自如。對外則又動收復燕雲之念。岳珂桯史（卷九）云『宣政將伐燕，用其降人馬植謀自登萊航海以使於女眞，約盡取遼地而分之。子女玉帛歸女眞，土地歸我。

議已定矣，宇文虛中上書諫曰：「……中國與契丹講和，已逾百年。——自女眞侵削以來，嚮慕本朝，一切恭順。今捨恭順之契丹，不封植拯救爲我藩籬；而遠踰海外，引強悍之女眞以爲鄰國。……以百年怠惰之兵當新銳難敵之虜。以久安閑逸之將，而角逐於魚肉之林。巧拙異謀，勇拙異勢，臣恐中國之邊患未有寧息之期也。」』蓋變法所以圖強，圖強所以尅敵，而變法之副果，竟以之而致北宋於亡。此又王安石宋神宗所豈及料哉？

恢復幽薊之動機，據王闢之澠水燕談錄卷九云：『幽薊十八州，陷北虜者幾二百年。其間英主賢臣，欲圖收復，功垂成而輒廢者，三矣。此豪傑之士每每深嗟而痛惜。初，周世宗既下關南，欲乘勝進攻幽州。將行，夜中疾作，乃止。藝祖貯財別庫，欲事攻取，會上仙乃寢。柳仲塗守寧邊，結客……以爲內應，掩其不備，疾趨直取幽州。會仲塗易地而罷。河朔之人，逮今引爲憾。』是北宋用武之背景，固甚明顯也。且以金之強，即無宋之夾攻，詎不足以滅契丹？故王夫之云：『夾攻也，援遼也，自保也，三者俱無以自全。』詳宋論八靖康之禍可知靖康之禍，固非全然宋啓兵端之故。但百年來積弊相乘，一旦蹶發而用武，於以自速其崩潰，則亦明甚。

徽宗之即位，繼屢次黨爭之後，士氣固已消沉。宋史三五六崔鶠傳云：『比年以來，諫官不論得失，御史不劾姦邪，門下不駁詔令，共持暗默，以爲得計。』是內政之敝，即無外敵乘之，奚可久哉？

第五章　新外族之陶冶

一五　西夏與遼之開發

然北宋在武力上，固不足幾乎五季以來多事之邊疆，而在文物上，則所以啓發中國文明於他族者，深矣。

其一，則西夏也。

西夏本姓拓跋，唐太宗賜姓曰李，世鎮夏州。周世宗封爲西平王。然中國迄不能平服之。仁宗之世，元昊益強，論官，則有御史樞密之制，論教則有國學蕃學之制，寖寖然爲一大國矣。而大有造於彼者，則不得志之漢人也。（以上錄宋四八六夏國傳）

洪邁容齋三筆卷十一云：『西夏曩霄之叛，其謀皆出於華州士人張元與吳昊。……張元、吳昊、姚嗣宗，皆關中人。負氣倜儻，有縱橫才。相與友善，嘗薄游塞上，覘覰山川風俗，有經略西鄙意。姚題詩崆峒山寺壁云：「南粤干戈未息肩，五原金鼓又轟天。崆峒山叟笑無語，飽聽松聲春晝眠。」……張爲鸚鵡詩卒章曰：「好著金籠收拾取，莫教飛去別人家。」……韓范二帥，……躊躇未用。……徑走西夏。范公以急騎追之不及。乃表姚入幕府，張吳既至夏國，夏人倚爲謀主，以抗朝廷。連兵十餘年，西方至爲疲敝。』以宋論之，二人固爲漢姦；以文化論之，蓋亦開闢西陝之功狗云。

陳鵠耆舊續聞卷六曰：『華山狂子張元，天聖間坐累終身，嘗作雪詩云：「七星仗劍攪天池，倒捲銀河落地機。戰退玉龍三百萬，斷鱗殘甲滿天飛。」……韓魏公在鄜延日，元以策干公，不用。後流落竄西夏，教元昊爲邊患。』王定國聞見近錄頁十三云：『張元，許州人也。……元累舉進士不第，又爲縣宰笞之。乃逃詣元昊，將行，過項羽廟，乃竭囊沽酒，對羽痛飲。……悲歌累日，大痛而遁。及元昊叛，露布有朕欲親臨渭水，直據長安之語，元所作也。後鄜延被圍，元實在兵中。於城外寺中題曰：「太師尚書令兼中書令張元，從大駕至此。」

昊雖強黠，亦元導之也。』考黃巢以不解進士，而後反；牛金星以不第秀才，而助李闖，人材登用，不能符合實際，爲中國史中一病徵。至今未已。元之助夏，雖宋之不競，有以啓之。然科舉制度之病，固不止顯於有清之末造矣。

西夏之困宋也，約在仁宗慶歷之世。至趙元儼，有元昊未平，安用宰相之嘲，（宋二五五元儼傳）可覘當時事勢。當時，韓琦爲經略，范仲淹謂：但見敗形，未見勝勢。韓云『大凡用兵，當先置勝負於度外。』然『舉兵入界，師次好水川，元昊設覆，全師陷沒，大將任福死之。魏公還，至半途而亡卒之父兄妻子，號於馬首者，幾千人。皆持故衣紙錢，招魂而哭曰：「汝昔從招討出征，今招討歸，而汝死矣。汝之魂，不識亦能從招討以歸乎？」既而哀慟聲震天地，魏公不勝悲憤，掩泣駐馬不能前者數刻。范公聞而歎曰：當是時，難置勝負於度外也。』（魏泰東軒筆錄卷七）——此在熙寧更法之前，宋之弱勢可知已。

蓋西夏之努力，固有令人可稱者。宋史夏國傳論：『德明在祥符間，已追帝其父，元昊稱帝，厥後因之，與金同亡。……元昊結髮用兵，凡二十年。無能折其強者，乾順建國學，設弟子員三百；立養賢務，仁孝增至三千，尊孔子爲師，設科取士。又置官學，自爲訓導。觀其陳經立紀，傳曰：「不有君子，其能國乎？」』——所謂君子者，殆指華人以文明開化西夏焉。

西夏之外，其二則契丹遼也。

契丹起於唐之中世，（舊唐一九九 新唐二一九）唐季多故，役屬諸部，其勢日熾。石敬瑭建後晉時，曾得其力。卽以燕雲十六州爲賂與之。（九三六年）契丹亦正號爲遼。文物制度，漸有建樹。如耶律德光嘗問馮道曰：『天下百姓如何救得？』（五代史五四道傳）是徵其略具人心。但其時蠻力尚強，故宋初對之，不能奈何，聽十六州之割去而已。

澠水燕談錄卷一云：『（宋）太祖討平諸國，收其庫藏貯之別府，曰封椿庫。每歲國用之餘，皆入焉。嘗語近臣曰：「石晉割幽燕之地以與契丹，朕憫八州之民久陷於虜，俟所畜滿五百萬緡，遣使贈北虜，以贖山後。如不吾從，卽散府財募戰士以圖攻取。」會上晏駕乃寢。』可見一代眞龍能盜天下於孤兒寡婦之手，然不能奈契丹何焉。

考遼之所以爲遼而不致爲劉石之繼者，亦有故焉。

其一，則多用漢人爲政也。韓延徽傳：『太祖召與語，合上意，命參軍事。服諸部落，延徽之籌居多。乃請樹城郭，分市里，以居漢人之降者。……居久之，慨然懷其鄉里，遂亡歸唐。……初，延徽南奔，太祖夢白鶴自帳中出，比還，復入帳中。太祖謂侍臣曰：「延徽至矣。」已而果然。太祖初元，庶事草創，凡營都邑，建宮殿，正君臣，定名分，法度井井，延徽力也。』遼史七四 張礪傳：『太宗見礪剛直有文采，擢翰林學士。……未幾，謀亡歸。……曰：臣不習北方土俗飲食居處，是以亡耳。上顧通事高彥英笑曰：「……礪去可再得耶？」遂杖彥英而謝礪。』遼史七六 舉斯兩例，足槩其餘。

案遼史一〇一張琳傳云：『舊制，凡軍國大計，漢人不與。』或僅指軍事祕密爾。立制創法，固未必爾。

其二，則渴慕華化也。朱彝尊曰下舊聞卷十八補遺頁三云：『契丹主鴻基以白金數百兩，鑄兩佛象，銘其背曰：願後世生中國。』鴻基者，道宗也，與宋仁宗同時。遼史百官志言：『太宗兼制中國，官分南北，以國制治契丹，以漢制待漢人。』遼史四五 從張儉之言，則興宗能南征之議；美貞觀之治，則聖宗納得臣之書，俱詳遼史八十 渴慕漢化，以中國爲標的，不亦顯乎？

辛齋詩話據日下舊聞二十九引云：『蘇子由爲賀遼生辰國信使，在元祐四年八月；既至，國人每問大蘇學士安否？子由經涿州寄詩曰：誰將家譜到燕都，識底人人問大蘇；莫把聲名動蠻貊，恐妨他日臥江湖。子瞻次韻云：氈毳年來亦甚都，時聞鴂舌問三蘇；那知老病渾無用，欲問君王乞鏡湖。』此或蘇氏飾辭，然遼人慕宋文化，要亦可睹。

其三，則吸收中國之文明也。宋代最以詞著，然天祐帝后蕭氏，遼史七一能作回心院詞，事具王鼎焚椒錄津逮祕書本湯顯祖玉茗堂詩集卷十二蕭合懷古云：『木葉山烟海色移，舊家簾影扇開時；那將十段迴心曲，併作千秋絕命詞。』是遼人能取宋人之詞也。宋代以雕版名，然蘇子由欒城集卷四十有論北朝事宜劄子云：『本朝民間，開版印行文字，臣等竊料北朝無所不有。臣等初至燕京，留守邢希古……傳語臣轍云：「令兄內翰眉山集，已到此多時。內翰何不印行文籍？……」亦使流傳至此。其間章疏策令，言朝廷得失，……若使盡得流傳北界，上則洩漏機密，下則取笑夷狄。……誰可禁民，不得擅開板。欲開板，先具本申所屬州縣，不犯上件事節，方得開行。其今已開本，仍委官定奪，有涉上件事節，並令破板毀棄。』是遼人能利用宋人之印刷也——舉此兩端，餘可知已。

又如宋人好言經史，而遼史百四耶律孟簡傳云：『作放懷詩二十首，自序云：禽獸有哀樂之聲，螻蟻有動靜之形，然賢達哀樂，不在窮通禍福之間。易曰：樂天知命，予雖流放，以道自安，又何疑耶？太康宋神宗時中，……上表曰：本朝之興幾二百年，宜有國史，以垂後世。……上命置局編修。……』則經史之學，固亦有蹟可尋已。

然則統西夏與遼而言之，斯二國者，非特武力爲宋之勁敵，文物上亦不能指之以與劉淵石勒並論。故遼之抗宋者，直至金興而始亡，一一二五年宋徽宗宣和七年夏之困宋也，直至元興而始熸。南宋理宗寶慶三年西元一二二七年蘇頌以宋神宗時使遼，神宗

『因問其山川人情向背，對曰：彼講和日久，頗竊中國典章禮義以維持其政。上下相安，未有離貳意。』宋三四〇蘇頌傳宋史四八六夏國傳云：『夏之境土，方二萬餘里，其設官之制，多與宋同。朝賀之儀，雜用唐宋，而樂器與曲，則唐也……立旋風礮於橐駝鞍，縱石如拳。得漢人勇者爲前軍，號撞令郎。若脆怯無他技者，遷河外耕作。』——可知茲二國之持久也，蓋有禮儀、法度、典章、文物之慕爲華漢者在焉。

一六　宋金文物關係

在宋神宗更法以前，宋之荊棘，夏也，遼也。後此，則女眞或金興矣。蓋契丹與夏先服屬於北魏，魏入中國，而契丹始興。金本屬於契丹，遼勢削弱，而金始大。蒙古本係屬於金，金弱而蒙古始強——斯四者皆兩宋三百年之勁敵也。

金之先，在古曰肅愼，元魏時有勿吉，在唐曰靺鞨。五季時，屬於契丹。至太祖阿骨打收國元年，始以遼取賓鐵，乃取金勝於鐵之義，建號爲金。是歲，宋徽宗政和五年一一一五，宋神宗死後之三十年也。金史一世紀通鑑二七四胡三省注云：『其國本肅愼氏，東漢謂之挹婁，元魏謂之勿吉，隋唐謂之靺鞨。五代時，始號女眞。在混同江之南者，爲熟女眞；江之北，爲生女眞。混同江卽鴨綠水。』林壽圖啓東錄卷二云：『金國本名珠里眞，後訛女眞，常避遼主眞宗諱，更爲女直。』於此見金之初時，乃蟄伏於遼以下者。

金與近世史之滿族，雖未必絕對同種，然案李心傳建炎以來繫年要錄卷二十八云：『建炎三年秋，金元帥府禁民漢服，又下令髡髮，不如式者殺之。』是薙髮之禁，有同似已。

然就文明言之，則金固宋之別支焉。

金之文明，有間接取之於遼者。金史卷一稱：『遼主將刻印與之，景祖不肯繫遼籍，辭曰：請俟它日。遼主終欲與之。（生女直部落節度使）……景祖詭使部下揚言曰：主公若受印繫籍，部人必殺之。遼使乃還。既爲節度使，有官屬紀綱，漸立矣。』金史一 是金之政治，因於遼也。太祖收國五年一一一九將伐遼，詔曰：『若克中京，所得禮樂儀仗圖書文籍，並先次津發赴闕。』金史一 金圖經云：『金本無宗廟，不修祭祀。自平遼後，所用執政大臣，多漢人。往往說天子之孝在尊祖，尊祖在宗廟，金主多開悟。』日下舊聞卷三引——金雖有得於遼，其後則後來居上，金且軼遼而上之已。

趙氏廿二史劄記二十七有遼俗好文學一條，但又謂金代文物遠勝遼元，卷二十八此其徵也。

亦有直接取之於宋者，其一，則人材也。『金初多漢人宰相，』『金元俱有漢人南人之名。』劄記二八 漢人者，舊屬於遼之中國人也；南人者，屬於宋之中國人也。其二，則制度也。盛如梓老學叢談下頁三云：『金國議以時務策諸生，與女直進士科。禮部以所學與詞賦，劳佚不同，不可概稱進士。詔耶律公定其事。公謂進士之科，始於隋大業中，始施策一道，唐初不改。至高宗時，雜以贊銘賦頌，臨時不一。逮至文宗，始專用賦。既進士初試，上試以策，而今女直諸生，以策試進士，於體爲得。世宗大悅，遂施行。』是宋在嘗議詞賦取士，而金亦因唐以垂制也。其三，則文獻也。宋史宇文虛中傳：『虛中恃才輕肆，好詆訕。凡見女眞人，輒以礦鹵目之，貴人達官，往往積不平。……由是媒孽，成其罪。……乃羅織虛中家圖書爲反具。虛中曰：死自吾分，至於圖籍，南來士大夫家家有之。高士淡圖書尤多於吾家，豈亦反耶？』宋史三七一 是南方史籍，多有北入金中者矣。其四，則文學也。金史文藝傳叙：『金初，未有文字。……及伐宋，取汴經籍圖，宋士多歸之。……章宗之世，儒風丕變，庠序日盛。……而朝廷典册，鄰國書命，粲然有可觀者矣。金用武得國，無以異於遼而一代制作，能自立於唐宋之間，有非遼世所及，以文而不以武也。』金史一二五歸潛志卷一云：『金海陵庶人讀書有文才，爲藩王時，嘗書人扇云：大柄若在手，清風滿天下。正隆南征至維揚，望江左賦詩云：屯兵百萬西湖上，駐馬吳山第一峯。其意氣亦不淺。』又卷一云：『章宗父追謚顯宗，好文學，作詩善畫，人物馬尤工，迄今人間多有存者。』劉祈所云不止此姑略是南方詩文，金人多有能之者矣。其五則理學也。故『李屏山喜佛學……以爲宋伊川諸儒，雖號深明性理，發揚六經，然皆竊吾佛書者也。因此，大爲諸儒所攻。』歸潛志卷九曰諸儒者，明金國自有伊雒之學也。其六則科學也。如宋東京有火藥作，本卷第二節然金史一一一蒲察官奴傳，亦述火槍之制，此其徵也。

金之政制，有與宋極似者。刑法志謂亦稍用遼宋法。金史四五禮志謂金人入汴，得宋禮樂，後乃仿制。金史二七樂志謂得宋鐘虡以歸。金三九輿服志謂克宋以後，於是有車輅之制。金史四三兵志謂簽軍募軍，兼用漢制。金史四四選舉志謂進士之科，兼用唐宋之法。金史五一百官志謂大率皆循遼宋之制。金史五五食貨志述通檢推排之制，即平均田稅，考元氏長慶集三十八已有同州奏均田狀。徐度卻掃編卷下頁十二又述歐陽修方田均稅之事。與荊公新法之方田，固亦綽有淵源焉。

其在金之末造，則武人如『斜烈畢里海，世襲猛安也。性好士，幕府延致文人。』『移剌買奴，喜交士大夫，視女直同列諸人奴隸也。』『移剌黏弟兄俱好文。』『南渡後諸女直世襲猛安謀克，往往好文學，與士大夫游。』上四俱見劉祈歸潛志六彬彬爾雅之風，與宋殆不殊已。

然而金人之所以爲金人者，則尙有武力者在焉。

自熙寧法擾，崇寧黨擾之後，宋之積弱，固愈顯明，金先約宋以亡遼，一一二五繼則陷汴以亡宋。一一二七其民族之勇武，吳璘嘗追稱之曰：『璘與先兄，束髮從軍，屢勝西戎。不過一進卻之間，勝負決矣。至金人則勝不進，敗不亂。整軍在後，更進迭卻，堅忍持久，令酷而下必死。蓋自昔用兵，未見勝之之道。非屢與之角者，莫能盡知。』（十三處中興戰功錄六藕香零拾本）則其士卒之勁也。酈瓊嘗追指其事曰：『瓊嘗從大軍南伐，每見元帥國王，親臨陣督戰，矢石交集，而王免冑指麾三軍，意氣自若。用兵制勝，每與孫吳合，可謂命世雄材矣。……江南諸帥，才能不及中人。每當出兵，必身居數百里外，謂之持重。或督召軍旅，易置將校，僅以一介之士，持虛文諭之，謂之調發。制敵決勝，委之偏裨。是以智者解體，愚者喪師。』（金史七九瓊傳）則其將帥之勁也。——於是文化上為金師保之宋人，不得不忍辱而言和，不得不僥倖以圖存，而秦檜南自南北自北之議起矣。

關於北南宋之間，金人之強，李心傳建炎已來繫年要錄（卷二十六）云；『建炎三年，上使使遣金主晟議和，且致書左副元帥宗維，略曰：「古之有國家而不瀕於危亡者，不過守與奔而已。今以守則無人，以奔則無地，此所以偲偲然惟冀閣下憐之而已。」』可知秦檜之和，固不得不然。紹興三十一年，金主亮南侵，虞允文等敗之於采石。然鶴林玉露（卷四）云：『采石之師，若非逆亮暴急嗜殺，自激三軍之變，亦未易驅攘。是時，亮雖遭殺，殘虜北歸，紀律肅然，無一人叛亡。此豈易勝之師乎？文公曰：「謝安之於桓溫，陳魯公之於完顏亮，幸而捱得他死爾」』金之強可見。

朱一新南宋論云：『論其形勢，雖較東晉為強。然南宋之敵，亦比東晉為強。自宋以前入寇者，無如金源之強悍者。建炎之時，儘有將材，未得抵也。十六國僭偽之主，惟慕容垂苻堅有大志。劉石雖強，要是草竊之資。故東晉得以晏然江左；使在金源時，勢如破竹矣。』（無邪堂答問卷一）以今論之，既有其蠻武，而又慕中國之文教，斯金之所以為金，而宋之所以終於爲南宋也。

宋史三七五鄧肅傳：肅對高宗曰：『外夷之巧，在文書簡；簡故速。中國之患，在文書煩，煩故遲。』此蓋指其一端而言之。陳亮告孝宗云：『昔者金人，草居野處。往來無常，能使人不知所備，而兵無日不可出也。今也城郭宮室，政教號令，一切不異於中國。』華化以外又擁武力，則『金源之根既久，不可以一舉而遂滅。』見上宋四三六陳亮傳豈無故哉？

無名氏中興禦侮錄卷上頁二十云：（金主）『亮一日，登揚州望江亭，指顧江山之勝，謂其下曰：「朕不入浙，誓不返國。」因改其亭曰不歸亭。賦詩於壁曰：「萬國車書久混同，江南何尚隔華封？提兵百萬西湖上，駐馬吳山第一峯。」』則金主之有文學又可見已。盧文弨跋劉祁歸潛志云：『此書記金源人物，文雅風流，殊不減於江以南。卽一二諧謔語，亦多有可觀。』——以金之文雅風流，乃知其異於五胡，益可知南宋之不能有所爲也。

第六章　舊民族文明述

一七　宋代詩文

以金主亮之好爲華詩言之，則知兩宋雖絀於外族，而在文明上，則遠軼之焉。

歸潛志載雷淵傳云：『公博學有雄氣。爲文學專學昌黎，尤長於敍事。詩雜（東）坡（山）谷，喜新奇，好收古人書畫碑刻。……嘗爲文祭高獻臣，其詞高古，一時傳誦，工於尺牘，辭簡而甚文。』卷一頁八—九 是金之文人，固以昌黎東坡爲師矣。然而，言宋之文者則固有力接昌黎之緒者，卽所謂古文是也。

宋史文苑傳敍云：『國初楊億劉筠，猶襲唐人聲律之體。柳開穆修，志欲變古而力勿逮。逮廬陵歐陽修出，以古文倡。臨川王安石眉山蘇軾南豐曾鞏起而和之，宋文日趨於古矣。』宋史四三九文苑傳敍 —— 蓋言宋文主韓歐也。

蓋唐季之文，近於曼麗，長慶以後，斯風愈張，所謂文沿燕許，不沿韓柳是也。四庫提要一五二徐鉉集提要 太宗太平興國中，南唐降王李煜薨，徐鉉撰碑云：『東隣構禍，南箕扇疑。投杼致慈親之惑，乞火無鄰禍之辭。始勞因壘之師，終後塗山之會。』東軒筆錄卷一 儷偶之詞，視唐韓柳有間。太宗以後，時屆昇平。曲厭常態，反而求古。而柳開穆修等，遂鳴噪春江也。

柳開字孟塗，太祖開寶六年進士。以『五代文格淺弱，慕韓愈柳宗元爲文，因名肖愈字紹元。既而改名字，以爲能「開」聖道之塗也。』宋史四四〇 『今第就其文而論，則宋朝變駢儷爲古文，實自開始。』提要一五二河東集 盛如梓庶齋老學叢談中之上頁十二 云：『柳仲塗云：古文非在辭澀言苦，使人難讀誦之。在於高其意，古其理，隨言語短長，變更作制，同古人之行事，是謂古文。』然開雖『始爲古文，（而）其後楊億劉筠，尚聲偶之辭，天下學者，靡然從之。修於是時，獨以古文稱。』宋四四二穆修傳 可知仁宗慶曆以前，古文猶未通行。

且修等初反唐季偶驪之作風，推而求諸柳韓，其風習蓋至幼稺。彭乘墨客揮犀卷二 記其事云：『往歲士人，多尙對偶爲文。穆修張景輩，始爲平文，當時謂之古文。穆張嘗同走朝，待旦於東華門，方欢論文。忽見有一奔馬，踐死一犬。二人各記其事，以較工拙。穆修曰：「馬逸，有黃犬過蹊而斃。」張景曰：「有犬死奔馬下，」時文體新變，二人語皆拙澀，當時已謂之工，傳至於今。』——夫以如斯爲工，則又何以服楊億徐鉉之心？

案此「逸馬斃犬」一事，彭乘記之而陳善捫蝨新話卷五記之。沈括夢溪筆談卷十二又記之。可知文體改革，亦振撼一時云。

仁宗慶歷以還，盃酒釋兵權之效愈著。外患亦在忍受中，不至橫決。於是而范文正之儒將風流，歐陽修之文人倜儻，燒燭翦髻之餘，於儷偶及晦澀外又開一面。『修游隨，得唐韓愈遺稿於廢書簏中，讀而心慕焉。苦志探頤，至忘寢食。必欲並轡絕馳而追與之。』宋史三一九歐陽傳 此歐陽之古文也。畢仲洵幕府燕閒錄小說本頁一五朝云：『范文正公嘗爲人作墓志，已封將發，忽曰：不可不使師魯見。明日以示尹師魯。師魯曰：君文名重一時，後世所取信，不可不愼也。今謂轉運使爲都刺史，知州爲太守，誠爲淸佳。然今無其官，後必疑之。此正起俗儒爭論也。希文撫之曰：賴以示子，不然吾幾失之！』此范仲淹之古文也。——歐陽之力則尤爲大已。

歐陽力之所以大者，一則以其克享遐齡於承平之中也。二則自致其力甚遂也。『世傳歐陽公平昔爲文章，每就紙上淨訖，即黏掛齋壁，臥興看之，屢思屢改，至有終篇不留一字者。蓋其精如此。』捫蝨新話卷五 三則及門弟子，或友好之多也。宋史修傳稱曾鞏王安石三蘇未達時，『修即游其聲譽』。陳善捫蝨新話云：『予觀國初文章，氣體卑弱，猶有五代餘習。自穆修等始作爲古文，學者稍稍從之，然未盛也。及歐陽公尹師魯出，然後國朝之文，始復於古。』卷五 即其徵焉。

自茲厥後，韓劉歐蘇之名走天下。石林詩話頁三九津逮本 云：『至和嘉祐間，場屋舉子爲文，尚奇澀，讀或不能成句。歐陽文忠公欲力革其敝，知貢舉，凡文涉雕刻者，皆黜之。』場屋之文尚爾，可以見北宋文風之丕變已。——然而其敝也，則更易新好字面，觀夫南宋時朱子云云，則知古文之敝，無異於駢四儷六之文也。

南宋時呂祖謙編皇朝文鑑，多不取儷偶之文。（四庫提要一五二騎省集）當時重古文可見。朱子語類（一三九論文）云：『今人爲文，皆不是爲文。大抵專務節字，更易新好字面，至說義理處，又不肯分曉。觀前輩歐蘇諸公作文何嘗如此。聖人之言坦易明白，因言以明道，正欲使天下後世由是求之。使聖人立言要教人難曉，聖人之經定不作矣。』是古文家之鍊句作詞，又未必不如駢文之有弊已。

言文如斯，言詩亦何嘗不爾。

唐自李杜以後，國運益微，殿軍稱李義山，以雕刻穠麗顯。宋太宗眞宗之際，楊劉承之，即所謂西崑體者也。田況儒林公議云：『楊億變文章之體，劉筠錢惟演輩從而效之，以詩更相屬和。億後編敍之，曰西崑酬唱集。』蓋『其詩宗法唐李商隱，取詞華而不乏興象，效之者漸失本眞。』劉克莊後村詩話云：『楊劉諸人師李義山可也，又師唐彥謙。……若西崑酬唱集，對偶字面雖工，而佳句可錄者殊少。』（後村詩話前集卷二）蓋『時際承平，從容典贍……極一時之麗。』（四庫提要一五二武夷集提要）——與宋初聲律之文，若一出焉。

文變於歐陽，時在仁神之間，而詩亦然。文推唐季而之柳韓，詩則推之李杜矣。王禹偁詩云：『本與樂天爲後進，敢期杜甫是前身。』（提要一五三）葉夢得石林詩話云：『歐陽文忠詩，始矯崑體，專以氣格爲主，故其言多平易疏暢。』（石林詩話頁五）歐陽平日推重其明妃曲廬山高二篇，以今視之，容亦有未然，然其追慕李杜之風，則益可徵。石林詩話（頁三一）云：『毘陵張子厚善書，余嘗於其家見歐陽文忠公子棐求書文忠明妃曲二篇廬山高一篇，略云：先公平日未嘗矜大所作文，一日被酒，語棐曰：吾廬山高，今人莫能爲，惟李太白能之。明妃曲後半，太白不能爲，惟杜子美能之。至於前篇，則子美亦不能，惟吾能之也。』——於此，正見其崇高李杜處。

平心論之，嘉祐、崇寧之間，（一〇五六—一一〇六）宋雖內弱，而外表未衰。歐陽修者，不媿爲盛世文人之翹楚。其從游如梅堯臣，『有人得西南夷布弓衣，其織文乃堯臣詩。』（宋四四三堯臣傳）然文體以新爲貴，故大變時來。蘇軾、黃庭堅繼之，雖李杜遠矣，去歐亦遠矣。庭堅者，即世所稱爲江西派之主也。庭堅死於哲宗紹聖三年，（一〇四六）正新舊黨爭劇烈之時，而『蜀江西君子以庭堅配蘇軾。』（宋史四四四庭堅傳）陳無已等繼之，造句以孤詣生硬爲宗，隱宗賈島孟郊僻澀之風，正如朱子譏宋中葉以後之文，以雕模爲工也。宋詩之有山谷，猶文之有歐陽歟？

嚴羽滄浪詩話云：『東坡山谷，始自出己意以爲詩，唐人之風變矣。山谷用工尤爲深刻。其後法席盛行海內，稱爲江西宗派。』後村詩話云：『國初詩人，如潘閬魏野，規規晚唐格調，寸步不敢走作。楊劉則專爲西崑體，故優人有撏扯義山之誚。蘇（舜欽）梅二子，稍變以平淡豪俊，而和之者尚寡。至六一坡公，學者宗焉。然二公亦各極其才力之所至而已，非必鍛煉勤苦而成也。豫章（黃）稍後出，會百家句律之長，究歷代體制之變，蒐獵奇書，穿穴異聞，作爲古律，自成一家。雖隻字半句，不輕出，遂爲本朝詩家宗祖。』趙彥衛雲麓漫鈔（卷十四）『呂居仁作江西詩社宗派圖，其略云：李杜之出，后莫能及。韓孟張籍諸人，自出機杼，別成一家。元和之末，無足論者，衰至唐季，極矣。然樂府長短句，有一唱三歎之聲。至國朝穆伯長尹師魯始爲古文，成於歐陽氏。歌詩至於豫章，始大出而力振之，後學同作，共和盡發千古之祕矣。錄其名字曰江西宗派，其源流皆出豫章也。』（以下有人名二十五人，起山谷訖高子勉）

蓋『江西』之末流，與韓柳之末流，其趨勢正如兩宋國勢、政治、民生之日薄崦嵫。昔人稱陳無已。（江西派第二人，按漫鈔）

『意所孤詣，殆不可攀。而生硬之處，則未脫江西之習。』『往往逼杜甫，而間失之僻澀。』（提要一五四后山集）後世人因有宋詩非但不及唐，並亦不如元人之譏矣。明都穆南濠詩話：『昔人謂詩盛於唐，壞於宋，近亦有謂元詩過於宋者，陋哉見也。劉后村云；宋詩豈惟不媿於唐，蓋過之矣。余觀歐梅蘇黃，石湖放翁諸公，視之唐詩，未可便謂之過，然眞無媿色者也。元時大家，曰虞（集）楊（維楨）而以視宋，特泰山之卷石耳。方正學詩曰：前宋文章配兩周，盛時詩律亦無儔；今人未識崑崙派，却笑黃河是濁流。非具法眼，烏能道此。』考南宋時，楊陸之詩，固無遺議。然江西末流，及韓蘇末流之敝，則固不容否認者，都說過矣。

一八　經學語錄及小說

宋詩文之所以不如前代者，正如其國治武功之不及前代；所以然者，蓋與經學理學有關，昇庵詩話云：『唐詩主情，去三百篇近。宋詩主理，去三百篇遠。』石林燕語云：『政和末，李彥章爲御史，言士夫作詩，有害經術，請送勅局立法。何丞相執中爲提舉官，遂定命官傳習詩賦，杖一百。』（據俞氏茶香室叢鈔八引）周密癸辛雜識續集下云：『劉后村嘗爲吳恕齋作文集跋曰：「近世貴理學而賤詩賦。間有篇詠，率是語錄講義之押韻者耳。」』——是詩人因性理而摧抑也。周密浩然齋雅談卷上云：『宋之文治雖盛，然諸老率崇性理，卑藝文。朱氏主程，而抑蘇，呂氏文鑑，去取多朱意。故文字多遺落者。水心葉氏曰：『洛學興而文字壞，至哉言乎。』是文人因性理而摧抑也。性理學者，以論理治經學。何益於詩文國政乎？

案以詩文爲玩物喪志，已見本卷十一節引朱子文集八〇上蔡祠堂記。四庫提要一五三論邵氏擊壤集云：『班固咏史，始兆論宗。方朔誡子，始涉理路。沿及北宋，於是以論理爲本，以修辭爲末，而詩格於以大變。此集其尤著者也。』

考宋人經學，其初固沿唐人注疏之舊。蘇子由龍川別志卷上云：『王文正爲相，南省試當仁不讓於師賦，賈邊以落韻，李迪以師爲衆，與注疏異。……文正議落韻失於不詳審耳，若舍注疏而立異論，恐從今士子放蕩無所準的，遂取邊而黜迪。』吳曾能改齋漫錄卷二引『國史云：慶歷以前，學者尙多守章句注疏之學，至劉原父爲七經小傳，始異諸儒之說。王荆公修經義，蓋本於原父云。』——經學之轉方向，殆與安石創熙寧之法，歐公修韓愈之體，山谷創江西之宗，時先後不十分遠也。

十駕齋養新錄十八宋人經學云：『王伯厚曰：自漢儒至於慶歷間，談經者守訓故而不鑿。七經小傳出，而稍尙新奇已。至三經義行，視漢儒之學如土梗。古之講經者，執經而口授，未嘗有講義也。元豐間，陸農師在經筵，始進講義。自是厥後，上而經筵，下而學校，皆爲支離蔓衍之辭，說者徒以資口耳，聽者不復相問難，道愈散而習愈薄已。』

又云：『宋初儒者，皆遵守古訓，不敢妄作聰明。宋景文唐書儒學傳，於啖助傳贊深致貶斥，蓋其時孫復石介輩已有此等議論，而歐陽公頗好之，故於此傳微示異趣，以防蔑古之漸。其後王安石以意說經，詆毀先儒，而輕薄之徒，同風效尤。如孫奕說詩，黽勉以黽爲蛙。說論語，老彭以彭爲傍。示兒編羅璧以公羊穀梁，皆姜姓，眞可以入笑林矣。』

然宋人經學，有或可以爲功而是非之難明者，其一，則讖緯之學之屏埽也。其二，則語錄體之成立也。以前者言『緯書者，漢儒以爲孔子所修七經之緯，凡三十六篇。……以爲孔子既敍六經，以明天人之道，知後世不敢指同其意，故別立讖緯，以遺來茲。其書出於漢哀平之間，蓋夏賀良之徒爲之。至光武亦以赤伏自累，篤好而推崇焉。當時儒者，習爲內學，如鄭玄輩專以讖言經，而何休之徒，又不足言矣。桓譚張衡力非之，而不能迴也。先是，孔安國毛公以來，皆以爲妖妄亂中庸之典。因魯共王之所得古文，參而考之，以成其義，謂之古學。而世儒惑於讖緯，反非毀之。至魏王肅推行其學，王弼杜預從而明之，自是古學稍立，而讖緯之學寖微。逮宋大明中，始禁讖緯之書。至隋末，遣使括天下書籍與讖緯相涉者，悉焚之。然考之唐志，猶存九部四十八卷。而孔穎達作九經正義，猶引用緯書之說。歐陽公嘗欲删去之以絕其言，不果行。迨魏鶴山作九經正義，始加黜削，而其言絕焉。今易緯，乾鑿度尚存。』（王褘青岩叢錄頁一五朝小說本）——此是非之難明者一也。

考讖緯頗存古人之說，隋人禁之，殊亦非是，但其書神祕不可盡信耳。語在中古卷（三十四節中）。

以後者言，語錄者，俚語也。晁氏郡齋讀書志（卷四頁三）云：『伊川論語說十卷，門人記其師所解論語也。不爲文辭，直以俚語記之。』錢大昕十駕齋養新錄（卷十八語錄）云：『佛書初入中國，曰經曰律曰論，初無所謂語錄也。達摩西來，自稱教外別傳，直指心印。數傳以後，其徒日衆，而語錄興焉。支離鄙俚之言，奉爲鴻寶。並佛所說之經典，亦束之高閣矣。釋家之語錄，始於唐，儒家之語錄，始於宋。儒其行而釋其言，非所以垂教也。語錄行而儒家有鄙倍之言矣。語錄行則有有德而不必有言者矣。』——此是非之難明者二也。

蓋宋人文言白話，已有歧異，說郛（三十四卷）呂居仁軒渠錄云：『族侄大琮過嚴州，陳𡢃令作代書寄子，因口授云：「孩兒要劣，孏子又吸吸霍霍地，且買一柄小翦子來，要剪腳上骨出兒肐胝兒也。」大琮遲疑。不能下筆。婦笑曰原來這廝也不識字。』即此可徵。則語錄之興自有可取者。周煇清波雜志卷十云：『沈隱侯曰古儒士爲文，當從三「易」。易見事，一也；易識字，一也。易誦讀，一也。』——此卽異日胡適『八不主義』之祖歟？朱子答曾景建書云：『文字之設，要以達我之意而已。故使極其高妙而於理無得焉，則亦何所益於吾身？而何所用於斯世？……故公家舍人謂曾子固謂王荊公曰文字不必造語，及摹擬前人。孟韓文雖高，不必似之也。』朱子全書六五 此於文，主張達意爲貴也。答謝成之云：『淵明詩所以爲高正，不待安排，胸中自然流出來。東坡乃篇篇句句，依韻而和之。雖其才高，似不費力，然已失自然之趣。』據日知錄卷二十一次韻引 此於詩主自拓胸襟也。然則語錄體的文人的見解，不可一概非之也。

然語錄體之反抗宋代的復古的詩文，要爲一腔正經，其才智之士，不願爲一格所限者，則又有小說焉。漢志以里井閑談爲小說，其意蓋與後世異。考莊子多寓言，列子又載土偶桃人對話。則小說之風，古已啓之。魏晉以後，仙異之體日張，干寶搜神是也。及唐有傳奇之體，而牛僧孺周秦行紀等書，於今猶在。然短篇小說之蔚爲大宗，則兩宋人之力實多。良由北宋之時，承平無事，因而小說之體繁焉。此亦可謂語錄體，韓柳體，西崑江西之外，別樹一幟者矣。

郎瑛七修類稿卷二十二云：『小說起於宋仁宗時，蓋太平盛久，國家閑暇，日欲進一奇怪之事以娛之。故小說得勝頭迴之後，卽曰話說趙宋某年云云。閭閻淘眞之本之起，亦曰太祖太宗眞宗仁宗四帝有道國君。國初瞿存齋過汴之詩，有陌頭盲女無愁恨，能撥琵琶說趙家，皆指宋也。』

桃源谿父宋人小說敍云：『古史亡而後小說興，齊諧見述於漆園，夢卜多載於盲史。即宋玉之賦行雲，子長之傳琴心，斯體濫觴，實託之始。魏晉而下，搜神志怪，莫可殫紀。——然莫盛於唐。當時長安逆旅，落魄失意之人，往往寓諷而爲之。然子虛烏有，美而不信；惟宋則多出士大夫手，非公餘纂錄，即林下閒談。雖奇麗不足，而樸雅有餘矣，』——以今論之，宋之小說有恢宏前人之著者，王性之傳奇辨正是也，有自闢蹊徑者，宋江等三十六人是也。前者則西廂之前身，後者則水滸之粉模。承前啓後，知宋詩人文人之外，無名之小說家，所以惠迪後人者，蓋亦不甚少也。

唐元稹作會眞記，敍張生鶯鶯事，而東坡從游者趙德麟，於其侯鯖錄（卷五頁一）中，著辨傳奇鶯鶯事，雜附詩詞，其文甚長，茲不錄。——此元人西廂之粉本焉。周密癸辛雜識（續集上頁三十）云：『龔聖與作宋江三十六贊並敍曰：宋江事見於街談巷語，不足采著。余年少時，壯其人，欲存之畫贊，以未見信書不敢爲。後見東都事略中載侯蒙傳，陳制賊之計云：「宋江等三十六人橫行河朔，……」余然後知此輩眞有聞於時者。』其名目則爲呼保義宋江，智多星吳學究，玉麒麟盧俊義，大刀關勝，活閻羅阮小七，赤髮鬼劉唐，沒羽箭張清，浪子燕青，病尉遲孫立，浪裏白條張順，船火兒張橫，短命二郎阮小二，花和尚魯智深，行者武松，鐵鞭呼延綽，混江龍李進，九文龍史進，小李廣花榮，霹靂火秦明，黑旋風李逵，小旋風柴進，插翅虎雷橫，神行太保戴宗，先鋒索超，立地太歲阮小五，青面獸楊志，病關索楊雄，雙槍將董平，兩頭蛇解珍，美髯公朱仝，沒遮攔穆宏，拚命三郎石秀，雙尾蠍解寶，托塔天王晁蓋，金槍班徐寧，撲天鵰李應。此亦明人水滸傳所取資者也。

吳自牧夢粱錄（卷二十）載小說講經史云：『談論古今，如水之流。……聽者紛紛，蓋講得字眞不俗，記聞淵源甚廣耳。』此則又一體變已。

一九　宋詞概說

然論宋人文學者，豈小說哉？要當以詞爲首屈一指云。

詞固非始於宋者。通鑑一八〇隋煬大業元年，煬帝作清夜游曲，於馬上奏之。又卷一八三記煬帝大業十三年，民間歌桃李子云：『桃李子，皇后繞揚州，宛轉花園裏，勿浪語，誰道許？桃李子！』胡三省注通鑑云：『楊柳枝，即今之令曲。今令曲如清平調、水調歌，柘枝、菩薩蠻、八聲甘州，皆唐季之餘聲。』通鑑二六四注姚寬西溪叢話卷下頁十一云：『望江南者，朱崖李太尉鎮關西日爲其亡姬謝秋娘所作，後進入教坊。』朱新仲猗覺寮雜記云：『彈曲起於唐懿宗時。曹確傳云：優人李可及，能爲新聲自度曲。』卷下頁二十六——以上云云，可見唐人固已有詞之醞釀已。近王國維人間詞話上頁七云：『四言敝而有楚詞，楚詞敝而有五言，五言敝而有七言，古詩敝而有律絕，律絕敝而有詞。蓋文體通行既久，染指者多，自成習套；英雄之士，亦難於其中自立新意，故遁而作他體，以自解脫。』此言甚允，可以爲詞究始，誰作答已。

張宗橚詞林紀事卷一載李白菩薩蠻、憶秦娥二闋爲詞祖。考胡少室莊嶽委談筆叢四十一云：『余謂太白在當時，直以風雅自任，即近體或七言律，鄙不肯爲；寧屑事此？且二詞工麗而衰颯，於太白超然之致，不啻霄壤。』王世貞四部稿一五一云：『昔人謂李白菩薩蠻、憶秦娥，楊用修復傳其清平樂二首，以爲調祖，不知隋煬帝已有望江南詞，蓋六朝諸君重酒賡色，務裁麗語，默啓詞端，實爲濫觴之始。』

至於詞的由來，則昔人有詩餘樂府長短句三說。樂府起於漢世，（本書中古卷十一節）王世貞云：『詞者，樂府之變』是也。（四部稿一五一）有謂詩之餘者，陳臥子云：『宋人不能詩，故發於詩餘』是也。（人間詞話上卷引）有謂長短句者，朱彝尊云：『用長短句制樂府雅詞，自漢迄南北朝皆然。唐初以詩被樂，塡詞入調，則自開元天寶始。逮五代十國，作者漸多。遺有花間尊前家宴等集。』（曝書亭集四○羣雅集敘）若以臆見論之，詩律至唐已臻繁細，而詞者句有長短，韻有轉換，自更足吐瀉人情。詩話總龜（前集四二）云：『（唐）昭宗在河東作菩薩蠻云：「登樓延望秦宮殿，茫茫不見雙飛燕。渭水一條流，千山與萬丘。野烟生碧樹，陌上行人去。何處有英雄，迎歸大內中？」』（案唐宣宗亦好菩薩蠻詞見北夢瑣言）西清詩話云：『（南唐）李後主歸朝後，每懷故國，且念嬪妾零落，鬱鬱不自聊。嘗作長短句云：「簾外雨潺潺，春意闌珊，羅衾不耐五更寒。夢裏不知身是客，一向貪歡。獨自莫憑欄，無限江山，別時容易見時難。流水落花春去也，天上人間！」』（漁隱叢話前集五十九引）——此皆在宋人以前，以錯綜之韻，長短之句，自寫哀情，較之於詩，已別有天地已。

胡應麟云：『宋元詞曲，陳隋實始之。齊梁月露，固已兆端。陳隋二主，所爲長短歌行，率宋人詞中語也。……詞曲濫觴，實始此際。自文皇以鴻材碩藻，撥六朝餘習，子昂太白，相望並興。逮少陵氏作，出經入史，劃絕淫靡，有唐三百年之詩，遂屹然羽翼商周，驅駕漢魏。藉令非數君子砥柱其間，則草堂花間，將踵接於武德開元之世，詎待宋元而後顯哉？』（筆叢四十一莊嶽委談下）此謂如無李杜之詩，則詞或在唐已盛。——反之卽謂詩衰於宋，故詞亦乘機崛起，盈虛倚伏，蓋亦可謂爲定論已。

然宋初詞人之所以突然光大者，則亦有故：

其一，則由於貴人之提倡也。宋史（二五○）張懷德傳：『善音律，自爲新聲，度曲極精妙。』李邦彥傳：『每綴街市俚語，爲詞曲，人爭傳之。』（宋三五二）范公稱云『張子野郎中一叢花詞云：「懷高望遠幾時窮，無端似情濃。離魂正引千絲亂，更南陌香絮濛濛。嘶騎漸遙，征塵不斷，何處認郎蹤？雙鴛池沼水橈通，梯橫畫閣黃昏後，又正是斜月朦朧。沉思細恨，不如桃李，猶解嫁東風。」一時盛傳。歐陽永叔尤愛之，恨未識其人。子野家南地，後至都謁永叔，閽者以通。永叔倒屣迎之曰：「此乃桃李嫁東風郎中！」』（過庭錄三九頁稗海本）貴人之作詞好詞，此不足以想見乎。

張先以詞知重於晏殊，見道山清話（頁十八）可參看。

其二，由於個人之浪漫也。如柳永（字耆卿）撰鶴沖天；『忍把浮名，換了淺斟低唱：及臨軒放榜，（仁宗）特黜落之曰：「且去淺斟低唱，何要浮名？」』（事見吳曾能改齋漫錄卷十六）此卽異日周邦彥少年游之所以作也。

柳永有屯田詞，邦彥字美成，有清眞詞，張端義貴耳集（卷下頁七）載『道君幸李師師家，邦彥先至，聞道君至，遂匿牀下。道君自攜新橙一顆，云江南初進來，遂與師師謔語，邦彥悉聞之，檃括成少年游云：「并刀似水，吳鹽勝雪，纖手剖新橙。錦幄初溫，獸香不斷，相對坐調笙。低聲問：向誰行宿，城上已三更。不如休去，直是少人行。」師師因歌此詞，道君問誰作，師師奏曰：「周邦彥詞，」道君大怒，因加邦彥遷謫。』可見承平之世，文人蕩佚之風。卽如柳永，流落不偶，死於襄陽。然羣伎會葬南門外，每日上冢，謂之弔柳云。（見藝苑雌黃）此亦可見北宋詞人之風致耳。

其三，則由於個人之才氣也。吹劍錄云：『東坡在玉堂日，有幕士善歌，因問我詞何如柳七？對曰：「柳郎中詞，只合十七八女孩兒，按紅牙拍，歌楊柳外曉風殘月。學士詞，須關西大漢，執銅琵琶，鐵綽板，唱大江東去。坡爲之絕倒。』（張宗橚詞林記事卷五引）趙德麟侯鯖錄（卷八）云：『東坡居士曲，世所見者數百首。或謂於音律小不諧。居士詞橫放傑出，自是曲子縛不住者。』此其徵焉。

陸游老學庵筆記（卷五）云：『世言東坡不能歌，故所作樂府，詞多不協。晁以道云：紹聖初，與東坡別於汴上，東坡酒酣，自歌古陽關。則公非不能歌，但豪放不喜剪裁以就聲律耳。』宋詞綺膩者多，然豪放者亦不少。如『范文正公守邊日，作漁家傲詞數闋，皆以塞上秋來爲首句，頗述邊境之勞。及王尚書素出守平涼，文忠作漁家傲一章以送之，其斷章云：「戰勝歸來飛捷奏，傾賀酒，玉階遙獻南山壽，」顧謂王曰：此眞元帥之事也。』（魏泰東軒筆錄十一）是已。

然其放大之原因，則在於詞之能歌。唐人之詩，本屬可歌；（詳中古卷四十三節引王灼碧雞漫志卷一）其後詩不能歌，則必將有以代之，而詞遂爲天之驕子。昔人評黃庭堅詞：『魯直間爲小詞，固高妙，然不是當行家語，乃着腔子唱好詩也。』（侯鯖錄卷八）又王銑撰憶故人詞，『徽宗喜其詞意，猶以不豐容宛轉爲憾。遂令大晟府別撰腔，周美成增益其詞，而以首句爲名，謂之燭影搖紅云。』（能改齋漫錄）蓋詞之斂板可歌，頗便於詩之僅足寄託歟？

詞之可歌，今猶可想見大略。呂居仁軒渠錄（說郛三四）云：『王彥齡爲太原掾官，嘗作青玉案望江南，以嘲監司。監司大怒。彥齡斂板向前答曰：『居下位嘗恐被人讒，只是曾塡青玉案，如何敢做望江南？請問馬初監！』……馬皇恐亟自辨，詰彥齡曰：「某舊不知，子乃以我爲證何也？」彥齡笑曰：「且借公趁韻，幸勿多怪。」』斂板向前，歌態可見。陳師道后山集（二十九談叢九）云：『柳三變游東都南北二巷，作新樂府，骫骳從俗，天下咏之，遂傳禁中。仁宗頗好其詞，每飯必使侍從歌之。』詞所以勝詩者在此。

能歌者，尤在乎其時之多官伎也。伎女之起，陶九成以爲：『今以伎爲官奴，即官婢也；周禮天官酒人，奚三百人，注，今之侍史官婢。』(輟耕錄卷六)更有人以爲管仲置『女閭三百，以便行商。』(國語周語)即伎自所起。考先秦時，齊人嘗有女樂。(史記四七)而漢時則武帝后衞子夫嘗爲謳者，(史記四九)魏武遺令，則有銅雀伎人。(全三國文三)隋煬亦設伎船。(通鑑一八三)六代淫佚，此風愈張。如謝安以伎女自隨。(晉七九謝安傳)苻堅賜王猛以上伎中伎。(晉一一四)至唐，則伎女尤多，李娃傳，霍小玉傳，均可覆案。(即王昌齡旗亭賭酒見於碧雞漫志卷一者亦指伎女也)至宋則官伎家伎尤盛已。

癸巳存稿(卷十四家伎官伎舊事)云：『古有家伎官伎，齊策云：孟嘗君之舍人，與夫人相愛。此夫人蓋家伎美稱。開元天寶遺事云「長安平康坊，伎女所居之地。」……宋史蔣堂傳云：「知益州，或以爲私官伎，徙河中府。」齊東野語云：浙漕坐唐仲友與官伎爲濫，笞妓使承。而楊誠齋以教授狎官妓，乃黥妓面以恥教授……』是皆妓之故事。

洪龔暘谷漫錄云：『京師中下之戶，不重生男重生女。生女，則愛如拱璧掌珠，甫長成，則隨其資質，教以藝業。用備士大夫家采拾娛侍，名目不一，所謂身邊人，供過人，針線人，堂前大雜劇人，就中廚娘最爲下色，然非絕富貴家不可用。』與妓女有關，附錄之。

妓之佐詞家之清興者，如東坡有朝雲，見惠洪冷齋夜話。(卷一)賀鑄戀一妓，見吳曾能改齋漫錄。(卷十六)僅舉東坡一事，可徵其餘。漁隱叢話(後集三九)云：『蘇子瞻倅杭日，府僚湖中高會，羣妓畢集。有秀蘭者後至，……(府僚怒)……秀蘭含淚力辯，子瞻亦從旁爲解。府僚終不釋然。適榴花盛開，秀蘭以一枝藉手獻座中，府僚愈怒，責其不恭。秀蘭進退無據，但低首垂涕而已。子瞻乃作一曲，名賀新涼，命秀蘭歌以侑觴，聲容俱妙，府僚大悅。』歌也，妓也，詞也，三者之因緣可見已。

詞自與『女人』有關，張舜民畫墁錄卷一云：『柳三變既以詞忤仁廟，吏部不復放官。三變不能堪，詣政府。晏公曰「賢俊作曲子麼？」三變曰「如相公亦作曲子。」公曰「殊雖作曲子，卻不道綵綫慵拈伴伊坐。」柳遂退。』冷齋夜話云『魯直名重天下，詩詞一出，人爭傳之。（法秀）師嘗謂魯直曰「豔歌小詞可罷之。」魯直笑曰「空中語耳，非殺非偷，終不致墜畜生道。」師曰「若以邪言蕩人淫心，吾恐非止畜生道而已」魯直領之。』——此其徵也。

以上述種種故，宋詞遂極一時之盛。葉夢得云：「予仕丹徒，嘗見一西夏歸朝官云：凡有井水飲處，即能歌柳詞。」避暑錄話下頁二 揮麈後錄卷八 則述蔡京能詞；異日徽宗北轅，有燕山亭一闋中云「萬水千山，知他故宮何處，怎不思量，除夢裏有時曾去，無據，和夢也新來不做。』詞林紀事卷三 昔太祖謂人李煜若以爲詞者治國，何至爲我禽？信斯言也。詞與北宋之萎蓋偶然相關哉。

二〇　北宋人學藝

然在北宋未隳以前，豈特詩文詞歌語錄小說，或迂儒窮經，或文人倜儻而已？蓋猶有無名之英雄在也。如蘇頌者，其人卒於徽宗建中靖國元年。史稱其於『經史九流百家之說，至於圖緯律呂星宮葬法山經本草，無所不通』。宋三四〇 然則在文化上無名之英雄，不止道學者詞人文人而已也。

以火器論之，宋次道所記不記外，已見本卷二節 魏勝傳云『礮車在陣中施火，石礮亦二百步，……詔諸軍遵其式造焉。』宋史三六八 陳規傳云：劉豫使李横圍城，『規以六十人取火槍自西門出，焚天橋，以火牛助之，須臾皆盡。』宋史三七七

七

此均爲南渡後不久事，蓋北宋必有爲之者乎？

陔餘叢考三十火礮火槍云：『歷代礮法，多用機發石，然火礮實起於南宋金元之間。宋史虞允文傳，采石之戰，發霹靂礮，以紙爲之，實以石灰硫磺，投水中而火自水跳出。又魏勝制礮車，施火石可二百步，其火藥用硝石硫磺柳炭爲之。此近代用火具之始。』然案宋次道東京記，已有攻城火藥之作。學史上次道名敏求，卒於元豐二年，年六十一，宋二九一是陔餘之說大誤！蓋北宋已有火礮已。

火器之外，則又有煉丹焉。丹灶之術，中古固已有之，中古卷二八節而宋人尤盛。

南北宋間，曾敏行著獨醒雜志卷六記其族祖事云：『挾是技者日至，卒不能得其傳，費用以此而匱，而好之未厭。一日遣僕入城市水銀，遇一客，亦舊嘗至其家者。……笑遣僕曰：爲我謝主翁，水銀若容易乾得，無處著錢已。僕歸以告，族祖惘然。然視壺中水銀，則皆凝而爲銀矣。』族祖云云，似亦北宋季年事云。

南宋初，周去非著嶺外代答，記廣西人采生金於坑，記邕州燒水銀，記桂人燒水銀爲銀朱，以鐵爲釜，密閉提煉，確有異於方士之煉丹。惟方士煉丹，固亦盛行。兩宋盛如梓云：『黃白之術，致禍者十常八九。如韓魏公東坡明道得之而不爲。今江湖間此輩甚多，謂之爇客。』老學叢談下頁二十二雖爲元人之言，要亦宋人所流傳乎？

至於算歷之學，洪邁容齋三筆十三曾言大觀算學：『大觀中置算學，如庠序之制，詔以文宣王爲先師……而列自昔著名算數之人，繪像於兩廊。』大觀者，徽宗年也。其言歷者，則張世南知『以今歲立春至來歲立春，恰三百六十六日，以時刻較之，實三百六十有五日零三時。』游宦紀聞卷一又謂『堯典……朞三百六旬有六日，其實朞三百六旬有五日，又四分日之一。堯典特舉成數而言耳。以均爲十二月，則多六日，無所歸。故又每歲作五六小盡，取其贏，而湊足多之數，是以五年必有二閏。』（同上卷八頁四）張爲南宋紹定前人，而北宋沈括，已謂：『曆法步歲之法，以冬至斗建所抵，至明年冬至所得辰刻衰秒謂之斗分。故歲字從步從戌，戌者斗魁所抵也。』（夢溪筆談卷七）——盛如梓老學叢談（卷下頁十九）云：『存中博學，然說置閏之法爲異。謂專以朔主十二月，則氣反不得主此月之政。或時雖已春，猶是冬歲。或歲猶未盡，猶得新春。莫如用十二氣爲一年，立春之日爲孟春之一日，餘準此。大盡三十一日，小盡三十日。歲歲齊盡，永無閏餘。且謂此論雖見怒於當世，千載之後，必有用予說者。』以星在兩時所指定一歲之長，此非陽曆之濫觴而何哉？曆象進步如爾，無怪乎清人之持之以詆洋學也。

道光間福州梁章鉅作浪跡續談（卷八）云：『楓窗小牘云：「太平興國中，蜀人張思訓制上渾儀，其制與舊儀不同，最爲巧捷。爲樓閣數重，高丈餘，以木偶爲七直人，以直七政。自能撞鐘擊鼓，又爲十二神，各直一時，至其時，卽持辰牌循環而出。」（登原案此已據稗海本楓窗小牘卷上改正）此全與今之自鳴鐘相似。吾鄉福州鼓樓上，舊設十二辰牌。屆時自能更換，相傳此器爲元時福寧陳石堂所傳，至康熙間，爲周櫟園方伯取去，則亦中土人所造。巧捷之法，又豈必索之外洋人哉？』（昭槤嘯亭續錄卷三亦謂『沈括當時聲教不通，乃其論與西法暗合，亦可謂精於算律矣』與梁章鉅所贊者同也）

曆算之外，則又有活字也。沈括夢溪筆談（卷十八）云：『板印書籍，唐人尚未盛爲之。至馮瀛王（道）始印九經，已後典籍，皆爲板本。慶曆中，有布衣畢昇，又爲活板。其法用膠泥刻字，薄如錢脣，每字爲一印，火燒令堅。先設一鐵板，其上以松脂蠟和紙灰之類冒之。欲印，則以一鐵範置鐵板上，乃密布字印，滿鐵範爲一板，持就火煬之，藥稍熔，則以一平板按其面，則字平如砥。若止印三二本，未爲簡易；若印數十百千本，則極爲神速。常作二鐵板，一板印刷，一板已自布字，此印者才畢，則第二板已具，更互用之，瞬息可就。每一字皆有數印，如「之」「也」等字，每字有二十餘印，以備一板者有重複者。不用，則以紙貼之，每韻爲一帖，木格貯之。有奇字素無備者，旋刻之，以草火燒，瞬息可成。不以木爲之者，木理有疎密，沾水則高下不平，兼與藥相黏，不可取。不若燔土，用訖再火令藥熔，以手拂之，其印自落，殊不沾汚。昇死，其印爲余羣從所得，至今保藏。』慶曆者，仁宗年也。昇之技，亦可謂出類拔萃矣。

活字之外，則又有記里鼓車，及車船也。

記里鼓車之制，固道源中古。（中古卷二十一節又二八節）然宋初，仍不廢此制。燕肅與丁謂同時，肅嘗造之。（宋史二九八燕肅傳）仁宗時，盧道隆又上造法，徽宗時內侍吳德仁又予以修改。（見宋史一四九又岳珂媿郯錄卷十三）後至元人主，此制無聞。惟圖書集成考工典一七五尚記楊維禎之記里鼓車賦，此後則無聞。此後無聞，亦以見後世之有愧於宋人也。

此車之制，詳晉書輿服志，崔豹古今注（上卷）以爲起於西京，姑不論。然晉以後，則此制碻有可徵。如劉裕得之後秦，見通典（六十四）宋書（一八）通鑑（一一八）唐元和中，金公立上其造法，見江少虞皇朝類苑（五十八）媿郯錄（十三）宋人祖述，不知何以而失之於宋以後焉。

車船之制，固導原中世。（中古卷二十八節）然宋世亦未嘗廢。蓋始見於南史（七十二）祖沖之傳，再見於册府元龜（九〇八）以及唐書（八十）舊唐書（一三一）李皋傳。三見於李心傳建炎已來繫年要錄（卷五十九）以及宋史（二六五）岳飛傳（三八三）虞允文傳。陸游老學庵筆記（卷一）云：『鼎灃羣盜，如鍾相楊么，戰船有車船，有槳船，有海鰍船。……官軍戰船，亦效賊車船而增大，有長三十六尺，廣四丈一尺，高七尺二寸五分。』宋史薛弼傳：『么陸耕水戰，樓船十餘丈，官軍徒仰視，不得近。』（三八〇）此亦一代之偉制也。

但車船在宋以後，似亦無聞。吳自牧夢粱錄云：『更有賈秋壑府車船，船棚上無人撐駕，但用車輪，脚踏而行，其速如飛。』（卷十二）此後便無人記。周去非嶺外代答（卷六）云：『浮南海而南，舟如巨室，帆若垂天之雲，柂長數丈，一舟數百人，中積一年糧，豢豕釀酒其中，置死生於度外。』此則卽非車船，亦可爲宋人生色者已。（參看人文五卷七期拙作書南史祖沖之傳後〔廿三年九月十五日刊〕）而更有伴之者，則爲羅針。朱彧萍洲可談（卷二）云：『舟師夜則觀星，晝則觀日，陰晦觀指南針。』考彧書成於宣和元年。（直齋書錄卷十一）然述廣州事，則本其父服南宦之見聞。（四庫提要一四一）服知廣州，在哲宗元年，至徽宗崇寧元年間。（廣東通志卷十二）則羅針實始於新舊黨爭之頃。且沈括筆談（二十四）已述指南之理，括卒於元祐八年，（宋史三三一）謂羅針已用於神哲之間，又一旁證。其在南宋，則羅針盛行。夢粱錄（卷十二江海船艦）云：『海商之船，大小不等。大者五千料，可載五六百人。中等二千料至一千料，亦可載二三百人。餘者謂之鑽風，大小八櫓或六櫓，每船可載百餘人。舶商之船，自入海門，便是海洋。茫無涯岸，其勢誠險。蓋神龍怪蜃之所宅，風雨晦冥，惟憑針盤而行。火長掌之，毫釐不敢忽，蓋一舟人命所係也。』述之至明。

據實論之，北宋科學在科學史中實爲奇葩異采。鄭景望蒙齋筆談（卷上稗海本）云：『世傳歐希範五臟圖，此慶歷間杜杞待制治廣南賊歐希範所作也。……希範……嘯聚數千人，……楊佃討之不得，乃以杞代。杞入境，卽僞招降之。……乃大燕犒，醉之以酒，已乃執之，座中翌日盡磔於市。且使皆剖腹，刳其腎腸，因使圖與醫人一一探索，繪以爲圖。』則解剖之權輿也。夢溪筆談（卷七）云：『慶歷中有一術士，姓李，多巧思，嘗木刻一鍾馗，高三二尺，右手持鐵簡，以香餌置鍾馗左手中，鼠緣手取食，則左手扼鼠，右手運簡斃之。』則自働之巧器也。筆談（卷二四）又云：『鄜延境內有石油，……土人以雉尾挹之，采入缶中，頗如淳漆，然之如麻，但烟甚濃。……後必大行於世。』此則開鑛之新頁。

也。『括爲使契丹圖』（宋三三一括傳）據括自云：『予奉使安邊，始爲木圖，寫其山川道路。其初履徧山川，以麫糊木屑，寫其形勢於木案上。未幾寒凍木屑不可爲，又熔蠟爲之，皆欲其輕而易舉故也。至官所，則以木刻上之。上召輔臣同觀，乃詔沿邊皆爲木圖，藏於內府。』（筆談二五）此立體地圖之始祖也。然則宋也者，武力不伸，政治不立，然不能謂道學者、窮經者、詩人文人詞人以外，竟一無所有也。

二一　宋藝術

且以藝術言之，宋人亦何媿於唐哉？

以考古言之，則仁宗之時劉敞已以三代鼎彝之學，爲世推重。（宋三一九劉傳）其言曰：『禮家明其制度，小學正其文字，譜牒正其世謚。』（王國維觀堂集二十三隨庵吉金圖敍引）其後則有歐陽修之集古錄：『上自周穆，下更秦漢隋唐五代，外至四海九州，名山大澤，窮崖絕谷，荒林破冢，莫不皆有。』（文忠集一三四）及北宋之亡也，而趙明誠夫婦作金石錄，摩挲古器，積好成癖；語詳易安金石錄後敍（三長物齋本金石錄或癸巳類稿卷十五易安事輯）而御撰之宣和博古圖，尤一時之盛云。

宣和博古圖者，王黼奉徽宗命譔。（書目答問四）時徽宗好花石，立花石綱。（宋四七〇朱勔傳）葉夢得避暑錄話云：『宣和間，內府尙古器，士大夫家所藏三代秦漢遺物，無敢隱者，悉獻於上。而好事者，復爭尋求之，一器有直千緡者。利之所趨，人爭搜剔山澤，發掘墳墓，無不所至。』（卷下）此言徽宗之罪。然牛宏謂書有五厄，（隋書宏傳）王世貞弇州四部稿（一七〇）則謂藝術有六厄：『桓元盡聚二王顧愷之書畫及金石古器名蹟，悉沉之江，此一厄也。梁武時，二王以下書蹟至萬五千紙，後元帝江陵陷，以劍斫柱，取書籍十四萬卷盡焚之，書畫古玩稱是。此二厄也。唐文皇以蘭亭自殉，右軍以下書畫，不止數千，爲宗楚客安樂公主散盡，名蹟最妙者，復遭岐王之火。此三厄也。開元所收天寶失之，此四厄也。南唐元宗李主收藏書籍，尤多鍾王妙迹，金陵陷而黃保儀火之，此五厄也。書畫古物，無過宋徽宗，以全盛功收之，見於宣和書譜畫譜博古圖者，可謂多極。而靖康之禍，流落殆盡，此六厄也。』可見徽宗收羅，於藝苑非無功者。

以藏書言之，宋次道春明坊（見本卷九節引朱少章曲洧舊聞卷五）無論已。而李常爲仁神間人，『少讀書廬山白石僧舍，既擢第，留所鈔書九千卷，名舍曰李氏山房。』（宋三四四李傳）東坡所爲作李氏山房藏書記者是也。自茲以後，代有其人。謝肇淛云：『宋人多喜藏書，如鄭夾漈、晁公武、李易安、王伯厚、馬端臨，皆手自校讎，分類精當。又有田偉者，作博古堂藏書五萬七千卷。黃山谷曰：吾嘗校中祕書，及徧游江南名士，藏書之富，未有及田氏者。』（五雜俎卷十三）道山清話（八頁）云：『張文潛嘗言近時印書盛行，而鬻書者往往皆士大夫躬自負擔。有一士人盡掊其家所有，將入京，至中途，遇一士人，取書目閱之，愛其書而貧不能得。家有數銅器，將以貨之。而鬻書者雅有好古器之癖，一見喜甚，乃兩易之。於是盡以隨行之書，換數十銅器返。』此其癖好，無異於李清照趙明誠之賭茗翻書。（詳李氏金石錄後敘，見癸巳類稿卷十五）而借書還書之事，更足見當時士林愛書之風。

王楙野客叢書（卷十一）云：『李正文資暇集云：俗謂借一癡，與一癡，索三癡，還四癡。古諺云：借書一嗤，還書一嗤。僕觀廣韻所載瓻字下，皆曰借書盛酒器也。故曾文清公還鄭侍郎通鑑詩云：借我以一鑑，餉公無兩瓻。』何薳春渚紀聞（卷五）云：『杜征南與兒書，昔人云：借人書一癡，還人書一癡。山谷借書詩云：時送一鴟開鎖魚。又云：明日還公書一癡。嘗疑二字不同，因檢孫愐唐韻五「之」下「瓻」字注云：酒器，大者一石，小者五斗，古借書盛酒瓻也。又得以證二字之差。然山谷癡字，必別有他說，當是古人借書，先以酒醴通殷勤，借書還書，皆用之耳。』——於此可見古人借書之不易，及宋人通借之盛。

以雕鏤言之，姜紹書韻石齋筆談云：宋宣和御府所藏玉盃三。其一，內外瑩潔，絕無纖瑕，盃口聳出螭頭，小螭乘雲而起，夭矯如生，名教子昇天，眞神物也。二名八面玲瓏，三則單螭作把，外多花紋句碾精工，瑩石過於教子，而神采稍遜。』卷上頁九 雖或文人之故爲推揚，然有以見其盛已。

以書法言之，仁宗時，米芾已爲書畫學博士，史稱其妙於翰墨，沉著飛翥。宋四四四 石林燕語辨卷三云：『太宗留心字書，淳化中嘗出內府及士大夫家所藏漢晉古帖，集爲十卷，刻石於祕閣，世傳爲閣帖是也。』姜紹書韻石齋筆談卷下云：『太宗以前代墨蹟，命王著鏤板禁中，集爲閣帖二卷，非登二府者不得賜。』蓋始於太宗之興國，殿於徽宗之亡國，設學收士，書學固已日盛。陳鵠耆舊續聞卷三曰：『本朝承五季之後，無復字畫可稱。至太宗皇帝始收羅法書，備盡收訪。熙豐以後，蔡襄李時雍體制，方入格律，蘇黃米薛，筆勢瀾翻。』——下及徽宗，遂益盛已。耆舊續聞卷三文云：『本朝自建隆之後，平定僭僞，其間法書眞跡，皆歸祕府。先帝（徽宗）時，又加采訪，賞以官職金帛至遣使詢求，頗盡采訪。』——由此觀之，徽宗以藝術，亦不爲無功哉！

以繪畫言之，宋初本已有巧匠：『歐陽公有牡丹圖；一貓臥其下，人皆莫知，一日有客見之曰：此必午時牡丹也。貓眼至午，精細而長。』耆舊續聞卷九 徽宗時，『宣和書畫學之制，學生習篆者，蟲魚古今大小二篆。習隸者，習羲獻歐虞。習艸者，習章艸張芝，兼習諸家者聽。……諸畫筆意簡，全不模仿古人，而盡物之形態情色，俱若自然爲上。模前人能而出古意，形色象其物宜，而設色細運思巧爲中。傳模圖繪不失，其眞爲下。其習有六：一曰，佛道二曰，人物三曰，山川，四曰鳥獸，五曰花竹，六曰屋木，各有釋名，』趙彥衛雲麓漫鈔卷二蓋徽宗本人雅有天才，韻石齋筆談卷下云：『徽宗模衛賢高士圖，鬚眉生動，儼與古人對語。後有蔡京題跋。余見於燕邸，無十五城之價，不能留之。』上有好之，斯下焉多巧匠已。

俞成螢雪叢談本卷一儒學會悟云：『政和中，建設畫學，用太學法補試。四方畫工，以古人詩句命題。時試竹鎖橋邊賣酒，衆人無不向酒家上著工夫。惟一善畫，但於橋頭竹外挂一酒帘，書一酒字而已。又試踏花歸去馬蹄香，不可得而形容，何以見得親切？有一名畫，克盡其妙。但畫數蝴蝶飛過馬後而已。便表得馬蹄香出也，果皆中魁選。』巧意如斯。

以建築言之，世所傳李誡營造法式，固爲後世所樂道。考沈括夢溪筆談卷十八云：『營舍之法，謂之木經，或云喻皓所譔。凡屋有三分，自梁以上爲上分，地以上爲中分，階爲下分。……分其書三卷，近歲土木之工，益爲嚴善，舊木經多不用，有人重爲之，亦良工之一業也。』釋文瑩玉壺清話卷二云：『郭忠恕畫樓閣重複之狀，梓人較之，毫釐無差。太宗聞其名，詔授監丞，將建開寶寺塔，浙匠喻皓料一十三層，郭以所造小樣末底一級，折而計之，至上層餘一尺五寸，殺收不得，謂皓曰：宜審之。皓因數夕不寐，以尺較之，果如所言。黎明叩其門，長跪以謝。』是宋初已巧匠迭出，故異日哲宗修殿宇，用金箔至巨數也。

周煇清波別志卷上云：『元符初，後苑修造言內中殿宇，修造用金箔一十六萬餘片。祐陵曰：用金箔以飾土木，甚無謂也。其請支金箔內臣，命內侍省按治。』

故在徽宗之時，雖金源以大敵當前，士夫以黨爭鬨爭，而詩文也，詞曲也，小說也，學藝也，藝術也，固與北宋之削翁，相馳背道。孟元老東京夢華錄自敘頁一云：『僕從先人宦游南北。崇寧癸未，始到京師。太平日久，人物繁阜，垂髫之童，但習鼓舞，斑白之老，不識干戈。……金翠耀目，羅綺飄香。栁陌花衢，新聲巧笑。茶坊酒肆，按管調絃。……花光滿路，何限春游？簫鼓喧空，幾家夜宴？……修造則創建明堂，冶鑄則立成鼎鼐；觀伎籍則府曹衙罷，内省宴回。看變化則舉子唱名，武人換受。……僕偶思念，回首悵然。』述伎館之盛云：『出朱雀門東壁，亦人家，東去大稽麥稭狀元樓，餘皆伎館。……殺豬巷亦有伎館。』卷二述消防之制云：『每坊巷三百步許，有軍巡鋪屋一所。又於高處磚砌望火樓，樓上有人卓望，下有官屋數間，屯駐軍兵百餘人。……火去處，則有馬軍奔報，開封府領軍汲水撲滅，不勞百姓。』卷三述元宵之勝云：『自燈山至宣德門樓，橫大街約百餘丈。……以燈綵結束諸棚，百戲人物，懸於竿上。內設樂棚，差衙前樂人作樂，宣德樓上，宮嬪嬉笑之聲，下聞於外。樓下成露臺一所，教坊子弟更舞雜劇。萬姓皆在露臺下觀看，樂人時引萬姓山呼。』卷六由此觀之，宣和之盛極已。惜乎童貫興伐燕之謀，徽宗有拓土之志，承其積敝，挑其強虜。『蓋其兵力本弱，而所直遼金元三朝，皆當勃興之盛。』廿二史劄記卷二十六徽宗約金伐遼之事，王船山謂『夾攻也，援遼也，鎮靜也，三者俱無以自全。』宋論八靖康之禍於是金師入陷，徽欽北狩，朱少章詞云：『歎馬角之未生，魂消雪窖；攀龍髯而莫逮，淚灑冰天。』宋史三七三朱弁傳以一姓言之，固已淒凉悱惻，而典册飄零，彝器散毀，則尤堪令人悲惋者矣。

十萬卷樓叢書中，有無名氏靖康要錄，自靖康二年一一二七帝入金營後，條記二條如下，均見該書第十五卷。

『靖康二年正月二十六日，帝在虜營中，二帥欲有所須，脅帝取之。虜要南郊法駕大駕之屬，皇太子諸王以下，至百官車輅儀仗，禮器法物，禮經禮圖，教坊樂器，八寶元圭，渾天儀，銅人刻漏，祕閣三館書籍，監本印板，古聖賢象圖，皇城宮闕圖，四京圖，大宋百司並州府職貢令，應宋人文集，陰陽卜筮之書，弟子女童戚里細人，指名要索，……百司所有，至此殆盡。『……二月二日，又取太淸樓書，皆黃帕牙籤，載以太平車，凡百餘兩，皆遺監官交納於蕃寨。……』夫此等獻納，容或可云：『溝通兩國文明。』（參本卷十六節宋金文物關係引金史文藝傳敍）然自兩帝已在掌握，靖康二年四月二日，金人北去。靖康要錄（卷十六）記之云：『其行甚遽，以見四方勤王者大集故也。營中遺物甚多，朝廷差戶部拘取，象牙一物至及二百擔，他不急之物稱是。祕閣圖書，狼藉泥中。金帛尤多，踐之如糞壤。書史以來，安祿山陷長安以后，未有如今日之甚。二百年來庫藏蓄積，一旦掃地。』李心傳建炎以來繫年要錄（卷四）記之云：『敵營始空，其行甚遽，華人男女驅而北者，無慮十餘萬。營中遺物尤衆，祕閣圖書，狼藉泥土中，金帛尤多，踐之如糞壤，二百年來積蓄，一時塗地。』——凡此所云，均可徵破毀之烈。前車之覆，後車之鑒，謀國家者，可不愼哉。

第七章　南宋文明史

二三　南方開明與湖山沉醉

靖康之禍（一一二七）上距宋之開國（九六〇）蓋百六十七年：自此而高宗偏安杭州（臨安），紹興十一年（一一四一）秦檜殺岳飛而與金和。紹興三十一年（一一六一）金主完顏亮入犯，宋雖勉力敗之，然實徼天之幸。當時高宗語張栻云：『自亮死後，非特金人衰弱，吾國亦未免力弱。』（鶴林玉露卷四）日後，孝宗起用張浚，矢志匡復。亦不過得一符離之潰。寧宗繼之，韓侂胄之用兵（一二〇七）也，亦不過得一敗耳。（宋史四七四姦臣傳參本書本卷第六節）自斯厥後，蒙古寖強；南宋理宗寶慶三年（一二二七）西夏亡，金受蒙古之偪，亦由燕而汴而蔡。（詳李心傳建炎以來朝野雜記乙集卷十九）至理宗端平元年，（一二三四）金亡。嗣後為元與南宋之直接衝突矣。德祐二年，（一二七六）而杭州破，較金之亡不過晏四十二年而已。忍辱偷生，至可憐也。

自高宗南渡至南宋亡國，凡百五十年（一一二七—一二七六）是百五十年中，民族之地位，令人念之泫然。『紹興癸丑，國信使鄭汝諧一詩云「忍辱包羞事北庭，奚奴得意管逢迎。燕山有石無人勒，卻向都梁紀姓名。」』（齊東野語卷十一）蓋由當時使北者，例題詩於盱眙第一山，故鄭言云云。

然有為文化史上告慰者，則以衣冠南渡，南方遂益臻繁榮。南方繁榮，其來已久。盛如梓庶齋老學叢談云：『漢唐盛時，文章之秀萃於中原。其次偏方，莫如廣陵。建安七子，始有陳琳。晉五俊，始有閔鴻。張華見而奇之曰，皆南金也。唐有李邕章彝，宋有秦觀孫覺，皆昭昭然人之耳目。南渡後，專尚時文，稱閩越東甌之士。山川之氣，隨時而為盛衰，談風水者，烏能知此。唐詩人江南為多，今列於後。陶翰許渾儲光義皇甫冉皇甫曾沈頌沈如筠殷遙。（潤州人）三包、融何詰，戴叔倫。（金壇人）陸龜蒙于公異丘為丘丹，顧況非熊父子，沈傳師誠之父子。（蘇州人）三羅虬鄴隱，章孝標章碣。（杭州人）孟郊錢起沈亞之。（湖州人）施肩吾章八元徐凝李頻方干。（睦州人）賀德仁吳融嚴維。（越州人）張志和。（婺人）吳武陵王貞白。（涼州人）王昌齡劉眘虛陳羽項斯。（江東人）鄭谷王轂。（宜春人）張喬杜荀鶴。（池州人）劉太眞顧蒙汪遵。（宣州人）任濤來鵬。（豫章人）李翠玉。（澧人）李濤胡曾。（長沙人）皆有詩名。』（卷中之下頁一）然之南宋以後，則東南人材益盛也。

李慈銘越縵堂日記（戊集下）云『案盛氏所舉，雖多漏略，……（以下李氏補列東南唐代文人不少，茲略去）……然其言可謂深知古今之變。南宋以後，東南人材益盛，文事敦槃，幾不齒及西北矣。』甚允。

考北宋之時，南人固爲人所疑忌。故邵雍居洛中，仁宗末年，聞杜鵑聲曰：『此越鳥也，孰爲而來哉？因以易占之，謂人曰：後二十年有一南方人作宰相，自此蒼生無寧歲。』（朱弁曲洧舊聞卷二）其意殆指江西臨川王安石也。然南人之勢勢不可輕。『止齋謂本朝名節自范文正公始，議論文章自歐陽子始，道學自周子始，三君子皆萃於東南，殆有天意。』（困學紀聞卷十五）范爲蘇州人，歐爲廬陵人，周爲道州人，（宋史各傳）亦可見北宋時南方之出人材。

自高宗南渡，杭州突然繁榮。其一則由宋南渡後世家多從行。（說詳陔餘叢考十八）如竹坡詩話二頁謂：『維揚之擾，衣冠皆南渡』是也。其二，則由杭州在北宋本爲名邑。歐陽修所謂：『四方之所聚，百貨之所交，物盛人衆，爲一都會。惟金陵與錢塘』而錢塘『俗習工巧，邑屋華麗，蓋十餘萬家。環以湖山，左右映帶，而閩商嶺賈，風帆海舶，出沒於江濤浩渺，烟雲杳靄之間，可謂盛矣。』（文忠集四〇有美堂記）東坡亦云：『軾於錢塘人，有何恩意？而其人至今見念。軾亦一歲率嘗四五夢至西湖上，此殆世俗所謂前緣者。』（東坡集四十五與陳師仲）『孫何帥錢塘，柳耆卿作望江潮詞，贈之云：「東南形勝，三吳都會，上塘自古繁華。烟柳畫橋，風簾翠幙，參差十萬人家。雲樹繞隄沙。怒濤捲霜雪，天塹無涯，市列珠璣，戶盈羅綺，競豪奢，重湖疊巘清佳。有三秋桂子，十里荷花。羌管弄晴，菱歌泛夜，嬉嬉釣叟蓮娃。千騎擁高牙。乘醉聽簫鼓，吟賞烟霞。異日圖將好景，歸去鳳池誇。」』（羅大經鶴林玉露卷一）其三，則由建都之故也。耐得翁云：『自高宗駐蹕於杭，而杭山明水秀，民物康阜，視京師（汴）且過十倍矣。』（都城紀勝序）朱子亦云：『因言陳同父上書乞都建康而曰：黃帝披山通道，未嘗寧居。今宮室臺榭，妃嬙媵御之盛如此；如何動得？』（語類一三一）——由此三故，『其士大夫又從而治園囿臺榭以樂其生於干戈之餘，上下晏然，而錢塘爲樂國已。』（宋史四三六陳亮傳）林昇詩云：『山外青山樓外樓，西湖歌管幾時休；熏風吹得遊人醉，直把杭州作汴州』張志道詩云：『荷花桂子不勝悲，江介年華憶昔時，天目山來孤鳳歇，海門湖去六龍移。賈充誤國終無策，庾信哀時尙有辭。莫向中原誇絕景，西湖遺恨是西施。』（俱見田汝成西湖游覽志餘卷二）蓋渡江以後，百戰餘生之勇將，尙且耽樂湖山，何況其餘哉？

李心傳建炎以來朝野雜記（乙集卷十三）云：『渡江後將帥，韓世忠綏德軍人。曲端鎭戎軍人，吳玠吳璘郭浩德順軍人。張俊劉錡秦州人。楊維忠李顯忠環州人。王淵階州人，皆西北人也。劉光世保大軍人。楊存中代州人。趙密太原人。岳飛相州人。王彥懷州人，皆北人也。』——然韓世忠常騎驢湖上，（詳周密齊東野語卷十九）則又奚怪夫孝宗之志在恢復，而不廢游幸湖山，（周密武林舊事三西湖游幸條）周煇清波雜志（下頁四五：稗海本）曰：『頃年西湖上好事者所置船舫，隨大小皆立嘉名。如訊星艖凌風舸夷猶閑曠，可見一時風致。』文恬武嬉乃爾。

西湖杭州之繁盛，半以政治與遷；其更有助於南部之開化者，則海事已。考海與南華所關非細，舊唐書謂開元中宋璟官廣州，廣多火災，璟教以瓦屋。（九十六宋璟傳）及唐之季，而宮宗稱番禺爲珍翠之地，已海之開啓可知。（中古卷四十四節引侯鯖錄六）黃巢求爲嶺南節度使，（同上引通鑑二六三）卽此之故。蔡絛鐵圍山叢談（卷二）云：『大觀政和之間，天下大治，四夷嚮風，廣州泉南請建蕃學。』則在北宋之際，市舶之來，已足使海口繁榮。宋史（一八六食貨志）云：『開寶四年，置市舶司於廣州，後又於杭明州立司。凡大食古邏闍婆占城勃泥麻逸三佛齊諸番，並通貿易。……元祐三年……（元）……前一年，亦增置市舶司於泉州。』——此卽所謂北宋貿易四港，然皆偏於南及東南也。

粵海關志（卷二）云：『廣州市舶司，設於太祖開寶四年。（九七一年）明杭設司，在其後。三司悉開，在眞宗咸平二年。』（九九九）又（卷三）引畢仲衍中書備對所稱神宗熙寧十年（一〇七七）所載互市額，而立論曰：『備對所言三州市舶司，乳香三十五萬四千四百四十九斤，其內明州所收，只四千七百三十九斤。杭州所收，惟六百三十七斤。而廣州所收者，則有三十四萬八千六百七十三斤。是雖三處置司，實推廣州最盛。』可知在安石變法時，廣州已屹然爲南方一重鎭矣。泉州之外，如密州置司於元祐三年，（宋史一八六）第次於四者，故略之。

綜言之，北宋以歷史的關係，東南名城海口，益較前世爲盛。及乎炎興南渡，以政治之關係，而諸都會諸海口之在東南者，益較北宋爲盛。張端義云：『自古以來，形勢自北而南，江流自西而東。金亡都汴，燕趙青徐之野，皆成艸莽。三十年來，地氣不乘，兵戈日尋，民無生意。』（貴耳集上）鄭思肖稱眞定比蘇州，不及什一。（本卷二節引心史卷下）讀史者可以知在北南宋二百許年之間南北文明之互異其變矣。

北方惟金人南渡，差爲可稱。金人初都燕（中都），（金史二四志）時在高宗紹興廿三年。（貞元元年一一五三）金宣宗貞祐二年（一二一四）徙都於北宋之舊京汴，號爲南京。（金史十三）李心傳建炎已來朝野雜記（乙集十九）云：『貞祐二年，本朝嘉泰七年，韃靼已破中原九十餘郡，復偪燕京。……河南統軍蒲撒七斤者，奏乞徙都開封府，（金主）珣從之。……霍王從彝諫曰：「祖宗山陵，宗廟社稷，百官庶事，皆在燕，豈宜舍之而去？」……珣不從。從彝憂憤而死。五月，金主發燕京，至眞定，留幾月，復渡河以至開封，肆赦境內。明年五月，韃大破燕京。金人自阿骨打稱帝，至是九十八年。』此金之第一南渡也。已而蒙古愈偪，哀宗又自汴而蔡。（金史一八紀一二三二，宋理宗紹定四年）汴都戚族，亦爲蒙古人擄於青城。青城者，金人舊擄徽欽處也。（詳劉祈歸潛志十一，錄大梁事）是第二南渡也。蔣正子山房隨筆（一卷）云：『金國南遷後，國勢弱不支。又遷睢陽，哀宗后梁氏，不肯南遷，寧死於汴。故元遺山詩云：「桃李深宮二十年，更將顏色向誰憐？人生只合梁園死，金水河邊好墓田。」』民族之盛衰，又豈特南北風物之區異而已。

二三　文學方向之轉變

言地理上之南北兩宋之不同，則有如南方開展而學藝上，則南北宋固亦有不同焉。先得以文藝論之文藝者，固隨時世而變者。李清照生丁徽宗之盛壯嬰靖康之亂而終老於南渡之初。方其少而作詞也：『昨夜風疎雨驟，濃睡不消殘酒試問捲簾人卻道海棠依舊？知否知否，應是綠肥紅瘦？』及其晚而爲詩也：『子孫南渡今幾年，漂零遂與流人伍。願將血淚寄河山，去灑青州一坏土。』據癸巳類稿十五易安事輯 盛世。之文，與亂。世。之。文蓋自不同。今姑區亂世之文爲三類云。

其一，兵戈擾攘，心惕。禍難。感憤之情，蕩溢。言表。張孝純在雲中府粘罕坐上，有所覩，賦一詞曰：『疏眉秀目，依舊是宣和裝束。貴氣盈盈脊性巧，舉止知非凡俗。宋室宗姬，秦王幼女，曾嫁欽慈族。干戈損蕩，事隨天地翻覆。一笑邂逅相逢，勸人欲飲，旋旋吹橫竹。流落天涯俱是客，何必平生相熟？舊日榮華，如今焦卒，付與盃中醁。興亡休問，爲伊且盡紅玉！』說郛二十九朝野遺記 辛稼軒『題江西造口詞云：「鬱孤臺下清江水，中間多少行人淚，西北是長安，可憐無數山，青山遮不住，畢竟東流去。江晚正愁予，山深聞鷓鴣。」蓋南渡之初，虜人追隆佑太后御舟，至造口，不及而還，幼安自此起興，謂恢復之事行不得也。』羅大經鶴林玉露卷四 此詞家之感憤者也。

辛棄疾號稼軒，宋史一四〇有傳，其死晚於朱子。宋寧元六年一二〇〇卒 劉祈歸潛志卷七云：『辛棄疾黨懷英，俱山東人。辛一日率數千騎南渡，顯於宋。……後辛退閒，有鷓鴣天詞云：壯歲旌旗擁萬夫，錦襜突騎渡江初。燕兵夜捉銀胡籙，漢箭朝飛金僕姑。思往事，歎今吾，春風不染白髭鬚。都將萬字平戎策，換得東郊種樹書。』

至於。詩。家。之。感。憤。者，自亦有人。岳珂桯史云：『金陵牧牛亭，秦氏之丘隴在焉。有移忠旌忠寺，相去五里，金碧相照。楊誠齋嘗乘軺過之，題詩壁間曰：函關只有一穰侯，瀛館寧看再帝丘。天極八重心未死，台星三點折方休。只看坐後新亭策，恐作橋中屬國羞。今日牛羊上邱隴，不知丞相更嗔否？』（卷二頁八）誠齋者，萬里也。放翁詩曰：『到死方知萬事空，自憐不見九州同。王師克復中原日，家祭無忘告乃翁。』葉紹翁四朝聞見錄（乙集頁二〇）曰：『至公之歿，猶留詩以示其家云，「……」』放翁者，陸游也。萬里卒於韓侂胄伐金元年（一二〇五年宋史四三三），陸游（一一二五—一二一〇）則稍後焉。時世與文學有關，可知也。

然感憤亦有時而痲木，因而清綺之作興焉，此其二也。后村詩話（前集卷二）云：『放翁嘗調官臨安，得句云：「小樓一夜聽春雨，深巷明朝賣杏花。」傳入禁中，思陵稱賞。由是知名。』是放翁且為吏猶焉。范致能石湖集（二十七）有四時田園雜興六十首，蓋作於淳熙丙午（乙一八六）『柳花深巷午鷄聲，桑葉尖新綠未成。坐睡覺來無一事，滿窗晴日看蠶生。』石湖者（一一二五—一一九三）蓋與放翁同時，參政於完顏亮之敗後（宋史三八六）者也。——清綺如斯，蓋情緒稍稍變已。

詞家亦有清綺者，『嘉泰（一二〇一—一二〇四）間，劉改之過以詩名江西。……辛棄疾帥越聞其名，遣使招之。……因效辛體作沁園春一詞，併緘往。下筆便逼眞。其詞云：『斗酒彘肩，風雨渡江，豈不快哉？被香山居士約林和靖，與東坡老，駕勒吾回。坡謂西湖，正似西子，淡抹濃粧臨照臺。二人者，皆掉頭不顧，只凭傳盃。白云天竺去來，看金碧崢嶸圖畫開。況一澗縈紆，東西水繞，兩山南北，高下雲堆。逋曰不然，暗香疎影，何如孤山先探梅？蓬萊閣訪稼軒未晚，且此徘徊。』』（西湖游覽志餘卷十）情緒可見。

又次，則優游湖山，享受現在者也。如姜夔字白石，慶元中人。（據詞林紀事十三）有暗香疎影二詞，見誦於世。所謂：『舊時月色，算幾番照我，梅邊吹笛……。』『苔枝綴玉，有翠禽小小，枝上同宿……』者是也。陸友仁研北雜志（得月簃叢書本頁五七）云：『小紅，順陽公（范成大）青衣也，公之請老，堯章詣之。一日授簡徵新聲，姜制暗香疏影二曲。公使兩伎歌之，音節清婉。堯章歸吳興，公尋以小紅贈之。其夕賦詩曰：「自琢新詞韻最嬌，小紅低唱我吹簫。曲終過盡松林路，回首烟波十二橋。」姜每喜自度曲吹洞簫，小紅輒歌而和之。」渡江以後，又追東京昇平之風物，無怪乎賈似道之『半閒』以及文本心之沉痛也。

古杭雜記，詩集卷一云：『賈似道作半閒堂，有倿人上唐多令詞，大稱其意。詞曰：天上謫星班，青牛夜渡關。幻出蓬萊新院宇，花外竹，竹邊山。軒冕倘來閒，人生閒最難。算眞閒不到人間。一半神仙先佔取，留一半與公閒。』——此詞固高手所爲，然衰頹已甚。西湖游覽志餘二十三云：『蜀人文及翁登第後，期集西湖。一同年戲之曰：「西蜀有此景否？」及翁即賦賀新涼云：『一勺西湖水，渡江來百年歌舞，百年沉醉。回首洛陽花世界，烟渺黍離之地，更不復新亭墮淚。簇六紅妝搖畫舫，問中流擊楫何人是？千古恨，幾時洗？余生時負澄淸志，更有誰磻溪未遇，傅巖未起。國事如今誰依仗，衣帶一江而已。便都道江神堪恃，借問孤山林處士，但掉頭笑指梅花蕊，天下事可知矣。」

然揆南都百餘年之詩詞文藝而言，固非毫無足觀者。

其一，則反江西派也。江西派之流弊，個中人已知之。後山詩話後集卷一云：『於默齋敍張魯齋詩云：近來學江西詩，不善其學，音節聱牙，意象迫切，且論議太多，失古詩吟咏性情之本意。』『張巨公評魯直詩文云：雄健太過，遂流而入於險怪，要其病在太著意。』至南宋而尤楊陸范同時竝出『尤延之言：近世人士，喜言江西，溫潤有如范致能者乎？痛快有如楊延秀萬里者乎？高古如蕭東夫，俊逸如陸務觀，是皆自出機杼，大有可觀，而又奚以江西爲？』姜夔白石詩自敘蓋明目張膽矣。

朱子語類一四○云：『今人不去講義理，只去學詩文，已落第二義。況又不去學好底，卻去學做那不好底。作詩不學六朝，又不學李杜，只學那崎嶢的。今使覺得十分好後，把得什麼用？近時人學山谷詩，然又不學山谷好處，又只學山谷不好處。』此乃又一方面之攻擊也。

其二，則俗體之入文學也。『楊誠齋云：詩固有以俗爲雅者。』鶴林玉露卷三 是詩詞得用俗體也。朱子語類云：『嘗見徐端立云「石林嘗言今世文字只是用換字減字法。如說湖州只說湖，此減字法。不然則稱霅上，此換字法也。」』語類卷一三九 此於當世文壇之砭灸亦有力已。朱子固善詩者，如：『浩浩春江水，流徽綠樹風，解維春雨外，彌櫂夕陽中；江草生新徑，巖花點舊叢，詩翁不愁思，逸興莽何窮。』朱集卷十 洵足自挺詩壇，理學者之白話詩，正與里巷間之小說，爲南宋特產；非如詞之在宋季，則漸不能歌，而有日薄西山之概也。

小說詳本卷十八節 案田汝成委巷叢談 頁十六明人小說本 云：『錢塘羅貫中者，本南宋時人，編撰小說數十種，而水滸傳敘宋江等事，姦盜脫騙，機巧甚詳，然變詐百端，壞人心術，其子孫三世皆啞。』貫中以一人著小說數十種，可見蓬勃，而詞則『前輩好詞甚多，往往不協音律，所以無人唱。』沈義府樂府指迷頁五四印齋本 盛衰倚伏，亦可見矣。

其三，則啓迪金人也。如宇文叔通『主文盟時，吳深州彥高視宇文爲後進，宇文止呼爲小吳。因會飲酒間，有一婦人，宋宗室子，流落。諸公感歎，皆作樂章一闋。宇文作念奴嬌，有宋室家姬，陳王幼女，曾嫁欽慈族，干戈浩蕩，事隨天地翻覆之語。次及彥高，作人月圓詞云：「南朝千古傷心事，猶唱後庭花。舊時王謝，堂前燕子，飛向誰家？偶然相見，仙肌勝雪，雲鬟堆鴉。江州司馬，青衫濕淚，同是天涯。」』歸潛志卷八 宇文覽之，大驚；自是人乞詞，輒曰：當詣彥高也。』宇文卽虛中，彥高亦漢人，金人乞詞，嚮邇如此，可以見宋人文學之灌輸於金已。

故南宋季期之金人，幾與宋人相似。歸潛志稱金『章宗詩詞，多有可稱者。宮中絕句云：五雲金碧拱朝霞，樓閣崢嶸帝子家，三十六宮簾盡捲，東風無處不揚花，眞帝王詞也。』（歸潛志一）周密齊東野語（卷二十）記金將詞云：『開禧用兵，金元帥紇石烈子仁攻濠梁，大書一詞於倚廳曰：「天兵小試，百蹄一飲楚江乾。洗五州妖氣，關山已平，全蜀風行，何須一泥丸？」子仁蓋女眞之能文者，故敢肆言無憚如此。』

第宋人文藝，究不能救宋人之迫蹙，徒為亡國以後，留民族之淒涼。言圖書，則有如此江山之亭，言民謠，則有行不得也之歎；言詩，則有如文文山之重過安變，（均見本卷第六節）茲錄汪水雲詩文天祥詞以為殿軍云。

日下舊聞（卷十八）引湖山類稿載『宋季琴士汪水雲南歸，宋舊宮人之在燕者，王昭儀等二十九人與別。王清惠詩云：「朔風獵獵刮人面，萬里歸人淚如霰。江南江北路茫茫，粟酒千鍾為君勸。」周靜眞詩云：「燕山雪花大如席，馬上吟詩無紙筆，他時若逢隴頭人，折寄梅花須一一。」（蓋以勸君更盡一盃酒，西出陽關無故人為韻）水雲歸後，少帝寄詩曰：「寄語林和靖，林花幾度開，黃金臺下客，應是不歸來？」』——此詩之末途也。周密浩然齋雅談（卷下）云：『宋謝太后北覲，有王夫人題一詞於汴京驛中云：「太液芙蓉，渾不是舊時顏色。曾記得春風雨露，玉樓金闕。名播蘭馨君王裏，暈潮蓮臉君王側。忽一朝鼙鼓揭天來，繁華歇。龍虎散，風雲滅，千古恨，憑誰說？對山河百二，淚盈襟血；客館夜驚塵土夢，宮車曉碾關山月。願嫦娥相顧肯放容，同圓缺！」文丞相宋瑞和云：「燕子樓中，又捱過幾番秋色。相思處青春如夢，乘鸞仙闕。肌肉暗銷衣帶緩，淚珠斜透花鈿側。最無端蕉影上窗紗，青燈歇。曲池合，高臺滅。人間事，何堪說。向南陽阡上，滿襟清血；世態便是翻覆手，妾身原是分明月。笑樂昌一段好風流，菱花缺。」』——此詞之末途也。

二四　理學方向之轉變

然南宋（一一二七——一二七六）百五十年文學之流變，尚無如理學之流弊之甚。南宋理學，固根據北宋之周程，然揆其特點，則亦有之。其一爲道統二字之成立。朱子中庸章句敍云：「蓋自上古聖人繼天立極，而道統之傳有自來已。」（文集七十六）信州州學記云：「熹惟國家稽古命祀，而禮先聖先師於學宮，蓋將以夫明道之有統。」（文集八十）於是「未嘗別尊一先生號召天下」（用四庫提要卷九十一儒志篇提要中語）之風習，一變而爲「道統」。「道統二字，始見於李元綱聖門事業圖，其第一圖曰傳道正統。……以明道伊川上接孟子，其書成於乾道壬辰，與朱文公同時。」（錢大昕養新錄十八）更後而無聊之事更多。葉紹翁四朝聞見錄（乙集頁四）云：「程源爲伊川嫡孫，無聊殊甚。嘗糴米於臨安新門之草橋，後有教之以干當路者、著爲道學正統圖，自考亭之後，勦入當途姓名，遂特授初品。」此眞以伊洛爲市矣。

其次則曰朱陸同異。蓋緣陸九淵朱熹二人，篤生於孝宗寧宗之際。朱主道問學，而陸尊德性。道問學者，即自書而入，陳亮（龍川集卷十六跋朱晦庵送寫照郭秀才序後）所謂：「晚得從新安朱元晦游，見其於陰陽卜筮書畫技術，凡世所有而未易去者，皆存而言之」是也。尊德性者，即由心而出，象山所謂：「東海有聖人出焉，此心同也，此理同也。西海有聖人出焉，此心同也，此理同也。」（宋元學案五十八）是也。因而宗朱者詆陸爲狂禪，宗陸者詆朱爲俗學，（用梨洲語）鵞湖會後，象山有高弟楊簡，爲之後殿，朱熹有黃榦等人爲之推波，陸派愈流於禪，相持之局愈堅矣。鵞湖之會，實爲兩派分幟之始。盛如梓庶齋老學叢談（中之上頁十六）云：「晦庵象山二先生，不惟以書往復辨無極。鵝湖唱和，尤見旨趣。象山詩曰：『墟墓生哀宗廟欽，斯人千古最靈心。涓流積至滄溟水，拳石崇成大華岑。簡易工夫終久大，支離事業易浮沉。欲知自下升高處，眞僞先須辨古今。』晦翁次韻曰：『德義風流夙所欽，別離三載更關心。偶扶藜杖過寒谷，更枉籃輿度遠岑。舊學商量加邃密，新知培養轉深沉。只愁說到無言處，不信人間有古今。』二人詩意可見。然他日九淵講君子喻於義一章，則熹以爲深中學者之病。宋史四三四九淵傳則黨同伐異之醜，固無有也。自九淵以後，『浙中象山之學甚旺，由其門人有楊簡唱之。不讀書，不窮理，專做打坐工夫，假託聖人之言，牽就釋意，以文蓋之。』宋元學案三四陳北溪答陳師復書陸流愈近於禪寂矣。『葉水心言今世學者，以性爲不可不言，以命爲不可不知，凡六經孔孟之書無不牽合其論，而上下其辭，精深微妙，茫然莫測。』老學叢談中之上朱流愈陷於支離矣。——兩派之分，遂以判絕。

第無論朱陸，終嫌暗襲佛老之說，以創心學。陸無論已，卽如朱，『朱文公答孫敬甫書云：「少時喜讀禪學文字，見杲老與張侍郎書云：左右既得此欛柄入手，便可改頭換面，卻用儒家言語說向士夫，接引後來學者。」黃勉齋云：近世求道而過者，病傳注之煩，以爲不立文字可以識心見性，守靈虛之識，而味借佛老之言以文儒者之說。』養新錄十九引儒入釋心學之流弊，則有如『符離之潰，張浚熟睡。』詳上引玉露卷六蓋受佛之影響者深矣。儒者受佛之影炙，可分三期：『西晉以來，吾道之外，別爲二氏。南宋以來，吾道自分兩歧。又其後，則取釋氏之精，以陰附於吾道之內。又其後，則取釋氏之名，而顯出於吾道之外。』養新錄十八同上條蓋如明之李贄，明目以入釋，然亦宋人先爲之階梯耳。

且分。事與道而二之，則無以入世。朱子全書一卷云『今人做工夫，不肯便下手，皆是要等待，如今日早間有事，午間無事，則午間便可下手。午間有事，晚間無事，則晚間就可下手。』李紱駁之曰：『其果朱子語耶，抑記者之妄也？天下無道外之事，固無事外之學。早間有事，卽從早間事上做工夫。午間有事，卽從午間事上做工夫。未有離事而有工夫者！』（穆堂初稿四十五書朱子語類後）離事與工夫而二之，所以不明大局，而眞德秀之所以爲人哂弄焉！四朝聞見錄（甲集二六）云：『眞文忠公奉使金廷，力謂歲幣可絕。史相未知所決，喬公行簡上書廟堂云：「強韃漸興，其勢足以亡金，昔吾之仇也，今吾之蔽也。古人脣亡齒寒之轍可覆。」……太學生徐士龍等同伏麗正門，請斬行簡以謝天下。』事理不明，一至於此。鶴林玉露（卷三）云：『端平間，眞西山入參大政，未及有所建置而薨。魏鶴山督師，亦未有設施而罷。臨安優人裝一儒生，手持一鶴，別一儒生，與之解后。問其姓名，曰：姓鍾名庸。問所持，曰大鶴（大學）也。因呼酒對飲，其人大嚼洪吸，酒肉靡有孑遺。忽顛仆於地，羣數人曳之不動。一人乃批其頰，大罵曰：說甚中庸大學，吃了許多酒肉，一動也動不得。』——雖近姍侮，實得實云。

至於盛名所歸，人自爭趨。夾雜之弊，自所不免。鉤黨之禁，亦非偶然。故韓侂胄設僞學之禁，『方黨禁嚴時，熹講學於竹林精舍，不爲稍輟。時多勸熹儉德避難，熹笑而不答。與學者黃榦書云：前此嘗患來學之徒眞僞難辨，今得朝廷大用鑪鞴，鍛煉一番，一等混淆夾雜之徒，自無所遁其情矣。』（無名氏慶元黨禁頁二八）蓋蟻附者衆，斯疾忌者起，黨禁固非始於慶元，而亦自有其必然也。

案南宋黨禁之起，固非起於韓侂胄時。紹興二十三年曹冠時對策云：『凡爲伊川之學者，皆德之賊也。』（繫年要錄卷一六六）孝宗淳熙十五年，林栗言：『熹本無學術，徒竊張載程頤之緒餘，以爲浮誕宗主，謂之道學。……繩以治世之法，則亂世之首所當禁絕也。……其後僞學之禁，實權輿於此云。』（李心傳朝野雜記乙集七）俞文豹吹劍錄外集頁十一云：『道學黨禁，始於元祐間。伊川出入呂申公之門，東坡導諫議孔文仲奏頤爲五鬼之魁。崇寧二年，范致虛言：程頤邪說惑衆，乞追毀出身以來文字。紹興初，尹和靖以布衣入講，士大夫多稱託伊川門人。趙鼎去國，陳公甫言程氏之學狂怪，榜郡國禁之。淳熙九年，晦庵按唐仲友不法，丞相王淮與唐姻，故使陳賈彈之。侍郎鄭丙，日爲僞學。熹遂以辭去。十五年，侍郎林栗奏熹偏說欺慢……』俞氏於此後，即舉韓氏僞學之禁，可知在以前，已不少反譏道學者已。四朝聞見錄（丁集頁十二十五）載胡紘祖劾朱子，『誘引尼姑二人，以爲寵妾。』則又莫須有之辭也。

張端義貴耳集（下頁三〇）云：『士大夫最怕有虛名，……史同叔之死，天下人皆謂曰：眞直院入朝，天下太平可望。及其入朝，前譽小減。省試主文，爲輕薄子作賦曰：誤南省之多士，眞西山之餓夫。都下諺曰：若要百物賤，須待眞直院，及至喚得來，攙做一鏤麵。如是，聲名自是一項；事業自是一項。』鶴林玉露（卷五）云：『以詩書爲有用之具，固未有入耳出口，如後世之甚者也。蓋至於今，士非堯舜文王周孔不談，非語孟中庸大學不觀。言必稱周程張朱，學必曰致知格物，此自三代以後所未有也。然豪傑之士不出，禮義之俗不成。士風日陋於一日，人材歲衰於一歲。而學校之所講，逢掖之所談，幾有若居兒之禮佛，倡家之讀禮者，是可歎也。』理學者主靜主寂之流弊，宋亡以後，沈仲固所以長歎而不能自已歟！

周密癸辛雜識（續集下）云：『嘗聞吳興老儒沈仲固先生云：「道學之名，起於元祐。盛於淳熙，其徒有假其名以欺世者，眞可噓枯吹生。凡治財賦者，則目爲聚斂。開閫捍邊者，則目爲麤材。讀書作文者，則目爲玩物喪志。留心政事者，則目爲俗吏。其所讀者，止四書近思錄通書太極圖東西銘語錄之類。自詭其學，爲正心、修身、齊家、治國、平天下。故爲之說曰：爲生民立極，爲天地立心，爲萬世開太平，爲前聖繼絕學。其爲太守爲監司，必須建立書院立道統諸賢之祠。或刊注四書，衍輯語錄。然後號爲賢者，則可以釣聲致膴仕。而士子場屋之文，必須引用以爲文，始可以擢巍科，爲名士。稍有議及，其黨必擠之爲小人。雖時君亦不得而辨之。其氣焰可畏如此。然夷考其所行，則言行了不相顧，率皆不近人情。異時必爲國家莫大之禍，恐不在典午清談之下也」余時年甚少，聞其說，頗有嘻其甚矣之歎。其後至淳祐間，每見所謂達官朝士，必憒憒冬烘，敝衣菲食，高巾破履。（密作志雅堂雜鈔下卷，則以破竹轎易以村夫。又有「出人望之知爲道學君子也」二語）清班要路，莫不如此，然密而察之，則殊有大不然者。然後信仲固之言不爲過。賈師憲（似道也）當國，獨握大柄，惟恐有分其勢者。故專用此一等人，列之要路，名爲尊崇道學，其實幸其不才憒憒，不致掣其肘耳。卒致萬事不理，喪身亡國。仲固之言，不幸而中，尚忍言之哉。』

然道學之影響，固不無可道者。

其一，則以純粹重思考，不爲文字所縛，而有疑古之風。如朱子不信周禮爲周公所曾行。（語類八十六）與朱子同時之趙汝談，則以易爲占書，禹功只施於河洛，不信洪範詩序周禮，而以禮記爲雜出各手。（宋四一三汝談傳）困學紀聞（卷六）云：『朱文公曰：春秋義例，時亦窺其一二大者，而終不能自信於心。』朱子語類（七十八）云：『今文乃伏生口傳，古文乃壁中之書。……豈有數百年壁中之物，安得不訛損一字？又卻是伏生記得書難讀，此尤可疑。』蓋於書與春秋，亦有疑及。其二，則盛名所及，金人同化。劉祈歸潛志李屏山喜佛學，斥伊川，大爲諸儒所攻。（卷九）斯諸儒者，即金之道學者也。日下舊聞（卷十八）云：「趙仁甫本宋人，被俘至燕，其經學文章，雖李敬齋元遺山，亦推服焉。」於斯尤可徵宋金文化之溝通。其三，則書院以道學而發達，以之傳及元明，爲教育史上大事，蓋亦可稱。——若夫南宋已亡，而文天祥又有如此之絕筆『孔曰成仁，孟曰取義，惟其義盡，是以仁至。讀聖賢書，所學何事？而今而後，庶幾無愧。』據日下舊聞卷十四 謝翱之慟哭。。。。。。。宋遺民錄卷一 王炎午之生祭，同上卷三 鄭思肖畫蘭不根，人詢之則曰，地爲番人奪去，汝豈不知？同上卷十三 ——宋之士風，又豈得以道學而少之哉。

元人亦有書院，略異於宋，山長皆官任。元史八十一選舉志太宗初定中原條 然其制之重視，則不異於宋。如『唐劉蕡爲昌平人，歷遼金無能發潛德者。（元文宗）天曆間，昌平驛官宮騏，始奏設劉諫議書院。』日下舊聞卷三 豈特書院而已，如許衡『得新安朱子書，慨然以道爲己任。』世祖甚重之，曰：『公毋以道不行爲憂也。』元史一五九許衡傳 而『楊維中立周子祠，建太極書院，遂知性理學，欲以道濟天下。』日下舊聞十八引元名臣事略 道學之影彖元人如斯。

二五　南宋文明之病徵

然談。。道。。著。。詞。。之宋人，終。。辱。。於。。金。。而。。亡。。於。。元；徒令士大夫，多故國之悲而已。

考自南宋始渡以至於亡，其士夫大都多言恢復。如『胡文定春秋傳作於渡江之初，其論國滅也，曰：春秋滅人之國，其罪則一；而見滅之國，其例有三。以歸者，既無死難之節，又無克復之志，貪生畏死，其罪爲重。許斯賴胖之類是也。出奔者，雖不死於社稷，有興復之望也，其罪爲輕。弦子溫子之類是也。若夫國滅，死於其位，是得正而斃焉者矣。於禮爲合，於時爲不幸。江黃二人是也。其旨嚴矣。』鶴林玉露十四 自是以後，代有其人，如趙善譽作『東南進取輿地金鑑三十卷，……取三國至梁陳東南攻守事，事爲之圖，後附地理考，其本事始末，蓋爲南渡後圖金而作。』莫友芝宋元舊書經眼錄卷十一陸象山欲報仇，宋四三四陸傳朱子亦『喟然歎曰：某要見復中原，今老已，不及見已！』語類一三三——賢者如此，無怪乎民間之更多激昂者。

元人李有古杭雜記說郛卷四云：『驛路有白塔橋，印賣朝京里程圖，士大夫往臨安，必買以披閱。有人題詩於壁曰：白塔橋邊賣地經，長亭短驛甚分明；如何祇說臨安路？不數中原有幾程！』故岳飛之死，『葉靖逸詩云：萬古知心只老天，英雄堪恨亦堪憐。如公稍緩須臾死，此虜安能八十年？』輟畊錄卷三朱子語類一三三云：『施全刺秦檜，或謂岳侯舊卒，非是。蓋舉世無忠義，這些忠義，忽然自他身上發出來。秦檜引問之曰：「你莫是心瘋否？」曰：「我不是心瘋；舉天下都要去殺番人，你獨不肯殺番人，我便要殺你。」』可見當時民間積忿之烈矣。

然當時實萬難恢復，張浚爲之，而一敗於富平，二敗於淮西，三敗於符離。詳周密齊東野語二張浚三戰本末略『考其出師本末，符離之潰，公方在泗州。淮西之失，公方在行在。富平之敗，公方在邠州，皆去行間千百餘里，安能使士卒奮勇哉。』昭槤嘯亭雜錄卷二則統軍者之不武可知，其下於浚者，又奚論也？卽如紹興三十一年，采石之勝，據李心傳繫年要錄一九四云：『允文策馬至采石，趨水濱，望江北敵營，不見其後。而王權餘兵才萬八千人，金主亮登高臺，張黃蓋，披黃金甲，據胡牀而坐，諸將已爲遁計。』——其岌岌可知。

以故國家經濟之受折，乃大困於歲幣。歲幣雖北宋有之，詳廿二史劄記二十六而南宋之困愈甚。齊東野語卷十一淳熙歲幣云：『紹興歲幣，銀二十萬兩，絹二十萬匹。……先一年臘月下旬，至盱眙山歲幣庫下卸。……歲前三日，先賫銀百錠，絹百四，過淮呈樣。……初交絹，十退其九。……數月後，所需如欲，方始通融。然亦十退其四五。……兀朮病篤之際，曰「江南累歲供需歲幣，竭其財賦，安得不重斂於民？」……。』——蓋國勢之不振，亦有影響於民生也。

然國雖蹙而豪族仍恣橫也。郎瑛七修類稿二十六云：『秦檜微時，爲童子師，仰束修自給。故曰若得水田三百畝，這番不作猢猻王。』此平民地主之活躍也。齊東野語卷六云：『楊和王沂中最所愛者第六女。初事趙汝勸，繼事向子豐，居於霅，未有所育，王甚念之。一日向妾得男，楊氏祕之以爲己出。且亟報王，王喜甚。……亟撥吳門良田六千畝，以爲粥米。逮今向氏家有崑山粥米莊云。』此武人冠蓋而封人也。繫年要錄一一九云：『梁仲敏言臣伏見同知樞密院周麟之父嘗爲常州富人邵仲門客。客死之日，邵家借以吉地安葬。麟之既貴，不思存卹其家。乃強佔墳旁地二十餘里，邵家兄弟不從，即以勢力致獄。』此文官仗勢而厲民也。——敵強於外，國弱於內，而地主吞賦，貧民賠稅不與，

故南宋有經界法，創於李椿年，在紹興十三年：『書圖供帳，分立土色，均認苗稅。』詳李心傳建炎以來朝野雜記甲集卷五 故有似於北宋『方田』。詳本卷十三節 然此制爲豪富所不喜。光宗紹熙元年 一一九〇 朱子行於漳泉，有條陳經界狀云：『細民業去產存，其苦固不可勝言。而州縣坐失常賦，其勢亦將何所底止。然而此法之行，豪家大姓，猾吏姦民，皆所不便。』朱子文集卷十九 可見均賦亦不易云。

李心傳繫年要錄一六五載紹興二十三年『詔民間所欠私債還利過本者，並與依條除放。先是溫州布衣萬春上言，乞將民間有利私債還息未還本者，並予除放，庶幾稍抑豪右兼併之權，而伸貧民不平之氣。詔送戶部。上謂大臣曰：「若止償本則上戶不肯放債，反爲細民之累，可令仔細措置。」至是令下。』——此雖立法有微深之意，

然亦以見上戶之累人。

案平民怨而反富人，已見本卷第一節。引容齋三筆十六多赦長惡條。宋史四二四孫子秀傳：子秀覈勢家之田，「勢家以爲厲己，嗾言者罷之。」孫爲紹定五年一二三二進士，可見宋垂亡時富豪之烈。

而紙幣之通行，尤徵南宋經濟之病焉。

紙幣之始濫觴於唐，詳中古卷三十五節四十四節引孟麟泉布通志卷首鈔目又孫承澤春明夢餘錄三十八北宋亦有「交子」「關子」，今之匯票也。宋史一八一至於會子，則官有本而發兌，時或與見金半用。劉壎隱居通議卷二十云：「楮幣於宋，謂之會子。於今（元）謂之寶鈔。而以久而輕，其弊一也。至於物價踊貴。」蓋會子有似於今之鈔票矣。蓋導源於北宋之季，盛行於南渡以後。

宋交子始於眞宗時張詠鎭蜀。宋史一八一志李心傳建炎以來朝野雜記甲集十六云：「東南初無會子，大觀中蔡京嘗仿交子法爲之，旋卽廢。紹興元年，始置見錢關子。其法，入見錢於婺州，執關子赴杭越。……六年時，臨安之民，復私置便錢會子，豪右主之。錢處和爲臨安守，始奪其利，以歸於官。……三十一年春，遂置行在會子務。」張端義貴耳集上頁六云：「曾懷在版曹，效蜀中造會子，始得三百萬，孝廟在宮中，積三百萬見緡，準備換會。三五年後，浙中粟賤，造六百萬，爲和糴用。繼後印造，不止六百萬矣。辛未以二易一，當時議者，必曰貽害於後。今以五易一，倍於以二易一矣。」綜上，可見會子之設，始於南渡，而其價日跌，則在孝宗以後。吳自牧夢粱錄卷九云：「造會子局在赤山湖濱，先造於成都，以蜀紙起解。後因路遠勿給，詔杭州置局於九曲池。」蓋及南宋之亡，造楮幣竟爲一大事云。

理宗淳祐六年，一二四六宋亡已不過三十年，而謝方叔言「國家駐蹕錢塘，百有二十餘年矣。外之境土日荒，內之生齒日繁，權勢之家日盛，兼幷之習日滋。』『上下煎迫，若有不可爲之勢，所謂富貴操柄竊，若非人主所得專，識者懼焉。夫百萬生靈資生養之具皆本於穀粟，而穀粟之產，皆出於田。今百姓膏腴，皆歸貴勢之家，租米有及百萬石者。』『以此弱之肉，彊之食。』『敵人睥睨於外，盜賊窺伺於內。』（宋史一七三志）——蓋國勢之弱，豈特弱於武哉？兼亦民窮，用絀，富在右姓，岌岌不可終日也。

故景定二年（一二六一）賈似道『欲行富國強兵之術，……於是殿院陳堯道，正言曹孝慶等，合奏限田之法，自古有之。買官戶逾限之田，嚴歸併飛走之弊，回買公田，可得一千萬畝，則每歲六七百萬之入，其於軍餉，沛然有餘。可免和糴，可以餉軍，可以住造紙幣，可平物價。』『先是議以品官逾限田外回買，立說，此猶有抑強疾富之意。旣而轉爲派買之說，除二百畝以下免行派買外，餘悉各買三分之一。及其後也，雖百畝之家，亦不免焉。……買數少者，則全以楮劵，稍多則銀劵各半，又多則副以度牒，至多，則加以將仕、登仕、校尉、承信、承節、安人、孺人告身。……此則幾於白沒矣。』蓋國家在經濟困難之際，疾視地主之獨富，乃利用楮幣，掩其田而有之，於佃人固無所與，然亦可覘經濟病況之嚴重已。宋之亡，豈偶然哉！

以上詳周密齊東野語十七景定行公田條。密云：自似道買公田後，時人反對者衆，卒議還於原主，以北兵進急，『時以秋成在邇，餉軍方急，合宜收租一年。……然邊事日急，還田之事，竟不及行，嗚呼哀哉！昔隋鑿汴渠，以召民怨，乃爲宋漕運之利。今宋奪民田，以失人心，乃爲大元餉軍之利。古今興利害民之事，於此可以鑒矣。』可知似道公田本有救國之志，亦有富國之能，元人踵之不廢也。（俞氏癸巳存稿卷八宋景定公田說云：德祐元年春，謝太后詔以公田給還田主，令率租戶爲兵。時亟未能賜行。其所入田，元時承之未改。大德三年，閻復言江南官田租太重，請減以貸貧民。明洪武十三年，建文二年，宣德五年，遞減之，而租仍較他處爲重」故元初得以江南田賜羣下，『皆宋末官田』也。（詳廿二史劄記三〇江南田條又日知錄卷一〇蘇松田賦條）——此卽宋季奪地主以救國窘之史實。

癸巳存稿（卷八）又云：公田法之行，足餉以外，『本在重楮。則會子之給，亦權宜之制。又一切予以畝二斗之價，而所謂銀半分者，據賈似道傳則亦銀關。銀關一兩當會子錢三貫，亦皆空紙也。』以紙幣收田，此則國窘之史實也。

第八章　異族入主與新文明

二六　元人之承襲與掀動

自南宋亡後，蒙古入據中國，史稱元代者也。（一二七七——一三六七）元人入主，本承南宋之貧弱，然當時遺民種族之恫已甚。故鄭思肖心史（下頁三九大德）曰：『元賊南破中國，至於狗亦殺食幾盡。今之狗，續續而生者，皆元賊破中國後漸漸生者也。六七歲以來，數數見羣狗吠頂笠者；頂笠者，韃賊也。是以知韃賊者又狗之所疾者也。』又心史（下頁六三）大義略敘云：『近陳丞相挾占城出師甚盛。倭國出兵已奪高麗，謀奪幽州，回回挾堵利狗國，出攻韃西北邊，甚得利。逆韃亡，大宋興，此其時也。』又（卷上頁六〇）二嘻詩（嘻陳丞相宜中）敘云：『聞公至海南，諸國有讓王位與之者，公亦不受。公始五十二歲，事業未止於此。或傳其在眞臘之間，併集外國兵來。微臣昂首望東望南，一旦從天而下，盡復太祖高宗境土，豈不快哉？』然其時宋亡已七年。心史鐵函之悲，西臺哭拜之慟，其揆一也。

亭林詩集卷五井中心史歌敍云：『其藏書之日，爲德祐九年，宋已亡矣，而猶日夜望陳丞相張少保，統兵外來，以復土宇。至於痛哭流涕，而禱之天地，盟之鬼神，謂氣化轉移，必有一日。』謝皋羽西臺慟哭記云：『始故人唐丞相魯公指文天祥開府南服，予以布衣從戎。明年，別公漳水湄。後明年，公以事過張睢陽顏杲卿所嘗往來處，悲歌慷慨，卒不負其言，而從之游。今其詩具在，可考也。余恨死無以藉手見公，而獨記公別時語，每一動念，即於夢中尋之。……後三年過姑蘇，姑蘇，公初開府舊治也。望夫差之臺而始哭公焉。又別四年，而哭之於越臺。又五年，及今而哭之於子陵之臺。……登西臺，設主於荒亭隅，再拜跪哭，祝畢而慟者三，復再拜起。……乃以竹如意擊石，作楚歌招之曰：「魂朝往兮何極，莫歸來兮關水黑，化爲朱鳥兮有噣焉食；」歌闋，竹石俱碎。……烏乎，阮步兵死，空山無哭聲，且千年矣。茲游良偉，亦誠可悲也。』宋遺民錄卷三可徵民族愴恫之烈。

蓋元人主華之初，與中國舊文明，尚多隔膜。趙翼謂元建國號始用文義，廿二史劄記二九然元世祖嗜利黷武，元諸帝多不習漢文。劄記三〇鄭所南心史下頁七六云：『韃法，一官，二吏，三僧，四道，五醫，六工，七獵，八民，九儒，十丐。』九儒十丐說亦見陔餘叢談四十二其事似若可信。元史載世祖在潛邸，問張德輝曰：『遼以釋亡，金以儒亡，有諸？』一六三德輝傳大元馬政記頁三三廣倉學宭本記世祖『中統二年，聖諭馬月忽乃若曰：卿昨奏已備怯薛臺馬，今可取肥健者五百匹，交付禡禡禡禡。每五十匹，差一好蒙古人，經由有水草路，勿令瘦死，及賊盜去，疾速進來。』文字之俚如斯，則蠻子之風，今可想焉。

及元幾亡，順帝至正五年一三四五遼金宋三史成，右丞相阿魯圖猶云：『臣素不讀漢人文書，未解其義。』一元

（三九阿傳）則以前可知已。

其次，則漢人南人之目，尤爲隔膜之大者。元初雖登用呂文煥劉整等人，而又用耶律楚材爲『治天下匠。』（元一四六楚材傳）（輟耕錄卷二云：『耶律文正在金爲員外郎，國亡歸於我。夏人常八斤者，以治弓見知於上。告之曰：本朝尚武，而明公欲以文進，不已左乎？文正曰：治弓尚須弓匠，豈治天下不用治天下匠耶？上聞之喜。』）然百官皆用蒙古人爲長。（廿二史劄記三十）漢人南人之口，雖金元俱有。（劄記二九）然蒙古有七十種，色目有三十一種，（詳輟耕錄一氏族）舊民族之力，微已。故趙孟頫議議鈔法，人以其『來自南方』爲惑。世祖詔趙巨夫參知政事，而御史臺以『南人』『年少』誹之。（俱詳元一七二各傳）則政治上之多用北人，明樹畛域，蓋可知也。楊瑀山居新話（頁二七）記『揭曼碩學士題秋鴈詩云：寒向江南暖，飢向江南飽，莫道江南惡，須道江南好。』此殆有感而言。輟耕錄（卷二）云：『今蒙古色目之爲官者，多不能執筆花押，例以象牙或木刻而印之。』北人如斯不學而故樹畛域，亦可吁已。

其次，則擾亂社會之經濟。如以江南田賜羣下，諸將多掠人爲私戶。（廿二史劄記三十）元史（一四七）楊維中傳，又載蒙古人殺人夫奪人妻之事。而又專用寶鈔。（劄記三〇）春明夢餘錄（卷三十八）云：『南宋造會子，有大鈔小鈔之別，凡十等。又謂之錢引，又謂之關會，實一而已。元造寶鈔，以鈔一貫權銅七千文。無何，物價騰踊，逾十倍。積鈔不售，國用大拙。』桂馥晚學集（卷二）云：『元瓦鈔一定，橫列「至元通行」四字。關寶鈔兩字。中有一貫字，左右蒙古字，庚子四月，黃山時家莊民，掘井得之。』——用鈔之專如此，可見爾時民生經濟之不安已。

惟元人知減私租，甚爲可稱。減少私租，唐陸贄曾有其議。（參中古卷四十三節）顧未得實行也。其在於元，則見於元史者凡五。二〇五盧世榮傳十八成宗紀未改元二一成宗紀大德八年二十二武宗至大元年四十三順帝至正十四年 元典章卷三云：『至元二十三年，詔免江南田主所取佃客租二分。』傳至有明，食貨志明史七八謂二祖成宣時每逢蟲蝗，『且命富戶蠲佃戶租。』俞繼登典故紀聞卷十云：宣宗時『給事中嚴富言，江南小民佃富人之田，歲輸其租。今詔免災傷稅銀，所蠲特及富室，而小民輸租如故。乞令被災之處，富人田租，如例蠲免。』——此殆元人之遺波乎。

其次，則特重西蕃僧。西僧之勢，可以辱及王妃，毆及留守。詳陔餘叢考十八元時崇釋之濫條 楊瑀山居新話頁一知不足齋本云：『累朝於卽位之初，故事須受佛戒九次，方登大寶。』陶九成輟耕錄卷二受佛戒云：『累朝皇帝，先受佛戒九次，方登大寶。』元史

二〇 釋老傳，述其作奸犯科，淫汚貪賄之事甚具，而楊璉之發宋六陵也，其事尤慘云。發宋六陵始於至元十五年戊寅，意在取殯宮金玉。宋遺民錄六張孟兼唐珏傳『發趙氏諸陵寢，至斷殘支體，攫珠襦玉柙，焚其胔，棄骨草莽間。』同上羅靈卿唐義士傳 至截理宗頂骨為飲器。同上穆陵行敍 唐義士珏，潛以牛馬骨易諸帝骨，另為葬，植冬青樹以識之。輟耕錄四發宋陵寢條 今在會稽。萬季野宋六陵遺事 鄭元佑遂昌雜錄頁十讀畫齋本云：『宋太學生東嘉林景曦，當楊總統發掘諸陵寢時，林故為杭丐者，背竹籮手持竹夾，遇物卽以夾投籮中。鑄銀作兩許小牌百十，繫腰間，取賄西蕃僧曰：餘不敢望收其骨，得高宗孝宗骨斯足矣。蕃僧左右之，果得高孝兩廟骨，為兩函貯之，歸葬於東嘉。』似當時民間義士，不止一唐珏也。

綜言之，其行政制令，大略如孩提之戲。葉子奇草木子三下云：『元世祖定天下之刑，笞杖徒流絞五等。旣定，曰天饒他一下，地饒他一下，我饒他一下，自是合笞五十，止笞四十七，合笞一百十，止笞百七。』五雜俎卷十四亦云 故成宗一二九五—一三〇七嗣位，鄭介夫言『天下黔首，狠顧鹿駭；』『號令不常，有同兒戲。』『事不歸一，十羊九牧！』陳邦瞻元史紀事本末卷十一大德三

年蓋元人文物，初不如遼金。閔元衢歐餘漫錄卷五云：『勝國諸帝，用梡木兩片，鑿類人形小大，置遺體於其中。加髹漆畢，以金圈圈定，送至極北深埋，隨用萬馬踏平。俟青草解嚴，則已漫同平坡，祭時僅以一駝認識！』——蠻族之風，有至於此。其開行省也，爲武事耳；訂考試也，設書院也，藏圖書也，樸前人耳；雖垂之於後而有影響，然當時實無。意。植柳者也。

元設行省，便於『征伐之役。』見元史九十一百官志。參看中古卷第三節引大興紀要一 然其影炙，則有可稱者。朱國楨皇明大政紀卷一 洪武元年五月，『置中書行省於開封府，命參政楊璟署省事。』是明初亦襲行省之名，後始改爲布政司爾。元人用武，非但徼外，卽國內亦然。元史載張立道佐王子雲南王教化大理等處，元史一六七 蓋亦無。心植柳，然卒致西南之啓發，則可稱耳。

元人亦有書院，參本卷九節 案齊履謙傳，述昇齋積分之法。元史一七二 此則介乎三舍，與今時學制之間，承前啓後，功亦難沒。

元人藏書，如『文宗天曆間，設奎章閣，聚書不少。史稱其聚外王內聖之道，興亡得失之故。』立官分職，井然具備。山居新話頁二十二 然歷代官家，多有收書，以點綴盛世，詳中古卷第九節引拙著收集遺書與建國新猷建國月刊六卷四五期 何足道也？

至於元人考試，古學彙函第六册 有元婚禮貢舉考。大旨謂元科場三年一次，考試程式，漢人南人，蒙古色目，各有不同。如蒙古色目人，依漢人考試者，加一等注授。蓋漢南人作一榜，蒙古色目人又一榜也。陶九成謂，元科舉，始於太宗十年（一二三八宋理宗嘉熙二年）遠在平宋之前。且云『初爲宋人詞賦，後則一以經學爲本，』輟耕錄卷一 殆溢辭歟！

二七　元人海運

然元人文物自有其不朽者在，海運是已。

海運由來久已，（參日知錄二十九海運海師兩條又本書中古卷二十一節卅六節）即在唐時，『辛齋詩話云：「杜子美昔游詩，燕幽夙用武，供給亦勞哉。吳門持粟帛，泛海入蓬萊。」後出塞云「漁陽豪俠地，擊鼓吹笙竽，雲帆轉遼海，粳稻來東吳。」、案唐會要開元二十七年，李適為幽州節度，河北海運使。唐書，姜師度穿平鹵渠以避海難。蓋元之海運，由崇明抵直沽。唐時海運，則由登州轉向平州以達於薊，故子美云然也。』（日下舊聞卅一引）其在於宋，則市舶既盛，（本卷二十二節）羅針斯建，（本卷二十節）故歐公杭州有美堂記，盛道杭州嶺閩商舶之盛，觀於天妃故事之誕生，海事可知。

元人祭天妃以其護海有功，見元史（七十六）名山大川忠臣義士之祠條。案張燮東西洋考云：『天妃者，世居浦之湄州。五代時，閩巡檢林愿之第六女，以宋（太宗）雍熙四年（九八七）昇化。嘗衣朱衣，飛翻海上。宣和癸卯（一一二三）給事中路允迪使高麗，中途遇風，人舟俱溺，神挾之。使還奏於朝，特賜廟號順濟。（元史則作靈濟）紹興己卯，海寇入江，神駕風埽之，加封昭應崇福。元以海漕之功，賜額靈濟。』（日下舊聞十九引）可知天妃之故事，始於北宋也。

故當北宋之時，海事已臻極盛。楊允恭於太平興國中，掌廣州市舶，斬海盜葉氏，『其黨棄船而走。』（宋史三〇九）李燾續長編（四三五）元祐四年云：『杭僧有靜源者，舊居海濱，交通夷利。舶客在高麗，爭譽之。元豐末，其王子義天來朝，因往拜焉。至是，源死，其徒竊其畫象，附舶船往拜。義天亦遣其臣壽介等，附舶來祭。』張邦基墨莊漫錄（卷三）云：『明州士人陳生，不知何年間，赴試京師，家貧治行後時，乃於定海，求附大賈之舟，欲航海至通州，而後西。』——所以南宋高宗，避金人之鋒，嘗以航海為壁壘。詳宋史高宗紀王明清揮麈後錄卷九 宋史三七〇李寶傳，稱李寶陷金後，從海道來歸。而海盜云云，此時亦實繁有徒已。此皆元人海運歷史之背景焉。

江西通志六十七王鈇傳：載鈇官番禺，奪海盜之舟，以為海備。王，蓋建炎初人。岳珂桯史卷四記鄭廣舊為海賊，『自號滾海蛟，後受招安。同官鄙之，不與立談。廣賦詩云：鄭廣有詩上衆官，文武看來總一般。衆官做官卻做賊，鄭廣做賊卻做官。』可見南宋初期，海上之不寂寞已。故異日南宋季年，奪蒲壽庚私有船，以助軍，蒲乃泉州市舶使也。詳宋史四七二王紀 蓋南宋市舶，承北宋之舊，李心傳建炎以來朝野雜記乙集十五云：『市舶司者，祖宗有之，未廣也。神宗時，始分閩浙廣三路，各置提舉官一員。本錢無慮千萬緡，海貨上供者山積。宣和初，悉歸應奉。建炎初，李伯紀為相，省其事，歸轉運使。明年夏，復閩浙二司，賜度牒直三千萬緡，為博易本。』似言市舶之制，北宋盛於南渡。然案趙彥衛雲麓漫鈔卷五云：『福建市舶司，常到諸國船船；大食嘉令麻辣新容甘脛三佛齊國，則有眞珠、象牙、乳香、硫璃。眞臘三泊綠洋蒲甘國，則有金顏香等。渤泥國則有腦版。闍婆國多藥物。占城、日麗、新城國，則有求煎。波斯、蘭麻色國，則有吉貝布、吉貝紗。高麗則有人參。以上舶船，候南風到則回，惟高麗北風則回。』可見南宋時海船之繁。

蓋市舶之利，宋高宗已知之，『市舶之利最厚，若措置合宜，所得動得百萬計，豈不勝取之於民？』粵海關志卷三 元時亦不廢市舶，世祖紀，稱至元三十年，『杭州、上海、澉浦、溫州、慶元、廣東、泉州，置市舶司，凡七所。』元史十七『大抵皆因宋舊制，而為之法焉。』元史九四食貨志 董文炳勸元世祖用蒲壽庚以主市舶，元史一五六文炳傳 則元於市舶，初非置諸淡然者也。此又元人海運制度之背景也。

且以軍事言之平宋後得有海船。元史一三二哈剌䚟傳元史世祖紀云：『陳懿出戰船百艘從征宋。』元史十『伐宋，得黃鵠白鷂船數百艘。』元史八是伐宋有需於海船也。至元二十年，『募兵造舟，復征日本。』元史日本傳時在至元十二年十八年兩敗之後。是伐日本有需於海船也。元史一六二史弼傳：『諸軍發泉州，過七里洲，歷占城交趾，入混沌大洋，卒降爪哇，』是通南洋有藉於海船也。——此則元人海運武事之背景也。

案元征日本綏高麗服印度支那三小國，此已與海有關。至於南洋諸國，據 Ricci 本馬哥孛羅游記言：海外諸小國，Pay Tribute to Great Kaan 者比之而是。又見元人海上拓殖之猛。元史二〇八高麗傳云：『或先有事日本，或先有事南宋，船艦資糧，宜早措置。』可見海事與用兵有關，甚明昭焉。

然海運之所以常行不廢者，則由於食貨也。

蓋元人北都燕京，漕江南之粟，藉乎運河之推輓，事至不易。故用朱張之計，進而求之海運。陶九成云：『宋季年，羣無賴子，相聚乘舟，鈔略海上。朱淸、張瑄，最爲雄長。陰部曲曹伍之。當時海濱沙民，富家以爲苦。崇明鎮特甚。淸……（以）……捕急，輒引舟東行，三日夜，得沙門島。又東北，過高句麗水口，又北見燕山與碣石。……私念南北海道，此固徑，且不逢淺角，識之。……既內附，二人者，從宰相入見，授金符千戶，時尚漕東南供京師，運河淺澁，不容大舟。轉輸艱而糜費重。二人者建言海漕事，試之良便。初不過百萬石，後乃至三百萬石。二人者，父子致位宰相，弟侄甥婿，皆大官。田園宅館，遍於天下。巨艘大舶，帆交蕃夷，累爵積貲，意氣自得。二人者既滿盈，父子同時夷戮殆盡，大德八年冬也。』輟耕錄五朱張條元史二十一成宗紀，『大德七年，命江浙行省，發所籍朱淸、張瑄貨財赴京師，其海外未還商舶，至則依例籍沒。』劉壎隱居通議卷三十云：『浙西朱張二豪，本樵夫。乘乙亥丙子革命時，南北雲擾；入海嘯聚剽刦。所殺略，皆富商巨舶；由是大獲資產。財貨無與比。所官，皆宣慰參政。』蓋二人以建議運糧之故，而富貴如斯。朱張之外，尚有羅璧，亦建議海運者。詳元史一六六羅璧傳。

考當時朱張，固十分縱恣。鄭元佑遂昌雜錄頁二四讀畫齋本云：『松江干氏，以貲雄。朱張誘其諸子博，折盡其產。惟孫東廬有田三十頃，爲養老計，而某氏使之，邀其觀海船。至則曰：不與田當投諸海。東廬不得已，書券與之。償以海舶上物十纔一二。』然此事之垂制，固不爲無功。雪堂叢刻中收有大典本大元海運記二卷。首云：『至元十二年，既平宋，始運江南糧，以河運勿便，至元十九年，用丞相伯顏言，初由海道漕運，至直沽以達京師。立運糧萬戶府三，以南人朱清張瑄羅璧爲之長。初歲運四萬石，後累增至二百萬石，今增至三百餘萬石。春夏分二運至，舟行風信有時，自浙西不旬日而達於京師。大小吏士至於細民，無不仰給。裕民之澤，曷窮極也。』大元海運記卷上頁一是當時北人固有受朱張之賜者矣。故元史九十三食貨志雖謂海運險危，然不嘗否認『然視河漕之費，則其所得蓋多矣』也。詳見余所作朱清張瑄與海上交通新中華三卷八期

當時海運，分職纖悉具備。武宗大德八年，有海運千戶所十一：平江、嘉定、常熟、崑山、温台、崇明、上海、嘉興、松江、杭州、江陰。至大四年一三一一併爲七所，曰常熟江陰所、崑山崇明所、松江嘉定所、杭州嘉興所、以上四所置司平江路温台所、温州路置司慶紹所、慶元路置司平江香糯所，詳海運上頁二十二而更計歲運糧數，鼠耗則例，漕運水程，計海程迂直萬三千三百五十里記標指淺，測候潮汐，艘數裝泊。以上均章節之名見海運記卷下至正十五年，一三五五離元亡一三六九不過十四年矣，猶設防禦海道運糧萬戶府。元史九二百官志蓋元之重視海事，可知矣。

葉子奇草木子三下云：『元海運自朱清張瑄始。歲運江淮米三百餘萬石，以給元京。四五月，南風起，起運，得

便風，十餘日，即抵直沽交卸。朝廷以二八之功，立海運萬戶府以官之，賜鈔印，聽其自印。鈔色比官造加黑，印色加紅。富既埒國，慮其爲變，復以法誅之。海道以後，歲以爲常。及張九四據有浙西，而海道復有方國珍。運道遂梗，而國已不國矣。」然則由海運糧，元世始終因之。俞正燮癸巳存稿（卷八海運）云：『明永樂時，會通河成，罷海運。國朝康熙四十二年，往天津截漕七萬石，由海運登萊青三處平糶。嘉慶九年，浙撫議奏，海運不敢輕試。十五年，蘇撫奏海運不便。道光六年，官雇河船二運抵天津百五十萬石。十七年又行之。』案正燮所指，但指南糧漕北耳，若他處海運，則明清二代，亦不能止也。（說詳日知錄二九海運條註）

綜言之，元人海運固有其歷史的背景，制度的背景，武事的背景，以及經濟之背景。然能終行一代，無畏葸將愼之懼。雖曰海運之事，元前有之，元後有之，然『非若元時以此爲恆制也。』（用日知錄海運條言）斯則先民有作，十口無殊，允爲元之歷史生色者已。

二八 北部文物之維護

雖然，元人之海運，爲謀燕京之粟而已，練諳海事，非所期也。正如其繁榮北京，而非爲救濟南宋以來北華傾圮之敝焉。（詳本卷二二節引貴耳集上）葉子奇草木子（三上）載韓山童檄天下文云：『貧極江南，富稱塞北。』可知元固無繁榮北華之意，然北華則以元而富麗奐皇耳。

何也，北平者北部文物之中心也。自遼都燕，金因之，元因之，明因之，以至於清末民初，北平爲北方大都者，殆一

千年。（九三七—一九二八）

遼史（四太宗紀下）會同元年，（九三七）升幽州爲南京。又（四十地理志）云：『太宗升爲南京，又曰燕京，城方三十六里。』至金爲中都，天德三年，（一一五一）海陵命張浩增廣城門，（詳金史二四「中都路」註）制度更有美進。金史（七五）左企弓傳：『君王莫聽捐燕議，一寸山河一寸金』，指金初之燕也，而況金季乎？

蓋金時北平，已極美奐。楊瑀山居新話（頁四十六）曰：『諸先輩同談內苑萬歲山，太液池，本非吾朝刱建，乃亡金之沼囿也。初聖朝起絕塞，有一山形勢雄壯，金人望氣，言此山當出異人。非金之利，願曲求此山之土。千人挽運，積累幽州城北，栽植花木，營構臺殿，以爲游幸之所。未幾金亡，世祖改築京城，山適在禁苑之中。興衰之兆，天已默定之已。』然則北都營構，金已努力爲之。故異日宣宗自燕徙汴，霍王以爲宗廟社稷，百官庶事，皆在燕，『豈宜舍去？』（本卷二十二節引建炎以來朝野雜記一集十九）是北平之盛，金與元，蓋同努力之者也。

金人之致力燕京者，如張浩會請徙四方民以實燕。（金史八三浩傳）其致力於汴都之復興者，則如正隆營汴京，張中彥運關中材木，開六盤山水陸之路。（詳金史七九中彥傳）可知南宋南渡，北方之刦餘，有待於金元人之努力者不少。日知錄云『今代山東民族出於金元者多矣。』（日知錄二十三二字姓改一字）此又燕汴二都之外，金元人維持北方文明之消息焉。

而元人之力尤偉已。

蕭洵故宮遺錄云：『龍舟大者，長可十餘丈，繞設紅綵闌，前起龍頭，機發五竅皆通。餘船三五，亦自奇巧，引挽游幸，或隱或出，[illegible]覺身忘。況論其他哉？新殿後有水晶二圓殿，起於水中。通用玻璃，日光回照，宛若水宮。中建長橋，遠引修衢，而入嘉禧殿。橋榜對立二石，高可二丈。金彩光芒，利鋒如斲。……殿後有深洞，有飛龍噴雨其中，前有盤龍，相向舉首而吐流泉，泉聲夾道，冷然清爽，彷彿仙島。』此特元時北平富麗之一端耳。吳節故宮遺錄敘云：『故宮遺錄者，廬陵蕭洵之所譔也。革命之初，洵任工部郎中，奉命隨大臣至北平毀元舊都，因得徧閱經歷。凡門闕樓臺殿宇之美麗，闌檻瑣窗屏障金碧之流輝，園囿奇花異卉峯石之羅列，高下曲折，以至廣寒祕密之所，莫不詳具該載，一何盛哉？觀斯篇者，如身入千門萬戶，登金馬，歷玉階，高明華麗，雖天上之清都，海上之蓬瀛，猶不足以喻其境也。』以上同詳日下舊聞卷五 燕都之盛如斯，故元末之亂，南人疾視北方之繁華，亦其中之一事也。

草木子卷三上云：『天下治平之時，臺省要官皆北人為之，漢人南人，萬中無一二。其所為者，不過州縣卑秩。……』又云『治天下之道，至公而已矣。公則胡越一家，私則肝膽楚越。元朝自混一天下以來，大抵皆內北國而外中國，內北人而外南人。以至深閉固拒，曲為旁護，自以為得親疏之道。是以王澤之施，少及於南，滲漉之恩，悉歸於北，故貧極江南，富稱塞北，見於（韓山童）偽詔之所云也。』又卷三上云：『徐州盜韓山童叛，先是至正庚寅十年一三五〇間，參議賈魯勸脫脫丞相開河北水田，又勸其造至正交鈔。鈔惡劣，物價騰貴。又勸脫脫相求復禹故道，集丁夫二十餘萬人，河夫多怨。韓山童因挾詐，陰鑿石人，止開一眼，銘其背曰：「莫道石人一隻眼，此物一出天下反。」掘者得之，遂相為驚詫，而致亂。是時天下承平日久，法度寬縱，人物貧富不均，多樂從亂。曾不旬日，從之者至數萬人，以趙宋為名。韓山童自稱宋徽宗九世孫，偽詔略云：韞玉璽於海東，取精兵於日本。貧極江南，富誇塞北。蓋以宋廣王走厓山，陳宜中走倭，託此說以搖動天下。當時貧者從亂如歸。朝廷發師誅之，雖歸禽獲，而亂階成矣。』可知元季之亂，實由飢荒也，排南人也。北方之繁榮也，三者互而成之。

考明太祖於吳元年遣徐達北伐，檄天下曰，『自古帝王臨御天下，中國居內以制夷狄，夷狄居外以奉中國。未聞以夷狄而居中國，治天下者也。自宋祚傾覆，元以異族北狄入主天下，四海內外，罔不臣服，此豈人力，實乃天授。然達人志士，尚有冠履倒置之歎。自此以後，元之臣子，不遵祖訓，亂壞綱常，……於是人心離叛，天下兵起。使我中國之人，死者肝腦塗地，生者骨肉不相保。雖因人事所致，實天厭其德而棄之之時也。古人云：胡虜無百年之運，驗之今日，信乎不謬。』朱國楨皇明大政記卷三然明祖固欲都乎北平，則元之爲胡虜也，於北部文物之維護，其有功也，亦庶幾焉。陳霆兩山墨談卷十八云：『吾朝遷都北平，雖成祖宏規遠略，然本太祖之意也。洪武改元，駕御謹身殿，問廷臣曰：北平建都，可以控制胡虜，而運掉東南，比今南京何如？衆對曰：胡主起自沙漠，立國在燕，今已百年，地氣已盡，不可因也。今南京興王之地，宮闕已完，不可改圖。傳曰：在德不在險，於是中止。』是明祖未嘗不留意於北平焉。

至明成祖，而北平又爲皇都矣。日下舊聞卷一引成祖實錄云：『永樂元年，李至剛言，北平布政司，爲皇上承運興王之地，宜遵太祖中都之制，立爲北京，制曰：其以北平爲北京。明史六只存此一語……十四年，又詔羣臣議建北京，先是車駕至北京，臣工等上疏曰：北平河山鞏固，水甘土厚，民俗純朴，物產豐富，誠天府之國，帝王之都也。剏河道疏通，漕運日廣，商賈輻輳，貨財充盈，望早勅所司，興工營建。上從之。（明史卷七成祖紀記自永樂元年至十四年間，帝常往來北平南京間云）……十八年冬，北京營建成，詔曰：惟天意之所屬，實卜筮之攸同，乃倣古制，立兩京。上以紹皇考之先志，下以開子孫之宏規。自營建以來，天下軍民樂於趨事，天人協贊，景貺駢臻。今工已告成，選十九年正月元旦，御奉天殿，乃命禮部正北京爲京師，不稱行在。（案明史卷七，十八年九月，改京師爲南京，北京爲京師，與此年月小異。）——』自此以後，北都建國之局成。夫河道疏通，漕運日廣，固爲元人之遺，下詳 商賈輻輳，貨財充盈，蓋亦元人之舊。由此觀之，以北平統系華北之文明，元人庸得曰無功哉？亦談地理與文物者所當知者也。

且明初爲防禦元裔，故益重北平。蠙衣生集云『成祖之營燕也，當時臺諫交口不便，蕭儀言之尤峻。成祖曰：「北平之遷，我與大臣密計數月而後行，彼書生之見，豈足以達英雄之略哉？」』日下舊聞二引 是元雖北去，仍爲北方繁盛之背因也。

自永樂十八年一四二〇 北京營建成，至仁宗洪熙元年一四二五 又命諸司在北京者，仍加行在兩字。至英宗又去行在二字。鄭曉今言云『北京之爲京師，不復稱行在也，自正統六年 辛酉 一四四一 始也。』舊聞卷一 附志於此。

二九　元人學藝

昔魏源著元史新編，其言曰：『元有天下，其疆域之袤，海漕之富，兵力物力之雄廓，過於漢唐。自塞外三帝，中原七帝皆英武踵立，無一童昏暴謬之主，而又內無宮闈奄宦之蠱，外無強臣夷狄之擾，其肅清寬厚，亦過於漢唐。』古微堂外集卷三擬進呈元史新編敘 源以其書而贊元，固有過譽。然元人學藝之彪炳史册，源且略而勿及也，陋哉。

夫木棉之盛，因盛於元代也。看本卷第二節引癸巳類稿十四又陔餘叢考三十 宋方勺泊宅編卷中 云『閩廣多種木棉，樹高七八尺，樹如柞，結實色青，秋深卽開，露白綿茸茸然。土人摘出去殼，以鐵杖捍盡黑子，徐以小弓彈令紛起，然後紡績爲布，名曰吉貝。』然其盛於東南，要當在元。輟耕錄曰：『閩廣多種木棉，紡績爲布，名曰吉貝，松江府東去五十里許，曰烏泥涇。其地民食不給，因謀樹藝，以資生業。遂覓種於彼，初無踏車椎弓之制。率用手剖，厥功甚艱。國初有一嫗，名黃道婆者，自厓州來，乃教以做造捍彈紡織之具，至於錯紗配色，綜線挈花，各有其法，人受其教，競相作爲。轉貨他郡，家旣就殷，未幾嫗卒，莫不感恩灑泣，而共葬之，又爲立祠，歲時享之。』卷二十四黃道婆 蓋古有先農先蠶之祀，而自元以後，則又加一先棉。中古之時，絲自北來，近古之時，棉自南至。於今江浙之絲棉著稱於世者，實元時所始起。

李慈銘桃花聖解盦日記丙集二引：『包愼伯上海新建黃婆祠碑文，以先棉之祀，比之先農先蠶。道婆以元至正間，自崖州至上海，而松江太倉棉布之利，甲天下。黃婆歿後，鄉里醵葬祠之。道光六年，以河道梗，創辦海運。於是士民謂沙船之多，由於布市。議建黃祠，以報其功，上司格不入奏，而祠已成，故爲碑文云。』攷李肇國史補卷下云：『初越人不工機杼，薛兼訓爲江東節制，乃募軍中未有室者，厚給貨幣，密令北地娶織婦以歸。由是越俗大化，更添風樣，綾紗妙稱江左矣。』於是可見江浙之布帛與南北二地之關係。

棉花之外，則又有糖也。亦盛於元者也。楊瑀山居新話七頁云：『李朵兒只左丞，至元間爲處州路總管。本處所產荻蔗，每歲供給杭州砂糖局煎熬之用。糖官皆囘囘富商。』是元時，官已置糖廠已。陸游老學庵筆記卷六云：『沙糖，中國本無之，唐太宗時，外國貢至，問其使人，此何物？云：以甘蔗汁煎。自是中國方有沙糖，唐以前中國書傳言糖者，皆糟耳。』如陸氏言，糖雖中世有之，然官爲提舉，則亦始於元耳。

放翁以沙糖之前，糖卽指糟，太武斷。漢書二十二郊祀歌景星十二應劭注，文柘漿，取甘柘汁也。范書卷十上引馬后含飴弄孫語，註曰：『方言曰飴，餳也。陳楚宋衛之間通語。』是煎蔗汁，與制糖，兩漢有之。吳志卷三孫亮傳註引江表傳『吏取交州所獻甘蔗餳，以鼠矢投餳中；』則蔗糖，但未熬乾耳。且放翁云云，實襲新唐（二百廿一上摩揭它傳）語。唐書原云『如其劑色，味愈西域遠甚。』則太宗時特向摩國研討制糖方法，非始爲之也。

蓋元人科學有襲前人之舊者，如劉整傳言輪船（元史一六一）是也。輪船之外，又如發燭者，頗有似於今之火柴。輟耕錄（卷五）云：『杭人削松木爲小片，其薄如紙，鎔硫黄塗木片頂分許，名曰發燭，又曰焠兒。蓋以發火及代燈燭用也。史載周建德三年，齊后妃貧者以發燭爲業，豈卽杭人之所制歟？陶穀淸異錄云：夜有急苦於作燈之緩，有知者批杉條染硫黄，置之待用，一與火遇，得燄穗然，呼引火奴。今遂有貨者，易名火寸。』然則其制，亦非始於元。李治古今黈云：『天體正圓如彈丸，地體未必正方，令地四方，則天之四遊之地，定相窒礙。竊謂地體大率雖方，而其實周匝，亦當渾圓如天，但差小耳。』（卷一）按此說實出大戴記曾子地員篇。又如賈魯之治河也，史稱其用土用石，用栰用絙之法，無不備具。（詳廿二史劄記三〇賈魯治河）陳霆兩山墨談（二十）云『曩余歸自太原，道出驛下，飯其後廳，見壁間詩云「賈魯修黃河，恩多怨亦多；百年千載後，恩在怨銷磨。」』觀此則當時或以亟疾刻深，致招民怨，而禦災捍患，則後世亦有公論，固不得而盡非也。』然魯之治河，不過頭痛醫頭，腳痛醫腳，（廿二史劄記）其智何以愈於賈讓哉？——此皆證元人學藝之抄襲前人也。

賈讓治河策上中下，以遷民避河爲上策，以疏導爲中策，以障塞爲下策，語在漢書（卷二九）溝洫志。

然元人學藝有以異於前人者，固有在也。

其一，則新奇之制也。甌北言元初多用牛皮船。（廿二史劄記卷三〇）牛腹療重傷。（同上）楊瑀山居新話（頁三九）曰：『平江漆匠王□□者，至正間以牛皮制一舟，內外飾以漆，拆卸作數節，載至上都，游漾於灤河中，可容二十人，觀者無不歎賞。又嘗奉旨造渾天儀，可以折疊，便於收藏，巧思出人意表，可謂智能之人。』——此牛皮船與渾天儀也。元史一六七謂謝仲溫之父睦歡從太祖攻西夏『睦歡力戰先登，連中三矢，仆城下。太宗見而憐之，命軍校拔其矢，縛牛剜其腸，裸而納之牛腹中，良久乃甦。』——此醫藥也。

其二，則規模之大也，攷宋人歷算，固甚精美。如齊東野語卷十五渾天地動儀所言然至元有天下，郭守敬既以『巧思』修通惠河，而其語世祖曰：『唐一行開元間令南宮說天下測景，書中見者凡十三處。今疆宇比唐尤大……帝可其奏，遂設監候官一十四員，分道而出，東至高麗，西極滇池，南逾珠崖，北盡鐵勒，四海測驗，凡二十七所。』此舉也，明清視之，殆有遜色焉。

其三，則西域回法之傳入也。回回大礮，固劉整用以攻宋者。元史一六一劉傳其間如阿喇布丹，伊斯瑪音，亦以大礮顯；阿爾尼格以冶金著，此其人皆西域回回人也，元史工藝傳中，華人能與之並者，惟一李杲之醫耳。均詳元史二〇三輟耕錄卷二十二云：『嘗於平江閶門見過客馬腹澎脹倒地，店中偶有老回回，見之，於左腿上割取小塊出，其馬隨即騎而去，西域多奇術，信哉。』粵在明初，劉基上大統曆，而黑的兒之回回曆，不廢。詳明史三一曆志則可徵元時科學，外來分子之有力。況國人，如李冶，亦能努力；當能相得而益彰乎？

冶著測圓海鏡，勾股術。書收入知不足齋叢書中其自敍云：『嗜好酸鹹，平生每痛自戒敕，竟莫能已，類有物憑之者。笑吾者，當千數，吾之自得，則自得焉耳，寧復為人憫笑計哉。』即此態度，已卓然可稱。

以上，皆堅苦卓絕，垂庇後茲之學藝，而有與斯數者同時竝者，則元曲焉。王世貞四部稿一五云：『涵虛子記元詞一百八十七人，馬東籬如朝陽鳴鳳，張小山如瑤天笙鶴，白仁甫如鵬搏九霄，李壽卿如洞天春曉，喬夢符如神鰲鼓浪，費唐臣如三峽波濤，宮大用如西風鵰鶚，王實甫如花間美人，張鳴善如彩鳳刷羽，關漢卿如瓊筵醉客，鄭德輝如九天珠玉，白無咎如太華孤峯，』吁嗟盛矣，然亦金元以異族主華之特產也。

攷戲曲之始，古稱優孟衣冠，蓋偶然者，且未必有歌詞。唐有參軍戲，（參本卷第一節引因話錄一雲溪友議卷九）其在於宋，則孟元老親見教坊弟子，更舞雜劇。（本卷二十一節引東京夢華錄卷六）南宋之季，雜劇已盛，夢粱錄（卷二十）云：『教坊十三部，惟以雜劇爲正色，委有娉婷秀媚，桃臉櫻唇，玉指纖纖，秋波滴滴，歌喉宛轉，道及謂眞字正。』輟耕錄（二十七）記雜劇曲名云：『稗官廢而傳奇作，傳奇作而戲曲繼，金季國初，樂府猶宋詞之流，傳奇猶宋戲曲之變，世傳謂之雜劇。』（下附雜劇曲名）又（卷二十五）云：『唐有傳奇，宋有戲曲唱諢詞說，金有院本雜劇諸宮調，院本雜劇其實一也，國朝院本雜劇，始釐而二之。』——於此二者，可見元曲之『承上』者如斯。

弇州四部稿（卷一五一）曰：『曲者詞之變，自金元入中國，所用胡樂，嘈雜淒緊，緩急之間，詞不能按，乃更爲新聲以媚之。而諸君如貫酸齋、馬東籬、關漢卿、張可久、喬夢符、鄭德輝、宮大用、白仁甫輩，咸富有才情，兼喜聲律，以故遂擅一代之長。但大江以北，漸染胡語，時時采入，而沈約四聲，遂缺其一，東南之士，未盡顧曲之周郎，逢掖之間，又稀辨撾之王應，稍稍復變新體，復爲南曲，高栻則誠，遂掩前後，大抵北主勁切雄麗，南主清峭柔遠。』『三百篇亡而後有騷賦，騷賦難入樂而後有古樂府，古樂府不入樂，而後以唐絕句爲樂府。絕句少婉轉，而後有詞。詞不快北耳，而後有北曲，北曲不快南耳而後有南曲。』——此言元人北曲在學藝上之位置也，深切著明矣！雖然，元人豈僅以曲著者哉？蓋嘗以木綿著，以沙糖著，以天文醫藥著，以西域新法著，世之知有元曲而不知有元之科學者，盍鑒之哉？而使明人崛起，能承其遺緒，而不沉湎於理氣身心之曲說，則異日西教士之來華，固將不能顧盼自雄，而詫於得勁敵乎？惜乎，明祖之無賴也。

命繼登典故紀聞卷二云：『司天監進元主所造水晶刻漏，備極機巧。中設二木偶人，能案時自擊鉦皷。太祖謂侍臣曰廢萬幾之務而用心於此，所謂作無益而害有益也。使移此心以治天下，豈至亡滅，命卽碎之。』

據此，則元季文物爲皇覺寺野僧所毀者多矣！奚止北平宮闕而已哉？

第九章　明朝成立以後

三〇　專斷政治之更進一層

雖然，元之綱紀固有足以自取覆亡者在焉。

葉子奇云『元朝自平南宋之後，太平日久，民不知兵。將家之子，累世承襲。驕奢淫佚，自奉而已。至於武事，略不之講。但以飛觴爲飛礮，酒令爲軍令，肉陣爲兵陣，謳歌爲凱歌。兵政於是不修也久矣。及乎天下之變，孰能爲國爪牙哉？此元之所以卒於不振也。』草木子卷三上克謹篇

故明初之治，刻覈而尚刑法者，未始非元政弛廢之反響焉。況明祖本人之剛鷙，固嘗處處效法劉邦者乎？

詳廿二史劄記三十二明祖行事多仿漢高條。明史一三三胡大海傳，『太祖克婺州，禁釀酒。大海子首犯之。時大海方征越，太祖曰寧可使大海叛我，不可使我法不行，竟手刃之。』可見丰度。

故明之初建也，首則翦誅功臣，胡惟庸藍玉之獄，無論已。詳廿二史劄記三二徐楨卿翦勝野聞卷一勝朝遺事本曰：『魏國公徐達病

疽疾篤，帝忽賜膳，魏公對使者，流涕而食之。密令醫人逃去，未幾，公薨，訃告帝。帝蓬跣擔紙錢道哭至第。命收斬醫徒。夫人大哭出拜，帝慰之曰：嫂勿爲後計，有朕存焉！因爲周其後事而去。』徐達尚如此，則藍玉傳所謂族誅者，萬五千人何足道哉？

次則壓迫士夫。翦勝野聞（卷二）云：『太祖多疑，每慮人侮己，杭州府學教授徐一夔嘗作賀表云：「光天之下，」又云：「天生聖人，爲世作則。」太祖覽之大怒曰：「腐儒乃如是侮朕耶？」「生者僧也，以我從釋氏也。光則摩頂也，則字音近賊也。罪坐不敬，命斬之。禮臣大懼，因上請曰：「愚蒙不知忌諱，乞降表式，永爲遵守。」帝乃自爲文傳布天下。』蓋禿子得志，肆無忌憚如斯。馬朴談誤（卷四青照堂叢書本）云：『太祖初命中書詹希原書太學集賢門，門字右直微勾起，上曰：吾方欲招賢，原乃閉門塞吾賢路耶？遂殺之，而以粉塗其鈎。』故陳基舟中望虞山有感云：『一望虞山一悵然，楚公（張士德）曾此將樓船。間關百戰捐軀地，慷慨孤忠罵寇年。填海欲啣精衛石，驅狼願假祖龍鞭。至今父老猶垂淚，花落春城泣杜鵑！』（陳衍元詩紀事卷十一）知明初人之不滿太祖者多矣。

三則削奪相權。雙溪雜記云：『國初在內設中書省，在外設行中書省。蓋太祖神聖文武，凡事獨斷，然其初亦以任相爲務。嘗與誠意伯基論可爲相者，基曰：夫宰相以燮理爲權衡而已，無預焉。胡惟庸小犢，將僨轅而破犂。及後胡惟庸爲相事敗，丞相不設。祖訓首章云：「致有奏請設立丞相者，文武羣臣即劾奏，本身陵遲，全家處斬。」大明律云：「在朝官員交結朋友，紊亂朝政者，皆斬。及交結近侍官員，符同奏啓，或上言大臣德政者，皆斬。」蓋鑒古宰相專權納黨，潛移國祚，爲慮至深遠也。』（孤樹裒談卷一頁二十九引）——『有明之無善政，自高皇帝罷丞相始也。』（明夷待訪錄語）

明祖之罷宰相，置六部，明史見一〇九。宰輔表敍。明祖祖訓云：『自古三公論道，六卿分職，並不曾說立宰相。自秦置丞相，不旋踵而亡。漢唐宋因之，雖有賢相，然其間多有小人專權亂政。今我朝罷丞相，設五部六府，彼此頡頏，不敢相壓，事皆朝廷總之，以後子孫做皇帝時，並不許立宰相。臣下敢有奏請設立者，羣臣即時劾奏，將犯人陵遲，全家處死！』朱國楨皇明大訓記卷九王鏊震澤長語卷上云：『我朝六部之設，仿周制六典，最爲簡要。然其名猶襲唐宋之舊。唐以三省長官爲宰相，謂中書令、門下侍郎、尚書令左右僕射也。今中書省已去，特存中書舍人爲七品官，職書翰而已。門下省已去，特存給事中，雖七品官，而有封駮之權。尚書省不復設令僕，乃昇六司尚書分爲六部，秩二品，蓋卽僕射之類也。中書尚書名與古同，其實異已。』蓋既降其名，又分其權也。袁袠世緯卷上頁四簡補云：『高皇帝深慮遠算，因胡李之敗，鑒蒙古之失，博稽往籍，略倣周制，革丞相而置六部，公孤之官不輕畀人。忠勳如劉基，親敬如宋濂，終其身弗以授也。文皇嗣統，妙簡英哲，於時解縉楊士奇等七八人入直內閣，備顧問，代王言而已。』蓋宰相之名實，與古均不侔也。參看明史七十二職官志。

蓋明初之經營，全在自私其國之深慮。論見方孝孺遜志齋集卷二着想，有如明初封建之制，後經成祖之靖難，高煦之稱兵，因而防範甚至。明史一百二十諸王傳贊云：『有明諸藩，分封而不錫土，列爵而不臨民，食祿而不治事。蓋矯枉鑒覆，所以杜漢晉末大之禍，意固善矣。然徒擁虛名，坐糜厚祿，賢才不克自見，知勇無所設施。防範過峻，法制日增，出城省墓，請而後許，二王不得相見，藩禁嚴密，一至於此。當太祖時，宗藩備邊軍戎受制，且令徧歷各國，使通親親。然則法網之繁，起自中葉，豈太祖衆建屏藩計哉。』蓋政制以便於獨夫爲基，故屢變而不得其平，如置相然也。明史一九〇梁儲傳云：『弘治十一年，春，以國本未定，請擇宗室賢者居京師，備儲貳之選，皆不報。蓋束縛宗室，與限制相權，大致同也。

以故成祖因之而置東廠，明史七卷成祖紀云：『是年始設東廠，命中官刺事。』蓋『明太祖既定江左，鑒前代之失，置官者不及百人。……定制不得兼外臣文武銜。不得御外臣衣服。……建文嗣位，御內臣益嚴，詔出外稍不法，許有司械聞。及燕師偪江北，內臣多逃入其軍，漏朝廷虛實，文皇以爲忠於己。……蓋明世宦官出使專征監軍分鎮刺臣民隱事諸大權，皆自永樂間始。』明史三〇四宦官傳敍王振劉瑾魏忠賢之得志，皆帝王自私之一念所致歟！而此自私之一念，則太祖之兇狡基之焉。

余生平最惡明祖，其所可稱者，據孤樹裒談卷一頁二云：『元世祖起自沙漠，以有天下，悉以胡服，變易中國之制。士庶咸辮髮椎髻，深襜胡帽，婦女服窄衣短衣，不服裙裳，無復中國衣冠之舊。太祖心久厭之，洪武改元，乃詔悉復衣冠唐制，其辮髮胡髻胡語，一切禁止。於是百餘年之胡服，悉改中國之舊矣。』

日下舊聞卷十一云：『廠衛設於成祖時，舒司寇奏議云朝廷設立廠衛，原以緝盜防姦，非以察百官也。今以暗防之權，歸諸廠衛，人非正直，事出寃誣，非盛世所宜有也。』異日廷杖之風，盛於明季。兪繼登典故紀聞卷十七云：『嘉靖初，致仕刑部尚書林俊言古者撻人於朝，與衆辱之而已，非必欲壞爛其身體而致之死。成化時，臣及見廷杖三五臣，容厚綿疊衣，厚氈疊帕，然且臥牀數月而後得痊。正德初，逆瑾用事，始啓去衣之端，釀爲末年諫止南巡杖死之事。幸遇新詔收卹，士氣始回。臣又見宏治成化間，詔獄諸犯，惟叛逆妖言強盜，始生打著問，喇嚸殺人打著問。其餘常犯，送錦衣衛鎮撫使問。鎮撫使奏送法司治罪，中間情重，始有來說之旨，今一槩打問，無復低昂。恐失舊典，非祖宗仁厚之意。』吳瑞登兩朝憲章錄云：『嘉靖三年十一月，胡世甯以疾在告。聞大禮之議，廷臣有杖死者，乃上疏曰：廷臣有罪，宜悉下司寇問理，……若乃廷辱之以箠楚，……傳播天下，書之史册，㯉朴行於朝廷，刑辱上於大夫，非所以昭聖德之美焉。』卷二——此梨洲明名臣言行錄敍，所以激然而云：『明之為治，未嘗遜於漢唐也，其不及三代之英者，君亢臣卑，動以法制束縛之，蓋有才而不能盡也。』詳南雷文約卷四此亦君權愈隆之徵焉。

胡承譜續隻塵談卷上廷杖故事云：『亡明故事，凡杖者以繩縛兩腕，囚服逮午門外。司禮監宣駕貼訖，坐於午門西墀下。左錦衣衛使坐右。須臾縛囚定，左右厲聲唱，喝閣棍。則人持棍出，閣於囚服上。喝打，則行杖。杖之三，令着實打，或伺上不測，喝曰用心打，而囚無生理矣。五杖易一人，喝如前，喊聲動地，聞者股栗。凡杖以布承囚，四人舁之，杖畢，以布擲之地，幾絕者十之八九。列校行杖之輕重，必察兩宮之話言，辨其顏色，而點者則又視其足：足如箕張，囚猶可生。靴尖一斂，囚無生理矣。至於御史枷項，祭酒枷項，侍郎尚書枷項，又其刑之輕而辱之小者矣。』當時暴君恣睢，此可見其一斑。

攷洪武二十九年，以孟子士芥寇讎句，謂非臣下所宜，因刪孟子語意太峻者，七十五條，命自今後科試，不以命題。何倖然廣快書三十一孟子節義條詳此蔣一葵長安客話卷一明人小說本曰：『景泰初，始開經筵，每講畢，令中宮飾金錢於地，令講官拾之以為恩典。時高穀年六十餘，俯仰無所得，一講官忘其名氏，嘗拾以遺之。』君之視臣如狗馬，豈不然而已甚哉！

案周輝金陵瑣事卷四頁六云：『李公懋字時勉，永樂甲申進士。宣德初，在翰林院，上懷金錢，至史館，擲於地，縱諸臣拾取，公獨正立。上呼使前，以袖中餘錢賜之。』則以錢辱人，非偶然之事歟？故崇禎朝有四十二相，詳王棠燕在閣知新錄卷十三或謂五十相，詳池北偶談卷十崇禎五十相條，又適園叢書中，有崇禎五十宰相傳。流弊所趨，非一日也。

三一　民生困苦之更進一層

對於君主，則臣苦矣，對於豪臣，則民苦矣。

攷宋世國力雖促，而富豪仍強，（參看本卷二十五節）即所謂公田經界，亦庸足以濟貧人之窮？（參看仝上。）其後元人濟之以減租，（參看二十六節）然正與宋人之裁制民間私債，（仝上二十五節）同於曇花一現而已。爲歷史留故事而已。豈足裁富人之勢哉，觀於沈萬三之故事而可信也。陳衍元詩紀事卷九云：『沈富字仲榮，行三，人因以萬三秀呼之。元末富甲天下，洪武初，每縣分人爲哥、畸、郎、官、秀五等，家給戶由一紙，哥最下，秀最上，每等中又各有等。鉅富者，謂之萬戶。如沈萬三秀，乃秀之第三者。』——可見當時富戶，蓋有過於沈萬三者。

故太祖本人，實爲困於豪族之過來人。朱國楨皇明大政紀卷一引鳳陽皇陵碑云：『昔我父皇，寓居斯方，農業艱辛，朝夕傍皇。俄而天災流行，眷屬罹殃，皇考終於六十有四，皇妣五十有九而亡。庶兄先死，闔家守喪。田主德不吾顧，呼叱昂昂。既不與地，鄰里惆悵。』而東南沃土，豪族尤橫。故孤樹裒談卷一云：『吳中自昔繁榮，迨錢氏奢侈，徵斂困乏，及俶納土，宋人沉其賦籍於水，悉令畝出六斗。民受其惠。蒙古時民富而僭，其後兼併益甚。太祖憤其城久不下，惡民之附寇，且困於富室，而更爲死守，因命取諸豪族租佃簿歷付有司，如其數以爲定稅，故蘇賦特重。』——謂明祖之惡富室乎，尤而效之，取私租以入官糧，尤可徵富人習氣之傳已。

參看日知錄卷十蘇松田賦之重。太祖惡富民兼併，亦見明史一三五周忱傳。

以故由制度言之，兩漢言均田，唐言口分世業，宋言經界，元言經理，至明而言魚鱗册矣。蓋土地之均配，既不可能，不得已而爲賦税之均配矣。參看本卷二五節 魚鱗圖者，其始原於宋季。宋史一七三食貨志 及至明初，『洪武二十年，帝命戶部核實天下土田，而兩浙富民畏避徭役，大率以田產寄他戶，謂之鐵腳詭寄。相沿成風，鄉里欺州縣，州縣欺大府，奸弊百出，謂之通天詭寄。帝聞之，命國子生武淳等，分行州郡，隨糧定區，區設糧長四人，量度田畝方圓，次以字號，悉書主名，及田之丈尺四至，編類爲册，號曰魚鱗圖册。』錄蔣超伯麓漘薈錄卷十三 當時與黃册之定戶口者並行。詳明史一三八范敏傳 然充其至，則徒以均税而已；税出於富戶，又未必久而能均也。

魚鱗之制，所以能制裁隱税，在乎『以田爲母，以人爲子，子依於母，的的可據。』詳天下郡國利病書卷三十三 『自此制一廢，以田隨戶，以戶領田。戶既可以那移，而田卽因之變動。變亂不句，官民肥瘠，高圩山蕩，存於積者，特其槩乎。』利病書二十五引鎮江府志 攷孝宗弘治間，一四九二 張泰治薊州，於永樂間土田舊籍，已須鉤求。明史一八六泰傳 武宗正德六年一五一一 郭宏化亦言天下土田，『宜通行清丈。』明史郭傳 則魚鱗之有效期間，蓋可知已。

且國家之效豪富者，則更有皇莊焉。蕭良榦皇莊子粒議云：『我朝（英宗）天順間，一五五七—六四 沒曹閹田產，悉入宮闈。皇莊之設，蓋濫觴於此。憲孝二朝，因緣未改，迨夫逆瑾擅權，狐鼠之徒，邀上以取寵，剝民以道荒，廣置皇莊，越州跨邑。貂璫校尉，縱橫四出，騷擾州縣，莫敢誰何，利歸私戶，怨入公門。正德之季，海內幾於騷動。世廟在潛邸時，灼知其弊，分遣廷吏渙號清刷。……而卒未能舉大公之政，挈畎畝之利，僅易皇莊之名，爲官田耳。』拙齋十議頁八 則皇莊之厲民，蓋可知也。

皇莊之外，則又有勳貴莊田焉。蕭良榦功臣土粒議云：『按太祖初平天下，法制已立。一時佐命勳臣，皆錫之土地，各食其賦。未幾頒祿一定，遂罷公田。其一二元勳，給賜莊宅，乘及後嗣，則聖主之特恩耳。自後賚予無節，戚畹貴家，憑藉寵靈，恣行陳乞。睎皇祖報功之意戾矣。至於左右近倖，蔑犬馬之勞，恃帷幄之寵，夤緣請討，房莊場蕩，逾溢無度，此何為者也？……今膏腴所在，非宮掖之私田，則權門之莊宅。民之世業，率為其蠶併。衣食之資既無所給……閭閻之民，何以堪此？』（掇齋十議頁七 指海本）可知貴族莊田之厲民者已深。

明史二〇八顏鯨傳謂『魏國公侵民產，假欽賜名樹牌為界，鯨仆其牌，戍其人。』世宗嘉靖中，彭汝實言，『長鯨巨鰌，決網自如，腴田甲第，橫賜無已。』（明史二〇八）食貨志（明史七十七）云：『蓋中葉以後，莊田侵奪民業，與國相終始云』。豪族之剝蝕平人，斯可見已。

故趙翼廿二史劄記（卷卅四）盛陳明代鄉官虐民之事，以今論之，其事殊有未盡者。謝肇淛五雜俎（卷十三）云：『今之仕者，寧得罪於朝廷，無得罪於官長；寧得罪於小民，無得罪於巨室。得罪朝廷，竟得批鱗之名；得罪小民，可施彌縫之術。惟官長巨室，朝忤旨而夕報罷矣。欲吏治之善，安可得哉。』孟子云：為政不難，不得罪於巨室，就謝語而觀之，可知巨室之操縱政治，以致民生於疾苦，明時甚顯也。

伍袁萃貽安堂稿（金集翼史篇）云：『華亭（徐階）在政府久，富於分宜，有田二十四萬，子弟家奴，暴橫閭里，一方病之，如坐水火中。海公（瑞）行部至雲間，投牒訴冤者日以千計』。故沈德符野獲編（卷十二）云：『海忠介撫江南，立意挫折豪強，……不諳民俗，妄禁不許完租，夫租既不完，稅何由出？得使佃戶賴租，產戶賠稅。』然以民生之疾苦視之，則忠介豈偶然之矯激行為哉？

故以政治言之，成宣以後，武世萎沉。神宗萬曆之間，滿清已在崛起，萬曆二十六年，呂坤著實政錄（卷二）云：『梁宋之間，百畝之田，不親力作，必有傭佃。傭佃者，主家之手足焉。夜警資其救護，興修資其助力，雜忙賴其使令，若不存卹，何以安生。近見佃戶缺食，便向主家稱貸，輕則加三，重則加五，穀花始收，當場扣取，勤勤一年，依然凍餒。』則貧民之困於主家者，大致尙可彷彿。自是厥後，因滿洲興，而軍餉煩，因流賊起，而軍餉益繁，因有遼餉、剿餉、練餉之目。廿二史劄記卷三十六 然李自成之所以起也，則固由平民之折辱於富人而然也。豈特天災一事而已哉。特英宗正統間，鄧茂七反抗兼併者之故智，詳明史一六五丁瑄傳 第以天災故，以滿清興起故，而事變益擴大耳。

李自成之起，據鄭廉豫變紀略卷二崇正四年條云：『時歲洊饑，邑宦艾氏貸子錢，自成輒取之，逾期而不能償。艾宦怒，囑邑令笞而枷之通衢烈日中，列僕守之，俾不得通飲食。蓋欲以威其衆也。諸驛卒哀其困，移諸陰而飲食之。艾僕呵罵，不許也。自成忿然曰：唉！吾即死烈日中何害？則蹌踉力荷其枷，仍坐烈日中。竟不稍食，雖傭甚不少食也。衆益哀之，不勝其忿，遂鬨然大譟，毀其械，擁自成走出城外，屯大林中，不敢出。然猶未致傷人也。而縣尉則乘二驘馬，率吏卒持弓矢，而往捕之。林莽菁密，不敢入，相持良久。日且暮，衆不得已，杖白梃，一鬨而出。縣尉驚，墜馬死。吏卒潰而奔，弓矢器械，悉爲所有。是夜遂乘勢攻城，奮袂一呼，飢民羣附，一夜得千餘人，出而走轉遠近，旬日間其勢益衆。』此自成之起原，有經濟的驅策甚明。

唐甄潛書卷下之上云：『故陝民之謠，有之曰：挨肩膊，等闖王，闖王來，三年不納糧。蓋四海困窮之際，而君爲仇敵，賊爲父母久矣。』其後崇禎亡國，一六四四 清師入關，固由於滿清新發於硎，勢不可當。亦由於明季政治之腐，積弊難改。案無名氏江南聞見錄清稗史本頁十一云：『傳清朝八政，一曰求賢，二曰薄稅，三曰定刑，四曰除姦，五曰銷兵，六曰隨俗，七曰逐僧，八曰均田。互相傳說，尙無頒示。』在異族入主之際，而忽有望於新朝之除姦薄稅，以及均田也；則民之苦於兼併也，蓋亦甚矣，而其朔則造端甚昔，固非一朝一夕之故也。故明儒思想有主張限田者，如袁永之世緯（卷下頁二二）云：『夫富者田連阡陌，而貧者無立錐之居，無制故也。今宜稍爲之限，使豪右兼併之家有所忌憚，而貧者有恆產。』袁，蓋嘉靖間人。明史（二五二）楊嗣昌傳，崇禎帝以剿餉久徵失信於民，嗣昌曰：『加賦出於土田，土田盡歸有力家，百畝增銀三四錢，稍抑兼併耳。』雖言不由衷，亦可以反證明季貧民之苦。

三二 理學之波折與萎沉

君權狂恣矣，富豪縱睢矣，而士大夫階級云何？

粵溯宋季士大夫階級之道學，明眼人蓋已致其不滿。羅大經鶴林玉露（卷五）云：『視詩書爲有用之具，蓋未有出口入耳，如後世之甚者也。蓋至於今士非堯舜文王周孔不談，非語孟中庸大學不觀。言必稱周程張朱，學必曰致知格物，此自三代而後所未有也。然豪傑之士不出禮義之俗不成，士風日陋於一日，人才歲衰於一歲，而學校之所講，逢掖之所談，幾有若屠兒之禮佛，倡家之讀禮者，是可歎也。』士風如斯，固征服者所企禱者也。

陳邦瞻元史紀事本末（卷十六）有諸儒出處學問之槩，先載許衡（元世祖至元十八年卒）『衡先得朱子之書，伏讀而深信之，持其說以事世祖。儒者之道不廢，衡實啓之。』至元十九年徵處士劉因，因之言曰：『邵，至大也；周，至精也；程，至正也；朱子極其大，盡其心，而貫之以正也。』可見朱學爲元初所利用。及成宗大德六年金履祥卒，『履祥從學王柏及何基之門，基則學於黃榦，而榦則親得朱子之傳者。』則猶是朱學也。至順三年，吳澄卒，澄者『尤有得於邵堯夫陸子靜之學。』黃澤卒於後至元五年，『自言每於幽閒寂寞，顛沛流離，疾病無聊之際得之。及其久也，則豁然無不貫通。』則殆傾向陸象山之學已。

其在明初，方孝孺方施詆斥，以為：『至於近世，離而為四：言性命者，得其本，其失也過高；道政事者，得其用，其失也過雜。文辭之習，華而鮮實，制度之辨，勞而少功。』（遜志齋集卷三君學上）學問，事功，文章，離而為三，其徵支離而篡國之成祖，則無賴而能撲滅自由思想者也。陳鼎東林列傳（卷二高攀龍傳）云：『我太祖高皇帝即位之初，首立太學，命許存仁為祭酒，一宗朱子之學。令學者非五經孔孟之書不讀，非濂洛關閩之學不講。成祖文皇帝，益光而大之，令儒臣輯五經四書，及性理全書，頒布天下。饒州儒士朱季友，詣闕上書，專詆周程張朱之說，上覽而怒曰：此德之賊也。命有司聲罪杖遣，悉焚其所著書，曰無誤後人。於是邪說屏息。』（日知錄卷十八亦引此）思想之統於一尊，豈思想界之利哉？

無名氏孤樹裒談（卷二）『明初有江伯兒，母病殺子以祭。議部議曰：原其所自，愚昧之徒，一時激發，務為詭異之行，以驚世駭俗。希求旌表，規避徭役。割股不已，至於割肝；割肝不已，至於殺子。違道傷生，莫此為甚。自今人子遇父母病，不得已臥冰割股，亦聽其為，不在旌表之列。』——此即宋儒思想之遺毒歟！

武世之際，餘姚王守仁實生。而其先，則又有白沙陳獻章焉。於是而朱陸異同，一變為程朱與陸王之兩大壁壘。明史儒林傳云：『原夫明初諸儒，皆朱子門人之支流，師承有自，矩矱秩然。曹端胡居仁篤踐履，謹繩墨，守儒先之真傳，無敢分錯。學術之分，則自陳獻章王守仁始。』獻章者，白沙也。白沙主張於靜中養出端倪，固已近禪。而守仁號陽明先生，一則謂六經皆我注腳。（十駕齋養新錄卷十八六經注我條）再則謂：『聖人之道，吾性自足，不假外求；……盡去枝葉，一意本原，以默坐澄心為學的。』（明儒學案陽明學案）此則視程朱之半日靜坐，半日讀書之半心學，蓋有間矣。兩宋道學本為儒釋道之雜糅，（參看本卷十一節）而王學也尤甚。

陽明答徐成之書云：『今晦庵之學，天下之人，童而習之。……而獨惟象山之學，則以其嘗與晦庵之有言，……而遂屏棄放屏若碔砆之與美玉，則豈不過甚矣乎？……故僕嘗欲冒天下之譏，以為象山一暴其說，雖以此得罪無憾。』（陽明集要理學集三答徐成之）則其表章陸九淵實明。然當時諸儒，對此突起之異軍，有所周納。趙善政賓退錄（卷三）云：『王陽明嘗與其徒同游一寺，見一室封閉甚密。欲開視，寺僧不可。曰此中有入定僧五十年矣。王疑其姦而詐辭以拒也，怒而開之。見龕中坐一僧，儼然如故。從者皆曰：其形何酷似先生也？王笑曰：此豈吾之前身乎？舉首見壁間一詩云：「五十年來王守仁，開門原是閉門人。精靈錄後還歸復，始信禪門不壞身。王悵然久之，為建一塔瘞之而去！』可見當時人原以其近禪而斥之。

然王學雖為孤軍崛起，可以振聾發聵。其末流猖狂之弊，如其弟子王畿則聰明解悟善談說；羅洪先則默坐一榻，三年不出戶，實已露顯極端唯心之弊。故方其生前已有人詆為『頓悟談玄，實乃莊列。』（參拙著顏習齋頁一六二引兩朝憲章錄）及其死後，嘉靖中世宗亦斥其『放言自肆，詆毀先儒，號召門徒，虛聲附和，用詐任情，壞人心術，近日士子傳習邪說，皆其嚮導。』（顏習齋頁一六四引春明夢餘錄卅一）直至明之將亡，而詬厲王學，蓋比比而斯。

黃宗羲南雷文定（卷三罵先賢）云：『……余於是為今之罵象山陽明者大懼焉。……今之敢於罵象山陽明者，以晦翁為之主耳。此如豪奴之慢賓客，獺狗之逐行人，其主未嘗知也。假使鵝湖之會，朱陸方賦詩問答，去短集長，而朱氏之舟子與人，忽起而鬨堂罵詈以助晦翁；晦翁其喜之乎？不喜之乎？吾知其必撻而逐之矣。』

但無論王學，無論朱學，蓋僅適於專制帝王之利用，而與世運無補，徒為迂腐之講學。歸莊高士集（卷一靜觀樓講義敘）云：『孔子曰學之不講，是吾憂也。記曰講學以耨之。國語曰士朝而受業，晝而講貫。後世講學，蓋本於此。然漢唐諸士，不過辨經文之同異，校訓詁之得失。至於宋儒，始知講聖賢之學，鵞湖鹿洞之論說，與石渠虎觀不可同日而語矣。本朝儒者之講學，前則姚江，後則錫山，而天下之謗議亦叢焉。』講學之外，則又有道號焉。郎瑛七修類稿（卷五十一）云：『昔黃慈湖嘗有一書與人辨道號之稱，及世俗取者之多。余嘗讀之喟然。念子思孟子稱孔子亦曰仲尼，未聞號之稱也。近世諂諛卑佞之習尤勝，似尤非黃慈湖之時比也。二三十年之間，鄙生小吏，亦各以道號標致，舊有一詩云：孟子名軻字未言，如今道號卻紛然；子規本是名陽鳥，卻要人稱作杜鵑。』道號之外，則更有狂言焉。四庫提要（卷一二四雜家存目）云：『明史文苑傳附載徐禎卿傳中，稱其怪妄狂誕，攷說思玄集中，有道統論曰：夫子傳之我；又學以至聖人論曰：我去而夫子來，可謂肆無忌憚。』——道學者之猖狂，與文人之狂縱，蓋明中季之大事，無怪乎袁袠之以為『偽』而當『距』之矣。

關於文人之狂縱，參看廿二史劄記。（三十四明中葉才士放誕之習）然豈但文人而已。袁袠世緯（卷下距偽）云：『周衰，處士橫議，楊墨塞路。孟子昌言以距之。……今之偽者則不然，其所誦讀者，周孔之詩書也；而其所談者，則佛老之糟粕也；其所行者，則桀跖之所不為也。假道學之美名，以濟其饕餮窮奇之欲；勦聖賢之格言，以文其膚淺攸謬之論；翕翕訾訾，如沸如狂。創書院以聚徒，而學校幾廢；著語錄以惑世，而經史不講。』袁為世宗嘉靖間人，可知在程朱陸王對峙中之學風。

萬曆天啓之間，內憂已深，外寇日熾，然當時所謂東林諸君子，亦不過讀書習靜。（詳陳鼎東林列傳卷二頁十六）李塨與方苞書云：

『自明之末也，朝廟無一可倚之人，天下無復辦事之官。坐大司馬堂，批點左傳。敵兵臨城，賦詩進講。以致天下魚爛河決，嗚呼，誰實爲之！無怪顏先生之垂涕泣而道也！』（恕谷後集卷四）讀想而不知事，則道學之流弊一也。鄭廉言：李自成破襄陽時，『諸生李潔軒素善爲詩，居於野，賊至不避。叩其馬，導之以大義，賊笑而刃其首！李怒曰：吾以大義教汝，汝乃刃我，眞賊也！賊連刃之，遂死。』（豫變紀略卷三）迂腐而不知實，則道學之流弊二也。明亡以後，福王南渡，史可法請禁門戶疏云：『溯流窮源，因致恨於諸臣。諸臣誤國之事非一，而門戶二字，實爲禍首。從門戶生畛域，從畛域生恩怨，從恩怨生攻擊，而線索淵源之計愈巧，而君子小人之辨愈淆。先儒謂纖私繫胸，萬物倒置，所以春秋之始，首嚴朋黨之誅；而門戶之名，竟結燕都之局。』（史忠正集卷一）朋黨而不知公，此則道學之流弊三也。紀昀閱微草堂筆記：『道學與聖賢各一事也。聖賢依於中庸，以實心厲實行，以實學求實用。道學則務語精微，先理氣，後彝倫，尊性命，薄事功，其用意已稍別。聖賢之於人，有是非心，無彼我心；有誘導心，無苛刻心。道學則各立門戶，不能不爭；既相爭不能不巧詆以求勝，以是意見生種種作用，遂不可盡令孔孟見矣。』（姑妄聽之卷二）——此實道學所以日萎沉，而清世經學之所以起也，後當更詳之。

三二 奴婢與婦女之沉淪

士大夫而不恣意於玄謠之思想者，其時社會之病態，有待於士大夫之拯救者多矣。更就奴婢與婦人而論之。

奴婢之來舊矣，一則由於罪人，書甘誓『予則孥僇汝』是也；二則由於俘虜，范書（光武紀）建武七年『詔吏人遭飢亂，及爲靑徐賊所略爲奴婢下妻者，欲去留者，悉聽之。』（參廿二史劄記卷四光武多免奴婢條，通鑑一百七十三）『初，魏虜西涼之人，沒爲隸戶。齊氏因之，仍供廝役。周主滅齊，欲施寬惠。詔曰：罪不及嗣，古有定律。雜役之徒，獨異常憲。凡諸雜戶，悉放爲民。……及克江陵之日，良人沒爲奴婢者，並放爲民』是也。三則由於買賣。漢書二十七英布傳云：『布爲人所略賣，爲奴於燕，爲其主家報仇。』南粵傳云：『從人行至長安，虜賣以爲僮奴。』漢書成帝紀云：『多畜奴婢，被服綺素。』又九十九中王莽傳云：『置奴婢之事，與牛馬同闌。……姦虐之人，因緣爲利，以略賣人妻子，逆天心，誖人倫，繆於天地之性人爲貴之義。書曰：予則孥僇女，唯不用命者，然後被此罪耳！』——積此三因，乃來茲社會中無告之民。唐律二十四云：『諸部曲奴婢，告主，非謀反逆叛皆絞。』疏議曰：『日月所照，莫非王臣。奴婢部曲，雖屬於主，其主若爲謀反逆叛，即是不臣之人。故許論告，非此三事而告之者，皆絞，罪無首從。』可知奴婢在社會上，幾無人的地位，爲主人者，可以肆虐加陵，自漢訖唐，大抵而然。

通鑑一八四記：『軍人疑奴應募者，不得與良人同。』又記：『平涼奴賊數萬，圍扶風太守竇璡，……丘師利其弟行恭，帥五百人，負米麥持牛酒，詣奴賊營。奴帥長揖，行恭手斬之。謂其衆曰：汝輩皆良人，何故事奴爲主？使天下謂之奴賊。』卷一八四 可知唐初奴之位置。

宋時畜奴之風，初未嘗衰。如田僕之名，見於宋史朱壽隆傳。蓋富室大家，以經濟勢力，故而蓄佃人爲奴焉。元時，又盛用奴。輟耕錄十七奴婢云：『今蒙古色目人之臧獲，男曰奴，女曰婢，總曰驅口。蓋國初平定諸國日，以俘到男女，匹配爲夫婦。而所生子孫，永爲奴婢。又有以紅契買到者，則其原主轉賣於人，立券投稅者是也。……奴婢男女，只可自相婚嫁；例不許聘娶良家，若良家願娶其女者聽。然奴或致富，主利其財，則俟少有過犯，杖而錮之，席卷而去，名曰『抄估』。亦有自願納其財，以求脫免奴籍，則主署執憑付之，名曰從良。刑律：私宰牛馬杖一百，毆死驅口，比常人減死一等；杖百七。所以視奴婢與馬牛無異。』——視奴婢與馬牛無異，蓋誠慨乎其言之矣。

元時多有掠人爲奴自置吏治之歲收其賦，參看趙翼廿二史劄記卷三十元初諸將多掠人爲私戶條。

稽諸唐律『諸部曲奴婢告主非謀反逆叛者皆絞。』唐律疏義二四 而在於明，蓋亦有之。漢學師承記卷八云：『有三世僕陸恩，見炎武久不歸投身豪家，炎武四謁孝陵，囘持之甚急。恩欲告炎武通海，乃亟禽之數其罪，沉之水。恩之婿某復投里豪，謀報怨，以千金賄太守，告炎武通海，不繫之訟曹而繫之奴家甚危急。』炎武者，顧亭林也。亭林如此，他家可想見矣。

案明史一八六張鼐傳：『憲宗末年，多笞言官，鼐力諫，帝心惡之。出按江西，盜賊多彊宗佃僕，鼐與巡撫周珪，交奏其事。尹直等構之，乃貶珪而坐鼐。』蓋奴依豪強以欺平民，而豪強則又虐待奴婢，二者並行不廢。與奴婢而同享厄運於明世者，其婦女乎？

攷李燾續資治長編卷二八九云：『元豐元年二月甲午，詔宗室袒免以上女與夫離而後嫁，其後夫已有官者，轉一官。』是北宋之世，猶不以再嫁爲諱。及至於明，則皇明制書卷二上 吏部職掌云：『凡婦人因夫得封者，不許再嫁。如不遵守，將所受誥勅追奪，斷罪離異。』則是婦女須強迫守節矣

歸有光貞女論云：『女未嫁人而或爲其夫死，又有終身不改適者，非禮也。……陰陽配偶，天地之大義也。天下未有生而無偶者，終身不適，是乖陰陽之氣，而傷天地之和也！……以此言之，女未嫁而不改適，爲其夫死者之無謂也。』震川文集卷三 則是女子之未被親迎而夫死者，亦須守節也。故歸氏誹之。然震川雖反對女子之未嫁而願盛許守節者，而習俗移人，亦可想見。震川爲陶節婦傳震川集二十七 謂陶氏夫

死以後，卽思殉節。礙於姑在。七年姑死，姑死後：『獨小孀共叔主祭，持陶氏門戶，歲月遙遙不可知。此可念也。因相向悲泣，頃之入室，屑金和水服之不死。欲投井，井口隘不得下。夜二鼓，呼小婢隨行，至舍西，紿婢還。自投水，水淺乍沈乍浮，月明中婢從草間望見之。旣死，家人得其屍，以面沒水色如生，兩手持菱根牢甚，不可解也。』是歸氏亦主張守節者矣。

陶宗儀輟耕錄卷二十三云『楊鐵崖耽好聲色。每於筵間見歌兒舞女，有纏足纖小者，則脫其鞵，載盞以行酒，謂之金蓮盃。予竊恠其可厭。後讀張邦基墨莊漫錄王輔道雙鳧詩云「時時行地羅裙掩，雙手更擎春瀲灩。傍人都道不須辭，儘做十分能幾點。春柔淺醮蒲桃暖，和笑勸人教引滿；洛塵忽挹不勝嬌，剗踏金蓮行款款。」觀此詩，則老子疎狂，有自來矣。』鐵崖者，楊維楨也，維楨於太祖徵召彼時，曾作老婦吟以對，而其侮辱女性，豈不能謂已甚乎？

故在明時，爲婦女張目者，惟有一謝肇淛。謝氏五雜俎卷八云：『古者婦節，似不甚重；故云人盡夫也，父一而已。展嬴以國君之女，朝事其弟，夕事其兄。鶉奔狐綏之行，見於大邦之主，而恬不爲恥也。聖人制禮，本於人情。婦之事夫，視子之事父，臣之視君，原有不同。卽國家律令，嚴於不孝不忠，而婦再適者無禁焉，淫者，罪止於杖而已。』但此究係空谷之跫音，其在道學家與文氓控制下之婦女，則仍受困抑也。

文秉烈皇小識卷二云：『攷聖躬「崇禎帝」燕寢之所，爲屋三楹，而不竝列，由第一間而後第二間，由第二間而後第三間。其第三間，聖躬宴息處也。其第二間，貯大熏籠，貯衾裯之屬，凡召幸宮眷，至第一間，則盡卸諸裳裸體。至第二間，取衾裯被身，乃進至第三間，所謂抱衾與裯也。卽中宮及東西兩宮赴召，不敢不用此禮。惟先后以曾同糟糠，不肯赴召。又聖駕幸宮中舊例，聖母趨出宮門外接駕，先后亦以糟糠，故廢此禮不用。』——觀於此，則非但帝皇之玩弄女子，歷歷如在眼底；而女子之人的地位的否認，亦可謂於斯而極；又豈但貞操守節等等不祥之名而已哉？

陶宗儀輟耕錄卷二十八如夢令云：『一人娶妻無元，袁可潛贈之如夢令云：今夜盛排筵宴，准擬尋芳一徧。春去已多時，問甚紅深紅淺？不見不見，還你一方白絹。』可見明初娶婦之時，有問『貞』之風。案金史八十二蕭拱傳載海陵納妃，其妃先已與人淫，為帝所覺，卽罪此獻妃者云云。可見女貞云云，在金時亦成慣習也。

以奴婢之制而言，以婦女之地位而言，可見在言性言理之明儒所處之社會中，固有不平等的殘酷事件存也。

明史二百十二戚繼光傳云：『壯者役將門，老弱僅充伍，』『家丁盛而軍心離，』此亦不平等之封建制度歟！

第十章　明人文物

三四　書院制度之延長

但明人所承受於宋元之舊者，非一無也。

試以教育論之，宋元人書院之制，明人直為發皇張大。故明祖初起時，原不為人所藐視。孤樹裒談卷一頁八云：『太祖兵驅金陵，首訪文學之士。鄉曲以陸給事應命旨下令作文，對不能。命作詩，請題，就指布袋佛為之。卽賦曰：「削禿削禿，覺得我天翻地覆；布袋盛的是金陵，錫杖挑的是穀粟。噫，我道你是眞僧，原來是活漆頭目。」』但此活漆頭目，固有興學隆文之舉措矣！

明史選舉志：『郡縣之學，與太學相維，創立自唐。始宋置諸路州官，元頗因之，其法皆未具。迄明，天下府州縣衞所，皆建儒學，教官四千二百餘員，弟子無算，教養之法備矣。洪武二年，太祖初建國學，諭中書省臣曰：學校之教，至元其弊極矣。……兵燹以來，人習戰爭，惟知干戈，莫識俎豆。朕惟治國以教化爲先，教化以學校爲本。京師雖有太學，而天下學校未興。宜令郡縣皆立學校，延師儒，授生徒，講論聖道，使人日漸月化，以復先王之舊。』是明祖固知牢籠文人。

以今視之，明初京師國學之隆，實可驚駭。日下舊聞卷十四云：『國初，高麗遣金濤等四人，來入太學。四年，濤登進士歸國。其後各國及士官亦皆遣子入監。監前別造房百間居之。……今太學前有交趾號房，蓋成祖設北監以來，所以處交趾官生者。』是當時太學，有外國留學生已。王世貞弇州史料前集卷九云：『洪武三年，高麗生入試者三人。惟金濤登三甲第五，授東昌府安邱縣丞，餘皆不第。三人皆以不通華言，請歸本國。詔厚給道路費，遣舟送之。濤尋爲其國相。』是異國人之受教育於明者，其造就亦卓卓爾。中央如斯，地方之教育，蓋可知焉。

李塨王源著顏習齋年譜卷上頁五四『祈州學碑，刻洪武八年頒學校格式，六藝以律、易、御、禮、詩、書爲一科，訓導二員教之；樂、射、算爲一科，訓導二員教之。守令每月考試，三月學不進，訓導罰俸半月。監察御史按察使巡歷考成，府生員十二名，州八名，縣六名；學不進者，守令教授訓導罰俸有差。甚多則教官革職，守令笞四十。三代以後，無此學政，亦無此嚴法，誰實壞之。』習齋蓋深贊明初之學制云。

然與官學並行不廢者，則書院尚矣。

朱彝尊綜其事云：『書院之設，莫善於元。設山長以主之，給廩餼以養之，幾徧天下。其在京師者，有太極書院，明初各省，俱有書院。自張江陵當國，概行嚴禁，江陵歿後，復稍稍建置。一時著名者，徽州江右關中無錫。至天啓中，京師始立首善書院。不知者統謂之東林，但借東林兩字以害諸君子耳。蓋東林乃無錫書院，祀宋楊龜山先生。……後圮，顧憲成建楊先生祠，同志者相與構書院居焉。至甲辰（萬曆三十二年）冬，始與高忠憲諸公開講。……忠憲……發御史崔呈秀贓，呈秀遂父事魏忠賢，日嗾忠賢曰：東林欲斬我父子。旣而楊左諸公交章劾璫，……於是首毀京師書院，而天下之書院盡毀矣。』（日下舊聞卷十）——此則明初始建書院，中經張居正之摧抑，東林黨之復張，迄於魏閹垂恨之書院史焉。亦可謂要言不繁者已。於東林事尤然。

東林之起，見明史顧憲成傳（明史二三一）顧傳云：『憲成資性絶人，幼即有志聖學。暨削籍里居，益覃精研究，力闢王守仁之說。邑故有東林書院，宋楊時講道處也。憲成與弟允成倡修之。常州知府歐陽東鳳，與無錫知縣林宰，爲之營構落成，偕同志高攀龍錢一本……講學其中。……當是時，士大夫抱道忤時者，率退處林野，聞風響附，學舍至不能容。……講習之餘，往往諷議朝政，裁量人物，朝士慕其風者，多遙相應和，由是東林名大著，而忌者亦多。』蓋明季魏閹禍亂之烈，原以東林而表著也。

東林書院雖以反對王學爲職志，然王學與教育制度之關係，則差勝東林一籌乎？陽明集（文成全書卷三十二年譜一）；訓蒙大意云：『今教童子者，當以孝弟忠信禮義廉恥爲專務。其培植涵養之方，則宜誘之歌詩以發其志意，導之習禮，以肅其威儀，諷之讀書以開其知覺。今人往往以歌詩習禮爲不切時務，此皆末俗庸鄙之見，烏足以知古人立教之意哉？大抵童子之情，樂嬉戲而憚拘檢，如草木之始萌芽，舒暢之則條達，摧撓之則衰萎。故凡誘之歌詩者，非但發其志意而已，亦所以洩其跳號呼嘯於詠歌，宣其幽抑結滯於音節也。導之習禮者，非但肅其威儀而已，亦所以周旋揖讓，而溫動其血脈，拜起屈伸而固束其筋骸也。諷之讀書者，非但開其知覺而已，亦所以沉潛反覆而存其心，抑揚諷誦以宣其志也。』……此所謂發於自然之不容已者乎？故陽明弟子王畿，既歿以後，『益務講學，足跡徧東南，吳楚閩越皆有講舍。所至聽者雲集，……然講學亦不自諱。』（明史二八三畿傳）——此亦自由思想之精神也。

蓋以書院之性質言之，東林偏於程朱，陽明偏於陸王。求其不偏不黨者，則如嘉靖初年，桂萼上言：『小學之教，本古庠序。序以明教，序以行禮，非徒教之，將有以養之也。非獨養其德性，亦將養其身體，固其壽命，而堅強其血脈也。今之教者，嚴課程，急記誦，以傷其魂，強所不能，苦其思索，以損其魄。教與養，胥病矣。臣治縣，建爲學舍，左右相向，中設四堂，前後爲門，左右爲塾。……次爲習禮堂，……立一師掌之；諸童子進學，即率見先生，習升降拜揖坐立之節。隨授一圖，指示學者，令其通曉。間令展習，以辨雜服。又次爲句讀堂，……又次爲書算堂，……又次爲聽樂堂，內置鼓鼙笙磬，投壺詩章，弓矢禮器樂器。或教以鼓節，或教以詩歌，或擊魯薛鼓之半，以習投壺，或擊魯薛鼓之全，以習射儀。……如是則弟子得養其德性，養其血脈，養其耳目心思，而非僻之干，無自而入。』（吳樹鈹蔚庵閑話卷一引）即今日學校之科目言之，桂氏云云，亦可謂無所不包矣！

其後，王學之流弊愈顯，劉宗周乃創證人書院：明史二五五宗周傳云：『宗周始受業於許孚遠，已入東林書院，與高攀龍輩講習。馮從吾首善書院之會，宗周亦與焉。越中自王守仁後，一傳爲王畿，再傳爲周汝登，三傳爲陶奭齡，奭齡講學於白馬山，爲因果說，去守仁益遠。宗周憂之，築證人書院，集同志講肄。且死，語門人曰：學之要，誠而已，主敬其力也。敬則誠，誠則天，良知之說，鮮有不流於禪者。』而馮從吾之首善書院，明史從吾傳云：『與鄒元標共建首善書院，集同志講學。其中朱童蒙遂疏詆之，從吾言宋之不競以禁講學故，非以講學故也。……先臣守仁，當兵事倥傯，不廢講學。卒成大功。此臣等所以不卹毀譽而爲此也。』蓋亦與東林對立者。

然無論東林與非東林，程朱與陸王，其治學之方，終苦空寂。東林高攀龍之立身也，『自築室漆湖之上，曰水居，時讀書習靜其中。』（陳鼎東林列傳卷二）是東林仍主靜也。證人劉宗周之立身也，『先師之學在愼獨，學者以愼獨爲宗旨者多矣。或識認本體而墮於恍惚；或依傍獨立而力於動念；惟先師體當喜怒哀樂一線之通，更不暇品節限制，而中和之德自然流行於日用動靜之間。』（黃宗羲南雷文定卷一先師蕺山先生文集敍）則證人亦主靜也。以院而系之以書，則講讀想之教育之流弊，蓋可知也。此書院之所以不產人材，而明以後，終清一代，書院終成爲強弩之末，無以系於學問事功之大也，亦由此云。

顏元習齋紀餘卷六論開書院講學云：『觀王文成公傳，正德十三年四月，至贛開書院開學。喟然曰：此一失，程朱陸王兩派所同也。但一人得志，守司地方，或一人儒名顯著，地方官尊禮，則必建立書院，額其中庭曰講堂。嗟乎，何不曰道院？何不曰學堂？而直以「書」「講」名乎？蓋其實不可掩也。』斯可謂一言破的矣。（參看拙著顏習齋哲學思想述頁一九七——二一〇）

三五　詩文社之勃興

士大夫之所流連者，書院之外，則又有詩社文社焉。

明世文人，頗爲俗所稱道。雖明初文人多不仕。（詳廿二史劄記三十四）然山林隱逸之士，披猖縱恣，亦極一時。明史（二八八）王穉登傳：『嘉隆萬曆間，布衣山人以詩名者十數。』謝在杭五雜俎云：『才名驕人，間亦文人之常。惟近世一種山人，

目不識丁，而剽竊時譽，敖岸於王公貴人之門，使酒罵坐，貪財好色，武健斷訟，反噬負恩，使人望而畏之。』（五雜俎卷十三）
匹夫能文而能自挺其聲華，亦一時之風會也。

紀昀灤陽續錄（卷三）云：『董天士先生，前明高士。……或言其有狐妾，……曰溫玉。曰：何所求？曰：……如不見納，則乞假以虛名，爲畫一扇，……天士笑從之。……次日，晨興，覺足下有物，視之則溫玉也。笑而起曰：誠不敢以賤體玷公，然非同榻一宵，則姬人兩字，終爲假托？……遂捧衣履伺盥漱訖，豈明季山人聲價最重，此狐亦移於風氣乎？』可謂寄眞實於虛無矣。

物以類相從，針與芥相吸，故文人結合，亦以勃然而興！明史（二八五）張簡傳云：『當元季，浙東西士大夫，以文墨相尙。每歲必聯詩社，聘一二文章巨公主之，四方文士畢集，讌賞窮日夜，詩勝者輒有厚贈。』李東陽麓堂詩話云：『國初諸詩人結社爲詩，浦長源請入社，衆請所作，初誦數首，皆未應。至「雲邊路繞巴山色，樹裏河流漢水聲，」並加賞歎，遂納之。』蓋詩社雖起於元季，而及明之興，時日承平，其勢又頓長矣！

杭世駿道古堂集（卷八）影園瑤華集敍云：『有元至正末年，崑山顧阿瑛家饒於財，築草堂於玉山，四海名流，以詩爲贄者，咸申縞贄。楊廉夫方居吳中，及諸弟子皆在其家，開設壇坫，標映一時。』——蓋詩社始此。所謂造端於元，而發旺於明者。

詩文社之成立，固足以溝通聲氣。歸莊歸高士集（卷一）吳門倡和詩序云：『吳中近多風雅之士，所在結社。今春四方名彥，偶集吳門。吾友毛君子晉、顧君茂倫、袁君重其，迭要詩侶，旬月中再會，八拈一韻，……洵一時樂事，恨予未得執鞭也。』蓋自科舉既盛，學校斯微，士子之負笈遠游者，除相遇於名場，角逐文字之短長以外，並無可以結合。

之機緣。故詩文結社，聞風景從，風氣推衍，亦士子結合之一法云。

然當初之意，雖曰文以會友，而究其所之，則標榜之習生焉。以前者言，明史稱『浦源踰嶺以訪林鴻，林鴻延之入社。』（明史二八六林鴻傳）袁宏道『年十六爲諸生，卽結社城南，爲之長。』（明史二八八宏道傳）以後者言，則李攀龍等七子，『才高氣銳，互相標榜，視當世如無人。』（明史二八七）旣有入主出奴之習，斯生黨同伐異之風。明史（二八八）張溥傳云：『溥集郡中文士，相與復古學，名其文社曰復社。……四方噉名者，爭走其門，盡名爲復社，溥亦傾身結納，交游日廣，聲氣通朝右。所品題甲乙，頗能爲榮辱。諸奔走附麗者，輒自矜曰：吾以嗣東林也。執政大僚，由是惡之。里人陸文聲者，輸貲入社，不許。文聲詣闕言風俗之弊，皆原於士子。溥采爲盟主，倡復社，亂天下。』斯則黨同伐異，詩文社的末流，其弊一也。

故黃宗羲非之，以爲文心生殺，南雷文定（卷六）陸文虎墓誌銘云：『吳楚名士，招萃植黨，互相題拂，先生謂兵心見於文士，鬭象長於同文。亂亡之兆也。凡遇刻文結社，求先生爲敍者，循環此意，當霆破柱，冀使人聞之而覺悟也。』謂文心與兵事相似，語得其實。梨洲南雷文定（卷六）又有劉瑞當墓誌銘云：『崇禎間，吳中倡爲復社，以網羅天下之士。高才宿學，多出其間。主之者，張受先、張天如，東浙劉留仙，與之桴鼓相應，皆究納後進，標榜聲價，人士奔之，輻輳其門，蓬蓽小生，苟能分句讀，習字義者，挾行卷西棹婁江，東放慈水，則其名成矣。其間楷模之人，文章足以追古作，議論足以衡名教；裁量人物，譏刺得失；執政聞而意忌之，以爲東林之似續也。』歸莊歸高士集（卷五）跋黃韞生詩卷云『崇禎末，海上文社絕盛。士多馳騖名場，各立門戶，文章節義之色，常見於面，卽而察之，往往名過其實。』蓋名士結合之流弊如斯，斯亦文以會友者的創始者所不料者。

彭貽孫客舍偶聞（頁十一）云：『明末燕京已陷，江浙士人，猶踵復社之會。時輪禾郡值會，諸賢畢集，作文飲酒。有一僧從北來，見此舉，作詩誚之。詩曰：「各郡名賢試自思，就中孰個是男兒？燕京難挽龍髯日，鴛水爭持牛耳時。滴盡冬青還有淚，歌殘凝碧豈無詞。長陵麥飯誰爲薦，願借餘前酒一巵？」』知有詩文而不知有家國之痛，斯則流弊二也。

劉獻廷廣陽雜記（卷一）云：『順治間，吳梅村被召，三吳士大夫，皆集虎邱會餞。忽有少年投一函，啓之得一絕句云：「千人石上坐千人，一半清朝一半明；惟有婁東吳學士，兩朝天子一朝臣。」』詩文社之盛，及其以文而忘國，又可見。

然所謂流弊者，要非謂立社可廢。以今考之，明人立社集會，詩文之外，則又有講經會焉。梨洲陳怡庭墓誌云：『先是，而上有講經之會，君與其友陳赤衷等，盡發郡中經學之書，穿出匿冗，以求一闋之平，蓋斷斷如也。』（南雷文定後集卷三）——講經會者，蓋介乎書院及詩文社之間者也。陳夔獻墓誌云：『制科盛而人材絀，於是當世之君子，立講會以通其變。其興起人材，學校反有所不及。如朱子之竹林，陸子之象山，陽明之徒，講會且徧天下。其衰也，猶吳有東林，越有證人。然士之爲經義者，亦依仿之而立社。余自涉事至今，目之所觀，雲間之幾社，則不克充其所至。武林之讀書社，則爲釋子之所網羅。婁東之復社，徒爲姦相之所營。』（同上）——時文社者，蓋介於詩文社與科舉制度之間者也。在漫無組織之文士生涯中，社之立，雖有標榜門戶，自欺欺人，文字華藻，徒怡耳目之惡習；然就制度而言制度，不可謂爲非時世之可舉之產物焉。

然社黨之所之，必至於軼出討論詩文以外，而有近於處士之橫議。處士之橫議，專斷之政府，所不願其存在者也。故夷考清初，雖仍有詩文之會，有如杭世駿云：『往歲壬戌癸亥間，顧丈月田，以詞場宿老，號召同里詩人，爲社於西湖。月必五六會，蒸然發動，轉相召引，振采騰華，於時最盛。迨月田下世，西湖詩社，稍就衰歇矣。』（道古堂集十二遠村吟稿敍）——此蓋偶一爲之，非若明時以結社會文爲士大夫尋常之事焉。

朱彝尊曝書亭集（卷七十一）兵部侍郎楊公神道碑云：『明季東南文士，倡爲復社，海內應之，著錄二千餘人，其後十室之邑，三家之村，莫不立有文社，蒞牲以盟，張樂以讌，與者則結路人爲弟昆，不同則親懿視同仇敵。凶終隙末，靡所不有。公上言朋黨之禍，起於草野，欲絕其源，必先杜絕盟社，得旨飭學臣禁焉。』案楊雍建議言文社詩社之害，詳見東華錄（卷七），此自奴事滿洲者假此乞憐之一法。然亦明季文士，假詩文以立門戶，所招物議者深，故以累清廷之嚴禁歟。

蓋由東林黨言之，由復社等社言之，社黨者，原爲昏朽政治之拯救者。然流品既雜，則黑白自混；標幟一明，則涇渭自闢。故萬季野之修明史也，於齮齕東林復社者，斥之不遺餘力，而方苞以爲『自古處士橫議，其氣燄未有至於斯極者。』（詳望溪集卷五）蕭正模云：『夫諸公夙昔持正，固無立黨之心，而事成水火，勢等寇讎。天下之亡，亡於小人之有意以陷君子，而君子之以必爲君子，求勝於小人者，亦所謝於門戶之責。』（錢林文獻徵存錄卷六正模傳）斯言也，爲東林論可也，爲文社詩社之呶呶於明季者言之，亦無不可也。

三六　明代詩文

明代之詩文社，可博後人之稱譽者，蓋在社而不在『詩』『文』。明史文苑傳敍云：『明初文學之士，承元季虞柳黃吳之後，師友講貫，學有本原。宋濂王褘方孝孺以文雄，劉基袁凱以詩著。永宣以還，作者遞興，皆冲融演迤，不事鈎棘。而氣體漸弱。弘正之間，李東陽出入宋元，溯流唐代，擅聲館閣。而李夢陽何景明，倡言復古，文自西京，詩自中唐而下，一切吐棄。操觚談藝之士，翕然從之，明之詩文，於斯一變。迨嘉靖時，王愼中唐順之輩，文宗歐曾，詩倣初唐。李攀龍王世貞輩文主秦漢，詩規盛唐。』（明史二八五）蓋綜而言之，其初也，承宋元之餘波，其中也，爲臺閣之弱體，而其盛也，則李何李王之僞古文運動也。

南雷文定（一卷）明文案敍上云：『有明之文，莫盛於國初，再盛於嘉靖，三盛於崇禎。國初之盛，當大亂之後，士皆無意於功名。埋首讀書，而光範卒不可掩。嘉靖之盛，二三子（王李）振起於時風衆勢之中，而巨子嘵嘵之口舌，適足以爲華陰之赤土。崇禎之盛，王李之珠盤已墜，邾莒不朝，士之通經學古者，耳目無所障蔽，反得以理既往之緒言，此三盛之由也。』

蓋明初之文，以宋濂劉基方孝孺爲巨子。時人稱『濂文雍容渾穆，如天閑良驥，魚魚雅雅，自中節度。基文神鋒四出，如千金駿足，飛騰飄瞥，驀澗注坡，雖皆極天下之選，而以德以力，則略有間矣。』（提要一六九宋學士集提要）時人稱宋濂爲歐陽，等正學於東坡，蓋謂其反元季之艷穠而一反於宋也。

元末文章，有纖穠縟麗之習，故明初文人，多有反元以造唐宋之致。（提要一六九）稱高啓大全集云：『啓天才高逸，實據明一代詩人之上。其於詩擬漢魏似漢魏，擬六朝似六朝，擬唐似唐，擬宋似宋。凡古人之所長無不兼之。振元季纖穠縟麗之習，而返之於古，啓實爲有力。然行世太早，殞折太速，未能熔鑄變化，自成一家。』考啓誅死於洪武初年，當時風氣可見。

『洪宣以後，漸流爲膚廓冗沓，號臺閣體。』（提要一六九東里集提要）其風蓋始於楊士奇。士奇則洪熙宣德間，賢相三楊之一焉。良以時屆承平，故『其文典則無浮泛之病，雜錄敘事，極平穩不費力，後來館閣著作，沿爲流派，遂爲七子之口實。』（提要一七〇東里集）稍後至武宗時，李東陽實爲之。東陽有懷麓堂集，時人稱其『典章文物，尚有先賢之遺風。』（提要一七〇）然庸膚之病，終不能免，於是宋方等唐宋之文，轉變而爲何李等復古之文，亦館閣文人所以推致之焉。

懷麓堂集提要云：『自李夢陽何景明崛起宏（治）正（德）之間，倡復古學，於是文必秦漢，詩必盛唐，其才學足以籠罩一世，天下亦翕然從之。……逮北地信陽之派，轉相摹擬，流弊漸深，論者乃稍復理東陽之傳，以相撐柱。蓋明洪（武）永（樂）以後，文以平正典雅爲宗。其究也，漸流於庸膚。庸膚之極，不得不變而求新。正（德）嘉（靖）以後，文以沈博偉麗爲宗，其究也漸流於虛憍。虛憍之極，不得不返而求實。』

蓋文體善變，館閣體與復古文，初非一二文人所能專變者。

復古者，僞復古焉。李夢陽與何景明徐禎卿等，號爲七子：『弘治時，宰相李東陽主文柄，天下翕然從之。夢陽獨譏其萎弱，倡言文必秦漢，詩必盛唐，非是者勿道。』（明史二八六）蓋『其持論甚高，足以竦當代之耳目，故學者翕然從之。』（提案一七一空同集）景明之論曰：『古文之法亡於韓。』（明史二八六）禎卿之言曰：『繩漢之武，其流也猶至於魏。宗晉之體，其弊也不可以悉。』（提要一七一迪功集）——前七子之持論如此，而李攀龍等後七子繼之。

前七子見明史李夢陽傳。後七子見明史謝榛傳李攀龍傳，以後更有前五子，後五子，續五子，廣五子，（俱見明史王世貞傳）不具錄。

李攀龍者，滄溟也；第嘉靖二十三年（一五四四）進士，與後七子共持論曰：『文自西京，詩自天寶而下，俱無足觀。於本朝，獨惟李夢陽。』明史二八七本傳『故所作一字一句，摹擬古人，驟然讀之，斑駁陸離，如見秦漢間人。高華偉麗，如見開元天寶間人。』提要一七二滄溟集 滄溟逝後，弇州嗣之。弇州者王世貞也。『世貞始與李攀龍狎主文盟，攀龍沒，獨操柄二十年。聲華意氣，籠蓋海內。一時士大夫及山人詞客衲子羽流，莫不奔走門下，片言褒賞，聲價輒起。其持論也：文必西漢，詩必盛唐。大歷以後書勿讀，而藻飾太甚。晚年攻者漸起。』蓋復古之疲而疲亦生於所復，勢使然也。

弇州山人四部稿一四四云：『李獻吉（夢陽）勸人勿讀唐以後文，吾甚狹之。今乃信[illegible]。記聞既雜，下筆之際，自然於筆端攪擾，驅斥不易。若摹擬一篇，則易於驅斥，而覺局促，痕跡宛露，非斲輪手。自今以後，擬以純灰三斛，細滌其腸。日取六經、孔孟、老莊、列荀、四語、左傳、國策、韓非、離騷、呂氏春秋、淮南子、史記、班氏漢書；自六朝及韓柳，便須詮擇佳者。』弇州之言如此，明史蔡羽傳云：『吾詩求出魏晉上，今乃為李賀耶，其不肯屈抑如是。』明史二八七 考空同以有郭汾陽字樣，廢詩不用。提要七一 偏嗜如斯，而弇州好其語，蓋前七子與後七子之著徧甚已。

故嘗日歸有光已崛起於閭里之間，詆王宋為庸妄。牧齋初學集八十三題歸太僕文集云：『熙甫生與弇州同時，弇州世家膴仕，主盟文壇，海內望之，如玉帛職貢之會，惟恐後時。而熙甫老於場屋，與一二門弟子，端拜雒誦，自相唱和於荒江虛市之間，嘗為人序其文曰：「今之所謂文者，苟得一二妄庸人為之巨子，以詆誹前人。」弇州笑曰：「妄誠有之，庸則未敢應命！」熙甫曰：「惟庸故妄，未有妄而不庸者也。」弇州晚年，頗自悔其少作，亟稱熙甫之文，嘗讚其畫象曰：風行水上，渙為文章。風定波息，與水相忘。千載有公，繼韓歐陽。予豈異趨，久而自傷！其推服之如此。』蓋世貞晚年，已好蘇子瞻集，明史二八七 可見其時假復古之風氣，已成強弩之末矣。

南雷文定卷四明文案敘云：『自空同出，以起衰扶弊爲己任，汝南何大復友而行之，其說大行。夫唐承徐庾之汨沒，故昌黎以六經之文變之；宋承西崑之陷溺，故廬陵以昌黎之文變之。當空同之日，韓歐之道，如日中天，人方企仰之不暇，而空同矯爲秦漢之說，憑陵韓歐。……其後王李繼起，持論益甚，招徠天下，靡然而爲黃茅白葦之習，曰古文之法亡於韓。』就梨洲言，可見王李之流弊，及歸震川提倡唐文的有時世的必然矣。

故至萬曆以後，假復古的風會已弛。力擊李攀龍者則袁宏道，艾千子也。『至萬曆間，公安袁宏道兄弟，始以贋古詆之；天啓中，臨川艾南英，詆之尤力。』（提要一七二滄溟集提要）力攻王世貞者則艾南英也。『艾南英天傭子集有云：後生小子，不必讀書，不必作文，但架上有前後四部藁，每遇應酬，頃刻裁割，便可成篇。無不穠麗鮮華，絢縵奪目，細案之，一腐套耳。』宏道南英，文才固未必勝，但王李之流弊，以及倦疲而復之趨勢，其先啓於歸有光，震川後啓於公安竟陵，最後而集於錢謙益牧齋之表章。震川，牧齋以一代藝人開兩朝之風氣者，初豈毫無因緣而至哉！

明史稱公安袁宏道，力排王李，名其齋曰白蘇，以奉蘇東坡白樂天，而竟陵鍾惺伯敬，與譚友夏，力矯王李之弊，號竟陵體。（明史二八八袁宏道傳）至斯而前後七子，其風掃地。謙益晚出，門生滿天下，敘震川集而表揚之，此卽他日清世力奉震川之權輿也。

明文如斯，明詩之有三變，殆亦如斯。沈歸愚明詩別裁集敘云：『嘗取有明一代之詩論之，洪武之初，劉伯溫之高格，並以高季迪袁景文諸人，各逞才情，連鑣並軫，然猶存元季之餘風，未極隆時之正軌。永樂以還，體崇臺閣，骫骳不振，弘正之間，獻吉仲默，力追雅音，庭實昌穀，左右驂靳，古風未墜。餘如楊用修之材華高子業（叔嗣）之沖淡，益以斐然。于鱗（李攀龍）元美（王世貞）益以茂秦（謝榛），雖其間規格有餘，未能變化。識者咎其少得自然之趣，然取其菁英，彬彬乎大雅之章也。自是以後，正聲漸遠，繁響競作。公安袁氏、竟陵鍾氏，比之自鄶無譏。蓋詩教衰而國祚亦爲之移矣。此昇降盛衰之大略也。』附記於此。

三七　八股文與雜體文學

考明世文學之所以無進步，則八股文阻礙之耳。黃宗羲明文案序云：『蓋以一章一節言之，則有明未嘗無韓杜歐蘇遺山牧庵道園之文。若成就以名一家，則如韓杜歐蘇遺山牧庵道園之文，有明固未嘗有其一人焉。議者以震川爲明文第一，似矣。試除去其敍事之合作，時文境界，間或闌入，較之宋景濂尚不能及。此無他，三百年人士之精神，專注於場屋之業，割其餘以爲古文，其不能盡如前代之盛者，無足怪焉。』（南雷文定卷一）——蓋文藝之受科舉之影響也，如斯。

科舉固非始於明者，（靜中古卷四十節）卽在於元，古學彙函（集第六）有元婚禮貢舉考（五頁）云：『皇慶二年詔行科舉，以皇慶三年八月，天下郡縣，興其賢者能者，次年二月會試京師。』（參看本卷二十六節）然其影響士子之文與行，亦元時已然。平陽縣志陳高傳：『陳高字子上，旣冠卽以文名州郡。至正中，應行省試，病時文體卑下，上書祕書卿台哈布哈，請變更積弊，使所試之文，必欲其理明事確，議論有餘，格律高古，典雅精深。一切屏去浮華偶儷之習，振起文風。變之台哈布哈不能用。』（元人科舉參綴駢錄卷一科舉）

明祖之興也，曾一度廢科舉爲選舉。皇明制書（卷一高帝紀下洪武六年四月）云：『上諭中書省臣曰：朕設科舉，期得經明行修之士。今有司所舉文詞似若可用，及試之，不能措之行事。朕以實求賢，而天下以虛應，殊非朕意。其暫罷科舉，別令有司舉賢才，以德行爲本，文藝次之，庶士知嚮方，反本。』可知明祖雖無賴，於自宋以來之經義取士，亦不滿云。而豈其爲以八股文取士哉。

皇明制書上三貢舉云：『凡各府州縣於所轄隅廂鄉都內，拔選容止敦勤無過人材一名，申送布政使考覈，轉行按察使覆考，諸充歲貢。開坐考過詞語，差人送部，應有賢良方正，及山林巖穴隱逸之士，並通曉經書，儒士秀才孝廉，俱各訪求到官。審無過犯違礙，不拘名數，差人伴送到部。或內外官員人等，薦舉人材秀才，即便行移原籍官司，起取赴部。如儒士秀才，出題考試，果否通經賢良隱逸等項人材，量其材能，定其高下。仍取本戶丁糧數目，作何營生，及戶內有無雜役事故，供給明白。然後開發送部選用。如將鄙陋不堪之人，一概朦朧濫舉，原舉官吏，依貢舉非其人律問罪。』是明初有貢舉之法也。張燧千百年眼二十云：『洪武十五年，上謂尚書開濟曰：秀才今徵致數千人，宜嚴試受職。濟等條議，以經明行修爲一科，工習文詞爲一科，通曉四書爲一科，人品俊秀爲一科，言有條理爲一科，曉達治道爲一科。六科備者爲上，三科已上爲中，三科以下爲下。不通一科者不在擢中。上從之，使國朝能盡其法而永用之，又何患眞才之不得耶？』是明初科舉，其道尚廣，不純以程文也。

然而洪武十七年『頒科舉式：三年大比，永爲定制。復令科舉薦舉並行。』皇明制書卷一制舉行，而制舉之文，由是其制漸尌矣。閻若璩云：『余嘗發憤太息，三百年來文章學問，不能遠追漢唐宋元者，其故有三焉。一壞於洪武十七年甲子定制，以八股取士，其失也陋。再壞於李夢陽提倡　學，而不原本六經，其失也俗。三壞於王守仁講致良知之學，而至以講書爲禁，其失也虛。』（汧邸劄記卷二原刊本）八股文是否起於明初，茲不具論，而其桎梏士子，折磨文風，則有目共見者。

八股文者，『始於成化以後。股者，對偶之名也。天順以前，經義之文，不過敷演傳注，或對或散，初無定式。』（詳日知錄十六試文格式條）此就文的形式言之耳。至於『經義論策，其名雖正，而最便於空疏不學之人，唐宋用詩賦，雖曰雕蟲小技，而非通知古今之人不能作也。今之經義，始於宋熙寧中王安石所立之法，命呂惠卿王雱等爲之，』（詳日知錄十六經義論策條參本卷十節）此則言文之內容也。

八股之興也，明眼人自知非之。考世宗嘉靖間，袁袠世緯，（十上頁）其廣薦篇，已誹責科舉之非。歸有光送王汝康會試敍亦曰：『自科舉之制興，而學與仕爲二。』（震川集卷九）蓋士之所習者八股文而已，而智學日狹：『徐文貞階督學浙中，試卷有顏苦孔卓之語。文貞署云，杜撰。後發卷，秀才前對曰：揚子法言，非敢杜撰。文貞應聲曰：「下官不幸早第，苦於讀書無多，」因下階再揖，謝秀才去。』（吳肅公明語林卷五雅量篇）蓋士之所貴者，虛榮而已，而實學莫爲：『諸生中鄉薦，與舉子中會試者，郡縣則必送捷報，以紅綾爲旗，金書於竿以揚之，若狀元及第，則以黃苧懸金書狀元立竿以揭之，其他則否！』（王世貞觚不觚錄頁十八明人小說本）——然則八股之敗壞人材，又豈特於文藝一方而已？制義之濫調在胸，錦繡之文章莫吐，而文學之受折爲尤甚耳。即政事之萎沉，亦非淺也。

呂留良東莊詩存倀倀集（頁四）眞進士歌：『三百年來幾十科，科數百人名纍纍。如今知有幾人名，大約盡同螻蟻死。人言螻蟻可憐蟲，我言兇惡如虎兕。謹具江山再拜上，崇禎夫婦伴緘既。原注：崇禎末有人擬一儀狀云：謹具大明江山一座，崇禎夫婦兩口，奉申贄敬。晚生文八股頓首，貼於朝堂，亦憤世疾俗之忠言也。』

而當時時俗，則只此八股是好耳。故方苞何景垣遺文序云：『余嘗謂害教化，敗人材者，無過於科舉，而制藝則尤甚焉。蓋自科舉興，而出入於其間者，非汲汲於名，則汲汲於利者也。八股之作，較論策詩賦爲尤難。就其善者，持之有故，言之成理，故其溺人尤深，而好之有老死不倦者矣。』（望溪集外文卷四）——其害人如此。以故當日綴文之士，反在草野，而不在廊廟焉。非在文詩詞曲，而反在委巷小說焉。明詩文已具上述，明詞亦無足道，而明曲者，臧晉叔元曲選敘云：『今南曲盛行於世，無人不自謂作者。而不知其去元人遠也。……新安汪伯玉，高唐洛神四南曲，非不藻麗矣，然純作綺語，其失也靡。山陰徐文長彌衡玉通四北曲，非不亢爽矣；然雜出鄉語，其失也鄙。豫章湯義仍，庶幾近之，而學乏通方之見，聲罕協律之功，所下字句，往往乖謬，其失也疏。他雖窮極才情，而面目愈離，按拍者既無繞雲遏梁之奇，顧曲者又無輟味忘倦之好。此仍元人所唾棄，而戾家畜之者也。故予選雜劇百種，以盡元曲之妙，且使今之爲南曲者，知有所取則云爾。』（萬曆丙辰成此）——然則明曲者固亦遜於元也。明代文人，其可稱者，或反在漢文唐詩宋詞元曲以外之小說乎？

小說之名肇於漢，其作盛於唐宋。（本卷十八節）然今世通行之三國演義等書，則大抵明人所作。柳詒徵云：『交翠軒筆記，稱三國演義爲明人作。郎潛紀聞，稱三國志爲羅貫中所作。水滸傳相傳爲元施耐庵著，而七修類稿則謂係羅貫中作。茶香室續鈔，亦稱水滸傳爲洪武初越人羅貫中作。冷廬雜識，稱西遊記爲嘉靖中淮南吳承恩作。金瓶梅則相傳爲明王世貞作，以毒唐順之者也。』（中古文化史頁二七二）水滸傳者，汪棣香稱之曰：『施耐庵成水滸傳，奸盜之事，描寫如畫，子孫三世皆啞。金聖歎序而刻之，復評刻西廂記諸書，卒陷大辟，並無子孫。蓋水滸誨盜，西廂誨淫，皆邪書之最可恨者。』（梁恭辰池上草堂筆記卷八西廂記條）三國演義者劉廷璣在園雜志云：『杭永年仿金聖歎筆記，批三國演義，似屬效顰。』（繆文玉新義錄五十七引）——觀於爾時批評小說者之多，可知其時小說之盛矣。

新義錄（五十七）云：『葉文通名晝，無錫人。多讀書，有才情。故爲詭異之行，故溫陵（李贄）焚藏書盛行時，坊間種種，借溫陵之名以行，如四書第一評、第二評，水滸傳、琵琶、拜月諸評，皆出文通手。按今人知金聖歎評水滸，而不知前有葉文通。』徐世昌晚清簃詩匯（卷三十三）云：『金人瑞字聖歎，吳縣人，諸生。明季自鍾伯敬、譚友夏諸人，評論詩文，喜爲纖仄恢詭之習，庸耳俗目，爲之傾眩。聖歎擴而廣之，上攀經史，下甄傳奇小說，皆以己意評論。數百年流傳不絕，陽五伴侶，世以爲賢。』昭槤嘯亭續錄（卷二）云：『自金聖歎好批小說，以爲其文法畢具，逼近龍門。故世之續編者，汗牛充棟，牛鬼蛇神，至士大夫家几上，無不陳水滸傳、金瓶梅，以爲把玩。』可知明人重視小說之風，流至於清而未已。而聖歎六才子書之選定，固亦由於重視小說之前史歟。

三八　公私之收藏

蓋由今日言之，明人文物之可貴者，非在乎創造方面，而在於保存方面。收藏是已。自古以來，書經五厄，已見於牛弘所言。（隋書弘傳）王世貞又謂書經六厄，（本卷二十一節引四部稿一七〇卷）夫以宋季之喪亂，元政之不綱，則古來文物實質之保存，非待於明人而何？以列代建國，即事徵書之故事言之，知明人於收藏之功矣。

關於列代開國時之徵集遺書，語詳拙作收集遺書與建國新猷，載於建國月刊第六卷第四五期。明初固亦搜書語詳該文。

昔在宋初，修太平御覽、太平廣記、册府元龜、文苑英華。（參看困學紀聞卷十七）王明清揮麈後錄（卷一）云：『太平興國中，諸降王死，其羣臣或生怨言。太宗盡收用之寘之館閣，使修羣書，如文苑英華、太平廣記之類，廣其卷帙，厚其廩祿贍給，以役其心，多卒老於文字之間云。』明初之修永樂大典，蓋猶是焉，而無心植柳之功，則亦不可埋沒云。全祖望鈔永樂大典記云：『明成祖勅胡廣、解縉、王洪等纂修永樂大典，以姚廣孝總其事。始於元年之秋，成於六年之冬，凡二萬二千七百七十七卷，凡例目錄六十卷，冠以御製文敍，定爲萬二千册。廣孝等奉詔再爲之敍。其時公車徵召之士，自纂修以至繕寫，幾三千人。緇流羽士，亦多預者。……方是書初上，詔名文獻大成，後改焉。孝宗最喜此書，召對廷臣之暇，卽置是書案上。嘉靖四十一年，禁中失火，世宗亟命救出，此書幸未被焚。遂命閣臣徐階，照式橅鈔一部。當時書手一百八十，日鈔三紙（一紙三十行，一行二十字），至隆慶改元始畢。崇禎時，劉若愚著酌中志，已言此書不知今貯何所。是此書在有明二百年來，賴世廟如卿廟之一見，而終未嘗入著錄家之目。暨吾朝世祖萬幾之暇，嘗以此書充覽，乃知其正本尚在乾清宮中，顧莫能得見者。及聖祖實錄成，詞臣屏當皇史宬書架，則副本在焉，因移貯翰林院。然終無過而問者。前侍郎臨川李公在書局，始借觀之，於是予亦得寓目焉。其例乃用洪武正韻分部，以一字爲綱，卽敍十三經廿一史諸子百家，無不類而列之。所謂因韻以統字，因字而繫事者也。然皆直取全文，未嘗擅改片語。』（結埼亭集外編十七）故徵古者視之，重於御覽、廣記者多也。

永樂大典之來，自見錢大昕十駕齋養新錄（卷十三）永樂大典條；明史藝文志；四庫總目（卷一三七）類書類存目永樂大典條，均有所述。姜紹書韻石齋筆談（卷上頁三）云：『成祖勅儒臣纂修永樂大典一部，係胡廣、王洪等編輯。

徵召四方文學之士，累十餘年而就。計二萬二千一十一卷，一萬一千九十五册。目錄六十卷。因卷帙浩繁，未遑刻板。止寫原本至宏治間，藏之金匱。嘉靖三十六年，大内同災。世宗亟命那救，書幸未焚。敕閣臣徐文貞階復令儒臣照式摹鈔一部。當時供謄寫者一百八名，每人日鈔三頁。自嘉靖四十一年起，至隆慶元年，始克告竣。』蓋此書爲古今類書之最鉅者。沈德符野獲編補遺一卷云：『嘉靖間遇大内災，世宗夜三四傳旨移出，始得無恙。仍命重錄一部，以備不虞。輔臣徐階等，以此昇賞。』又云：『此書藏之祕閣，未幾，文皇遷都，往還無定。日辇四出，多修馬上之業，未暇尋討。即列聖亦不聞有簡閱展視之者，惟世宗篤嗜之，旂廈乙覽，必有數十帙在案次。』又云（萬曆）『甲午春，南祭酒陸可教有刻書一疏，謂文皇帝所修永樂大典，人間未見，宜分頒巡方御史，各任一種，校刊彙成，分貯兩雍，以成一代盛事。上即允行，至今未聞頒發也。按此書至二萬餘卷，即大内正寫本一部，至世宗重錄，以備不虞，亦至穆廟始克告竣。效勞諸臣，俱敍功優陞；若付梨棗，更豈易言？』卷二十五 惜乎，此書不得一刻，致清代漸致散佚，而卒淪亡於庚子之役也。

明初之修永樂大典，頗足令人緬想當日公家收藏之盛。公家收藏，明以前原有『祕書』『閣書』之事。日知錄十八言之 而明廷公家之藏，所謂文淵閣書目者，爲永樂至宣德間裒集之果，蓋猶炳彪當時。姜紹書稱之云：『內府祕書，所藏書甚寥寥，然宋人諸集，十九皆宋板也。書皆倒摺，四周外向，故雖遭蟲鼠嚙，而未損。但文淵閣制既卑狹，而牖復暗黑，抽閱者必秉炬以登。內閣輔臣無暇留心及此，而翰苑諸君世所稱讀中祕書者，曾未得窺東觀之藏，至李自成入都，付之一炬，良可歎也。』韻石齋筆談上頁一 似若可信然。

謝在杭五雜俎卷十三云：『余嘗獲觀中祕之藏，其不及外人藏書家遠甚。但有宋集五十餘種，皆宋刻本，精工完美。而日月不及，日就湮滅，恐百年之外，悉化烏有矣。胡元瑞謂欲盡三年之力，盡括四海之藏，而後大出祕書，分命儒臣，編摩論次。噫，談何容易！不惟右文之主不可得；卽知重文史者，在朝之臣，能有幾人？而欲成此萬世不刊之典乎？內閣書目門類次第，僅付之一二省郎之手。其淆混魚豕，不下朧瞽而不聞也。何望其他哉？』則謂明廷收藏，不及民間，姑存之！

而民間之收藏，則更鼎盛焉。

民間私人之收藏，已盛於宋。（詳本卷二十一節）故朱弁曲洧舊聞，記宋次道春明宅子僦價貴常之事。蓋私家之藏，足以比美天祿石渠，自宋已然。李心傳建炎以來朝野雜記（卷四）中興館閣書目云：『中興館閣書目者，孝宗淳熙中所修也。高宗始渡江，書籍散佚。紹興初，有言賀方回子孫，鬻其故書於道者，上命有司悉市之。時洪玉父為少口，建言蕪湖縣僧，有蔡京所寄書籍，因取以實三館。劉季高為客掾，又請以重價訪求之。五年三月，大理寺評諸葛行仁，獻書萬卷於朝，詔官一子。』可見宋時官家藏書，有賚於私人者不少。厲鶚宋詩紀事（卷二十四）有錢穆父和閣父舍人曝書會詩云：『天祿圖書府，芸籤歲曝頻。皤經窮藏室，賜會集儒紳。顧陸高標好，鍾王妙入神。可無鉛槧吏，來預石渠賓！』

——兩宋時，私人之藏，旺盛如斯，明人繼述，蓋推其波而助其瀾爾。

清代藏書家，黃丕烈以百宋一廛著，陸心源以皕宋樓稱。揆諸明人大有不逮。式古堂書畫考云：『嚴氏書品册頁日手鈔宋元書籍，二千六百十三本，沒入大內。一應經史子集等書，計五千八百五十三部套，發各儒學貯收。一應佛道各經訣，發各寺觀供誦。』王世貞朝野異聞錄云：『籍沒嚴嵩家宋版書籍，六千八百五十三部』——卽此嚴嵩一人而論，亦可謂超軼清人遠矣。

明代私家之收藏者，如天一閣范氏，少室山房胡氏，絳雲樓錢氏，皆極一時之選。天一閣者，四明范欽所創。錢大昕云：『四明古稱文獻之邦，宋元之世，攻媿樓氏，清容袁氏，藏書之富甲於海內。明代儲藏家，則有天一閣范氏，而四香居陳氏，南軒陸氏次之。』（潛研堂文集二十一）少室山房者，胡元瑞所創。謝在杭云：『胡元瑞書，蓋得之金華虞參政者。虞藏書數萬卷，貯之一樓，在池中央，小木爲彴，夜則去之。榜其門曰：樓不延客，書不借人。其後子孫不能守，元瑞啗以重價，紿令盡室載至。凡數巨艦，及至，則曰吾貧不能償也。復令載歸，虞氏子孫既失所望，又急於得金，反託親戚居間減價售之，計所得不十之一也。』（五雜俎十三）絳雲樓者，錢謙益所創。曹溶絳雲樓書目題詞云：『虞山宗伯所藏，幾埒內府。視葉文莊，吳文定及西亭王孫，或過之。晚歲居紅豆山莊，出所藏書重加繕治，區分類聚，絳雲樓上，大櫝七十有三。』——昭昭大者以外，其次者不可更僕而數矣。

韻石齋筆談（上頁三）云：『昭代藏書之家，時聚時散，不能悉考。就其著述之富者，可以類推。時則有若宋文憲濂、劉誠意基、楊文貞士奇、李文正東陽、王文恪鏊、吳文定寬、史明古鑑、陸文裕深、程篁墩敏政、邱文莊濬、邵文莊寶、楊文襄一清、林見素俊、王文成守仁、楊升庵愼、李空同夢陽、顧東橋璘、文衡山徵明、楊南峯循吉、鄭淡泉曉、雷司空禮、王鳳州世貞、王麟州世懋、唐荊川順之、先少保鳳阿、薛方山應旂、李滄溟攀龍、馮北海琦、黃葵陽洪憲、胡元瑞應麟、何元朗良俊、茅鹿門坤、焦淡園竑、顧鄰初起元、袁中郎宏道、王損庵肯堂、屠赤水隆、湯若士顯祖、李溫陵贄、董文敏其昌、何士抑三畏、陳眉公繼儒、馮元成時可、李本寧維楨、馮具區夢禎、黃貞父汝亨、朱平涵國禎、李君實日華、謝在杭肇淛、鍾伯敬惺、陳明卿仁錫、文湛持震孟、俞容自彥、張天如溥。以上諸公皆當世名儒，翺翔藝苑，含英咀華，尙論千古。其所收典籍，縱未必有張茂先之三十乘，金樓子之八萬卷，然學海詞源，博綜有自。亦可以見其插架之多矣。』——此爲明代藏書家總賬，故具錄之。

吾聞成祖實錄云：『永樂四年上視朝之暇，御便殿閱文史。問文淵閣經史子集皆備否？解縉對曰：經史麤集，子史尙多缺。上曰：士人家稍有餘貲，尙欲積書，況於朝廷乎？遂召禮部尙書鄭賜，命擇通知典籍者四出購求遺書。且曰：書籍不可較直，惟其所欲與之。』日下舊聞卷六引 然則私家所藏，有益於石渠天祿也。黃宗羲云：『嘗歎讀書難，藏書尤難，藏之久而不散，則難之難矣。自科舉之學興，士人抱兔園寒陋十數册故書，崛起白屋之下，取富貴而有餘。讀書者一生之精力，埋沒敝紙渝墨之中，相尋於寒苦而不足。每見其人，有志讀書，類有物以敗之，故曰讀書難。藏書非好之與有力者不能。……誠好之矣，而於尋常之書，猶無力焉，況其他乎？有力者之好，多在狗馬聲色之間，稍淸之而爲奇器，再淸之而爲法書名畫至矣；苟非盡捐狗馬聲色字畫奇器之好，則其好書也必不專。……故曰藏書尤難。』南雷文定卷二天一閣記 信斯言也，則私人藏書與明人文物之關聯，蓋可知也。

故明人如王世貞胡元瑞等，大抵以文學者而兼爲藏書者。明史五二〇唐順之傳，稱順之藏書至夥，卽其一斑。

三九　明代技藝論叢

但書院之制，詩文之社，明詩明文八股雜劇，公私藏書，就其與生人之直接有關係者論之，則反不如下列數者。

例如刻書今人無不知湖南毛晉者，晉則明人也。歸莊歸高士集卷一云：『子晉好刻書，自十三經十七史以下流傳於世者，不下萬卷；毛氏之書偏於天下。』毛子晉刻昔友詩序 宋人雖有儒學警悟等之刻，而毛氏之津逮祕書規模較巨。於時僧流則預刻藏經，事亦可稱。常磐大定大藏經雕印考云：『宋元諸藏，與明本所異者，實在根本之目的。宋元之刻藏，以藏經爲法寶。欲藏之於名山大刹，而崇拜之。明本，則以普及於天下爲事。』此其徵也。

案藏經之刻，始於宋官版蜀本，私版福州本，南宋私版思溪本，元私版普寧寺本。於明，則有永樂南北二京藏本，武林法珍尼方册本。（伊以前均爲梵夾，故云）萬歷密藏紫栢方册本。此爲儒家整輯四庫書之暗示，附錄於此。

例如：雕刻，謝在杭五雜俎卷七云：『閩人尚有以刻木爲小象者，召之至，草草審視，不移時，即去。殊不見其審度經營也。越一日而象成，大小惟命，色澤姿態，豪髮不爽，置之座右，宛然如生，亦可謂絕技也已。』

例如自然科學，如柏斯克爾之三角形定律，治西學者，奉爲圭臬者也。李儼中算家之 Pascal 三角形研究云：『吾國之論 Pascal 三角形者，如楊輝（一二六一年宋理宗景定二年）則較 Pascal (1654) 早四百年。朱世傑（一三〇三年元成宗大德七年）則早三百五十年。吳信民（一四五〇年明代宗景泰元年）則早二百年。吾國數學之具有世界性者，此其一也。』學藝九卷九號——此豈不足自豪乎？

在中古時，有祖冲之者推算「兀」(Pyo) 亦具有世界的榮譽，具詳余所著書南史祖冲之傳後。人文五卷七期廿三年九月十五日　今以吳信民爲例，則知明史唐順之傳謂順之通樂律句股，殆不足數矣。

明季尚有一方以智，錢嘉淦明季理學闡微云：『崇禎十六年，即西歷一千六百四十三年，適西方學界之雙明星，意人卡利利死，而英人奈端生之翌年，有密山愚者方以智，著物理小識六卷，公諸世。大別爲十五門，天歷、風雷雨暘、地占候、人身、醫藥、飲食衣服、金石、器用、草木鳥獸、鬼神方術、異事，搜羅綦廣，時有精義。今之中國，若後於現世界文明者數世紀，而當奈端之前，已有此著，誠可引以自豪者矣。」

例如醫藥：明史李時珍傳云『醫家本草，自神農所傳，只三百六十五種。梁陶宏景所增，亦如之。唐蘇恭增百十四種，宋劉翰又增一百二十種，至掌禹錫，唐慎微輩，先後增補，合一千五百五十八種，時稱大備。然品類既繁，名稱多雜，或一物而析爲二三，或二物而混爲一品。時珍病之，乃窮搜博採，芟煩補缺，閱書八百餘家，藁三易而成書，曰本草綱目，增藥三百七十四種，釐爲一十六部。……書成將上之，朝時珍遽卒，未幾神宗詔修國史，購四方書籍，其子建元以父遺表及其書來獻。』（明史志二百九十九方技傳）蓋時珍之於藥，與張景岳之於醫，雖曰王世貞王守仁之文章功業，無以遠過，亦可也。

南雷文定（十卷）張景岳傳：『景岳名介賓，別字通一，越之山陰人也。……是時金夢石工醫術，景岳從之游，盡得其傳。……是以爲人治病，沉思病原，單方重劑，莫不應手霍然。一時謁病者，輻輳其門。沿邊大帥，皆遺金幣致之。其所著類經，綜覈百家，剖析微義，凡數十萬言，經四十餘年而後成。』景岳之技至斯，與時珍共垂不朽，可也。

本草者，始見漢書平帝紀。陸心源重刊本草衍義（十萬卷樓叢書之一）序云『神農本草之名，見於梁七錄，凡三百六十五種，陶隱居又增三百六十五種，是爲名醫別錄。唐顯慶中命蘇恭等參考得失，增一百十四種，是爲唐本草。宋太祖命劉翰以醫家常用有效者，增一百三十三種，是爲開寶重定本草。仁宗命掌禹錫等，增一百種，是爲嘉祐補注本草。蜀人唐慎微博采羣書，增六百餘種，是爲經史證類本草。徽宗命曹孝忠刪定之，是爲政和重修經史證類本草。寇宗奭以禹錫所收，慎微所續，尚有差失，因參考諸家，參以自驗，拾遺糾繆，復刊此書。』——此皆時珍之先驅者，今人徒知時珍，予故具錄之也。

例如建築：五雜俎卷五云：『國朝徐杲以木匠起家，官至大司空。其巧侔前代，而不動聲色，嘗爲內殿易一梁，審視良久，於外別作一棟，至日，斷舊易新，分毫不差，都不聞斧鑿之聲也。又魏國公大第傾斜，欲正之，計非數百金不可。徐令人囊沙千餘石，置兩旁，而自與主人對飲。酒闌而出，則第已正矣。亦近代之公輸也。』——信斯技而有斯人焉，則南京報恩寺塔之精鉅，其來有自，惜大匠之名，史不具耳。

陶庵夢憶：『報恩塔成於永樂初年，……上下金剛佛象，千百億。金身一。金身琉璃磚十數塊湊成。其曲摺不爽分，其面目不爽毫，其鬚眉不爽忽。鬬筍合縫，洵若鬼工。聞燒成時，具三塔。其一埋，其二編號識之。今塔上損磚一塊，以字號報工部，發一磚補之，如生成焉。夜必燈，歲費油若干斛。天日高霽，霏霏靄靄，搖搖洩洩，有光怪出上，如香煙繚繞，半日方散。永樂時，海外夷蠻重譯至者，百有餘國，見報恩塔，必頂禮讚歎而去，謂四大部洲所無也。』

例如開鑛：楊繼盛祭煤公文云：『惟山有自然之利，而人不知取，山靈其熱中久矣。昔知取矣，未及於民，而復塞，山靈其抱恨久矣。今特祭告復開，使山之利得乎利於民，而遠邇之民得以享山之利。而今而後，山靈其將以自慰耶？亦或復自祕耶？而使利及於無窮，不止於一時已耶。』楊忠愍集卷二 此亦民生之佳話，科學動力之淵源也。故具陳之。

以上僅言煤。案煤油之利，古人亦知之，華陽國志卷三已謂臨邛縣有火井。范聲山雜著中有范鍇華笑廎雜筆，其中卷一頁十六油井條，備言之。朱國楨湧幢小品卷十五火井條云：『阿迷有火井，烟來水出，投以竹木則焚。

邛有火井，以外火投之生燄。又同卷石油條云：『延安府延長縣，石油出自泉中。歲時民杓之，可以然燈，亦可以治毒瘡。浸石灰木以火爇之有燄。』此皆煤油之初見於史者。

綜而言之，明與三百年，以其短者而言，固有帝皇之專制日勝，民生之困苦日甚：理學則守陳言而紛奴主，社會則盛奴婢而輕娼女而自其長者，則有書院制度之進步，詩文社之成立；以其妄庸者而言，則有制義之文，有贋古之文；而自其美者，則公私之收藏，技藝之進步。工拙互見，優劣互見，明固未始無文物可言也。惜夫民族之衰老，則支吾於蒙古，見敗於滿洲。故步之自封，則目炫於西教，心震於西學。而明季之人民，目擊迂腐之空氣，亦日持淡巴菰，靜候異族之屠殺，徒爲不可抗之命運，發悲哀之微呻而已。

烟草之傳入，或謂始於明初。楊家驎勝國文徵卷三云：『洪武初，定制凡吸烟者殺無赦。烟草本出於外域，可見當日亦以此爲酖毒。』中華館聚珍本結埼亭集外編卷五明錢八將軍墓表云：『故太保閣學忠介錢公，有同七世祖弟肅繡字文卿，世所稱錢八將軍者也。……文卿事太保甚謹，是時，淡巴菰初出，然薦紳士人無用之者。文卿一見好之，太保見而怒鞭之，文卿皇恐扶服謝過。』阮葵生茶餘客話卷九云：『烟草一名相思草，滿文曰淡巴菰。初出呂宋，明季始入中國。近日案指乾隆時則無人不用。雖青閨稚女，金管錦囊，與鏡匳牙尺並重矣。』黎士宏仁恕堂筆記頁四十六昭代叢書本云：『烟之名，始於日本。傳於漳州之石馬，天啓間禁之甚嚴。犯者，殺無赦。今則無地不種，無人不食。約之天下，一歲所費以千萬計。金絲蓋露之號，等於紫筍先春。關市什一之征，等於絲麻絹帛。朝夕日用之計，侔於菽粟酒漿。不知數百年後，此種有消歇時否？又不知數百年後，更有何物爭新出奇，如烟等類否？江河日下，運會無窮，千歲茫茫，眞可浩然一想。』考仁恕堂筆記成於康熙二十年，其所述爲明季清初。至乾隆十六年，印光任張汝霖撰澳門紀略，其中（卷下頁十五）云：『烟草可捲如筆管狀，燃火吸而食之。』所述已近捲烟。——今捲烟盛行，爭新出奇又爲黎氏所不及料矣。（看陔餘叢考三十三烟草條）

卷四　近世卷

第一章　近世文化概說

一　本系文化之延長

上文言近古文化史中之技藝，如雕刻之技，醫藥之事，其在近世，固猶相沿不廢。此已可以徵近世文化之與近古有關云。近世文化，且不僅與近古文化有關，即推而之於中古，亦何獨無關。

夫以政治言之，近世史中之中國政治，大部份猶爲專斷之政治，其爲沿襲於近古，自無煩說。明人罷丞相，設大學士。（見上卷卅節）學士者，殿閣值日官之謂耳。其在於清，則大學士而又入直軍機處矣。趙翼簷曝雜記（卷一軍機處條）曰：『軍機處，本內閣之分局。國初承前明舊制，機務出納，悉關內閣，其軍事付議政大臣議奏。康熙中諭旨，或有令南書房翰林撰擬。是時，南書房最爲親切地。雍正年間，用兵西北兩路，以內閣在太和門外，儤直者多，慮漏泄軍機，始設軍需局於隆宗門內，選內閣中書之謹密者，入直繕寫，後名軍機處。地近宮庭，便於宣召，爲軍機大臣者，皆親臣重臣。於是承旨出政，皆在於此矣。』讀史者徒知以軍機處爲政事堂名義之不當，而不知固猶前明殿閣大學士之變本加厲耳。

姚文棟軍機故事（補遺頁六）云：『嘉慶四年，御史何元琅奏請酌改軍機處名目一摺，內稱軍機處承辦一切軍務，與兵部之專司戎政者不同。現在軍務已經告蕆，似應更名改目，以應偃武之隆。奉旨軍機處名目，自雍正年間以來，沿用已久，何元琅摺着擲還。』何蓋不揣其本而齊其末，徒事於正名之瑣屑耳！趙祖銘清代文獻邁古錄卷十二：『國初因明制，不設中書門下及丞相府。殿閣大學士地望雖尊，祇侍左右，備顧問而已。……乾隆十三年定制：滿漢大學士各二員。自雍正七年伐準部，西陲用兵，創設軍機處於隆宗門內。於是軍國重事，徑達樞廷，而閣臣不特望輕，直同冗職。大學士必直軍機處，始為當國。』是則始為窮本溯源之談。

李鴻藻霆軍紀略凡例云：『故事，武職大臣單銜具疏，自稱「奴才」，與旗籍臣工一例。而欽定剿平粵匪方略，於滿漢文武臣工各奏疏，則概以臣字為文。此編所載鮑公各奏稿，謹遵方略，一例稱臣。』可知清制，滿員及武職，俱稱奴才也。案范書卷九獻帝紀注引漢官儀曰：『侍中分掌乘輿服物，下至褻器唾壺之屬，武帝時，孔安國為侍中，以其儒者，特聽掌御坐唾壺，朝廷榮之。』奴才與侍中，固相似也。

如以經濟而言，富人之長袖善舞，語已見於韓非五蠹。史記日者傳褚先生曰：『富為上，貴次之。』其在中世，如魯肅之指囷濟友，吳志本傳 明皇之言富可敵貴，本書上册頁四一七 而近古亦有盧助教之刻剝佃人，近古卷第一節 又有主殺佃人減等之例。拙作中國田制叢考頁一六〇引李心傳繫年要錄七十五 其在近世，則亦有董心葵之豪語：『董心葵字廷獻，武進人，農無方，商無本，工無藝，士無學。見貧賤人憐之，富貴人傲之。性好賭呼盧，客滿座，以朱提之多少次上下。客謝之曰：爾見我有銀百萬，與皇帝坐金鑾殿講話也。』花村看行侍者談往頁七六說鈴本 昔西漢寧成云：『仕不至二千石，賈不至千萬，安可比人乎？』漢書九〇 然則金錢萬能之說，固今古而其揆一焉。

錢泳履園叢話（卷七）：『吾鄉有富翁，最喜作刻薄語。嘗謂人曰：錢財吾使役也，百工技藝，官吏縉紳，亦吾子孫也。人有詰之者，翁答之曰：吾以錢財役諸子孫，焉有不順命者乎？語雖刻薄，而切中人情。』可徵富人之力，近世與中古不殊。

如以社會言之，前年濟然君言云：『我國人普通之心理，對於自己之女，則寵愛非常。對於自己之媳，則仇恨深切。夫既知己女之必將爲人媳也，則何爲而虐人女之爲己媳者乎？此中矛盾直不可解。』（廿一年一月廿七新聞報）案太后愛女，見於趙策，（國策趙四）姑惡之歌，始於中世。女子在社會之地位，除其本生父母尚加重視以外，幾淪而不可拔。此亦導源於古世，而派衍於今世者也。

韓非子（六反）云：『且父母之於其子也，產男則相賀，產女則殺之。此俱出父母之懷衽，然男子受賀，女子殺之者，慮其後便，計之長利也。』後漢書（陳蕃傳）：『盜不過五女門，以女貧家。』是女子之被輕，在古史原以經濟不能獨立故。案康熙辛巳，徐慶濱作信徵錄（頁三十一）云：『嘉善曹鑑平字掌公，妻陳氏，性殘酷。生二男二女，一日聞門外鼓樂喧甚，出視之，乃送奩者，粧資頗豐厚。因自私念，吾有二女，使匳飾如此，二男何以爲生？時幼女甫七歲，鎖之樓上，絕其飲食。其女號呼哀慘，置若罔聞。』董含蓴鄉贅筆（卷上）言：『山陰一小姓，家甚貧。生一女，將殺之。忽聞盆中鬼語曰：「莫溺殺，莫溺殺，他的丈夫是滕達」一家驚異。』然則因經濟故而賤女，今古又大致同也。

如曰：以學術徵之，近世學術之大要，一曰勇於疑古，二曰敢於使民。前者，其事甚明。後者當如近世之主張國語文學者，考宋周煇清波雜志（卷十）云：『沈隱侯云，古儒士爲文，當從三易。易見事一也。易識字一也。易誦讀一也。』（參看近古卷十八節。閻若璩潛邱劄記卷二原刊本云：『一後生問鄧文潔作文之法，曰，文字須說得汝心明白。』是以白話爲文，古人有同感焉。香山作詩索解老嫗。卜書上册頁四一二朱子語類卷一四〇云：『今人不去講義理，只去作詩文，已落第二義。況又不去學好底，卻去學那不好底。作詩不學六朝，又不學李杜，只學那崎嶇的，今使學得十分好，後把作甚麼用？』是以白話爲詩，古人有同感焉。揚雄方言卷一云：『黨、曉、哲，知也。楚謂之黨，或曰曉。齊宋之間，謂之哲。虔、儇，慧也。秦謂之謾，晉謂之懇，宋楚之間謂之倢。楚或謂之滑。自關而東，趙魏之間，謂之黠，或謂之鬼。』張守節云：『方言差別，固自不同。河北江南，最爲巨異。或失在浮淸，或滯於重濁。』史記正義論音例然則方言差別之問題，固亦不自今來始然。

東華錄乾隆十年七月，『禮部議准，福建巡撫周學健奏，閩省正音書院，原爲敎習閩人通曉官音而設。但閩省士民甚多，一館之內，止容千餘人，正音固難徧及。況敎習多年，鄉音仍舊，請裁四門正音書院，令州縣敎職實力勸導；從之。』是因方言之不同，而別思正音，其由來也漸矣。參看人文月刊六卷一期拙作書施可齋閩雜記後

至如勇於疑古，其實亦不自近世之乾嘉大師始也。於宋則如朱子文集卷七十一記李復滈水集二事云：『舊說禹鑿龍門，而不詳言其所以鑿。但謂因舊修闢，去齟齬，以決水勢而已。今詳此說，則謂受降以東至於龍門，皆是禹所新鑿。若果如此，則禹未鑿時，河之故道，不知卻在何處？』是朱子疑禹鑿龍門也。朱子語類八十六『大抵說制度之書，惟周禮儀禮可信，禮記便不可深信。周禮畢竟出於一家，謂是周公親筆做成，固不可。然大綱卻是周公意思。某所疑者，但恐周公立下此法，卻不曾行得盡。』是朱子疑周禮禮記也。參看近古卷二十四節　蓋清人漢學之風，宋明人固已開其端倪矣。

章炳麟太炎文錄卷一說林下云：『儀徵劉光漢贈予字詁義府，明黃生作也。其言精碻，或出近世諸師上。夫僞

古文之符證發於梅鷟；周秦古音之例，造端於陳第。惟小學，亦自黃氏發之，孰謂明無人乎？顧獨創而寡和耳。』可徵乾嘉之學，爲今世諸儒之胚；明儒之學，又爲乾嘉諸儒之胎。如胡應麟、楊升庵諸人，其書具在，尙可復按，不備黃生一人而已。

然則以政治言之，以經濟言之，以社會言之，以學術言之，凡近世文化之炳彪於一時者，窮本溯源，未嘗無淵源於古昔。即如近年之所謂十教授宣言者，標明中國本位之文化；就其近源而言之，則張之洞中學爲體，西學爲用之遺耳。就其遠源而言之，則孔子博學明辨，允執其中之遺耳。良由中國之文化，固自有其本位，言廢斥而土芥之乎，固不可能；言寶重而什襲之乎，亦不可必。斯近世文化史中所以有舊的延長與新的侵入之兩事焉。其實史事之賡延，或爲由於環境之相同，遂至發生同樣史實。案宋史四一二孟珙傳云：『國事如此，合智併謀，猶懼勿克。而員司方勇於私鬭，豈不媿廉藺之風乎？』取此古事，以比今茲，直可淚下。近爲史例一書，擬闡明之。此不錄也。

二　近世文化之特色

然近世自明末以迄於今茲，固有特殊之現象，爲上古、中古、近古、所未有者矣。

其一，則民族之萎靡也。

平心而言，自明崇禎十七年一六四四以至於屬筆一九三六之二百九十二年中，我民族之自政自令者能有幾時？其初，則受滿人之節制也；其繼，則受外人之陵辱也。以前者言，則東華錄稱：『給事中姚文然言諸大臣皆因得罪鎖禁城門，竊以諸臣宜列大僚，素蒙豢養。今値嚴冬沍寒，銀鐺被體，無論穀食維艱，日久成疾。且通衢大路，免冠帶鎖，褻辱難堪！』（順治十年正月東華錄二〇）以後者言則辜鴻銘之喻可謂曲盡。（辜自署漢濱讀易者）於宣統庚戌作張文襄幕府紀聞（上卷頁四十二）云：『廐焚子退朝曰傷人乎，不問馬。今日地方一有事故，內外袞袞諸公莫不函電交馳，曰傷羊乎，不問民。』羊指洋人，此語可謂痛心。

其二，則國疆之大而危也。

曷謂國疆之大而危也？大公報云：『方東北未淪陷前，吳鐵城君嘗謂不到東北，不知中國之大。不到東北，不知中國之危。言猶在耳，河山易色。本報記者李天織君奉社命旅行新疆，艱難困苦，一年始回。但中國之大與危在新疆又得證明。望國人勿再負中國之大，當猛省中國之危。』（廿三年六月廿六）『大』蓋清世之所成，『危』亦清季至今之所造，蓋至近世，則中國之活割，已成爲日應警惕之事矣。

廿二年五月廿六日密勒氏評論報有美人 Edgar snow 所著中國五十年來之活割云：『自日本最近佔據河北省內長城南北約一萬方哩之土地後，中國近五十年來之一期衰落史告一段落。中國自一八八三年以來在其亞東大陸領土上失去主權之地面已達二一四四一一九方哩。此項國土之分崩，較之羅馬希拉巴比侖埃及四帝國所遭逢者更爲迅疾而兇慘焉。其失地之總計：東京四〇五三〇方哩。安南，九二五六八方哩。緬甸，二三六七三八方哩。尼泊爾五四〇〇〇方哩。布丹二萬方哩。高麗八五二二三方哩。臺灣，一三九九四方哩。配斯卡道爾五〇方哩。滿洲，三十八萬方哩。熱河，六萬方哩。河北北部，一萬方哩。察哈爾，一千方哩。外蒙九十萬方哩。西藏，七十萬方哩。統計二四一四一九三方哩。』——題曰活割，蓋不徒以數字驚人矣。

其三，則民族能力之未能發揚也。張弘伯落伍與邁進云：『中國之落伍，昭然若揭，無可掩諱。至落伍時間之長短，有謂一百年者，有謂二三百年者，聆此可以驚駭。然以巴黎歷史博物館所藏十七世紀該市模型，與今日故都對勘，則似非過甚之談。然而吾人不必自悲，不必自餒。如能萬衆一心，急起直追，則二三十年間，或能超越他人。東隣日本，卽其徵也。經驗云：後來居上，故落伍不足憂。落伍而不知覺悟，不知努力，則眞可憂。過往之失敗不足懼，失敗而不知原因，不知覆轍，乃眞可懼。諺云：前事之不忘，後事之師。老大孤危之民族，到此已在總結賬之時矣。佛云：作如是因，生如是果；無如是因，無如是果。又云：欲知前世因，今生受者是；欲知來世因，今生作者是。以此數語觀察吾民族之將來，蓋不能不謂可準焉。』（原文載國聞周報十二卷廿六期）嗟夫，除勉厲之言莫論外，二三百年來民族能力之未能發踔，蓋不容令人有諱疾諱醫之事乎？

張廷休作中華民族是落後的嗎：『中國人最乏創造精神，不僅勃克夫人一人云然。西人來華者，大都言之。此種見解，國人亦有許可之者。如晏湯初者流，則以爲私、愚、貧、弱，爲華人四大病根。人種學家之狂妄者，更有人提出中國人種，不良之證據。去年之夏，倫敦國際人種學會中，我代表歐陽翥君，曾據理痛駁，如條頓人鼻高，印度人鼻亦高，蓋不能以鼻高爲人種優秀之據。但西人仍據私、愚、貧、弱，爲中國人落後之證。殊不知法國有斯達維司基大舞弊案，美國有海軍部盜賣石油案，德國有樊德魯伯火燒國會處以斬首極刑案，皆近歲事也。且以工人而論，萬里長城之與亞爾卑斯隧道，孰偉孰大？以殖民而論，以政治與武力保護移民，孰如中國人之以赤手空拳，而海外之僑人，竟超英國一倍，法國十倍，日本十五倍？』『不過，一個人窮了，什麼都給人家看不起！一個民族窮了也是一樣。』『我人應深信中國民族之天賦，並不比人爲弱，且自信有生存之力量，而應用此力量，充分發揮出來也。』（節錄新中華三卷九期廿四年九月出版）夫民族低能之說，誠如張君言：『一個人窮了，都給人家看不起。』（參看上冊頁三九引盧于道文）然民族能力之未能發揚，則未可廢之言也。

而在最近之百年中，則中國之全體實在大轉變中。其所影響於文化史中，自必有可觀者存。

何樹齡論實學云：『務實學者以忠信廉恥爲甲胄，以士農工商爲卒伍，以窮理格物爲韜鈐，以奇法新藝爲糗糧，師法域外而非辱。以舊習宿敝爲痞結，屏卻身外而不惜。以傷師失地爲藥石，銘箴坐右而不諱。務虛文者以農工商賈爲鄙瑣，以八股制藝爲神聖，以八韻卷摺儲卿貳，以弓矢刀石作干城，以誇毗揖讓爲馴厚，以蕩軼不覊爲高節，以鑽營奔競爲通方，守此不變，吾恐數年之後，官山者皆泰西之卯人，而夷齊無可隱之山，府海者皆泰西之漁師，而仲連無可蹈之海也。』（麥仲華經世文新編二十一引）取師法於他山，不戀戀於舊習，此則態度之一變也。

我國人對於外來文明，久有貢高自慢之風。惟魏晉之間，佛教傳入，頗有震聾耳目之概。（參上冊頁二八一）惟西教西學之傳入，較佛陀之義尤爲震撼一時云。故陳仲魚云：『今日風俗之敝，必先去其邪，古之所謂奢者，今則視爲平淡無奇，而惟外洋之物是尚。如房屋舟輿，無不用玻璃，衣服幄幙，無不用呢羽，其至食物器具，曰洋磁，曰洋漆，曰洋錦，曰洋布，曰洋青，曰洋紅，曰洋獅，曰洋紙，曰洋畫，曰洋扇，遽數之而不能終其極。而南方諸省，則又通行洋錢。大抵自日本紅毛英吉利來者；有教民之責，必立令以禁之乎？制刑以齊之乎？使內地有用之物，不易外洋無用之物，日月既久，去邪歸正。倘見有用外洋服物者，必駭爲怪異之人，則孰肯費己之財，而招怪異之日哉！』梁章鉅退庵漫筆卷七道光十七年成 準此論之，可知非僅西教西學，能震撼一時，即一切物質文明，亦大震盪中土。提倡國貨，蓋自清中葉而已然。

陸以湉冷廬雜識卷七今勝於古條云：『祭之尸也，喪之用殉也，媵之以姪也，刑之以肉也，婦人之以廢疾無子出也，古也有三，今則無。是今之勝於古者也。』此以制度而言古不足法也。劍華堂續罪言云：『嗚呼，今日之天下，與古之天下異矣。古之天下，九州七國，三十六郡耳，十三部耳，十六道耳，二十六路耳，十三行省耳，守一統無外之經，挾自尊卑人之見。中國而外，屬國者五，曰朝鮮，曰安南，曰暹羅，曰緬甸，曰琉球。服者藩之，遠者夷之，自來籌全局者，如此而已。及西人東來，地球圖出，夫然後五大洲之土地，數十國之名號，粲然而紛呈。以中國十八行省較之，直四方之一隅耳。』據陳忠經世文三編四十九引 此以地理而言古不足法也。俞贊愉商論云：『今日之勢，匪特前古所未有，抑亦開闢以來未有之奇局。合五大洲為一家，未可以尋常治天下之理，治今日也。』同上卷三十一 此則以政治而言古不足法也。宋玉卿戊壬錄卷上載康有為於光緒十三年一八九七上言：『大地八十萬里，中國有其一。列強五十餘國，中國居其一。地球之通，自明末；輪船之通，自嘉道。皆百年前後之新事，四千年來未有之變局也。』此則以近百年間當大變局，而謂古之不足取法也。至譚嗣同一流人之力主反古，尤不必論。此又態度之一也。

譚氏謂『於文，從古皆非佳義。』語見仁學。頗與前史所謂變古亂常不死則亡者異，已見本書，上冊一九〇頁 此不錄也。

綜而言之，自明季以迄今茲，閱年三百，日月如馳，舉凡民族之萎靡不振，國疆之由大而危，能力之未能發揚，如可譽之為後來文明之淵源，則或惟『尺蠖之屈以求伸也』一語，足以稍資慰安。至於近百年來，國族在大轉變中，而自此以往，四五千年之文化史，反不足予其後昆以一確切之保證，舉凡社會、經濟、制度、政治、法律……均無一可以保持其定態，此則非但上世中古近古所未有，抑亦近世之上半所未嘗夢想到此者也。

例如以農立國而糧食則取給於海外，侈陳國學而取證則求材於東文，此則立國之本，（中國以農立國嘉慶十三年東華錄猶云云）與僅存之學問，亦在不能保有定態之徵也。

第二章　西教與西學之萌芽

三　初期來華之基督教

然使中國之文化史無以保持其定態者，則基督教之來華，亦其重大之一因云。其一，中國雖久有三教論衡之說，（參看上册頁三三二）然儒家之旨平易近人，本難稱為宗教，道家之教末流浮腐，自唐以後，亦幾乎為怪異而非宗教。其屹然獨存者，莫佛教若。然其與物無爭，與世無忤，亦安而後定矣。海人東來，挾新奇之說，其為震蕩我民者，自非佛教所能望也。其二，白馬東來之時，雖帶有新奇之藝術，如建築雕象等等，然而基督徒之來也，更有新奇之科學儀器，助之以宣揚其教義，使教外之人，嘖嘖稱道勿衰。其三，中國人對於外來宗教，向取放任之態度，而諸外來宗教，如佛如囘如摩尼，亦皆因勢利導，從無脅迫他人以必從之事。獨基督教之來華也，初則以科學炫其奇，繼則以堅忍行其教，而終以礮火勸其成。——斯三事者，豈特基督教之特殊狀態，抑亦三百年中中國文化史中之特殊現象也。此非吾一人之私論也。

基督教之來華，嚴格言之固當在明季云。

於唐雖有景教之來，（參本書上冊三八五頁）據陳垣浙西李之藻傳云：『是年（天啓三年）長安居民，掘地得碑，題曰大秦景教流行中國碑。碑稱唐貞觀九年，景教已至長安，宰相郊迎，翻經內殿，法流十道，寺滿百城。岐陽張賡虞搨一紙寄之藻曰，此教未之前聞，其即利氏西泰所傳西教乎。之藻得碑讀之，果與聖教悉合，大喜，爲之書後，力表之。』（刊在大西利子行迹之後第四頁）然據後人之所記，景教實始於唐而即衰於唐也。

德禮賢中國天主教傳教史（頁四）云『據說在東漢時代，曾有西利亞教士兩人，到過中國。表面是說要養蠶治絲，把蠶子帶回中國，其本意則爲傳教。考景教屬於聶斯多略派（Nestorian），曾翻譯移鼠迷詩訶經 Book of Iesus messiah，其中稱天主爲天尊，亦稱述「原罪」「貞女產子」「天主降生」等事。然到九八〇年，（宋太宗太平興國三年）一聶派主教曾返歐報告，中國境內只剩了一個景教信友。』德禮賢以爲此與唐武宗之禁外教（舊唐書十八武紀）有關。（傳教史頁十三）按景教碑有『室女誕聖於大秦，判十字以定四方』二語，朱一新謂『十字本無定在，安知波斯火教不亦有此言？』因斷『景教之不同於天主，自有明徵。蓋中土名士，如徐光啓李之藻輩，爲之潤色。徐李皆彼教中人，亦無足深責。』（以上見無邪堂答問卷二）似嫌周納文傳。但景教之爲勢不張，則殊無可疑。

及元之盛，馬哥孛羅東來，『據西人所撰東遊記略云：有波羅馬哥者，於宋末元初，偏歷燕京，蘇杭滇閩，曾知揚州行中書省事。至元二十五年，教王遣約翰來華，勸元帝崇奉西教。元帝不從，而立教堂於京師，入教者約六千人。』（無邪堂答問卷二）蓋當『蒙古人尚未入主中國之先，他們的勢力已伸張到了歐洲，侵入俄羅斯和波蘭兩國。故在十三世紀中葉，歐洲人很受蒙古勢力之威脅。教宗 Innocent IV，以為如不設法，使蒙古人退回，天主教教化就要受極大的威脅。於是決派一個教廷專使到東方和蒙古人講和。』傳教史頁二四 因而『中國第一個天主教傳教區的創始人是一意大利籍的方濟各會士。先到近東，後到遠東。他在一二九四年元世祖至元卅一年上，到了上都。即今北平 元成宗接待他極為恭敬。……在一二九八 成宗大德二年 至九九年間，北平第一座教堂落後。……在一三〇五年 大德九年 上，他寫了一封極能動人的書信「我只消有二三個同志來幫助也許大可汗本人已經受洗了！」……』傳教史頁三六—三七頁 元世基督教之盛如斯，然此為基督教之入中國國土而已，而非基督教之入於中國國民也。

在元末葉，教皇又曾派一專使 Manignolli 來華，但見中國多事，元室不久欲亡，即啓程返歐。雖有元帝之懇切挽留，置之不顧。是為景教以後基督教第二次之衰滅。且元世之基督教，雖云『據概括之報告，這次歸化聖教者約有三萬人。可是這次天主教傳入中國，對於中國民衆究竟有沒重大的影響？卻也有些可疑，因為歸化的雖則不少，可是大抵不是漢族人民，以阿蘭人與蒙古人居多數而已。』傳教史頁四十一

自元亡以至明之前期，基督教之在中國，德禮賢氏名之曰閉關時代。以其各種事業，停滯不進焉。及利瑪特 Matteo Ricci 來而景地始一大變云。

利瑪特者，意之 Macerata 人也。生於一五五二年，明嘉靖三十一年 以萬歷間至中國之澳門。印光任澳門紀略 卷下頁十二 述其事云：『萬歷九年 一五八一 利瑪特始泛海九萬里，抵廣州之香山澳，漸入南京，倡行天主教。至萬歷二十九年，入京師，獻方物，自稱大西洋人。禮部言：「會典只有西洋瑣里，無大西洋，其真偽不可知。又寄居二十年，方行進貢，則與遠方慕義特來獻琛者不同。且其所貢天主及天主母圖，既屬不經，而所攜又有神仙骨諸物，夫既稱神仙，自能

飛昇;安得有骨?則唐韓愈所謂因殘之餘,不宜入宮禁者也。乞頒賜冠帶,即令返國。勿令潛居兩京,與中人交往,別生事端。」不報。已而帝嘉其遠來,假館授粲,給賜優厚。利瑪持安之,遂留居不去。以萬曆三十八年四月,卒於京,賜葬西郭外,今阜城門外,有利泰西子墓云。』觀於花村看行侍者及張爾岐之所記,知此人之精力絕人,見識絕人,

觀其所上之表:『大西洋陪臣利瑪竇,謹獻土物於皇帝陛下。臣本國竊遠,從來貢獻不通。逖聞大朝之聲教文物,竊願沾被餘溉,終身爲氓,始爲不虛所生。因此辭離本國,航海遠來,時歷三年,路經三萬,始達廣東。語言未通,有同瘖啞,因僦居而習華文,淹留於肇慶韶州府,垂十五年。頗知中國古先聖人之學,於經籍略能記誦,而通其旨。乃復越嶺由江西至南京,又淹留五年。伏念堂堂天朝,且招徠四夷,遂奮志努力,徑趨闕庭。謹以天主像一幅,天主母像二幅,天主經一本,珍珠鑲嵌十字架一座,報時鐘二架,萬國圖誌一册,西琴一張,奉獻於御前。物雖不腆,然從極西貢來,差足貴異耳。臣從幼慕道,年齒逾艾,訖未婚娶,都無係累。他非所望,謹以所獻之寶像,祝萬世,祈純嘏,祐國保民,實則區區之忠悃也。伏乞皇上憐臣誠慤來歸,將所獻土物,俯賜收納,則益感皇恩浩蕩,無所不容。遠臣慕義之忱,庶稍伸於萬一。抑臣在本國,忝列科名,已叨祿位。天地度數,深測其祕,所製觀象考驗日晷,與中國古法吻合。倘皇上不棄疏微,使臣得於至尊之前,罄其愚昧。又區區之大願,而未敢必者。臣不勝感激待命之至!』(錄徐光啟徐文定集首卷之下)

附錄

讀華文而稱華賢,一也;不忘其教,二也;炫以新奇之科學,三也;而鍥而不舍之精神不與。

說鈴後集(第十八册)有談往一書,舊題花村看行侍者所著。其西洋來賓一條(頁六八一—七〇)略云:『大西洋十字架教主利瑪竇也。萬曆三十年,由廣東南粤,率其徒龐迪我、龍化民等五六人,至五羊城,轉入八閩,遊上金陵。自言來自大西洋國,路遠十萬,泛海九年。海水崇卑,有上昇於天下及於淵之高下,亦如地之低昂。初出千里

鏡、自鳴鐘、舉重算法諸事件，較大明國賢愚萬倍。更出歐羅巴輿地圖，接大明國，僅掌中一紋，東南大海，固不如也。留都臺省駭極喜極，尊爲西儒，稱爲西土聖人再出。渾天儀、量天尺、勾股法算時測度，卜影景星諸談玄說奧，更莫能識其隱。又曰：大統歷已壞，會須修之。更是驚奇！胸包天上之天，目空地外之地。因咨送燕京，引之達御覽。遣太宗伯馮琦琢庵叩所學。』『竇入京師，建天主堂於宣武門內，堂制狹長，上加覆幔，傍綺疏藻繪詭異，供耶蘇像。像係彩飾平畫，望之如塑。貌三十餘人，左手執渾天儀，右乂指若方論說狀，鬚眉豎者如怒，揚者如喜，耳隆輪，鼻隆準，目若矚，口若聲。右聖母堂，貌若少女，手一兒，耶蘇也。衣非縫製，自頂被體，所供香燈蓋幃，修潔精美。其入京爲萬歷之辛巳，（九年）卒於庚戌年，（萬歷卅八）奉旨以陪臣禮葬於阜城門外三里許。』

而又爲適逢其會者，在明萬歷之間，正我國一切學術落伍，國事紊亂失敘之秋。對日軍事之敗，對滿遼戰之潰，正利瑪特來京前後間。中國之需要於新奇之科學，正非一端。故基督教徒之來，雖有沈潅一流人致其頑強之抗，而要之實不足以致基督徒之命而使之崩潰也。

崇禎間有徐昌治著聖朝破邪集凡八卷，均對於基督教之指摘也。今考楊光先與許侍御書云：『學士大夫，如徐光啓、李之藻、馮應京、樊良樞者，或敍其算法，或敍其儀器，或敍其歷數，至進呈書像一書，則罕有序之者。實湯若望自敍之，可見徐李諸人猶不敢公然得罪名教也。』（不得已卷上）徐文定集（卷首下）云：『公（徐光啓）館京邸，與利子交益密，朝夕過從，遂無虛日。問道之餘，講求西法，利子口譯，公則筆之。天文、地理、形性、水利諸學，罔不探究，而推算歷數，尤加意焉。其幾何原本一書最近脫稿，公自序云：『利先生從少時，留心藝學。其師丁氏，絕代名家。以故極精其說，而與不佞遊久。講談餘暑，時時及之。請其象數諸書，更以華文。』（徐家匯天主堂印本頁十一）是又利氏東來時，學問飢荒之環境，足以使其行教之證焉。

四　初期基督教徒之風度

何況初期來華之基督徒，利瑪特之誠摯而外，其風度有足取者。

其一，則力效華風也。

利瑪特於萬歷二十八年十二月上疏，『始達廣東，蓋緣音譯未通，有同喑啞。因僦居而習語言文字，淹留詔州肇慶二府十五年，頗知中國古先聖人之學。』（文定集卷首下頁十一引）則是利瑪特能華言焉。德禮賢云：『利氏和他最初的同志們，優美的特點，是處事謹慎，待人和藹，感覺銳敏，學術精深。……利氏對於中國文學下過一番研究工夫，造詣很深。四書五經，都能熟讀。所以和他們（指達官貴人）周旋應對，很是談得投機。』（傳教史頁五六）稻葉君山清朝全史（三十八章）曰：『明末清初時代，宣教師不獨富於殉教之精神，且默察支那之風俗習慣，自將支那所嘲爲夷風之洋裝，易而爲中國士人之服裝。起居飲食，全與支那人同，遂受支那士人之教育，肄習其言語文章。對於下等社會，則以淺易演說，講明基督教之福音。對於士人社會，則用流暢醇雅之漢文，從科學上立論。此等方法，蓋彼等特所注意者也。』能知華文華語，肯仍華俗華風，斯則其丰度一也。

利瑪特之著作，其見於四庫全書者，如天算一，有乾坤體義。天算二，有同文算指、幾何原本。雜家存目，有辨學遺牘、二十五言、天主眞義、畸零十篇、交友論。雖未必爲其一手所著，亦可見其淵博動人也。

其二，則自附於儒家也。

艾儒略大西利先生行蹟：『汝南朱公，素以道學稱，崇奉釋氏。……有一日，與諸公論道，多揚釋氏，抑孔孟。時劉公斗墟在坐，矍然曰：吾子素學孔孟者也，今以佞佛故，駕孔孟之上，何也？不如大西利子奉天主眞教，航海東來，其言多與孔孟合。』梁章鉅退庵隨筆：（卷八頁五）『西洋人入中國，自利瑪特始。其教法之傳中國，自利瑪特二十五言一書始。大抵暗肖釋氏，而明攻之。又明知儒教之不可攻，故所著天主實義，並附會六經中上帝之說。同時龐迪我又著七克一書，述天主所禁罪宗凡七：一驕傲、二嫉妒、三慳吝、四忿怒、五迷飲食、六迷色、七懈惰於善。迪我復發明其義，一曰伏傲、二曰平妒、三曰解貪、四曰息忿、五曰塞饕、六曰坊淫、七曰策怠，則與儒書又何所異焉。』其所以力主皈附於儒教者，一則名公士夫多自名爲孔子之徒；二則孔教本不成爲宗教，與基督教較無敵意；故徐光啓者流，且以諸陪臣之家與儒家相合爲標榜云。

黃伯祿正教奉褒（余未見，據柳著文化史引）云：『萬曆四十四年，徐光啓奏彼國教人，皆務修身以事天主，聞中國聖人之教，亦皆修身事天，理相符合。是以辛苦艱難，來相印證，欲使人人爲善，以稱上天愛人之意。其說以昭事上帝爲宗本，以保救身靈爲切要，以忠孝慈愛爲工夫，以遷善改惡爲入門。……諸陪臣之言與儒家相合，與釋道相左，僧道之流，咸共憤嫉，是以謗害中傷。』此文於基督徒之依託孔門，可謂一針見血矣。

然而徐昌治聖朝破邪集（卷二）猶載崇禎十年，福建巡撫道施邦耀告示云：『自利瑪特一人航海而來，闡揚其說，中國之人，轉相慕悅，莫覺其非。本道細閱其書，大概以遵從天主爲見道，以天堂地獄爲指歸，人世皆其唾棄，獨有天主爲至尊，親死不事哭泣之哀，親葬不修追遠之節。此正孟子所謂無父無君，人道而禽獸者也。……然其巧辭深辯，足新好異之所聞。細小技能，又能動小民之嗜好。於是窮鄉僻壤，建祠設館。青衿儒士，投誠禮拜。堅信其所是而不可移易。如生員吳伯溢，以搢紳之後，甘作化外之徒。黃尙愛等山野匹夫，妄爲護法之衆。本道廷問尙愛等所以入教之故，則云中國自仲尼之後，人不能學仲尼；天主入中國，勸人爲善，使人人學仲尼耳。夫仲尼教人愼終追遠，又曰生事之以禮，死葬之以禮。寧有親死不哀，親葬不奠，而可稱爲仲尼之教者乎？……本道諭令尙愛等悔悟出教，仍其戒責。彼則寧受責而不肯悔從教之非。……最可怪者，方具詳聞，而生員黃大成郭邦雍，忿忿不平，直赴本道，爲夷人護法。極口稱人間追遠祭祀爲虛文，惟天主爲眞實。且以本道爲古怪不近情者。此等情狀，似不啻天下而入夷教不已者！……蒙此令行嚴禁，爲此告仰地方軍民人等知悉：凡有天主教夷人，在於地方，倡　扇惑者，即速擧首，驅逐出境，不許潛留，保甲內有士民私習其教者，令其悔過自新。如再不悛，定處以左道惑衆之律。』然則，基督教徒之奉孔而不泥於孔，在倚附中，仍不失其獨立之標格，蓋又明甚。

其三，則略爲變通也。蓋基督教之來華，其最格格不能相入者，厥爲祀先祭祖之儀式，施邦耀所指斥者是也。故萬曆四十四年，沈㴶奏參遠夷疏云：『臣又聞其誑惑小民，輒曰祖宗不必祭祀，但尊奉天主，可以昇天堂免地獄，夫天堂地獄之說，釋道兩氏皆有之。然以之勸人孝弟，而示懲乎不孝不弟造惡業者，故亦有助於儒業耳。今彼教勸人不祭祀祖先，是教人不孝也。』（聖朝破邪集卷一）夫孝者，天之經也，地之義也。明德追遠者，聖人之至訓也。是基督徒之一神信仰，教人不祭，爲中國人所反對者必矣。故初期之基督徒之在　者，至優容尊孔與祖先崇拜二事，以爲與教旨不悖。則其委曲求全之風度，亦後此所未有者也。

稻葉君山清朝全史第三十八章：『當時之宣教師，除直接違反教旨違逆聖訓以外，務爲保全支那人固有之信仰習慣。其信徒亦能得崇拜祖先之許可。然當未許可以前，幾經躊躇……然宣教師中，對於祖先崇拜，孔子釋奠頗有異論……一七〇四年，（康熙四十三年）羅馬教皇教書，對於支那之基督教信徒，嚴禁祖先崇拜之儀式。但北京宣教師，不爲發表。至一七四二年，（乾隆七年）教皇伯納其克特第十四，發表有名之 Ex Qus singnla:i 教書。由是支那之基督教徒，不得再行祖先崇拜之儀式。於是後之宣教師問題，遂生非常之影響。』（摘錄本文）——然則在乾隆七年以前，教會於偶像崇拜，尚且曲許。其變通之度，不可謂不大也。

然初來華之基督徒，其翼然自守之風度，蓋亦有之，即對佛學之正面攻擊是也。萬曆乙卯（四十三年）利瑪特死後之五年也。釋袾宏作竹窗三筆（頁四十五天說一）云：『「一老宿言，有異域人爲天主教者，子何不辯，予以爲教人敬天，善事也，奚辯焉？老宿曰：彼欲以此移風易俗，而兼以毀謗佛法，賢士大夫多信奉者故也。」此佛者之言「自古及今，萬國聖賢，咸殺生食葷，而不以爲罪，亦不以爲違戒。又孟軻告世主，以數罟不可入汙池，斧斤以時入山林，非不用也。」佛氏之國，陋而且鄙，世人誤讀佛書，信其爲靜，甚有願早死以生彼國者，良可笑也。』（據聖朝破邪集八引）此基督教徒之言。觀乎明季釋氏之憤慨，可以見當時之基督教徒之排斥佛教之不折不扣之主張焉。

崇禎七年（一六三四）甲戌，武林釋普潤著誅左集緣起（徐昌治破邪集卷八引）云：『夫天主教者，實乃邪因外道，反常異端，法所不容，理所必黜者也。按其始，挾技以逢好事，揑徵以啓信邪。既而招來醜類，朋作僞書。今舉其尤，餘推以類。蓋彼不達惟心，全迷一體。故執心外有法，謂萬物皆生於天主，性靈不偏，一靈惟局於我身。且陽排釋道以疑儒，陰貶儒宗而探學。斥率性以非道，譏事親以不滅。怨禽獸以無靈，證木石而有命。因以烹割爲齋，沒好生之盛德。悖逆猶孝，亂秉彝之大倫。抹殺輪迴，謂無終而有始。私頒律算，示彼正而我偏。無後未為不孝；多妾誠為大慾。理欲混淆，華夷倒置。故凡入其教者，斬祖宗之祀，惟諂祭一天主；火神聖之像，但供十字刑枷。廢父母三年之喪，行渠魁七日之禮。大呼我主我罪，搥胸披髮而號；暗洗聖水聖油，彈指點額而詭。駕言卻祟以行怪，假託受祕而誨淫。傷俗敗倫，靡所不至。甚則螻蟻佛祖，伯仲君親。謂周易為多不通，堪付丙丁童子；謂禪宗曰他俱謬，全然烏有先生。謗太極仁義為賤虛，指三藏教乘為謬妄。指胡女產之耶蘇，呼為上帝；罷德變之魔鬼，名曰釋迦。奸盜詐僞之徒，一造其室，遂登永樂之天；堯舜周孔之聖，不得其門，久錮鍊清之獄。行人之不敢行，道人所不敢道。欺天侮聖，無父無君，至此極矣。況復賄漁中貴，糧餌寒衿；貢獻縉紳，費鼓黔首。教之以趨吉避凶，制彼甘心而赴難；弔生慶死，激其奮志而樂忘。加以制火車，鑄巨銃，城廣奧，築平和，祭叵測其所從，人不定其所止。鼠窺我土，業已五十餘年。蠶食我民，不知幾千萬戶。審其不召而來，既逐不去，其視三尺為何如？外貌謙恭，內懷詭譎，實與五胡無軒輊！得民如寶，揮金若泥。逼處都城要險，意果於何為哉？』——佛徒之憤，此可想見。

五　西教士之學術的表演

然而西教士者，雖曰：力為華風，自附儒家，略為變通，而盡力於佛教之正面的攻擊；然對於國人用夏變夷，中國夷狄之成見，自非力為華風……等等，所可推革則事實之表演，厥有賴於與伊等同來之學術，肯可知焉。

艾儒略大西利先生行蹟三頁云：『張養默曰彼釋氏之言天地也，但聞一須彌山，而日月繞其前後……天地之可以形像測者，尚創爲不經之談，況不可測度者，其空幻虛謬可知也！今利子之言天地也，冊者，測驗可據，毫髮不爽。即其粗可知其細，聖教之與釋氏，孰正孰邪，必有辨之者矣。」此可見『以學證教』之苦心。紀昀閱微草堂筆記（如是我聞四）引兩鬼語：『其一舉手北指曰：此故明首善書院，今爲西洋天主堂矣。其推步星象，制作器物，皆巧不可階。其教則變換佛經，而附會以儒理。吾輩往竊聽，每談至無歸宿處，輒以天主解厄，故迄不能行。然觀其作事，其心計亦殊黠。其一曰：君謂其黠，我則怪其太癡。彼奉其國王之命，航海而來，不過欲化中國爲彼教。揆度事勢，寧有是理，而自利瑪特以來，源源續至，不償所願，終不肯止，不亦傎歟。』此可見以學證教，華人固亦防範之也。

今案其學術之表演，地學其一端也。

時事新報（十二年四月十四）記三百年前古地圖云：『近世天文學家利瑪特，於明萬歷年間，由歐來華。現在極負盛名之上海徐家匯天文臺，即爲該氏及徐光啓諸人所手創。北平歷史博物院，近得氏所撰繪世界坤輿全圖。長七尺，寬二尺，圖作球形，經緯度數俱全。各地均附注解，五色絢爛，古色可愛。第一幅及第五幅，有該氏題句，款用大明萬歷壬寅年。他幅又有李之藻祁光宗跋語。李等與氏爲摯友，亦科學界著名之士。圖中南北美洲，均標出。而所述則爲印度土人之生活。蓋氏作圖時，約後哥侖布發現新陸八九十年，而距合衆國建國時期，固甚遠也。其他歐洲諸國，譯名均與今大異。中國幅員，亦不相同。如滿洲東三省之地，均標女直。黃海，稱爲大明海。此其大顯著者。圖中海洋空隙，繪有怪異魚類數種。陸地則加繪猛禽厲獸若干，狀貌悉猙獰可畏。大抵現時滅種者居多。大洋中復間繪十六世紀船隻十餘艘，作乘風掛帆之舉。形式雖不一，均奇特出人意表。』禹貢（四卷十二期二十五年二月十六日）記 Matteo R cc., world map in Chinese 1602. 曰『中國人之知世界，實始於利瑪特之繪制地圖，曰山海輿地全圖，曰神輿萬國全圖，二者皆少傳本。今幸前一本得之明本方輿紀略，後一圖，亦得明李之藻之刻本。並得燕大教授洪煨蓮之探討，更得不少史料。更足見利氏制刻各圖之經過，亦足以見利氏刊刻此圖時之風靡明世也。』蓋整個之世界與地球呈顯於華人前，自利氏等來，而國人之眼界一擴也。

則又有地圓說之傳入。阮元疇人傳卷七陽瑪特傳論云：『陽瑪特天問略，與利瑪特乾坤體義，大旨相同。蓋其學出於一源。自橢圓地動之說起，乃愈出而愈奇矣。』考禮記樂記篇：『著不息者天也，著不動者地也。』大戴記又謂『天圓而地方。』則地圓地動之說，實自西人傳入者。予舊作有西學來華時國人之武斷態度，載於東方廿七卷八號，十九年四月廿五日出版 可參看也。

地學以外，算學其一端也。徐文定集卷首下 載幾何原本徐光啓敍云：『利先生從少年時，留心藝學。其師丁氏，絕代名家。以故極精其說，而與不佞游久，談論餘暑，時時及之。請其象數諸書，更以華文；則謂此書未譯，他書俱可不論。遂共翻其要，約五卷。』『案此書爲歐羅巴算學專書，且瑪特序云：前作後述，不絕於世。至歐几里得而爲是書，蓋亦集諸家之成。故自始至終，毫無疵累。以是弁冕西術，殆不爲過。』四庫提要卷一〇七 所可惜者，歐几原書十三卷，光啓譯六卷，而七卷之書，猶有待於清季之李善蘭耳。

幾何原本十三卷，除近世之非歐几里得幾何學者，蓋猶奉爲經典。自光啓譯六卷後 至光緒間，李善蘭始從英人惠廉畊立續譯其七卷云。語在清史列傳六十九 李善蘭傳。

算學以外，建築藝術，亦其一徵也。楊家麟勝國文徵卷二天主堂 云：『京都順承門外天主堂，萬歷年間建。天主堂構於西洋，利瑪特自歐羅巴航海九萬里入中國，崇奉天主。堂制狹以深，實正而向外，宛若側面。其頂如中國捲蓬式，而覆以瓦。正面上啓一門，窗則設於東西兩壁之顚。中供耶蘇像，繪畫而若塑者。耳鼻隆甚，儼然如生人。左右兩磚樓，夾堂而立。左貯天琴，日向午則樓門自開，琴乃作聲。移時聲止，樓則閉矣。左聖母堂，以供瑪利亞，作少女狀。抱一兒，耶蘇也。衣無縫，自頂被於體。所印書册，以白紅一面反復印之，字皆旁行，其書裝法如宋版式。外以漆革護之，用金屑代鈎勒。所製有簡平儀、龍尾車、沙漏、遠鏡、候鍾、天琴之屬。』池北偶談二十六 西洋畫云：『西人所制，玻璃等器，多奇巧。曾見其所畫人物，視之初不辨頭目手足，以鏡照之，即眉目宛然姣好。鏡銳而長，如卓筆之形。又畫樓臺宮室，張圖壁上，從十步外視之，重門洞開，層級可數，潭潭如王宮第宅。迫視之，但縱橫數十百畫，如棊局而已。』此建築陳設，又足使國人之眼界爲之一擴也。

記京師天主堂者，勝國文徵而外，春明夢餘錄卷六十六頁十六—十八 亦有所述。按嘉慶間姚元之竹葉亭雜記卷三云：『都中天主堂有四，一曰西堂，久毁於火。其在蠶池口者曰北堂。在東堂子胡同者曰東堂。在宣武門城東根者曰南堂。南堂內有郎世寧綫法畫二張，張於廳事東西壁，高大一如其壁。立西壁下，閉一目以覷東壁，則曲房洞敞，珠廉盡捲，南窗半啓，日光在地，牙籤玉軸，森然滿架，有多寶閣焉。古玩紛陳，陸離高下。北偏設高几，几上有屏，插孔雀羽於其中，燦然羽扇。日光所及，扇影屏影几影，不爽毫釐。壁上所張字畫篆聯，一一陳列。穿房而東，有大院落，北首長廊連屬，列柱如排石砌，一律光潤。又東則隱然有屋，屏門猶未啓也。低首視曲廊外，二狗方戰於地矣。再立東壁下，以覷西壁，又見外堂三間，堂之南窗，日暉掩映。三鼎列置三几，金色迷離。堂柱上懸大鏡三，其堂北牆樹以槅扇。東西二案，案鋪紅飾，一置自鳴鐘，一置儀器。案之間，設兩椅，柱上有燈盤子，銀燭矗其上。仰視承塵，雖木作花，中凸如蕊，下垂如倒置狀。俯視其地，光明如鏡。方磚一一可數。磚之中路，白色一條，似甃以白石者。由堂而內，寢室兩重，門戶簾櫳，皆然深靜。室內几案，飭如也，可以入矣。叩之，則猶壁也。而其精乃如是。惜古人未之見也，乃記之！』此則嘉慶間之贊美教堂者也。道光間，黃鈞宰作金壺浪墨卷七云：『京師天主堂，建於明萬歷間，本朝一再修之。御題額曰通微佳境，又曰密合天行。因西人天文算法可垂永久，故許其建堂禮拜，中國人不得與焉。堂制狹而深，以山牆為正向。頂如捲蓬式，設窗於東西兩壁之巔。中供耶蘇畫像，耳鼻隆起，儼然如生。東西兩磚樓，夾堂而立。左貯天琴，日午則樓門自啟，琴自作聲。移時琴止，而門亦閉矣。右為聖母堂，象作聖母抱兒狀。自頂被體，無有一縫。書冊文皆旁行，別有沙漏望遠鏡龍尾車之屬，以資測驗。西人著名者，如利瑪特南懷仁，皆自歐羅巴航海而至。近則通商各口建堂日多，而習其教者衆矣。』證此，則自明季至清季，天主堂者，幾附帶有自然科學博覽館之作用。矣。黃說似抄襲前人恐非目見之談

然算學地學等等之表現，不如歷學之更合時代要求。據明史三十一歷志歷法沿革所言，有劉基之大統歷，有襲自胡元之回回歷，萬歷間，回回大統，俱失時驗。乃用龐迪我熊三拔等修歷。崇禎七年『是時言歷者四家，大統回回外，別立西洋為西局，布衣魏文魁為東局。』蓋以日月躔次之得失，西法遂露頭角。至十六年，而西法之密，為上所知。雖以國變未頒，而西法已全然勝利也。以上皆由明史卅一文秉烈皇小識卷八云：『時上崇禎究心天象，凡日月見食，及星宿躔犯，取中國歷驗之不甚應，以西歷驗之輒應，遂加西人湯若望尚寶司卿，專理歷法。』蓋歷法之表白，抵大統回回之後，蹈瑕攻隙，尤能使西人表白自己云。

順治十年三月，『賜太常卿管欽天監事湯若望，號通懸教師，加俸一倍，賜之敕曰：「朕惟國家肇造鴻業，以授時定曆爲急務。……爾湯若望來自西洋，涉海十萬里。明末居京師，精於象緯，閎通曆法。其時大學士徐光啓，特薦於朝，令修曆局中。一時專家治曆，如魏文奎等，推測之法，實不及爾。但以遠人之故，多忌成功。歷十餘年，終不見用。朕承天眷，定鼎之初，爰諮爾姓名，爲朕修大清時憲曆，迄於有成，可謂勤矣。比之古洛下閎諸人，不亦優乎，」』（順治錄二〇）是又曆法勝利之據也。

然曆。法。之。成。爲。時。勢。需。求。猶。未。如。火。器。之。急。迫。也。崇禎十六年（一六四三年）有湯若望授焦勖纂之火攻挈要，其中（卷上）有云『今之大敵，莫過於虜。（清人）彼人壯馬潑，箭利弓強，既已勝我多矣。又近來火器，又足與我相當。如目前火器所貴西洋大銃，則虜不但有之，而且廣有之矣。爲今火器莫如仿炤西洋，造鑄有傳，彈藥俱精，裝放如法，配以利卒精兵，翼以剛甲堅陣，統以智勇良將，以戰則克，以守則固，直透堅城，如摧朽物耳。』蓋觀於崇禎帝之斥責蕺山便可徵。火。器。與。西。儒。之。表。白。矣。

烈皇小識（卷七）崇禎十六年：『時西人湯若望等，精於火器，謂當從西人演習。宗周奏唐宋以前未聞火器。自有火器，輒依爲長城。誤實在此。上色不懌。』考梨洲子劉子行狀（卷上頁二十三）云：『（崇禎十五年）御史楊若喬薦西人湯若望，善火器，請上召試。先生奏曰：御史之言非也。臣聞用兵之道，太上湯武之仁義，其次桓文之節制。下此非所論矣。邇來邊臣，於安攘禦侮之策，戰守屯戍之法，概置不講。惟恃火器爲司命。今破城陷邑，豈待火器而然哉？……湯若望倡邪說，以背大道，已不容於堯舜之世。今又作爲技巧，以惑君心，其罪愈無可逭。乞皇上放還本國，永絕異教。上曰：火器乃中國長技，湯若望不過命其監制，何必深求？』具見爲火器。

而有優容教會之事焉。

諸等學術之表演，於教義之宣揚，自有大助。其最著者，則崇禎帝之崇奉天主教是也。文秉烈皇小識云：『上初年，崇奉天主教。□□□（當爲徐光啓）上海教中人也，既入政府，力進天主之說。將宮內供養諸佛銅象，盡行毀碎。至是悼靈王病篤，上臨視之。（王指九蓮華娘娘，現立空中，歷數毀壞三寶之罪，言訖而薨，）上大驚懼，極力輓回，然亦無及矣。』（頁三）以剛愎之明帝，而奉教如是，得無謂之受教徒之學術表演之影響乎？

至永曆，則竟明言入教矣。永曆太妃致耶蘇會總統者云：『大明寧聖慈肅皇太后烈納，敕諭耶蘇會大尊總師神父：予處宮中，遠聞天主之教，傾心已久。幸遇尊會之士，瞿紗微領聖洗，使皇太后瑪利亞、中宮皇后亞納，及皇太子當定，並入聖教，領聖水，閱三年矣。今祈尊師神父，並尊會之友，在天主前，祈保我國中興太平。俾我大明第十八帝太祖十二世孫主臣等，悉知尊眞主耶蘇。更求尊會相通功勞之分，再多送老師來我中國行教。待太平之後，即著欽差官來到聖祖總師意納爵座前，致儀行禮。今有尊會士卜彌格，儘知我國情事，即使回國代傳其意，諒能備悉。可諭予懷。欽哉，特勅。永曆四年十月十一日。』（此爲張菊生在華庭岡圖書館中發見者，時在宣統三年，原文載東方雜志八卷五號）此蓋視雍乾之間，滿洲貴族之奉教，近支蘇努，且以之得罪，（陳垣雍乾間奉天主教之宗室，輔仁學志三卷二號）更爲赫赫人口者矣。

六 國人之迎拒

綜上，可知明季清初，基督教在文化事業上，已有堅固莫拔之位置，非可輕易推翻。順治十年（一六五三）湯若望之封通縣教師。無論已。即以下列數事證之，亦可證國人之迎基督教之科學，固亟亟焉，皇皇焉。康熙帝固知金雞納霜爲治瘧疾之特效藥，見於正覺樓叢書所收之查初白人海記。（卷七八頁）則西藥之應用，端兆固先見之焉。

清自入關以前已用紅衣大礮。衣者，夷之諱稱。方康熙之平鄭成功也，曾『論議政王大臣等，攻擊海賊營壘，宜用火礮。內造西洋礮甚利，且輕便易運，可令湖廣巡撫張朝珍，以湖南所有西洋礮二十具，委官運送福建總督姚啓聖軍前用資剿禦。』（康熙十八年八月東華錄）則火器之應用，清世蓋尤不能廢之焉。

即如世所稱之康熙內府輿圖，蓋亦成於教士之手。黃伯祿正教奉褒云：『康熙四十七年（一七〇八）諭傳教士，分赴蒙古各部，中國各省，遍覽山水城郭，用西洋量法，繪畫地圖。是年，派日耳曼人白進，費隱，法蘭西人雷孝思，杜德美等，往蒙古及直隸。四十九年，費隱等往黑龍江。五十年，雷孝思等往山東，費隱往山西陝西甘肅。五十一年，法蘭西人馮秉正，德瑪諾等，往河南江南浙江福建。五十二年，法蘭西人湯若賢，葡萄牙人麥大成等，往江西廣東廣西。費隱潘如（法人）往四川。五十四年，雷孝思等，往貴州雲南湖南湖北制圖。五十六年，各省地圖繪畢。白進等彙成總圖一幅，並分圖進呈。即世所稱康熙內府輿圖者也。』——大規模之全國測量，此實教士之大表演，而國人之迎納之一徵也。

俞理初癸巳類稿（卷十四書人身圖說後）云：『西洋人羅雅谷龍華民鄧玉函所譯其國人身圖說二卷，以肝爲百支主，心則在近脊第四椎眼上而居左。……南懷仁於康熙時上窮理學書云：一切知識記憶，不在於心，而在頭腦之內，亦不出此書之旨。其人好傳教，欲中國人學之也。』然則南懷仁一流人之說來，而記憶從腦，不出於心，又啓國人之蒙蒙矣。

他如熊三拔之泰西水法，鄧玉函之奇器圖說，艾儒略之職方外紀，雖書成於明季，而收入於四庫全書。具見農政物理地學蓋漸漸得國人之贊與也。

而其最著之被迎合之學問，則曆算云。

考湯若望爲明造曆，以國變而未果頒用，語在上文。清順治元年七月，即用湯曆而目之曰『時憲。』（東華錄順治朝二又三）順治十四年四月，以回回科官吳明烜劾欽天監湯若望所推水星不見不實『命內大臣公同測驗，水星實不見。議明烜詐妄之罪，援赦得免。』（通商始末記卷一）康熙三年十二月，以歙人楊光先控告湯氏時憲書十謬，若望擬大辟免死，而西法暫絀。然命光先爲欽天監正，光先卒以『但知推步之理，不知推步之數』遜辭。卒以康熙八年之用閏舛誤，黜光先，翌年又起湯若望爲欽天監正。『自是，時憲書用新法西法，永爲定制云。』（始末記一）光先者後著不得已，近南京國學圖書館，重印其書。其間（卷下）云：『光先之愚見，寧可使中國無好曆法，不可使中國有西洋人。無好曆法，不過如漢家不知合朔之法，日食多在晦日，而猶享四百年之國祚。有西洋人，吾懼其揮金如土，以收吾天下之人心，如抱火於積薪，而禍至之無日也。……以數萬里不朝貢之人，來而勿稽其從來，去而勿究其所從去，行不監押之，止不關防之，十三省之山川形勢，兵馬錢糧，靡不收歸圖籍，而莫之禁。古今有此玩待外國人之政否？』曆法自曆法，外人自外人，『王顧左右而言他，』光先蓋已認輸矣。昭槤嘯亭雜錄（卷一）云：『自明中葉，泰西人入中國，而算法天文精於中土。因大統曆係許魯齋所定，故終扼其說不行。今皇天縱聖明，夙習算法，乃命靈臺皆以西法爲主。乃知聖人御世，故天預令西法入中土也。』然則，光先之認輸，固有不得不然者存。

光先後暴死，傳聞謂西教士毒之，恐未必。葉廷琯吹網錄卷五池北偶談舊本有不得已條云：『錢少詹大昕曰，吾友戴東原嘗言歐羅巴人以重價購不得已而焚毀之，蓋深惡之也。光先於步天之學本不甚深，其不旋踵而敗宜哉？……余按明史溫體仁傳，光先時以布衣上書劾之，輿櫬待命，可謂豪傑之士。始知其少年時，已氣節龂龂如此。越三十年，時移世易，而直性不移，可謂豪傑之士。』今案漁洋池北偶談卷四云：『楊光先者，新安人，明末居京師，以劾陳維新妄得敢言名，實市儈之魁也。康熙六年，疏言西洋曆法之弊，遂發大難，逐湯若望而奪其位。然光先於曆法實毫無所解，尋大敗，論大辟。光先刻一書曰不得已，自附於亞聖之辟異端，可謂無忌憚矣。』則王氏初未以光先爲然。

然則當日之拒西學者於實無可拒之中，其將取如何之態度乎？

蓋先以『誇大誕妄』拒之。阮元之記多祿某 Chandus Ptolemy 也，蓋依徐光啓李之藻之新法算書，而顧斥之曰：『中土推步之學，自漢而唐而宋而元，大抵由淺入深，由疏漸密者也。乃多祿某生當漢代，其論述條目，即與明季西洋人所稱往往相合，豈彼中步算之密，固自昔已然耶？然考西人舊率，即用後漢四分法，是則彼之歷術，亦必先疏後密，而謂多祿某時，其法之詳備已如是，毋亦湯若望輩夸大其辭，而徐李諸公受其欺而不之悟也。』疇人傳六多祿某傳 海客談瀛，視爲不經，此則拒西學之態度一也。

次則以不聞不問拒之。紀昀灤陽消夏錄卷一云：『宋有神臂弓，實巨弩也。立於地而發其機，可三百步外貫鐵甲，亦曰克敵弓。洪容齋試詞科，有克敵弓銘，是也。宋人拒金，多倚此爲利器。軍法，不得遺失一具，敗不能攜，則寧碎之，防敵得其機而仿制也。元世祖滅宋，得其傳，至明乃不得其詳。永樂大典，尚全載其圖說，一事一圖，但有短長寬窄之度，與其牝牡凹凸之形，無一全圖。予與鄒念喬侍郎，窮數日之力，審諦逗合，迄無端緒。余欲鈎摹其樣，西洋人料理之。先師劉文正曰：西洋人用意至深，如算術借根法本中土流入西域，故彼國謂之東來法。今從之學算，反祕不肯盡言。此弩既相傳利器，安知不陰圖以去，而以不解辭我乎？永樂大典貯在翰苑，未必後無解者。余與念喬乃止。惟此老成瞻言百里，信乎所見大也。』於學術之中，立爾我之虞，不相往來，此則拒西學之態度二也。

又次則以『古已有之』拒之。謂代數爲『東來法』，固其一徵。印光任澳門紀略（頁六七）言『自羲和失其世守，古籍之可見者，僅有周髀。而西人渾蓋通憲之器，寒熱五帶之理，地圓之說，開方之法，皆不能出周髀範圍也。史稱傍收博采，以續千年之墜緒，亦禮失求野之意矣。』淩廷堪校禮堂文集（卷一）讀孟子云：『西人之說，徵之虞書周髀而悉合，古聖人固已深知之，非吾所未有。由說之者，不得其意耳。則斃其爲創者，過也。西人之說，既合於聖人，自當兼收並采，以輔我所未逮。不可陰用其學，而陽斥之。則排其爲異者，亦過也。』數理精蘊（卷一）周髀經解敍云：『明萬曆間，西洋人始入中土。其中一二習算數者，如利瑪特穆尼閣等，……及我朝定鼎以來，遠人向化，至者漸多。有湯若望南懷仁安多閔明我，……然詢其所自，皆云本中土所流傳。粵稽古聖，堯之欽明，舜之睿哲，曆象授時，閏餘定歲，推步之學，孰大於此。至於三代盛時，聲教四訖，重譯向風，則書籍流傳於海外者，殆不一矣。周末疇人子弟失官分散，嗣經秦火，中原之典章既多缺佚，而海外之支流反得眞傳。此西學之所以有本也。』斯眞以『古已有之』辱西學者之代表議論矣。

以西學爲古已有之者，至清季猶有人在。故太炎文錄（一）徵信論上云：『釋伽言空，不因於老莊。景教事天，不本於墨子。遠西之言曆算者，不資於厲王喪亂，疇人在吏。世人取其近似者言之，遂若典常耳。』章氏似不主『古已有之』然章氏固主張法顯發見西半球者也。

第所謂古已有之之說，蓋已半承認西學之地位。至於開明之徒，則明目張膽，以從西學者，即所謂全然承認西學者自亦不忠無人。魏文魁者反對西學者也。其弟子『薛鳳祚初從魏文魁遊，主持舊法，後見穆尼閣，始改從西學，盡傳其學』（四庫總目一〇六天步真原條）此薛氏從西學也。鈕琇觚賸稱王寅旭『精究推步，兼通中西之學。遇天色晴霽，輒登屋臥鴟吻間，仰察星象，竟夕不寐。』（予所藏說鈴本觚賸無此文，此據四庫總目一〇六）此王寅旭從西學也。至梅文鼎一流人，則明目張膽以西學爲圭臬矣。

梅文鼎者，卒於康熙六十年。伊常言：『今之用西曆者，乃兼用其長以補舊法所未備。』又言：『地之正圓，無可疑也。』他日江永著翼梅一書，（海山仙館叢書第一一四册）即以其采用西學而多之云。（見翼梅自序）

然則綜清初國人之迎拒，而定基督教徒在文化界上之地位，則教徒之勝利，不言可喻。杭大宗道古堂集（卷三十一）云：『穆尼閣泰西人，久居白門，喜與人言曆，而不強人入教，君子人也。』蓋若不言宗教，則教士爲學術之飢荒救濟者，自何待言？然正以既言學術而復言宗教，則以洋人之本身言之，於宗教之推行，自亦有助。故楊光先有與許侍御書云：『闢堂於京師宣武門之內，東華門之東，阜城門之西，山東之濟南，江南之淮南、揚州、鎮江、江寧、常熟、上海，浙之杭州、金華、蘭谿，閩之建寧、延平、汀州，江右之南昌、建昌、贛州，東粵之廣州，西粵之桂林，蜀之重慶、保寧，楚之武昌，秦之西安，晉之太原、絳州，豫之開封，——凡三十窟穴，而廣東之香山澳，盈萬人盤踞其間，成一大都會，以暗地送往迎來。』（不得已卷上）水銀到地，着手成文，民族之受脅迫，文化之受脅迫，自清初而已然也。

徐昌治聖朝破邪集（卷四）云：『夷又爲令曰：能勸百人從（教）者，賞自鳴鐘、自鳴琴各一。金帛稱是。若得一青衿，準十人。得一縉紳，準百人。』是民間傳教，固亦有科學爲之引導也。但西學雖然勝利，而西教終不得法律之許可。大清律例總類立絞類載：『西洋人在內地傳習天主教，私刻經卷，倡立講會，蠱惑多人，及旗民等轉爲傳習，並私立名號，煽惑愚衆，確有實據爲首者。』是立法不可謂不嚴也。據王之春商始末記所記，康熙八年十二月，禁直省立天主堂。康熙五十六年，廣東碣石鎮總兵陳昂，請禁開堂傳教。雍正元年，閩浙總督請將天主堂改爲公廨。五年四月，議入天主教者罪。八年，浙督李衛毀杭州天主堂。乾隆五十八年，賜英吉利國王敕：『西洋人居住教堂，亦不准與中國人民交接，妄行傳教。』此皆見於王書。嘉慶時，亦禁洋人傳教。（東華錄十九）道光時，又定跨過十字架者始得免刑。（道光錄四十一頁二十九）是在江寧立約以前，基督教終未公開也。

第三章　屠殺與玩弄

七　滿漢歧異

且也，國人之受脅迫，初不限於洋人之東來，即滿州與漢人之歧異，固亦受人脅迫之一云。

考滿洲兩字之內涵，『所謂建州女眞者，明人稱滿洲民族之名，原非其自號。』『滿洲原非地名。』（東方三十卷十七號滿洲名稱之推測）且以前史言之，肅愼來賓見於國語；公孫辟土著於陳志。東省之爲我本土，爲時非暫。所謂統治中國二百餘年之建州族，原不過東省民族中之少數民族而已。

即以辮髮一端言之，史記大宛傳言辮髮。南史一十六言辮髮，宋史三百六十六劉錡傳記錡在順昌夜踏金營。『是夕天欲雨，電光四起，見辮髮人輒殲之。』李心傳建炎以來繫年要錄卷三九云：『建炎三年秋，金元帥府禁民漢服，又下令髡髮不如式者殺之。』則金人與滿州，（正名當曰建州人）當有同似處。金已同化於華，而況滿乎？

然自朱明萬曆間以來，此建州之少數民族，頭角嶄然，兵威日露。順治東華錄載十年語臣工曰：『我朝以弓矢取天下。』此足以想像其蠶食坐大，威脅中國之由。及明之亡，越關直入，盜憎主人，焰益張矣。其與中國本部之習俗，固格格不相入。張蒼水奇零草卷下頁四八有建州宮詞十首。其六云：『十部梨園奏上方，穹廬天子亦登場；纏頭豈惜千金費，學得吳歈醉一場。』此刺跳神吃肉也。其七云：『上壽稱爲合巹尊，慈寧宮裏爛盈門，春官昨進新儀注，大禮躬逢太后婚。』此刺太后下嫁也。其八云：『掖庭又聞册閼氏，妙選孀娃足母儀，椒殿夢回雲雨散，錯將蝦子作龍兒。』此刺以寡婦爲后也。『孔雀翎，馬蹄袖，衣冠中，異禽獸。』大義覺迷錄卷二頁三〇引 此刺風俗之幼稚也。嘯亭雜錄卷八云：『國初有驍將阿里瑪者，能自握其髮，足懸於地。入京後，所爲多不法，章皇帝欲置於法。……因受縛坐車中，赴市曹，至宣武門，笑曰：死則死耳，奈滿洲人不可令漢兒見之，誅於門內可也。行刑者從其語。』此記意見之水火也。

即世所艷傳清初之廢八股，禁弓足，亦非有意於矯弊，徒以示統治者與被統治者之習俗之不同耳。王枕甫蜩菴瑣語頁十八云：『康熙七年七月，禮部題，爲恭請酌復舊章，以昭政典事，覆左都王熙疏，內開一、順治十八年以前，民間之女，未禁裹足。康熙三年，遵奉上諭，議政王貝勒大臣九卿科道官員會議，元年以後，所生之女禁止裹足。因於本年正月內臣部題定，元年之後所生之女，若有違法裹足者，其女之父，有官交吏兵二部議處，兵民交付刑部責四十板流徙。家長不行稽察，枷一個月，責四十板。該管督撫以下，文職官員疏忽失於覺察者，聽吏兵二部議處在案。查立法太嚴，或混將元年以前所生揑爲元年以後，誣妄出首，牽連無辜，亦未可知。相應免禁止，可也。一、康熙元年以前，考取鄉會試，做八股文章。二年八月內，因上諭八股文章，實與政事無涉。自今以後，將浮飾八股文章永行停止。惟於爲國爲民之策論表判中出題考試。欽此。自甲辰(康三)改制，科歷丁未至康熙八年己酉，禮部題定，嗣後仍照元年以前例，仍用八股文章考試，俱奉旨依議。』董含蓴鄉贅筆(中頁六)云：『八月改取士法，八股制藝永行停止。鄉會試用策論表判，減三場爲二場。至戊申(康七)七月，詔復舊制。』王漁洋池北偶談(卷三八股條)云：『康熙二年，以八股制藝始於宋王安石，詔廢不用。科擧改三場爲二場，首場策五道，二場四書五經各論一首，表一道，判語五條。起甲辰會試，迄丁未會試皆然。會左都御史王公熙疏請酌復舊章，予時爲儀制員外郎，乃條上應復者八事，復三場舊制，其一也。尚書錢塘黃公機善之，而不能悉行。乃止請復三場及寬民間女子裹足之禁，皆得俞旨。』——綜上，可知廢八股者只五年；禁弓足者只四年。庸得名曰清之善政乎？

故一則。。。政事不修也，章炳麟中華民國解云：『滿洲初載，任用族姓。柄政者皆介冑武夫，非獨刀筆文法有所不曉。民間百事，尚未能擧其名號也。世傳僞高宗南巡時，見田間插有稻秧，問言何草。然此非獨一人而已，民間事業，隔閡可知。』(太炎文別錄卷一)任用不懂政治之旂人，此則政事不修之所由也。故洪亮吉更生齋文甲集(卷四)書杭檢討遺事云：『乾隆中葉上思得直言及通達治體者，至特設陽城馬周科。試翰林等官，先生預焉。日未中，已得數千言，語近戇直；末又言滿洲人官督撫者過多，觸純皇帝怒，抵其卷於地。』然則滿人執治柄之弊，殆無可疑。

李元度先正事略(卷十六)記劉統勳事：『戶部奏州縣府庫多空闕，高宗震怒，欲盡罷州縣之不責者，而以筆帖式等官代之，召公入對，諭以此事。公頓首言曰：州縣，治百姓者也。當使身爲百姓爲之上。霽顏曰：然。事遂寢。』此又可與洪文互證。

其二，則滿漢不均平也。昭槤嘯亭雜錄（卷一）云：『國初自定中原後，復遭三逆之亂，八旗士卒，多爭先用命，效死疆場，丁口稀少。……故當時時加撫卹，至爲之代償債務。凡撫字之術，無不備施。雖一時不無濫溢，而滿洲士卒感戴如天。凡爭討之所，爭先效死。』挾馬蹄以俱至，逞鐵甲之威，尊滿人眞天之驕子，昭槤所言，胡足以盡之？

當時東來之衆，國家至爲圈地以處，語詳拙作中國田制叢考（頁二五四）。李紱穆堂初稿（卷卅一）畿輔田志敍云：『八旗之衆，從龍以西，五百里以內，撥給旗地。人增於昔，地不加多。旗民雜錯，壤地參差。旗地有給有退，有改給，有官莊，王莊，征租督負，蝟攢蜂集。民地有圈有補，圈此而補彼，東處而西食。代徵轉解，間不以時。呼籲猥冗，戶部鉤稽，文移之煩，直隸當天下十之四五。』此則圈地之令也。康熙東華錄（卅二）記廿二年八月：『旗下兵丁貧無妻室者，官給貲嫁娶。無房屋者，八旗王以下官員人等以上有房屋四十間者，撥給一間給予居住。』此則賜屋滿人之令也。又（卅六）記廿四年十二月，刑部題：『旗人史書等辱罵順天府府丞王維珍，經王維珍舉首。應將史書等枷一月，鞭一百。』此則輕科滿人之犯法也。于成龍亦告聖祖曰：『直隸地方，以弭盜爲第一務。爲盜者倚仗旗下名色，或嚇詐，或刦掠，無所不爲。有司明知，而不敢深究。』（康熙錄卅七）此則滿人陵漢人以行姦也。光緒鄞縣志（四十一）范光文傳：『順治六年，與弟光遇同登進士，授禮部主事。……初爲禮部時，見同里董文和母妻子女，並沒入旗下，行乞於途。光文竭貲贖歸，里人高其義。』此則滿人之掠奪也，則昭槤所言語，蓋未盡。

三則。猜防太甚也。清史列傳（十一）馬際伯傳：『康熙四十七年疏言：鳥槍久奉禁例。今商民尚有私用者，請令民間鳥槍繳官。如有必需，此器長一尺五寸，刊某地某人姓名，違者治罪。硝磺乃火器所用，應嚴禁販賣。』揆之以弓矢定天下之語，知執政者之虞詐甚已。

順治十年三月，『上持弓顧謂諸臣曰：我朝之定天下，皆弓矢之力也。曩者，每歲出獵二三次，練習騎射。』（順治錄二〇）可見征服者，以武力自詡之意。

四則。力改衣冠之制也。戴名世南山集（卷八）畫網巾先生傳云：『先生者，其姓名爵里，皆不可得而知者也。攜僕二人，皆仍明時衣冠，事頗聞於外，逮送邵武守將池鳳陽。鳳陽命去其網巾，戒部卒謹守之。先生既失網巾，戒櫛盥畢，謂二僕曰：衣冠者，歷代各有定制。至網巾，則我太祖高皇帝，創爲之也。今吾曹國破即死，豈可忘祖制乎？汝曹取筆墨來，爲我畫網巾額上。於是二僕爲先生畫網巾，畫已，乃加冠。二僕亦互相畫也，日以爲常。』胡蘊玉髮史（廣益局印清季稗史第二編）云：『左懋第被拘於太極殿，……監守者拘見清攝政王多爾袞，多令薙髮，懋第曰：頭可斷，髮不可斷。斫頭勝於剃頭。惟願速死！……遂就義。』此可以見清人初來，風俗牴牾之烈。

清初薙髮之禁，初尚寬大。至江南既下，海外勢熸，則孔子之孫，尚以不薙髮得罪，事具東華錄。

清高宗云：開國之時，滿漢自有歧視。（乾隆五十六年東華錄）案呂留良東莊詩存萬感集（頁九）云：『十年遊俠千金盡，九世怨仇一劍知。爲問門前車馬客，還能杯酒憶當時？』遺民黍離之感，漢人之視滿，固亦有歧視者。讀胡適譯都特柏林之圍，記『法有老人朱屋大佐，嘗爲拿破侖大帝部下軍官。方普法之戰也，老人有子從軍，侍之者一孫女耳。時法兵屢北，孫女乃故爲普軍大敗，王子被俘之訊，以相慰。幾以爲柏林可旦暮下也。而普軍已圍巴黎，老人猶作家書誡子，謂敗國之民，當待以寬大勿過事摧抑。初不知普人已圍巴黎，普軍入城，礮聲隆隆，而孫女語老人，以爲法軍凱旋也。再一審視，敵軍已入老人傷感之餘，自不得黯然謝世』——慘淡之文，蓋無異於趙節愍之遺事焉。全祖望鮚埼亭集正編三十五節愍趙先生糾謬載先生自明亡以後，初投江，繼絕食而未死；『先生故授經太白山中，與其徒徐生相得。至是聞先生事，來視之，因強與先生入山。欲令食不可，則爲謬語以慰之。或曰：李侍郎長祥克紹興矣。或曰：翁洲大將黄斌卿，奉監國來恢復矣。或曰：石浦大將張名振奇捷矣。或曰：四明寨下慈谿矣。先生聞之，即進食。如是者半年，謬語漸窮，而先生病亦稍愈。間出山中問樵子輩以近事，則循髮以示之曰：天下大定，復何問焉？先生大慟踣地，更不復食，至冬益困，淹忽而逝。』其悲慘之狀，不減柏林之圍矣。

八　文字獄之慘闇

然而滿漢歧異之中，猶有設文網以限人之一事焉。前者蓋爲大衆，後者則對士夫。

王漁洋池北偶談卷十一記梅村病中云：『太倉吳梅村祭酒，辛亥元旦，夢上帝召爲泰山府君。是歲病革，有絕命詞云。忍死偸生廿載餘，而今罪孽怎消除，受恩欠債須塡補，縱比鴻毛也不如。先是先生嘗病中賦賀新郎詞云：萬事催黄髮，論龔生天年竟夭，盛名難沒。吾病難將醫藥治，耿耿胸中熱血，待灑向西風殘月。剖卻心肝今置地，問華佗解我腸千結，追往恨，倍凄咽。故人慷慨多奇節，爲當年沉吟不斷，草間偸活。艾灸眉頭瓜噴鼻，今日須難決絕！早患苦重來千疊。脫屣妻孥非易事，竟一錢不値何須說。人世事，幾完缺。』此猶少年寡婦，被強奸佔而眷戀前夫，猶縈夢寐云。

當時第一辦法，自爲以美官餌士夫。趙翼簷曝雜記卷二記雍正語：『上前者謂國初以美官授漢兒，漢兒且不肯受。今漢兒營求科目，足覘人心歸附，可謂有道之慶。』梅村者，卽在以『美官』爲餌而受屈抑者也。譚嗣同仁學云：『若夫山林幽貞之士，猶在室之處女也，而必脅之出仕，不則誅。是挾兵刃摟處女而亂之也。既亂之，又詬其不貞，纂其失節，至爲貳臣傳以辱之。豈惟辱其人哉?實以嚇天下後世，使不敢背去也。』仁學下頁二 梅村蓋在此罟罔中。

正以士夫眷戀前夫遺風未乙，故文字之獄，遂爲一時矰繳之施云。

順治十七年十一月，張縉彥序劉正宗詩有曰：『將明之材；』世祖以其言詭譎不可解，卽絞正宗而斬縉彥。順治詳錄三十三 以明字爲忌也。康熙初，則有莊氏史案。亭林文集卷五書潘吳二子事云：『莊名廷鑨，目雙盲，不甚通曉古今。以史遷有左邱失明，乃著國語之說，奮欲著書。其居隣故閣輔朱公國楨家，朱公嘗取國史及公卿誌狀疏草，命胥抄錄凡數十帙，未成書而卒。廷鑨得之，則招致賓客，日夜編輯爲明書，書冗雜，不足道也。廷鑨死無子，家貲可萬金。其父允誠流涕曰：吾之子，皆析產，獨仲子死無後。吾哀其志，當先刻其書而後爲之置嗣。遂梓行之。慕潘吳盛名，引爲重，列置參閱姓名中。書凡百餘帙，頗有忌諱語，本前人詆斥之語，未經刪削者。莊氏既巨富，浙人得其書，往往持而恐嚇之，得所欲以去。歸安令吳之榮者，以贓係獄，遇赦得出，有吏教之買此書恐嚇莊氏。莊氏欲應之，或曰：踵此而來，盡子之財不足以給。不若以一訟絕之，遂謝之榮。之榮告大吏，大吏右莊氏，不直之榮。之榮入京師，摘忌諱語，密奏之，四大臣大怒，遣官至杭，執莊生之父及其兄廷鉞，及其弟等，並列名於書者十八人，皆論死。其刻書鬻書並知府推官之不發覺者，亦坐之。發廷鑨之墓，焚其骨，籍沒其家產，所殺七十餘人，而潘吳二子與其難。』據陸莘老父雲游始末所記，其慘狀猶歷歷焉。

商務印痛史第一輯有莊氏史案，蓋順治十八年辛丑發獄，至康熙二年癸卯決獄。書工、送書者俱斬。痛史中收有陸莘行老父雲游始末詳誌之。全祖望鮚埼亭集卅二有江浙兩大獄記，即記莊氏史案及南山集也

順治以後，裁制益嚴，而文人受厄遂愈甚。

康熙五年有黃元衡控伊主黃培二十四人逆詩一案，六年又有沈天甫者，踵吳之榮之故智，僞造書序，以羅織江南北之名士巨室。詳繆荃孫藝風堂別存卷三陳星士太僕啓禎兩朝遺詩錄跋康熙五十一年，一七一二又有方戴二家書案。無名氏記桐城方戴兩家書案古學彙刻中有是書云：『蓋當順治康熙之間，凡明季遺老及當時文人著述，凡有涉明季三藩之事及年號者，均有干厲禁。戴名世南山集與余生書中，間有宏光之帝南京一段，實非本朝臣子所宜敢言，大干厲禁，至孑遺錄，則只記明季桐城被兵始末，並無語有干國朝忌諱，亦不過有弘光年號耳。』此康熙時文字獄之昭昭者也。

錢泳履園叢話卷十七記徐健庵子冠卿曾毒殺其師，『京師人有知其事者，題其混名曰藥師佛。藥師佛恃才恣放，怨者頗多。雍正初年，以其詩中有明月有情還顧我，清風無意不留人，怨家遂以出首，及訊，冠卿仰見堂上有司員胡宗琳侍之於旁，與其師周貌無異，乃大驚，誤供有心誹謗，遂伏法。』陳作霖炳燭里談卷二云：『康熙雍正之間，文人多以誹謗罹禍。上元車大師鼎晉奉詔校全唐詩，其弟鼎豐有句云：清風不識字，何事亂翻書。一日與弟鼎賁小飲，酒盃爲明瓷，底有成化年造字樣。鼎豐翻其杯以示酒乾，曰：大明天下今重見。鼎賁置其壺於傍，曰，且把壺兒擱一邊。取壺胡同音也。後二人以呂留良案牽連被戮。鼎賁以憂死。近人有詠鵰詩云：不是弋繳無地避，由來文字

禍之階。慨乎其言之矣。』法式善槐廳載筆（卷十三）云：『雍正（四年）丙午，查嗣廷俞鴻圖典試江西以君子不以言舉人兩句，山徑之蹊間一句命題，其時方行保舉，有意譏刺。三題，茅塞於心，不知何指，其用心不可問。因查其筆札詩草，語多悖逆，遂伏誅。』或謂查所出題，爲維民所止，忌者謂截去雍正二字之首云。雍正八年又有呂留良曾靜案，時留良已死，曾靜爲其私淑弟子。曾遺書岳鍾琪，勸其反。岳研訊之，遂得留良論夷夏之防，追思舊國數事。因發留良墓，戮其屍，斬其子呂葆中。（事具雍正八年東華錄）當時曾記雍正與曾靜對答之語，刊爲大義覺迷錄。此雍正時文字獄之昭昭者也。

大義覺迷錄者，先記世宗問訊曾靜取供事。所研訊者，一爲封建問題，一爲夷夏問題，一爲世宗私德問題。（如殺兄屈父姦僞妻等等）曾靜則自稱『彌天重犯』，一一作悔悟語。且自請從重處斷。最後，世宗令各省督撫學政，大小舉監生員，擬定曾罪，均以罪不可逭議覆。世宗反釋曾靜，放歸湖南，而將供辭刊錄，頒發『天下』學宮。及乾隆元年十二月，徵曾靜，殺之。（東華錄）嗣又禁大義覺迷錄，以防醜辭流傳。蓋一極有曲折之文字獄也。

其在高宗乾隆時，據東華錄所記；十八年有丁文彬逆詩案：二十年，有胡中藻堅磨生詩鈔案。（詩中有一世無日月，斯文欲被蠻。因令胡中藻大逆凌遲處死，的屬男十六歲以上，皆斬立決。）二十二年，有段昌緒家藏吳三桂僞檄案。彭家屏家藏明末野史案。四十二年，有舉人王錫侯刪改康熙字典爲字貫案。四十三年，舉人徐述夔一柱樓詩集案。（詩有明朝期振翮，一舉去清都句。）其時已在四庫全書開館之日。一代文人之受厄，亦可謂至矣盡矣。此非吾有言，當日御史曹一士，已痛言之。

徐珂清稗類鈔（第十一冊諫諍類）記雍正己卯（十三年）御史曹一士請寬比附妖言之獄，並挾仇誣告之文疏云：『比年以來，小人不識兩朝所以誅殛大憝之故，往往挾睚眦之怨，借影響之詞，攻訐詩書，指摘字句。有司見事生風，多方窮鞫。或致波連師友，株連親故，破家亡命，甚可閔也。臣愚以爲井田封建，不過迂儒之常談，不可以爲生今反古；述懷詠史，不過文人之習態，不可以爲援古刺今。卽有序跋偶遺紀年，或亦草茅一時失檢，未必明懷悖逆，敢於明布篇章。若云以此類，皆比附妖言，罪當不赦，將使天下告訐不休，士子以文爲戒，殊非國家義以正法，仁以包蒙之意。』乾隆上海志卷十云：『曹一士，慷慨敢言，……言姦人挾仇告訐，指摘詩文字句，誣爲大逆，株連羅織，宜悉禁絕。』細案一士之所言，固足見文字獄之摧殘文物矣。且不特曹一士言之也，卽高宗亦自言之：『富勒渾奏，生員陳安兆妄著書籍，語多悖謬，一摺，據稱將伊所著書兩種，及詩稿一部，送學臣毛輝祖閱看，以詞句狂放咨覆，應請嚴加懲究。……所奏殊爲過當。此事於富勒渾文義本不甚深，更未免因新進有意從嚴。……但朕閱該生所著，……要不過村學究識見膚淺，妄矜著作，卽詩稿中間有牢騷字句，亦淺學人掉弄筆墨陋習，其實非謗訕國家，肆詆朝政，如胡中藻之比。封疆大吏，遇此等事，當識大體。如遇逞意謗訕，肆無忌憚，自當殺一儆百；若不過此等筆墨之過，則前人亦往往有之，況陳安兆所作，並不足稱爲著述，於此而加以吹求，轉無以服其心。』東華錄乾二十二年十二月 然則功令既嚴，趨逢自附，羣犬成吠，聚蚊成雷，文字獄之莫須有者，又不知幾何也。

九　考試與特舉

然僅事屠殺，尚未盡玩弄之餘事焉。於是乎而有特舉焉，於是乎而有考試焉。前者則博學宏詞之徵辟，後者則尋常之制科，是也。

者清初諸儒，類以不仕新國爲職志。葉昌熾緣督廬日記沙（卷一丙子年）稱：『夜至酒家小飲，當爐者瞿氏，忠宣之嫡裔。相傳忠宣殉難時，遺命子孫，毋得應有司試，至今隱名屠酤，尙是忠宣家訓也。』忠宣者，瞿式耜也。卽如孫奇逢之十一徵而不起，黃宗羲之『三年食薇，顏色不變。』顧炎武之誓以身殉，王夫之之以死拒徵，（先正事略卷二十七）皆足證鼎革之後，士夫倔強之概，特徵且不起，況尋常制科乎？故清初，特以博學宏詞絡籠之。

博學鴻詞之科，唐人已有。范攄雲溪友議（卷七）言：『宣宗十二年，前進士陳玩等，應博學鴻詞科。從所司考定名第，及詩賦論進呈。』宋亦有博學鴻詞科，見於李心傳建炎以來朝野雜記（甲集十三）特不如清世之故爲張皇其事耳。

清之特科，蓋起於康熙十七年：『康熙十七年詔曰：「自古一代之興，必有博學宏詞，備顧問著作之選。朕幾暇留心文翰，思得博洽之士，用資典學。如有學行兼優，文詞卓越之人，不問已仕未仕，京外京內，各舉所知。朕將親試錄用。」於是次第舉送至京，月給廩餼。十八年，體仁閣集試詩賦，親選彭孫遹等五十人，命閣臣稽前代制科，授官故事。……雍正十一年，再舉是科。乾隆元年，以御史吳元安言，增首場以經解史論，次場詩賦論考試。』（王慶雲熙朝紀政卷一）而核其實際，則亦狎弄諸文人，以安其反側之思而已。

康熙舉博學宏詞，見康熙錄，一（二十）時在十七年正月。十八年三月，『試內外諸臣薦舉博學宏儒一百四十三人，於體仁閣賜宴，試題璇璣玉衡賦，省耕詩，五言排律二十韻。』（康熙錄廿三）觀於其試題爾爾，可知較諸八比時文，不能稍分上下也。

然當初，對於諸應試者，以其委身相就，故亦略予優容。周壽昌思益堂日札（卷五申報館聚珍版叢書）云：『國初諸先輩殿試策中，尙有慷慨千言，直陳時務者。如馬世俊策末云：「王者以天下爲家，今天下傾心，車書同軌，而猶分滿人漢人之名，恐非全盛之世所宜有也。」儲方慶策中有云：「今自三公九卿，爲陛下之輔弼者，莫不並列滿漢之名。督撫大臣，則多寄於滿人，而漢人十無二三……陛下旣爲天下主，卽當收天下材，供天下用。如有偏重於其間，臣恐漢臣有所顧忌而不敢盡忠於朝廷，滿人又有所憑藉而無所取信於天下。」』是直言之目，猶有存於科舉者矣。

第此所謂直言者，卽玩狎士夫一方面之表演。至於嚴科舉之條規，興科場之大獄，使士子視科舉爲神聖事業者，則又一方面之狎弄。

董含三岡識略（卷三）記鄉闈異變云：『江南鄉試，前數日，嚴霜厚數寸，及鎖闈，鬼哭不止。放榜後，主考方猶、錢開宗，俱駢戮於市。前此江寧書肆，刻傳奇名万金記，不知何人所作。以方去一點爲萬，錢去偏旁爲金，指二主考姓焉。備極行賄通賄狀，流布禁中，上大怒，遂有是獄。』此順治丁酉（十四年）江南鄉試之獄焉。信天翁丁酉北闈大獄紀略（痛史第三種）述北闈有通關節事，上命鎖拿諸新舉人覆試於太和門，『當是時，人人自謂天威嚴重，此二百八者，不知幾許登鬼籙，幾許纍魍魅，幾許錮終身，得返初服者，幸矣！安望同上春官哉？不期日轉天旋，雷霆頻霽，於正月十五日，集諸士覆試於太和門，每名以滿兵一名夾之。仍諭以盡心構藝，不必畏懼。供給茶烟，未嘗缺乏。題目乃上所親定，閱卷某某等上所猝點。甫二日而榜出，止革去白丁震某等八人，餘皆准會試。諸士慶幸更生，且爲天子門生。』（八頁）自此以後，科舉之迷信深，足以懾漢官，餌漢兒，又豈止天下英雄入吾彀中而已。

孟森心史叢刊（第一集）云：『有明一代，迷信八股，迷信科舉。至亡國時，爲極盛。餘毒所蘊，至淸代而盡洩之。蓋滿人旁觀者淸，絡籠中國之秀民，莫妙於中其所迷信。始入關，則連歲開科，以慰蹭蹬者之心。繼而嚴刑峻法，俾忮求之士稱快。丁酉之獄，主司房考，及中式之士子，誅戮及遣戍者無數。其時發難者漢人，受禍者亦漢人。漢人陷溺於科舉，至深且酷，且不惜假手滿人，屠戮同胞，以洩多數僥倖未遂之人，年年被擯之憤。此所謂天下英雄，入我彀中者也。丁酉之獄，蔓延幾及全國，而以順天江南二省爲最。次則河南，又次則山東山西，共五闈。明時，江南與順天，俱有國子監，俱爲全國士子所萃，非一省之關係。清人下江南，雖已改應天府爲江寧，廢去南雍。然士子耳目，尚以順天江南爲觀聽所繫。是年科場大獄，卽以兩闈爲最慘者，其同時並舉，以聳動迷信科舉之漢兒，用意至爲明顯也。』又案章鳴鶴谷水遺聞補云：『順治丁酉鄉試，我鄉朱給諫紹鳳首彈江南主試官，嗣後臺官競攻，各省試臣，下獄者甚衆。庚子順十七癸卯康熙二亦如之。人遂以典試爲畏途矣。辛酉康二〇會試，相國成公衛公，奉總裁之命，皆揮淚出闈門。』可見科場之獄，實含有狎弄士夫之意義云。

卽其學校教育，雖云仍有書院，仍有國府州縣之學，而『明倫堂之左，刊立世祖章皇帝欽定臥碑，中有云：軍民一切利害，不許生員上書陳言。如有一言建白，以違制論，黜革治罪。』又云：『生員不許糾黨多人，立盟結社，把持官府，武斷鄉曲。所作文字，不許妄行刊刻。違者聽提調官治罪。』清會典三十六 雖云仍宋明之遺風，而清人狎弄士子之心，更昭然若揭云。

宋時曾立戒石於太學，見宋史四二五 馮去非傳。又禁學生上書論政，見宋史四一八 陳宜中傳。其在明時，亦立石太學，禁諸生言政，見明史二一七 于愼行傳。魏校瑩是紀始卷六 云：『宋大觀元年，御製八行八刑條，詔以書刊石，立之學宮。明太祖洪武十五年，頒學規於國子監，又頒禁令十二條於天下，鐫立臥碑於明倫堂之左。

凡建言有禁，唆訟有禁，把持有禁。」是學宮立石，初非始於淸也。

諸等狎弄之制，在雍乾之間，固明明有效。如高宗乾隆元年二月諭「翰林以讀書爲職業。」（乾隆錄三）是明明以讀書爲職業等諸百工雜耍焉。陸長春香飲樓賓談（卷一額外生員條）云：「南昌彭芸楣尙書元瑞視學兩浙，歲試禾郡，有金生某年六十餘矣，交卷日長跪自陳自辛卯至今，歷三十餘試，今此就木，冀得一衿以爲榮。公笑而頷之，案發，准作額外生員。批其卷曰：年在花甲之外，文在理法之外，字在紅格之外，進在額數之外。聞者笑之。」此雖劇談，然亦一代文人飽受痛苦之片影焉。

淸初學者如黃宗羲之明夷待訪錄，顧炎武之生員論，顏元之習齋紀餘，均無不反對帖括之文。即在淸初，國家亦曾廢止八股；而八股終於不廢者，則以其終老英雄，可爲統治者之利用也。故天王聖明之念，歲月浸漸，深入人心。平定粵匪紀略附記（卷四頁四）云：「同治元年，賊陷浙江湖州府之菱湖鎭。有烏程縣貢生沈王蓉，年七十餘，家居東柵，當賊來路，獨遮與理論。曳之不退，刺刺不休。賊厭而戕之。夫逆蹤徧天下，所戕害者不可以數計，獨沈生邀與言理，其愚眞不可及也。」則知道咸間之士子，沉醉於天王聖明久矣。

然無論制舉與制科，其爲戕賊文化，所失正同。袁枚隨園詩話載吳江布衣徐靈胎刺時文云：「讀書人，最不齊。濫時文，爛如泥。國家本爲求才計，誰知道變做了欺人技。三句承題，兩句破題，擺尾搖頭，便道是聖門高弟。可知道三通四史，是何等文章？漢祖唐宗，是那一朝皇帝？案頭放高頭講章，店裏買新科利器；讀得來肩背高低，口角唏噓。甘蔗渣兒嚼了又嚼，有何滋味？孤負光陰，白日昏迷。就教騙得高官，也是百姓朝廷的晦氣。」此眞慨乎其言之矣。

一〇 四庫全書

而世所稱道於淸世之文化事業者，則更有四庫全書云。

考四庫全書之修，始於乾隆三十七年，在此以前，固已有搜集遺書之舉動。亭林集卷三與公肅甥書云：『修史之難，當局者自知之矣。求藏書於四方，意非不美，而四方州縣，以此爲苦。憲檄一到，卽報無書，所以然者，正緣借端派取，解費時事人情，大抵如此。』蓋在康熙時已徵書也。望溪年譜頁三十九『乾隆四年詔重刊十三經二十四史，先生充經史館總裁，乃疏請勅內庫內府藏書處，徧檢舊本，諭王大臣及在京各官家藏善本，並勅江南浙江江西湖廣福建五省督撫購送舊本，詳爲校正。』是就乾隆而論，在四庫開館以前，蓋已徵書也。至於圖書集成之編定，蓋尤足爲四庫全書之預影云。

圖書集成者，分六彙編，三十二典，六千一百九部，共一萬卷，五百七十六函，五千册，又目錄二十册。原爲康熙間陳夢雷侍皇三子誠親王所編。雍正卽位，夢雷父子得罪，帝命蔣廷錫督在事諸臣編成，以聚珍銅字排印，卽後日高宗所頒賜與人以爲殊錫者也。淸季總理衙門爲宣揚中國文化計，又以扁體字翻印若干部，至另立圖書集成鉛印局。由是有兩本傳世，一銅字本，二扁字本。近中華書局所據以印行者，則內府銅字本也。

然高宗之修四庫全書也，則淵源更有所自。

其一，則好古右文之浮慕也。考列代帝王，如漢武之收集祕書，宋初之修廣記御覽，明初之修永樂大典，均赫赫人口！語詳拙作收集遺書與建國新猷。（建國月刊第六卷第四五期合刊二十一年四月出版）即就永樂大典言之，固足以啓發四庫全書焉。

先正事略五三十朱筠事略：『今高宗下詔求遺書，先生奏言翰林院貯有永樂大典，內多古書世未見者，請開局使校閱。且言搜輯之道甚備，四庫全書館自是開矣。』此中因緣，可想而知。

其二，則歷來學人之潛勢力焉。

考宋時，周煇已言綴集遺書，詳所著清波別志。卷中頁十五 其在於明，則錢謙益列朝詩集小傳丁集下 記曹學佺事云：『萬歷乙未進士，嘗謂二氏有藏，（佛藏道藏）吾儒無藏。與王鼎立采掇四庫之書，十有餘年而未能卒業也。』又丁集下 記姚士粦事云：『士粦字叔祥，海鹽人，與里人胡震亨同學，以奥博相尚，蒐討秦漢以來遺文祕簡，撰祕册彙函若干函。』而謝在杭胡元瑞云云，尤足爲清世諸人之先路乎？

謝氏五雜俎十三云：『予嘗觀中祕之藏，其不及外人藏書家者遠甚。但有宋刻五十餘種，精工完美，而日月不及，日就浥腐，恐百年之外，盡成烏有矣。胡元瑞欲以三年之功，盡括四海之藏，而後大出祕書，分命儒臣，編摩論次，噫，談何容易。不惟右文之主不可得，即知重文史者在朝之臣，能有幾人？而欲成萬世不刊之典乎？』

其三，則高宗個人之興趣也。例如乾隆九年，一七四四 薈萃宋元舊板藏之昭仁殿，名曰天祿琳琅。至乾隆四十年乙未，重加釐比，刪除贋刻，訂爲書目十卷。『總計原貯宋板書七十一部，金板書一部，影宋鈔書二十部，元板書八十五部，明板書二百五十二部。』國朝宮史續編卷八十 案高宗雅好拈文弄墨，有如酸畯，則薈集羣書，殆亦其性之所好者。

而其最大的出發點，則實與文字之獄，並無所殊。且以往時徵之，王明清揮麈餘話：卷一頁十二『朱希眞云：太平興國中，諸降王死，其舊臣或宣怨言。太宗盡收用之，寘諸館閣，使修羣書，如冊府元龜文苑英華太平廣記之屬。廣其卷帙，厚其廩祿贍給，以役其心，卒老死於文字之間云。』劉壎隱居通議：三十『如宋初編文苑英華之類，尤不足取。或謂當時削平諸僭，降臣聚朝，多懷舊者。慮其或有異心，故皆位之館閣，厚其爵祿，使編纂諸書，如太平御覽廣記英華之書，遲以年月，困其心志。於是諸國之臣，俱老死於字裏行間，世以爲深得老英雄法，推爲長策。』或謂高宗之時，清興已久，終老英雄，似無所措；然以其困窘人心之一點而論，則與王劉二子所論，亦未必無些微之類似矣。

乾隆三十七年正月上諭：『今內府藏書，插架不爲不富，然古今著作之手，無慮數千百家。或逸在名山，未登柱史，正宜及時采集，彙送京師，以彰千古同文之盛。』是收書爲文化事業故也。三十八年三月上諭：『昨以各省采訪遺書，奏到者甚屬寥寥。已明降諭旨，詳切曉喻，予以半年之限，令各督撫從速妥辦矣。……至書中卽有忌諱字面，並無妨礙，現降諭旨甚明。卽使將來進到時，其中或有妄誕字句，不應留貽後學者，亦不過將書毀棄，傳諭其家，不必收存，與藏書之人，並無關涉。必不肯因此加罪。』是收書之故，半爲查禁書也。三十九年八月上諭：『乃各省進到書籍，不下萬餘種，並不見奏及稍有忌諱之書，豈有裒集如許遺書，竟無一違礙事蹟之理？況明季造野史者甚多，其間毀譽任意，傳聞異辭，必有牴觸本朝之語。正當及此一番查辦，盡行銷毀，杜遏邪言，以正人心，而厚風俗，斷不宜置不之辦。』各該年該月東華錄是收書之故，乃全然爲查書也。圖窮而匕首見，其斯之謂乎！

第一分四庫全書告成於乾隆四十七年四月丙寅。嗣後置內庭四閣，又立江浙三閣，沈兆澐嘗記其梗概云：

『書成，繕寫七分，仿浙江范氏天一閣式，建閣藏庋，大內曰文淵，圓明園曰文源，熱河曰文津，盛京曰文溯，並於揚州大觀堂之文匯閣，京口金山寺之文宗閣，杭州聖因寺之文瀾閣，亦各庋一分。俾江浙士子，得以就近鈔錄傳觀。又擇其精者爲薈要，計全書三之一，繕爲二分，一藏大內，一藏圓明園。凡編錄十三年竣事。四庫共存書三千四百六十種，計七萬五千八百五十四卷；輯簡明目錄，以便觀覽。底本仍貯翰林院，此誠爲古今來未有之大觀也。』（蓬窗附錄卷上）然案文津所藏，已用太上皇帝之寶，則最後之成書，當已在高宗禪位仁宗時。（堵福詵補鈔文瀾闕簡記第二頁引）則成書之經過之長，固足異；然成書時之貽禍典籍之烈，則頗可驚人也。間嘗列爲四事云。

故章炳麟云：『滿洲乾隆三十九年，既開四庫館，下詔求書。命有觸忌諱者，燬之。四十一年，江西巡撫海成，獻應毀禁書八千餘通，傳旨褒美。督各省摧燒益急。自爾獻媚者紛起。初下詔時，切齒於明季野史，其後四庫館議，雖宋人言遼金，明人言元，其議論偏謬尤甚者，一切摧燬。及明隆慶以後，諸將相獻臣所著奏議文錄，若高拱邊略，張居正太岳集，申時行綸扉簡牘，葉向高四夷考，蒼霞草，蒼霞餘草，蒼霞續草，蒼霞奏草，蒼霞尺牘，高攀龍高子遺書，鄒元標忠介奏疏，楊漣楊忠烈文集，左光斗左忠毅集，繆昌期從野堂存稿，熊廷弼按遼疏稿，孫承宗孫高陽集，倪元璐倪文正遺稿奏牘，盧象昇宣雲奏議，孫傳庭罪省錄，姚希孟清閟全集，沆瀣集，文遠集，公槐集（公槐集中有建夷授官始末一篇）馬世奇淡寧居集，諸家絲帙寸札，靡不然爇。雖茅元儀武備志，不免於火。（武備志今存者，終以詆斥尚少故存之耳）厥在晚明，當弘光隆武，則袁繼咸六柳堂集，黃道周廣百將傳注，金聲金太史集。當永歷及魯王監國，則錢肅樂偶吟，張肯堂寓農初議，國維撫吳疏草，煌言北征紀略。自明之亡，一二大儒，孫氏則夏峯集，顧氏則亭林集日知錄，黃氏則行朝錄，南雷文定。及諸文士，侯魏邱彭所撰述，皆以詆觸見燼。其後紀昀等作提要，孫顧二家，稍復入錄。而頗去其貶文。或曰：朱邵數君子，實左右之。然隆慶以後，至於晚明，將相獻臣所著，僅有孑遺矣。其他遺聞軼事，皆逋臣所錄，非得於口耳傳述，而被焚燬者，不可勝數也。由此觀之，夷德之戾，雖五胡金元，抑猶有可以末滅者耶？』（檢論卷四）焚毀之多，此則文獻受厄，其事一也。

故清季鄧實跋國學保存會禁書目錄，謂『書厄自秦火之後，大厄凡十有一，而以乾隆時焚毀之最後一厄為最慘烈。』（人文五卷一期引案：語見國粹叢書第二集禁書目錄跋）眞痛乎其言之哉！

抑又有抽毀也。陸錫熊寶奎堂集（卷四）進銷燬違礙書籍劄子云：『凡明季狂吠之詞，肆意妄悖，俱為臣子者所當髮豎眦裂。其有身入國朝，為食毛踐土之人，而敢於逞弄筆端，意含憤激者，尤天理所不容。自當凜遵訓諭，務令淨絕根株，不得使有隻字流傳，以貽人心風俗之害。至若明初著作，於金元每多偏謬之詞，雖議論乖僻，究非指斥可比。又如明人時代，在嘉隆而上，則尚屬本朝龍興以前。或其書偶述邊事，亦祇指韃靼瓦剌朵顏三衛等部，明史可證，並非干礙。卽措辭太覺荒唐，原不妨量予刪節，似不必概行全毀。』此則以直接忌諱故而抽毀也。乾隆四十一年十一月諭：『所進書內，有擬付鈔錄之王質雪山集，如論和戰守疏上宋孝宗疏諸篇，詞旨剴切，頗當事理，竟宜付之剞劂。但其中亦有青詞一種，並當一例從刪。』（四庫提要卷首）此託辭衛道而抽毀也。四十一年十月諭：『彙選各家詩文，內有錢謙益屈大均輩所作，自當削去。其餘原可存留，不必因一二匪人，致累及眾。』（東華錄）此則以人廢言之抽毀。錄其大體，而抽毀其一二，其事二也。

抑又有竄改也。如關羽者，於後主景耀三年追謚壯繆侯，此本見於陳壽三國志者也。南監本廿一史，今尚可按，姚南菁援鶉堂筆記（卷三十一）云：『繆與穆同，而近日有言壯繆非美謚者，似不然耳。』但殿本蜀志羽傳，竟有乾隆四十一年七月二十六日上諭：『今當鈔錄四庫全書，不可相沿陋習，所有志內關帝謚，應改爲忠義。』如『頡頏漢徹，跨躡曹丕，』北史文苑傳語也。而東華錄稱乾隆四十二年十月上諭：『漢武帝在漢室尙爲振作有爲之主，……著交武英殿將北史文苑傳敍，改爲漢武。』黃震春秋講義跋云：『宋戴溪春秋講義二十七卷，朱竹垞經義考注云，已佚。四庫館臣昔采永樂大典各條，有所缺，則所取黃震日鈔所引補之。但黃氏日抄各條中稱爲華夷、蠻夷夷狄者，閣本皆爲中外、外裔、殊域，不勝校改。』（日敬聊樓叢書第二十二册）此則輕改原文，其事三也。

盧文弨抱經堂集（卷十九）與錢辛楣論熊方後漢書年表書云：『原文之未可輕改，此不欲沒著書者輯綜之勞，而更慮後人紛更之失，致掩前美。誠凡傳述舊人文字者，皆當如此，卽僕向來持論亦然。』此所謂輕改原文，猶指有理由之校改爾。況明指其無誤而改之乎？

至於校書草率，又爲確鑿有據。清史列傳（二十五）陸錫熊傳云：『乾隆五十二年六月諭曰：前因熱河文津閣所貯四庫全書，朕偶加批閱，其中錯謬甚多，……今據和珅等閱看，譌謬不一而足。此內閻若璩尙書古文疏證一書，有引李清錢謙益諸說，未經刪削。其黃庭堅詩集注，有連篇累頁空白未塡者，實屬草率已極。』劉聲木云：『四庫全書共寫七分，惟留京之一分，校對詳細。至於分駐各處之六分，則以寫官厭倦，無人督率，致多刪減，官事草率。大抵如斯云云。語見蒭言報二十一號。聲木案四庫全書，藏於大內文淵閣者，皆依各省采進及各家私藏之本。其餘六閣之書，皆依此本傳寫。穰卿主政康年所言留京之一份，校對詳細，無大脫落，或指藏於圓明園內文源閣者而言，然早已燬於英人。其餘文津文宗文匯文瀾四閣藏書，確有此病。甚有全部每帙，只鈔外面數行字，以便翻閱之用。新建夏中丞敬觀，曾親見之。』（萇楚齋續筆卷五）此則工事草率，其事四也。

然則所謂四庫全書者，除稽古右文之美名以外，實不能與明之永樂大典相提並論。至少亦帶有狎弄士子，査辦禁書之陰謀存乎其中。世顧以此而稱淸之功，過矣。

七閣者，文淵藏故宮博物館，文津自熱河運平，今藏北平圖書館。文匯文宗，燬於洪楊之役，文源毀於英法聯軍之役，文瀾經兩次鈔補，今存杭州浙館。摘作典籍聚散攷頁一三九——一五〇頁文溯者，曾自瀋運平，又自平返瀋。九一八以後，與遼瀋均非吾有矣。時事新報二二年九月十日云：『張學良氏所有在瀋陽之住宅現爲僞國國立圖書館，藏有四庫全書三萬八千餘册，及關於貴重之文獻十四萬册。殿版約二十四萬册，並僞省署新以六千餘元所購之李朝實錄八百八十册。該圖書館並不公開，專羅致各學者預備於東方研究作一有計劃之事業云。』則我所自有，僅三部矣。（文瀾且非完全原本。）

至於此書之印行，民國十年，徐世昌曾擬據文淵本影印，此爲第一次。聚散攷頁五〇六十二年淸室內務部亦擬將文淵本交商務影印，此爲第二次。十四年，章士釗佐段祺瑞時，又以文津本擬付影印，此爲第三次。同上五〇七頁十四年九月二十七申報云：『吾國文化事業之盛，爲全球之冠，固不待言。而聚書印行，尤爲流傳典籍所獨尙。蓋一以防散失，一以垂久遠也。釋家道家，久有大藏道藏之輯。而永樂大典四庫全書，尤爲明淸二代典籍之淵海。惟永樂大典，早已散佚不全。四庫全書雖當時鈔存七部，分存館閣，而屢遭兵燹，亦復存者無幾。承學之士，相與憂之。近來西洋人之研究中國學術者日多，知中國之有此瑰寶，亦復延頸企佇，擬賫觀摩。民國以來，遂漸漸有印行之動機矣。第一次在徐世昌任內，因獲法國博士之徽號，求有自效，卽已刷印樣本目錄，以朱桂莘遊歷歐洲，圖謀銷售。而印書則或設局專辦，或指定由商務印書館承攬，正待熟籌，忽又中止。迨前年商務印書館，又定印行之計劃。雖明知卷帙之繁，印工之巨，成本之大，無可獲利。而以此爲中國文化之最大事業，故毅然自任。且與政府清室，雙方議妥。即將奉天之原書，運京裝箱，豫備運滬。而其，時曹錕左右因故泥止，卒以不果，論者惜之。戰役之後，奉張因原書之貴重，恐致散失，即運回奉天，而商務之志不懈。政府亦以此時若不印行，萬一再有滯誤，即戕賊文化無限，決擬付之影印云。』即述第三次之影印也。民國十七年，奉張又擬印行文溯藏本，（纂散攷頁五〇九）此爲第四次——然厥無成功也。直至民國二十二年『六月十七日，教育部委託中央圖書館籌備處與敝館（商務印書館）簽訂影印四庫全書未刊珍本合同。規定將文淵閣四庫未刊珍本縮成小六開本，限用江南毛邊紙印一千五百部，每部九萬頁，分計千五百册，並限二年內將書出齊。』（商務書館四庫全書珍本影印緣起）近書已陸續出版，是印行四庫之問題，暫時可得一解決矣。

然四庫全書雖爲乾隆一家之書，而於其收羅遺逸之鼓吹，究亦有力。因其式而利用，取其形而去其神，使國內典籍，羣登國家圖書之府，而無焚燬抽毀竄改等等之惡劣手段，存乎其間，則四庫全書之事雖死，而四庫全書之影響，或可不至於零或不僅限於摧殘晚明文獻及箝制古人喉舌也。

考光緒戊申（三十四年）喻長霖請續編四庫，（醒堪齋存稿卷一）然其旨仍在『排斥邪說。』至段執政時，李木齋又擬續編，則提議增補『反清派』之書籍，續收乾隆後之名著，其意較充善矣。（纂散攷五二一頁）申報（十四年八月二九）記：『續編四庫全書一節，經政府批交內教二部核辦後，二部會商，均認爲可行。惟經費一層，頗感困難。聞有擬由日本退還庚子賠款項下挪用數十萬元。此案發起人，係李盛鐸。李氏自見閣議後，復往謁段，專商此事。段亦甚表贊同。李益擬分三種編法。其一，關於前清四庫全書，將反清派以及列代反對君主思想諸書，（如思明錄等等）及有種族思想之著作，悉屏勿錄，此種著作，彌有價值，埋滅不傳，殊覺可惜，均應編以廣流傳。（聞李氏本人即已搜集千餘種）其二，自乾嘉以後，諸種不關著作，以年代稍後，未列入四庫全書者，現均應編。惟概以已死者為限，其三，凡有價值而稍次者，則編其大概，列入後部。』李氏之旨美矣，然國家多故，言而未行也。——平心論之，四庫之動機不良，四庫之焚燬甚烈，在文化史上，初可一痛一笑。但立偌大名目以收羅遺書，則敝中亦未必無利。李氏之重視續編，較時賢之言影印，見解似較勝云。

第四章 清學術之轉換方面

一 藏書與校勘

綜上，可知滿漢之歧異也，文字獄之大興也，科舉與特科也，四庫全書也，均含有取締反清之方法，特含量有不同爾。總之，使秀才莫造反也。然而第由表面觀之，學術亦受其影響矣。藏書之業，校勘之學，特其間之一二端。

考明季藏書本已豐富；（參看近古卷卅八節）其在清初，則取其膾炙人口而言，如錢謙益之宋刊漢書也。宋牧仲筠廊偶筆（卷下）言：『王弇州先生舊藏宋版漢書，得之吳中陸太宰家，紙為羅紋箋，字類歐陽率更，云是趙文敏故物。卷首有文敏自作小像，紫衣紗帽，神彩如生。弇州亦作一象於後，弇州沒，虞山以千金得之，後轉鬻於四明謝象三。虞山云：此書去我之日，殊難為懷。李後主去國，聽教坊雜曲，揮淚對宮娥一段，淒涼景色，約略相似。』（初學集八五有跋前後漢書一文）——則以亡書爲亡國也。如黃宗羲之以書啓爭也，全祖望言：『吾聞澹生堂書之初出也，其啓爭端多矣。南雷黃公，講學於石門，其時用晦呂留良父子，俱北面受經。已而以三千金出購澹生堂書，南雷亦以束修之入，參焉。交易既畢，用晦之使者，中途竊南雷所取衞氏禮記集說、王偁東都事略以去，則用晦所授意焉。南雷大怒，絕其通門之籍，用晦亦遂反而倒戈，而妄自託於建安之徒，並刪去蕺山學案私淑，爲南雷也。』結埼亭集十七小山堂藏書記 則以藏書而賣友焉。如毛晉之高價標買也。滎陽悔道人汲古主人小傳古學彙刻本 云：『性嗜卷軸，榜於門曰：有以宋槧本至者，門內主人計頁酬錢。每頁出二百。有以舊鈔本至者，每頁出四十。有以時下善本至者，別家出一千，主人出一千二百。於是湖州書舶，雲集於七星橋毛氏之門矣。邑中爲之諺曰：「三百六十行生意，不如鬻書與毛氏。」前後積至八萬四千餘冊，構汲古閣目耕樓以藏之。』則以購書爲標榜焉。如朱彝尊之偸鈔錢書也。錢林文獻徵存錄卷二錢曾傳 云：『絳雲未燼之先，藏書至三千九百餘種。錢遵王撰讀書敏求記，凡六百一種，皆記宋板元鈔，及書之次第完缺，古今不同，依類載之，祕之枕中。康熙二十四年，一六八五 彝尊典試江左，與遵王會於白下。求一見之，終不肯出。乃置酒召諸名士高讌，遵王與焉。私以黃金及青鼠裘予其侍史，啓篋得之。屜藩署廊吏數十，於密室半宵寫畢，並錄得絕妙好詞一卷。詞既刻，遵王漸知之。彝尊設誓以謝曰，不流傳於外人。』『嗟夫，一敏求記也，不過記載宋本鈔本，或片紙隻字，可資考訂。而深祕諱得，標榜矜尚，好奇多癖，信文人已。』趙組銘文獻遺古錄卷二十語 然而清初藏家之風氣，則不難推論得之矣。朱彝尊曝書亭集卷六十一書櫝銘云：『余入史館，以楷書手王倫自隨，隨錄四方經進書。倫善小詞，宜興陳其年，見而擊節。薦供事翰苑，忌者潛請學士牛紐，形之白簡。遂罷予。歸田之後，家無恆產，聚書三十櫝，老矣，不能徧讀也。銘曰：奪儂七品官，寫我萬卷書，或默或語，孰智孰愚？』蓋藏家矜奇，不止上列四事云。

故四庫全書之成，亦賴當時藏家之力。乾隆三十九年五月十四日上諭：『國家當文治休明之會，所有古今載籍，宜及時蒐羅大備，以光冊府而裨藝林。因降旨命各督撫，加意采訪，彙上於朝。旋據各省陸續奏進，而江浙兩省藏書家，呈獻種數尤多。廷臣中亦有紛紛奏進者。……今閱各家進到之書，如浙江之鮑士恭范懋柱汪啓淑，兩淮之馬裕四家，爲數多至五六七百種，皆其累世弆藏，子孫克守其業，甚可嘉尚。因思內府所有古今圖書集成，爲書城鉅觀，人間罕覯。此等世守陳編之家，宜俾專藏勿失，以俾留貽。鮑士恭范懋柱汪啓淑馬裕四家，著賞古今圖書集成各一部，以爲好古之勸。又如進書一百種以上之江蘇周厚堉，蔣曾瑩，浙江吳玉墀，孫仰曾，汪汝瑮，以及朝紳中黃登賢，紀昀，勵守謙，汪如藻等，亦俱藏書舊家，並著每人賞給內府初印之佩文韻府各一部，俾亦珍爲世寶，以示嘉獎。』（四庫提要卷首）是私人之收藏，雪纂露鈔，旦夕經營，固大有造於四庫全書之完成矣。

藏書之業，若僅爲國家收集遺書時之旌階，則其事較無足重。第就其於學術有關，屹然自有其立場者，則亦有三。

一則曰：舊籍之保存也。卽以錢謙益之宋本漢書言，（古學彙刊第一集）收有無名氏牧齋遺事云：『初，牧翁得此書，僅出價三百餘金。以後漢書缺二本，售之者固減價也。牧翁寶之如拱璧。徧囑書賈，欲補其缺。一書賈停舟於烏鎮，買麵爲飯食。見鋪主人於敗簏中，取書兩本作包裹。諦視，則宋版後漢書也。賈心動，竊喜，因以數枚錢買之。而首頁已缺，賈向主人求之，主人曰：頃爲對鄰裹麵去，索之可也。乃並獲其首頁，星夜來常，錢喜欲狂，款以盛饌，予之二十金。其書遂爲完璧。紙色墨汁，炯然奪目，眞藏書家不世寶也。入本朝，爲居要津者取去。』離奇屈折，志在必得，此則存古之功一也。

袁枚隨園詩話卷十三云：『李穆堂侍郎云：凡拾人遺編斷句，而代爲存之，比葬暴露之白骨，哺路棄之嬰兒，功德尤大，何言之沉痛也！』藏書家之存古，卽以是項精神造成者。

二則曰：舊籍之是正也。夢溪筆談二十五曰：『宋宣獻博學，喜藏書，皆手自校讐。常謂校書如掃塵，一面掃，一面生。故一書三四校，猶有脫誤。』而漢代收藏之家，鈔校之業，則確能存此精神而勿失。吳焯之鈔咸淳臨安志也，始於康熙辛卯，一七一一終於雍正癸卯，一七二三前後十三年而始成。拜經樓藏書題跋記卷二 孫慶增藏書紀要云：『古人每校一書，先須細心紬繹，自始至終，改正謬字錯誤，校讎三四次，乃爲盡善。……若古書有不可考校，無從改正者，亦當多方請求博學君子，善於講求古帖之士。又須覓舊碑版文字，訪求藏書家祕本，自能改正。……至於字畫之誤，必須請教明於字學音韻者，辨別字畫音釋，方能無誤。』頁十四十五 別白魚魯，訂明亥豕，此則存眞之功二也。古書之中，往往一字之歧，累及全意。老子云：『佳兵不祥。』後人無從訓解。盧文弨抱經堂文集卷十二有佳兵不祥解，以爲唯字之譌，陳說立去，遂覺脈理井然，則校勘家之功，可想知矣。

三則曰：爲學術而學術也。鮑以文者，乾隆時之藏書家也。阮元定香亭筆談頁四昭代叢書本曰：『歙鮑以文廷博居杭州，博極羣書，家藏萬卷，雖隱僻罕見著錄者，問之無不知其原委。嘗刻知不足齋叢書及四庫全書提要；又嘗爲夕陽詩，盛傳於時。人呼爲鮑夕陽。予贈以句云：淸名卽是長生訣，當世應無未見書。』周書昌者，四庫入館者也。桂馥晚學集有周書昌傳，謂其『結茅林汲泉側，因自稱林汲山人。先生衣服飲食聲色玩好，一不問，但喜買書。有賈姓出入大姓故家，得書輒歸先生。凡積五萬卷。先生見收藏家易散，有感於曹石倉及釋道藏作儒藏說。約予買田作借書園，祀漢經師伏生。聚書其中，招致來學，苦力屈不就。』錄兪樾薈蕞編十二引 摩挲故紙，意味盎然，此則爲學而學之好態度，三也。

然則，與其稱頌四庫全書之偉大，曷若稱述藏書家之鍥而不舍，更爲有功學術哉？異時之百宋一廛，千元十駕，非徒佳話流傳，即於存古存眞爲學術之三方面言之，固自有其不朽也。

百宋一廛，蘇州黃丕烈蕘圃所創。黃爲乾隆五十三年戊申舉人，顧廣圻爲作百宋一廛賦，有除夕祭書故事者也。同時海昌吳騫兔床，立千元十駕，謂千部元板，遂駕及百部宋板也。（拙著典籍聚散攷頁三四一至三四六）嘉道以後，山東有聊城楊氏海源閣，承受百宋之珍。江蘇有常熟瞿氏鐵琴銅劍樓，亦得黃氏百宋之珍者也。浙江有歸安陸氏皕宋樓，則在洪羊亂間雜收各家所出者也。又有杭州丁氏八千卷樓，來自與陸氏正同，是爲清季收藏四大家。皕宋之書已歸日本東京靜嘉堂文庫；楊氏之書比年亦日告散佚。瞿氏書聞在滬，未審平安否也！惟丁氏之書今歸南京龍蟠里國學圖書館。魂依故里，差爲得所。念乾嘉盛時，藏書家故事，特略及之。語在拙作中國典籍聚散考卷三藏弆卷中，此不詳也。

二　清學述概（上）

然藏書之業之受清世政略之影響，猶未如清時之學人焉。痛哭於明亡也如此，受厄於清之興也如彼。故清學之建樹，與其力反明學初也，固有其所自之所；其後則盛名所在，人皆附之，忘朔忘本，自有根據矣。

曷言夫反明學也？夫宋明理學，日趨萎瀰。（詳近古卷三十二節）言性言道，無裨實際；此因清初學術界之大勢。故顧炎武反之以經學即理學，與施愚山書云：『理學之傳，自是君家弓冶。然愚獨以爲理學之名，自宋人始有之。古之所謂理學，經學也。非數十年不能通也。故曰君子之於春秋，沒身而已矣。今之所謂理學，禪學也。不取之於五經，而但資之於語錄，較之帖括之文而尤易也。』亭林文集卷三 黃宗羲反之以通經而致用。清史稿四八六 黃宗羲傳云：『明人講學，襲語錄之糟粕，不以六經爲根柢，束書而從事於游談，更滋流弊。故學者必先窮經。然拘執經術，不適於用，欲免迂儒，必兼讀史。讀史不多，無以證理之變化。』顏元反之以惟習爲學。李塨嘗述元意云：『率天下之聰明傑士盡網其中，以空虛之禪悅，怡然於心，以浮夸之翰墨，快然於手，自明之末世，朝廟無一可依之臣，天下無復辦事之官。坐大司馬堂，批點左傳，敵兵臨城，賦詩進講。其習尚至於將相方面，覺建功奏績，俱屬瑣屑。日夜喘息著書曰：此傳世業也。以致天下魚爛河決，生民荼毒。嗚呼，誰實爲之？無怪顏先生之垂涕泣而道也。』恕谷後集四 綜三家之說而通之，『通經致用』四字足以概之。通經致用，反明學之運動也。

故亭林文集卷二有與友人論學書云：『今之君子，聚賓客門人數十百人，與之言心言性，舍多學而識，以求一貫之方，置四海困窮而講危微精一，吾勿敢知也。』又曰『孔子刪述六經，即伊尹太公救民水火之心，故曰載諸空言，不如見之行事。』亭林集一與人書二 而劉獻庭則謂：『今之學者率知古而不知今，縱使博極羣書，亦祇算半個學者。』廣陽雜記卷二 吳光傳：『既究心經濟，博綜典墳，及九流百氏，自成一家言。明亡，太息流涕，取所著付之火焉。』清史列傳六六 ——此皆反明學者。

然自『天下』大定，狎弄日甚，則當日力言經世致用之諸儒，自不期然而但以讀書自慰。善夫全祖望之言曰：『王高士不庵之言曰「寧人身負隱痛，思大揭其親之志於天下。奔走流離，老而無子。其幽隱莫發，數十年靡愬之衷，曾不得快然一吐。而使後起少年，推以多聞博學，其辱已甚，安得不掉首故鄉，甘於客死？」』鮚埼亭集十二亭林神道碑 此言顧氏不得已而讀書，而後人但慕其讀書，而不諒其不得已也。『張天章嘗語（顏元）習齋，何不著禮儀水政書？習齋曰：元之著存學也，病後儒之著書也，尤而效之乎？且紙墨功多，恐習行之精力少也。』（李塨習齋年譜卷下頁十九）然元之大弟子，爲蠡縣李塨恕谷。（保定府志五十九）述其著作之目，有：周易傳注七卷，筮考一卷，郊社考辨一卷，論語傳注二卷，大學傳注一卷，中庸傳注一卷，學樂錄二卷，論學二卷，小學稽業五卷，恕谷後集十三卷，又有詩經傳注，擬太平策，運心編，瘳忘編，平書訂，田賦考辨，宗廟考辨，禘祫考辨，閱史郄視，覽天中書，辨學，禮學，射學，御學，書學，數諸書。——然則其師以讀書爲非，其徒以讀書爲業，豈但可以觀世變，亦學術幻化之林也。至黃宗羲之徒，尤不足論矣。

桓譚新論（嚴氏全後漢文卷十四引）云：『秦延君能說堯典，篇目二字之說至十餘萬言，但說「粵若稽古」三萬言。』文心雕龍（十八）論說篇：『若秦延君之注堯典千餘萬言，朱普之解尚書三十萬言。是以通人惡煩，羞學章句。』今案全氏結埼亭集（外編二十三）春秋輯傳敘云：『往者姚江黃徵君以經學大師，論教浙東西之間，嘗欲……大修羣經，而先從事於春秋。先令其徒萃大略，輯爲叢目，只篇首春王正月一條，草卷至五大册，猶未定。徵君笑曰：得無爲秦延君之說尚書乎？』至其弟子萬斯同，則馮辰恕谷年譜（卷三）云：『康熙庚辰（三十九年一七〇〇）萬季野謂先生曰：先儒訓學各異，予謂只是讀書耳。先生不答。』蓋一時務實慷慨之學，不得已而抱書終老，時實爲之，非黎洲一人之過也。

於是而劉獻庭半個學者之說熄焉，於是而顏習齋以習爲學之說熸焉。而顧黃一流之讀書致用說，後人略其致用，而但以讀書爲康熙雍正間之學術宗主。傅山曰：『變強躍駿之骨，而以呫嗶朽之，是則埋吾血千年而碧不可滅者矣。』（結埼亭集廿六青主事略）此語本已沉痛，而閻若璩之徒，顧以『呫嗶』自朽，亦豈顧黃顏等初料所及者哉？

閻若璩者，其潛邱劄記，世有原刊本。其書述，遇人問使功不使人過一語，初不知出何書。越十五年，而讀唐書李靖傳知之，又五年而讀後漢獨行傳得之。（劄記四卷）眞可見其以活頭顱埋死書本之精神矣。

故自清初以至康雍，諸大師之成就，在『通經』而非在『致用，』在讀書而不在行事，充此通經讀書之結果，則在打倒『理學』之外，其功效殊戔戔。

粤在清初，政治者之假藉宋學，亦可云甚矣。昭槤嘯亭雜錄（卷一崇理學）曰：『仁皇夙好程朱，深談性理。雖宿儒者學，莫能窺測。嘗出理學眞僞論，以試詞林。又刊定性理大全朱子全書等書。特命朱子，配祀十哲之列。故當時宋學昌明，世多醇儒，非後世所能及也。』朱子之配祀十哲，見康熙五十一年東華錄。然陳確卒於康熙十六年，清史稱其謂：『本體二字，不見經傳，是宋儒從佛氏脫胎來者。又曰：樂記云，人生而靜，天之性也，二語亦是禪宗。……世儒習氣，敢於誣孔孟，必不敢非程朱，言之痛心。宗羲謂其於聖學，已見頭腦。』（列傳六六）則聖祖之令，無効也。乾隆六年（一七四一）又以御史謝濟世著書毀斥程朱，奉旨將書板銷毀。（乾隆東華錄四）嚴有僖云：『御史謝濟世，注四書，多與考亭朱子不合。且詆考亭云，明祖與之同姓，故開國遵用其注等語，至形諸章奏。並刻其書行世，雖奉有燬板之旨，而所刻未必不流傳。』（漱華隨筆卷一）是帝王之於程朱，本已竭提倡之能事，而爲通經致用派所攻擊，卒至於漸漸消沉矣。

方東樹傳：『時海內競尚考證，號爲漢學，姚鼐嘗爲文辨之。東樹因著漢學商榷四卷，自序謂近世漢學，辟宋儒，攻朱子。以言心言性言理爲厲禁，觀其所著書，不出訓詁小學名物制度，棄本貴末。於聖人躬行木訥治平修齊之教，一切抹殺。名爲治經，實足亂經。』（清史列傳六十七）可見但主讀書之經世學，能與宋學以極大威脅也。

劉蓉本言「國朝諸儒，能言而不能行者，莫如大興翁學士方綱。侈言理學，研求宋五子書，乃至跪求差事，見於嘯亭雜錄。以妾爲妻，並已死之妾亦扶正，見於翁氏家事略記。」（萇楚齋隨筆卷三）凡理學者之虛僞，固有其本身的成因。然以讀書運動之高張，一二等之人材，羣集而依附於盛名所歸之考據，其斤斤守理學之壁壘者，多爲三四等人材。則宋明理學之銷歇，自受新興之讀書運動之威脅乎！勞乃宣云：「皇清經解，不取宋學家一字，世遂輕宋學如土苴。而間有篤信宋學者，則又譏漢學爲破碎。但宋學終不敵漢學之盛，蓋舉世風氣，輕視宋學。於是人心風俗，日即於苟，而亂禍肇矣。」（桐鄉勞先生遺稿卷一論爲學標準）此言也，蓋統指雍乾以後，學術界之大勢而確鑿可據者也。

是故四庫修書之日，紀文達爲總纂官，「文達天資高，記誦博，尤不喜宋儒。及是遺書畢出，纂修者益事煩雜，詆訕宋元來諸儒講述，極卑隘謬盭可盡廢。」（惜抱軒書錄敍）戴震亦譔孟子字義疏證，專駁宋儒，「蓋以宋儒言性言理言道言才，言明言權，言仁義禮智，言智仁勇，皆非六經孔孟之言，而以異學之言糅之。故以孟子字義開人示人，如人欲流行，天理淨盡之語病。於是作孟子疏證，及原善原性諸篇。」（先正事略三十五）最後至嘉慶二十二年，（一七一七）阮元刻學海堂經解於粵中，力屏宋學諸作。此蓋承紀昀之遺，而開宋恕李善蘭之先者也——要之，則宋學之消沉，以讀書致用之說之張而然也。

紀昀著四庫提要及閱微草堂筆記，嘗詈宋儒語近已甚。詳拙作顏習齋哲學思想述（二頁）友人黃雲眉，又有從學者作用估計四庫全書之價值一文，（北平圖書館刊七卷五號）案宋恕六齋卑議（永嘉黃氏刊敬鄉樓叢書之十）云：「洛閩師徒，本不能目爲道學。」（救慘章三十四）又記海昌李善蘭「聞其痛恨閩洛，甚於德淸（戴望）。每入孔祠，必指洛閩神主而罵，罵已則泣。」（留別杭州諸生詩注）是在光緒十七年。則斥責宋學，更進一層。然承流接衍，以事從其朔言之，固遠自提倡讀書運動之諸大師云。

一三　清學述概（下）

平心論之，非斥宋儒，固非一朝一夕。楊愼丹鉛錄一十記劉靜修論學云：『六經自火於秦，傳注於漢，義疏於唐，議論於宋，日起而漸變。學者當知其先後。近世學者往往舍傳注疏釋便讀宋儒之議論。不知議論之學自傳注疏釋出。傳注疏釋，於經十得其六七。宋儒用力之勤，剷僞以存眞，補其三四而備之也。』然則淸儒以前，早有非斥宋學者也。若夫亭林不背朱子，梨洲有取陽明，則開國諸大師之風緒，固非與宋學勢不並立者也。南雷文定卷三有罵先賢一文：『今之敢於罵象山陽明者，以晦翁爲之主也。此如豪奴之慢賓客，猘犬之逐行人，其主未嘗知也。』是梨洲不非陸王可知。日知錄卷十八朱子晚年定論云：『姑蘇志言，姚榮著書一卷，名曰道餘錄，專詆程朱。少師亡後，其友張洪謂人曰：少師於我厚，今死矣，無以報之，每見道餘錄，輒爲焚棄。少師之才，不下於文成，而不能行其說者，少師當道德一，風俗同之日；而文成在世衰道微邪說又作之時也。』蓋炎武詆朱子之心學，而又自謙『故僭書其所見如此。』日知錄十八心學條然則顧君雖力斥陽明，而對於程朱，仍有相當之禮敬也。

惟帝皇之玩弄，使聰穎者不得不折而讀書；而對於宋學，尤啓厭惡之感。充其所之，則流而之於雕蟲小技。劉獻廷廣陽雜記卷四云：『陳靑來執贄於予，問爲學之方。予言爲學須先開拓其心胸，務令識見廣闊，爲第一義。次則於古今興廢沿革禮樂兵農之政，一一淹貫，心知其事，庶不愧於讀書。若夫尋章摘句，一技一能，所謂雕蟲小技，壯夫羞為者也。』凡獻庭之所慨歎，而不知其沒身以後，覺有徒賢博弈之考證學，發輝光大，蔚為清學之重鎮也。而不知其沒身以後，黃顧顏諸大師之學問旗幟，竟由通經史而致用，一變而化為通經史於讀書也。

以今觀之，以讀書通經史，何樸學實學之有？第『樸學』『實學』，雖不如言者之甚，而其效亦有可觀者。

其一，則尋根究底，頗有合於科學之精神也。先正事略三十五戴震事略云：『甫授大學章句，問塾師，此何以知為孔子之言，而曾子述之？又何以知為曾子之意，而門人述之？師曰：朱文公說也。問，文公何時人？曰，宋人。孔子曾子何時人？曰，周人。周宋相去幾時？曰，幾一千年矣。曰，然則文公何以知其然？塾師不能對。』尋源溯故，不為盲從，此則其效一也。

後日崔述為考信錄，竟以『打破沙鍋紋到底』為治學之本，詳畿輔叢書所收考信錄提要卷下頁十五 則較戴震更甚矣。

其二，則敢於疑古，能去舊說之桎梏也。閻若璩之著尚書古文疏證也，其言曰：『二十五篇之書，其最背理者，為太甲稽首於伊尹；其精密絕倫者，在虞廷十六字。……予曰：此蓋純沿用荀子，而舉世未之察也。荀子解蔽篇「昔者舜之治天下也云云，故道經曰，人心之危，道心之微。微之幾，惟明君子而後知之」此篇前又有「精於道一於道」之語，遂隱括為四字，復續以論語「允執厥中」以成十六字。偽古文蓋如此。或曰：安知非荀子引用大禹謨之言也。余曰：合荀子前後篇讀之，引「無有作好」四句，則冠以「書曰」，引「惟齊非齊」一語，則冠以「書曰」，以及他所及書者十，皆然。甚至引「弘覆乎天，若德裕乃身」則明冠以康誥，引「獨夫紂」則明冠以泰誓；以及仲虺之誥皆然。豈獨引大禹謨而獨改為道經耶？予以此知人心之危，道心之微，必真出古道經，而偽古文襲用之。初非其能造語精密至此極也。』尚書古文疏證卷廿一 人心惟危，道心惟微，惟微惟危，允執厥中此十六字之心法，宋儒以爲祕授者至此而偶像破矣。又如太極無極之說，本非孔門所有，當日張端義已論之。近古卷十一節 至清初，則胡渭作易圖明辨，其言曰：『邵子之學源出希夷，實老莊之宗派。但希夷一言一動，無非神仙面目。而邵子則不尚虛談；不立異行，不落禪機。……故我以爲邵氏之易，與聖人之易，離之則雙美，合之則兩傷。學者不可不審也。』易圖明辨十 於是乎而朱子所謂『此非羲之說，乃康節之說；非康節之說，乃希夷之說，』朱子文集三八答袁樞仲問易書 至此而得一解決矣。

凡此兩事，均足證清儒之敢於疑古焉。

此卽近人所謂辨僞運動之嚆矢也。明胡應麟作四部正譌，（少室山房筆叢之一）已開先河。至清，則姚立方著爲古今僞書考，列可疑之書至多，雖其證斷不明，引據不詳，顧亦一時之翹楚矣。

其三，則欲讀古書，遂能多通古韻古文也。聲韻之學，開國時，大師顧炎武已言：『嗟夫，學者讀聖人之經，與古人之作，而不能通其音，不知今人之音，不同於古也。而改古人之文以就之，不亦惑乎！』文集四答李子德書 準此，則通古韻與讀古書之關係，不已明乎？文字之學，洪亮吉述朱筠言：『先生以讀書必先識字，病士子不習音訓，購得汲古閣許氏說文新印本，延高郵王孝廉念孫等校正刊行。工竣，令各府士子，入錢市之。許氏之學由是大行。』更生齋文甲集卷四 此卽後此金榜所謂不通說文，不足與語讀書之說，而段玉裁之說文解字注，朱駿聲之說文通訓定聲，雖問世之時間有殊，而確乎皆以識古字讀古書之精神而成者。

自文字學而旁衍，則金石學乃其旁枝。顧炎武開其端，錢大昕繼其後。以前者言：『性喜金石文，所至必躬自蒐訪，有金石文字記。』先正事略二十七亭林事略 以後者言：『尤嗜金石文字，舉經史子集，以證其異同。同好如畢秋帆，阮芸臺，武虛谷，黃小松，孫淵如，咸有記譔，而先生熟於歷代官制損益地理沿革，故其考據精審，多出數公之外。』（同上三四竹汀事略）此皆金石之學，依附考據以生之證也。

然其最大的發揚則在史地之學。蓋以六經皆史之說論之；主張力治經學者，本已涉及於史學。而涉及古史，則又及古地名。以亦相連而至者也。此其失，誠如劉繼莊（獻庭）之主張：『諸公考古有餘，而未切於用，』以爲：『有聖人出，經理天下，必自西北水利始。』（先正事略卅二繼莊事略）然而亦有所得，如顧祖禹之讀史方輿紀要，則魏叔子推之以爲千百年間絕無僅有之書者也，馬驌之繹史，時人稱爲馬三代者也，此皆史地之學之不可誣者。

清時多研究古地理者，語在梁著清代學術概論。（頁九十一九一）馬驌者，『字宛斯，濟南鄒平人。順治己亥進士，生而淸羸，博雅嗜古。著繹史凡分五部：一曰太古，二曰三代，三曰春秋，四曰戰國，五曰外錄。合一百六十篇，篇爲一卷。始開闢原始，迄古今人表。其書最爲精博，時人稱馬三代，崑山顧亭林，尤服之。』（池北偶談卷九）馬氏之書，治上古史者，於今尤有取焉。

然而，四效雖可觀，而四弊亦作。

其一，則墨守泥古也。程廷祚者，卒於乾隆三十二年，史稱『廷祚深於經學，能確然言其所言。嘗曰墨守宋學已非，墨守漢學更非。』（淸史列傳六六）此蓋斥惠氏父子。江藩漢學師承記（卷二）論曰：『儒林之名，徒爲空虛藏拙之地，獨惠氏世守古學，而先生所得尤深。擬諸漢儒，當在何邵公服子愼之間。』惠氏父子，指惠士奇惠棟；考兩惠之主張，『凡古必眞，惟漢皆好，』此非顧黃諸先輩所能認可者。

焦氏叢書（卷首）有王伯申引之手札云：『惠定宇先生，考古雖勤，而識見不高，心思不細，見異於今者，則從之。大都不論是非。』可謂一針見血之論。吾讀舊唐書（二一〇）元行冲傳，載當時口語，有寧道孔聖誤，不言服鄭非之語，漢學者亦爾爾耳。

其二，則迂愚可哂也。彭孫遹《漁洋紀談·卷下》記考證云：『劉恕齋因舉孫星衍淵如一事，亦足以資嘔噱。先生學最富，尤善考據。秦小硯學士瀛，其甥也。夏月食蒸餅，未覺燥裂作篆隸文。戲拓一紙，寄先生。詭云，新得一半截磚，有字不可識，請辨之。先生欣然謂字皆古拙，的是秦漢間物。旁訂博引，寫成一帙，繕寄學士，並求其磚。學士報曰：久爲鳥鼠食去矣。備言其故，先生大恚。』蓋古爲不可捉摸之物，必汲汲而期求焉，影響附會，於以生矣。

其三，則細碎淩瑣也。夏炯《乾隆諸君學術論》云：『乾隆以後，近百餘年來講學之士，專爲一節一句，一文一字，盈千累百，剌剌不休。不特辭費，不適於用，且破壞碎裂，轉爲賊經。今就其稍著者論之，穿鑿性理，故爲艱深，勾股割圜，改宣城之面目，六書音韻，竊江氏之緒餘。是休寧戴氏之學也。據此校彼，改異爲同，明知無用之辨，好爲小慧之行，是抱經盧氏之學也。生今反古，以篆代眞，說堯典不讓三萬言之繁，詮禹貢獨無一二端之得，是艮庭江氏之學也。炫博矜奇，以多爲富，讀史不鑒得失，僅詳某本誰作某；養新萃爲一錄，令人味之無可味，是嘉定錢氏之學也。妄誕已邀寬典，著述仍竊虛名，漢魏之音，掇拾前人所唾棄，傳誌諸作，不明體要而立言。是稚存洪氏之學也。考工何補匠氏？辨穀正算老農。莫資既懸，不能貫通經注。傅會不合，因而轉駁鄭君。是新安程氏之學也。割裂本經之句讀，變易傳注之原解，廣雅一字，疏至千言；語助之詞，彙成巨帙。是高郵王氏一門之學也。自知淺陋，依傍他人。著書亦覺其多多，鳴蟲終謂其喞喞，是金壇段氏之學也。此數人者，皆近百年來名稍顯著之人，試取其書，平心而察之，徒覺其蕪鄙瑣碎，坐井覩天而已。』（國風二卷四期汪辟疆方湖讀書記引）語雖近於周內，然蕪鄙瑣碎，其評固至當也。故曾文正亦云。

曾文正集一卷朱愼甫遺書敍：『嘉道之際，學者承乾隆季年之流風，襲爲破碎之學。辨物析名，梳文櫛字。刺經典一二字，解說繁稱，雜引流衍，而不知所歸。張己伐物，專抵古人之隙。或取孔孟書中心性仁義之文，一切變易，故訓而別創一義，學者流附和，謂不可易。』然則考證學者末流之弊，國粹固知之矣。

而其最後之流累，則爲漢學而輕德。嘯亭雜錄（卷三）云：『王西莊未第時，嘗館富室家，每入宅，必揚手作攫物狀。人問之，曰：欲將其財旺氣攫入己懷也。及仕宦後，秦誘楚誆，多所乾沒。人問之曰：先生學問富有，而乃貪吝不已，得無畏後世之名節乎？曰：貪鄙不過一時之嘲，學問乃千古之業，』此與宋儒之不事著述，雅意潛修，自有間焉。康有爲云：『紀昀力攻朱子，流蕩宋學，從繁露園集之野言，譏名臣言行錄，不載劉元城者數事，其他主張雜學，所以攻宋儒者無不至。後生小子，多爲所惑。近世學術壞，氣節蕪，大抵紀昀之罪也。』（偽經考卷三上）斯言也，實不得以人而廢之乎？

綜上云云，乾嘉以來之『漢風』，其得失參半，蓋可知云。梁啓超變法通議（時務報十）云：『學會之亡，起於何也？曰「國朝漢學家之罪，而紀昀爲之魁也。」漢學家之言曰：今人但尚著書，不尚講學。』此斥其死人心也。辜鴻銘（舊題漢濱讀易者）幕府紀聞（卷下三十七頁）云：『名儒大家負泰山重名者，日夜穿鑿經史，講究謬異，金石說文二家，宋明以前之所無。顧亭林錢大昕諸家以考證爲學以來，務出新奇，務勝宋明。其爲無用，百倍宋儒。此與晉時老莊相距幾何。』此斥其不實用也。洪允祥讀史隨筆（國風三卷十一期引）云：『滿清以武力屠殺漢族，旋又愚以利祿榮辱，今日所謂清代之名臣者，皆當時皇帝之弄臣也。今日所謂清代之名儒者，皆不得已而託於破碎瑣屑之考據訓詁，以自滅其身者也。故清人考據之學，其始與魏晉人之談老莊，同一用心，其後則盜名所在，人皆附之矣。』此議其瑣屑也。綜二三子之所云，亦足以見清學之末流之失，非如近人所喧傳樸學實學百世不廢者也！

一四　清代文藝雜事

至於考證學者之厄及文藝，蓋猶其餘事也。

粤在清初，在經世致用之論學標準以下，文藝固受輕視。如日知錄（二十六）記通鑑不載文人，顏元又指詩、文、字、畫，爲乾坤四蠹。（拙著顏習齋頁二五引戴望言原文見習齋年譜下頁十四）平心論之，時承王李餘孽（參近古卅六節）之餘，文壇本甚膚淺，以通經致用之學當之，固猶卵之敵石，自致立碎。然自康熙以後，迄於乾嘉，所謂考證之學，固全然不能致用，又何以執文人之口乎。卽在清之初建，錢謙益以東南人望，提倡震川，預啓方姚之先路，其勢亦不可侮。有學集（十六）新刻震川先生文集敍云：『往予篤好歸震川先生之文，與先生之孫昌世，訪求遺集，參讀是正，始有成編。昌世子莊，遊於吾門，謂予少知其先學，摳衣咨請，歲必再三。既而與其從叔進士君，謀鋟先生遺集，以惠後學。』又初學集（五十四）張元長墓志銘云：『君之爲古文，曲折傾寫，有得於蘇長公，而取法於同縣歸熙甫。非如世之作者，傭耳剽目，苟然而已。』歸莊亦言：『顧府君（歸有光）晚達位卑，壓於同時之有盛名者，不甚彰顯。虞山極力推尊，以爲三百年來第一人。於是天下仰之，如日月之在天，後進綴文之士，不爲歧途所惑，虞山之力爲多。』（高士集卷二吳梅村六十壽敍）蓋剷去明季之僞古文運動去『僞』『剽』『奴』之三弊，而新古文斯立焉。而韓、柳、歐、蘇……八大家之得志，方苞姚鼐之浪得大名，在考證學初萌芽時，其端倪已見矣。

初學集（五十三）鄭孔肩文集敍：『近世之僞爲古文者，其病有三，曰僞曰剽曰奴。』卽斥王李之文，非秦漢不讀的文學論也。以此爲標的，震川遂得一身後之名。黃氏南雷文定三集（卷一）鄭禹梅刻稿敍曰：『近時文章家，共推歸震川，以爲第一，已非定論。不過當王李之波決瀾倒，爲中流之一壺耳。然震川之所以見重於世者，以其得史遷之神耳。神之所寓，一往情深，而迂回曲折次之。顧今之學震川者，不求於神，而求於枯淡。

……執陳根枯幹，以求春光，不亦悖乎？』蓋震川之所得為文壇宗主，全以王李之反動耳。

於是有桐城派之目。李元度姚姬傳事略云：『自望溪方氏以文章稱海內，上接震川，推文家正軌。劉海峯繼之，先生親問法於海峯。……三君皆籍桐城，故或稱桐城派。』（先正事略四十三）然觀乎方苞受萬斯同之譏，姚鼐不受紀昀之禮，則桐城文人，固亦見薄於考證學者。萬斯同告方苞曰：『子於古文，信有得矣，然願子勿溺也。唐宋號為文家者八人，其於道粗有明者，韓愈氏而已。其餘則資學者愛玩而已。』（望溪集十二萬季野墓表）葉昌熾緣督廬日記抄卷四云：『乾隆時，開四庫館，惜抱預校錄之列，其擬進書題，以提要勘元，十僅采用二三。惜抱學術，與紀文達不同，宜其鑿枘也。』即自姚鼐以後，主張三位一體之論調者，殆亦為文人屈服於考證學者之證歟！

姚鼐之言曰：『學問之道，有義理、考覈、詞章三者。世必有豪傑之士，兼收其美。』（李兆洛惜抱軒書錄序頁二）曾國藩歐陽生文集敍云：『當乾隆中葉，海內魁儒畸士，尚弘博，繁引旁證，考核一字，累數十言不能休。別立幟志，號曰漢學。深擯有宋諸子義理之說，以為不足復存。其為文尤蕪雜寡要。姚先生獨排衆議，以為義理考據詞章，三者不可偏廢。必義理為質，而後文有所附，考據有所歸。』（文正文集三）此又桐城宗派，見脅於考據者之明徵焉。

桐城以外，又有陽湖。以張惠言為首，然亦『學韓愈歐陽修。』（清史列傳六九）較夫桐城，其澤短矣。第豪傑元士，雖無文王猶興。清文人雖無足觀，而詩壇則遠勝明世。若夫漁洋之神韻說，商邱之條暢說，趙執信之巉刻說，以及夫袁枚之性情說，雖詩凡屢變，而亦綽有餘妍。如袁枚之性情說，蓋已啓白話詩之先河矣。洪亮吉曰：『康熙中，主壇坫者，新城王尚書士禎商邱宋尚書犖。新城源出滄浪詩品，以神韻為宗，所選唐賢三昧集，專主王、孟、韋、柳，而已所爲詩亦近之，是學王孟韋柳之派。商邱詩主條暢，刻意生新，其源出於眉山蘇氏，而及門如邵長蘅等，又皆靡然從風。同時海寧查編修愼行，亦有盛名，而源又出於劍南陸氏，是爲學蘇陸之派。秀水朱檢討彝尊，初則描摹初唐，繼則泛濫北宋，是爲學初唐北宋之派。博山趙宮贊執信，復矯王朱之敝，以唐溫李爲極則，是爲學溫李之派。乾隆中，長洲沈尙書德潛以詩名天下，專以唐開元天寶爲宗，從之游者，類皆摩取聲調，講求格律，而眞意漸漓。是爲學開元天寶之派。蓋不及百年，詩凡數變。』（卷施閣文甲集十西溪漁隱詩敍）洪氏云云，已極詩壇之概略，第未及袁枚。至袁枚云云，則更爲進步矣。

惲敬大雲山房言事（卷一）與黎楷屛：『近時袁子才有格調增一分，則性情減一分之說，鄙意以爲無性情之格律，必成詩囚，無格律之性情，則東坡所謂飲私酒，喫瘴死牛肉發聲矣。』案隨園續詩品（崇意）曰：『虞舜教夔，曰詩言志。胡今之人，多辭寡意。意如主人，辭如奴婢，主弱奴強，呼之不至，穿貫無繩，散錢委地。』以情性爲宗主，此實新詩運動之張本，不得以枚之佻薄而少之也。

非但詩壇爲遠勝也，即小說戲劇之作，因亦有不受考據學之影響者。如紅樓夢者，乾隆中曹雪芹之所作也。其書之膾炙人口，賦細入神，近已口碑載道。梁恭辰池上草堂筆記（卷八紅樓夢條）曰：『紅樓夢一書，誨淫之甚者也。乾隆五十年以後，其書始傳。爲演說故相明珠家事，以寶玉隱明珠之名，以甄寶玉賈寶玉亂其緒。以開卷之秦氏爲入情之始。以卷終之小靑爲點睛之筆。摹寫柔情，婉孌萬狀。啓人淫竇，導人邪說。自是而有續紅樓夢、後紅樓夢、紅樓後夢、紅樓重夢、紅樓復夢、紅樓再夢、紅樓幻夢、紅樓圓夢諸刻，曼衍支離，不可究詰。……此書全部無一人眞的；惟[illegible]筆之曹雪芹，實有其人。』是否演說明珠姑不論，然書之振撼一世，蓋可見矣。

至於戲劇，阮葵生茶餘客話(頁七昭代叢書本)曰：『趙秋谷執信，以丁卯國喪，赴洪昉思寓，觀長生殿劇，被黃給事六鴻劾罷。時徐勝力編修，亦與讌，對簿時，賂聚和班優人，詭稱未與，得免。都人有口號云：國服雖除未滿喪，如何便入戲文場？自家原有三分錯，莫把彈章怨老黃。秋谷才華迥絕儔，少年科第儘風流；可憐一齣長生殿，斷送功名到白頭。周王廟祝本輕浮，也向長生殿裏遊，抖擻香金求脫網，聚和班裏製行頭。』因此可見戲劇之盛行也。雖所謂崑曲者，漸離元明兩代之盛，而殘響所及，猶有波靡一世之概云。乾隆間蓋仍存此態焉。

定庵續集(卷四)書金鈴(德輝)事云『乾隆甲辰，上六旬，江南尚衣鹺使爭聘名班。班之某色人藝絕矣，而某色人頗拙。駕且至，頗窘。德輝獻策曰：小人請以重金號召各部，而總進退其所短長，令蘇杭揚三郡數百部，必得一部矣。鹺使喜，以屬金。金部署定其目錄：琵琶曰蘇州某，笛師曰崑山某，鼓員曰江都某，各色曰杭州某，而德輝自署則曰正旦吳縣某。隊既成，比樂作，天顏大喜，而寵其名曰集成班。』乾隆間，崑曲之盛可想。東華錄稱嘉慶四年四月，以京城九門以內戲館漸多，八旗子弟，銷耗歌場，步軍統領奏稱，此係粉飾太平之事，不宜禁止。後定城外戲園，照舊開設；城內仍行禁止。是嘉慶初年戲劇之盛，亦可見焉。

但乾嘉以後，崑曲已不能保持尊嚴。(青木正兒中國近世戲曲史頁四四六)於是而有弋陽腔，有京腔，然猶與崑曲近似。至嘉慶間，張祥珂著偶憶編，謂『戲曲二黃調，始自湖北，謂黃岡黃陂二縣。』則二黃調起矣。青木正兒引梨園佳話(頁八)云：『徽調者，皮黃是也。皮為黃陂，黃為黃岡，皆鄂地名。此調創興於此，亦曰漢調。西皮則僅行於黃陂一縣而已。』則西皮調起矣。二調雖較崑曲為俗，然接近民間亦較甚。故不受學術上之影響，而獨自蔓熾云。

第五章　清政局之轉換方面

一五　吏治之刷新與腐敗

藏書校勘之業，清學之發皇，以及文藝之盆拙，要之，實與時世之表面之承平有關。步軍統領謂戲園可以粉飾太平，亦屬倒果為因爾。

粵在清季，雖政體專制，而吏道較明為清。即有各省駐防之制，深為殘虐吾民，而虐我則仇，撫我則后，閭閻小民，亦未嘗不受專制政治以下條理秩然之賜。世宗尤稱剛健，如嘯亭所記，則當時之為大臣者，實不得不黽勉從公。

嘯亭雜錄（卷一察下情）云：『雍正初，上因允禩、禟深蓄逆謀，傾危社稷，故設緹騎，邏察之人，四出偵詷。凡閭閻細故，無不上達。有引見人買新冠者，路逢人問之，告其故。次日入朝免冠謝恩。上笑曰：愼勿汙汝新帽也。王殿元雲錦於元旦同戚友為葉子戲，忽失一葉。次日趨朝，上問夜間何以為歡？王以實對。上笑曰：不欺暗室，眞狀元郎。因袖中出葉示之，卽王夜間所失也。王制府士俊出都，張文和公薦一健僕，供役甚勤。後王將陛見，其僕預辭去。王問何故，僕曰：汝數年無大咎，吾亦入京面聖，以為汝先容地。始知為侍衞某，上遣以偵王劣蹟也。故人懷畏懼，罔敢肆意為也。』雖馭下如賊，事非忠厚，然一時奏効，亦其宜也。

章學誠文史通義（古文十弊）云：『明中葉後，門戶朋黨，聲氣相激，我憲皇帝澄清吏治，裁革陋規，整飭官方，懲治貪墨，實為千載一時。彼時居官，大法小廉，殆成風俗。貪賍之徒，莫不望風革面，時勢然也。今觀傳誌碑狀之文，敍雍正年府州縣官，盛稱杜絕餽遺，搜除積弊，斤斤自守。革除例外供支，其文洵不愧於循吏傳矣。不知彼時逼於功令，不得不然。千萬人之所同，不足以爲盛節，豈可見奄寺而頌其不好色哉』按之章氏之所言，知世宗之整飭綱紀云。

當時負整飭之任者，自爲滿人。銖庵枕廬所聞錄云：『康熙中瓊州道林嗣環，乃奇人也。其在瓊時，舊藩遺二蝦（侍衛）入署言事，連騎至公堂不下。林詰之曰，爾何人？應曰蝦。林故誤曰，爾兩人四眼如明星，安得謂之瞎耶？各與杖四十，事見碑傳集。』（申報增刊一卷十二期）可見清制在一般的行政機關上，常有滿人爲監察也。

然自乾隆時，已修四庫全書，已湊十全武功，而吏治之不綱，則漸漸見矣。乾隆五十二年，尹壯圖言：各督撫聲名狼藉，吏治廢弛。臣經過地方，體察官吏賢否，商民半皆蹙頞，各省風氣，大抵皆然。』（清史列傳卅七）此則言封疆大吏之失職也。乾隆英使覲見記（頁一二四一）曰：『衛隊中有以一人以多食水菓之故，病暴急死，此事初無足異，惟其死處，不在館舍中，而在某處皇宮之內。因此人早食之後，倘偷閒至皇宮中游玩，不意急病驟發，以此喪其生也。吾輩聞此信後，初亦以爲無關重要，而樊周二大人聞之，惶駭不知所措。向吾言曰：此事萬萬不可聲張。因皇宮重地，向來不許外人在內，身故倘此事爲皇上所聞，不特吾輩必罹重譴，卽貴國欽使，亦大有不利。不如先用一轎，祕密舁尸出宮，聲稱此人尚活，不能行走，故用轎。至出發後行十數里，乃言此人已死，則可保無虞。予如其言，事果未爲皇帝所覺。』夫以素昧生平之西洋人，得入宮禁也，得死於宮禁也，得運屍出宮而不被覺也，此則可以見政府諸公之泄沓也。

薛福成庸盦筆記（卷三）入相奇緣云：『乾隆中葉，和珅以正紅旗滿洲官學生，在鑾儀衛當差，選舁御轎。一日，大駕將出，倉猝求黃蓋不得。高宗曰，是誰之過歟？各員瞠目相向，不知所措。和珅應聲曰：典守者不得辭其責！高宗見其儀度俊雅，聲音清亮，乃曰若輩中安得此解人，問其出身，則官學生也！和珅雖無學問，而四子書五經，則尚稍能記憶。一路昇轎行走，高宗詳加詢問，奏對頗能稱旨。遂擢寵用事，旋自尚書授大學士，蓋自乾隆四十二三年以後，嚮用益專，其子豐紳殷德，復指尚公主，而權勢愈熏灼矣。性貪黷無厭，徵求財貨，皇皇如不及。督撫司道，畏其傾陷，不得不輦貨權門，結爲奧援。高宗英明，執法未嘗不嚴。當時督撫如國泰王亶望陳輝祖之倫，贓款累累，屢興大獄。侵虧公帑，鈔沒貲產，動至數十百萬之多，爲他代所罕覩。然其始，未必皆非和珅之黨。……潛竊魁柄，行文各省；凡有摺奏，先令具副封，先白軍機處，專政既久，吏風益壞。釀成川楚教匪之變，和珅復任意稽壓軍報，虛張功級，幾至不可收拾。』是吏治之腐敗，幾可以和珅一人爲縮影矣。筆記卷三 又列查鈔和珅清單入文 七卷五期 又載嘉慶和珅檔案，謂當時有『和珅跌倒，嘉慶喫飽』之語，可謂駭人之事。

其在嘉慶時，則八年有瘋僧入順貞門案。東華錄八年又二月『嘉慶十三年，淮揚大水，上不惜數十萬帑金，賑濟災民。有山陽縣王仲漢冒開飢戶，領賑銀入己。上司委試用知縣李毓昌查賑，毓昌新進士，以清白自矢。查出浮開飢戶無數，仲漢懼，許分肥不受。乃置酒餞別，是夕毓昌暴卒於公館，遂以自縊報聞。……上大駭怒，以爲從來未有之事。』趙翼簷曝雜記卷六『嘉慶十四年冬，有蠹吏蔡泳受玉書常吳玉等，私雕假印，懸空揑造事由，向三庫及內務府廣儲司庫，共十四次。』簷曝雜記五 假印大案 朝局之不修，當時洪亮吉云云，尤可見民之憔悴於弊政矣。卷葹閣文甲集卷一守令云『往吾未成童，侍大父及父時，見里中有爲守令者，親友慰勉之，必代爲之慮曰：此缺繁，此缺簡，此缺號不易治。及弱冠之後，未入仕之前，二三十年之中，風俗趨向頓改。見里中有爲守令者，親友慰勉之，必先爲之慮曰，此缺出息若干，此缺應酬若干，此缺一歲之可入己者若干。而所謂民生吏治，不復掛之齒頰已。於是爲守令者，其心思知慮，親戚朋友，妻子兄弟，奴僕媼保，於得缺之時，又各揣乎肥瘠，及相率抵任矣，守令之心思不在民也，必先問一歲之陋規若何？屬員之饋遺若何？錢糧之贏餘若何？不幸而守令屢易，而部內之屬員，轄下之富商大賈，以迄小民，亦大困矣。』

故自乾隆之季以迄嘉慶，教匪之目，史不絕書（人文六卷「朔矢野仁一關於白蓮教之亂」大雲山房文稿初集三卷書獲劉之協事趙紹祖貽文獻邁古錄卷十）。而嘉慶十八年，天理教徒林清，又乘仁宗木蘭秋狩之際，潛入皇城，猛撲宮禁。（嘯亭雜錄卷六癸酉之變）是年九月庚辰，仁宗至下罪己詔云：『我大清國一百七十年以來，定鼎燕京，列祖列宗，深仁厚澤，愛民如子，聖德仁心，奚能縷述？朕雖未能仰紹愛民之實政，亦無害民之虐事。遭此突變，實不可解。總由德薄愆積，惟自責耳。然變起一時，禍積有日。當今大弊，在因循怠玩四字，實中外之所同。朕雖再三告誡，舌敝唇焦，奈諸臣未能領會，悠忽爲政，以至釀成漢唐宋明未有之事。較之明季挺擊一案，何啻倍蓰？思念及此，實不忍再言矣。予惟返躬修省，改過正心，上答天慈，下釋民怨。諸臣若願爲大清國之忠良，則當赤心爲國，竭力盡心，匡朕之咎，移民之俗；若自甘卑鄙，則當掛冠致仕，了此一身。切勿尸祿保位，益增朕罪。筆隨淚灑，通諭知之！』（嘉慶東華錄三十六）——赳赳滿人自道困苦得無鳥之將死，其鳴也哀耶？

朱克敬暝庵雜識（卷二）云『曹文正公，晚年恩遇益隆，身名俱泰。門生某請問其故，曹曰：無他，但多磕頭，少說話耳。道光以來，世風柔靡，實由於此。近更加以滑浮，稍質直，即不容矣。有無名氏賦一翦梅云：「仕途鑽刺要精工，京信常通，炭敬常豐。莫談時事逞英雄，一味圓融，一味謙恭。」又云：「大臣經濟在從容，莫顯奇功，莫說精忠。萬般人事要朦朧，駁也無庸，議也無庸。」又云：「八方無事年歲豐，國運方隆，官運方隆。大家贊襄要和衷，好也彌縫，歹也彌縫。」又云：「無災無難到三公，妻受榮封，子蔭郎中，流芳身後便無窮，不諡文，忠便謚文恭。」』曹文正爲曹振鏞。歷相乾嘉道光三朝，則當時朝政，胥可知矣。

一六　國力之消長及邊疆經營之欠缺

論其政治如斯，論其武功亦然。

考清人軍制初設八旗黃白紅藍，加鑲爲八。（清開國方略卷四卷八）又掠遼瀋之民，及明之降將潰卒，以爲漢軍八旗。（嘯亭雜錄卷二）入關東來生力軍之聲勢煊赫，李自成且引爲驚也。徐鼒小腆紀年（卷五）記一片石之戰：『自成方挾明皇子，登高岡觀戰。有僧進曰：此必東兵也，宜急避之。俄塵開見甲而辮髮者，陣遂動。』此八旂勁旅之表現之最顯者。

入關以後，如康熙二十二年（一六八三）之定臺灣，康熙三十年受蒙古喀爾喀諸部之朝，及雍正時之用兵西藏，均昭昭在人口舌。乾隆五十七年，御製十全記云：『昨准廓爾喀歸降，命凱旋班師，詩有十全大武揚之句。蓋引而未發，茲特敍而記之。……十功者，平準噶爾爲二，定回部爲一，埽金川爲二，靖臺灣爲一，降緬甸安南各一，今兩次受廓爾喀降，合爲十。其內地之三叛么麼，勿屑數也。』（乾隆東華錄百六）趾高氣揚，蓋發洩一時之盛云。東華錄載乾隆二十年二月諭：『漢時西陲塞地極廣，烏魯木齊及回子諸部，皆曾屯戍，有爲內屬者。唐初都護開府擴地及西北邊，今遺址久湮，著傳諭鄂容安，此次進兵，凡準噶爾所屬之地，有與漢唐史傳相合，可證據者，並漢唐所未至處，一一詢之土人，細爲記載，遇便奏聞。』（乾隆錄四十一）蓋思超軼漢唐也。

然而所謂有清盛時之武功者，計其缺點，則亦僂指難數。若舉其要者而言之，其一，則不思爲政治之灌輸也。如臺灣鄭氏之平，蓋已竭牛虎之力而僅得成功者也。然案之施琅之疏云：『且此地原爲紅毛住處，無時不在涎貪。若坐棄數千里之膏腴以資其停泊，必倡合黨與竊窺邊場，逼處門庭，沿邊諸省，斷難晏然無虞。』（清經世文編八四）此臺灣之不棄，幸得功臣施琅一言而後定焉。

其二，則不思以文明同化焉。如於內蒙西藏也，蓋一仍其神道設教之舊。王華隆內蒙古人民之生活狀況（東方十九卷十一號）云：『佛教傳入西藏，後與其地固有之邪教混合，而喇嘛教出焉。及蒙古侵入西藏，挾喇嘛教以歸，厥後元世祖忽必烈統一內外，利用宗教，以服民心，遂委大喇嘛以西藏之政教，崇爲帝師法王，廣布教於大陸，蔓延傳播，及於全蒙。後蒙民誠心皈依，浸濡愈甚。』此謂蒙藏以神道治，於元已然。而及清之平蒙藏也，則仍用活佛掣籤之事，所謂駐藏駐蒙之大臣，不過羈縻政策之施行者！

嘯亭雜錄（卷二）活佛掣籤云：『西藏喇嘛，自宗喀巴興揚黃教，其徒達賴喇嘛班禪額爾德尼，率言永遠轉生，以傳其教。行之日久，其徒稍有道行爲之推許者，亦必踵其轉生之說，以致「呼圖畢罕」多如牛毛，蒙古王公有利其寺之資產者，乃請託達賴喇嘛，指其子任爲的脣，以相承受。與中國之世襲無異，純皇帝習知其弊，因其陋習已久，難以遽革。乃命製金丹巴瓶，設於吉祥天母前，遇有呼爾畢罕圓寂者，即揀其歲所生者數人，書名於籤，令達賴喇嘛會同駐藏大臣，封名掣之，賂請之弊始絕，時謂之活佛掣籤云。』

其三，則不爲徹底之解決焉。往梁啓超詆笑高宗用兵緬甸，經時累歲，不過得白象數頭：『不見夫乾隆間故事乎？數次大舉攻緬甸不下，乃不惜重賄其酋，使貢象數匹，以博十全老人之一頭銜。要而論之，皆不惟其實，惟其名耳。惟然，則雖屬國徧天下，而於我國曾無絲毫之益，反受莫大之累。』（飲冰室集四十一張班合傳）今考緬甸之役，發難於乾隆三十一年，終了於乾隆五十四年，閱年二十，屢易帥臣。故魏源爲聖武記，其乾隆征緬甸記，亦惟強辭而言：『亦小夷、氣數未熸天姑少延之歟？』又言『夫字小者大國之仁，伐交者上兵之智，臣是以反復於前代以釁攻釁之成效，而知刺虎持鷸功在乘時固不在勤天下之力以求之也。』卷六 微詞蘊藉，其意可見矣。豈但征緬而已，其於安南也，蓋亦然也。

安南在明成祖時，臣黎氏，曾囚其君陳氏自立，成祖命張輔出征，一度併入版圖。後來黎氏子孫又叛，宣宗僅能命其入貢，藉此收兵。清初黎氏力衰，阮氏力起。清人雖以宗主自期，思挽回黎氏之厄運，然阮終併黎。其後奉表乞貢，高宗謂『天厭黎氏，不能存立，』聖武記六乾隆征撫安南記 不能力持正義，此卽十全武功，『湊數』而成之證據也。

卽如對於西陲麻勒吉於乾隆三十八年言：『自平定西陲以來，關外耕屯日闢，生聚滋繁，其秀民並知蒸蒸向化。弦誦相聞，漸知向化。前已議准辦事大臣所奏，於烏魯木齊等處，專設學額。今巴里坤復請照例，取進生童，將來人文日盛，卽當建置膠庠，遐方文德，衍敷聲教，廣被實從前所未有。』清史列傳廿五 然此實誇敷之語，不覩乎西域之建立行省乎？雖議發於定庵，而遲至清季，始能建省云。

龔自珍定庵集卷中頁六 西域建行省議，以爲『與其爲內地無產之民，孰若爲西邊有產之民。以耕以牧，以長其子孫哉？當行者，官給每戶盤費若干，每丁盤費若干，議聞。……其遷政暫設大臣料理之，七年停止。』此固建省徙民之大節目。然西域建省，成於光緒八年一八八二定盦云云，在當時未嘗奏效云。

故評論清世武功之最有造於中國者，當爲雍正時之改土歸流也。

中國西南諸省，原有少數民族，閱歲如馳，未肯同化。國家對之，亦不求爲操切過甚之舉。例如漢平西南夷，而僅以滇王王滇。（史記一一六西南夷傳）宋太祖亦云：『大渡河西，非吾有也。』（顧炎武天下郡國利病書六十八四川四）其在明時，則如王守仁之平思田八寨，已有改土歸流之目與事。陽明經濟集卷六奏報田州思恩平復疏，今可覆按。近章炳麟言：『純粹苗人，自有土司轄地。其獨立之性自在。改土歸流，實滿洲之創制；漢民曷嘗翦滅苗民而侵其國土哉？』（炎文別錄卷一復仇是非論）章氏於是而失言矣，且改土歸流，原有其需要云。

土司之制，導源自遠。嚴從簡殊域周咨錄（卷九頁一二——一四）云：『元時始以雲南等路，如內地設官。而其土酋所轄，不可以漢法治，則仍以其俗羈縻之。』實非。考硯雲乙編收有魏濬嶠南瑣記（五頁）云：『土司法極嚴酷，鞭笞殺戮，（而其民）不敢有二心。所謂怯於私鬬，勇於公戰者。』此則政治之黑暗也。劉繼莊廣陽雜記（卷四）云：『符五云，雲南有土司三家最強。一曰龍鵬，一曰黎世屏，一曰黎思進，皆有衆數萬，火器兵仗，堅利絕倫。而黎世屏尤爲強悍者，南土之隱憂也。』此則好亂而弄兵也。

魏源聖武記（卷八）西南夷改流記云：『……故雲貴川廣，恆視土司爲治亂。國初因明制，屬平西定南諸藩鎭撫之。康熙三年，吳三桂督雲貴兵，二路討水西宣慰安坤之叛，平其地，設黔西平遠大定威寧等四府。三藩之亂，重啗土司兵爲助。叛藩戡定，餘威震於殊俗。至雍正初，而有改土歸流之議。……世宗憲皇帝勤求民瘼，有辭於苗。四年春，以鄂爾泰巡撫雲南，兼總督事。奏言雲貴大患，無如苗蠻。欲安民必先制夷，欲制夷必改流。……於是自四年至九年，蠻悉改流，苗亦歸化。……鄂爾泰卒於乾隆十年，以開闢西南夷功，配享太廟。』鄂爾泰以後，乾隆又兩征金川土司（詳同上）。滇黔川楚少數民族之底於開化，不可不謂淸世武功之有造於國家者也。

惟改土歸流，亦非雍乾朝一時所能完全辦竣。例如李慈銘桃花聖解盦日記（乙集二頁一一四）記光緒元年五月事云：『廣西巡撫劉長佑請收思恩府之土田州爲流，革去知州岑氏世職，詔下部議。原奏土田州與百色廳相連。土知州岑氏原係宋時隨征有功世襲，自明以來，叛服不常。岑氏支爭承襲，仇鬬疊出，查廣西那馬等處，均由地方多故，承襲不得其人，先後改土歸流。今土田州自可援案辦理。』又如宣統三年，民教部奏准改土歸流官摺云：『查西南各省土府州縣，及宣慰安撫長官諸司之制，大都沿自前明，遠承唐宋。因仍舊俗，官其酋長，俾之世守，用示羈縻。要皆封建之規，實殊牧令之治。立法未善，流弊殊多。是以康熙雍正年間，川楚滇桂各省，迭議改土歸流。如湖北之施南，湖南之永順，四川之寧遠，廣西之泗城，雲南之東川，貴州之古州，威寧等府廳州縣，先後建置，漸成內地。淸季，廣西一省，改革尤多。所有土州縣，均因事奏請停襲，及撤任調省，另派委員彈壓代辦。』（張其昀本國地理頁二五三）即在今日，土司仍有存者。語詳予所作改土歸流考中。

然則高宗之十全武功，當卑之無可高論，而乃父世宗之改土歸流，則實不可誹薄。至於高宗以後，並此不『全』之『十全武功』亦屬廣陵舊散矣。觀英使馬戛爾尼覲見南囘，見沿途州縣，均列兵致敬，『然其人數之衆多，軍容之整肅，於行禮之中，挾有示威之性質，乃不能令吾無疑。……吾料其心中，必蓄有一語，謂汝輩洋人看者，吾中國兵備甚佳，汝等若敢犯順，吾輩無時不有對付之具！然以予觀之，此種寬衣大袖之軍隊，既未受過軍事教育，而所用軍器，又不過刀槍弓矢之屬，一旦不幸，洋兵長驅而來，此輩果能抵抗與否，尚屬一不易置答之疑問焉！』（見覲見記頁二〇一）果也，至鴉片戰爭之前夕，而軍隊之紀律訓練，均一一不堪置問矣。此亦太平軍所以起事之一端也乎？清史列傳四二姚元之傳記道光十三年上諭：『國家養兵衛民，所以戢姦禁暴。如該侍郎所奏，窩娼聚賭，鬪毆人，不服管束，尚復成何事體。甚至營中操演，有受雇替代之弊。則是吾兵竟作壁上觀，而此輩無籍流民，性本獷悍，而又習之以戰鬪，假之以凶器，豈不相率而爲盜耶？』此武力廢弛之徵。

一七　滿漢同化問題

所謂武功消沉者，正表現於鴉片戰爭太平天國之兩役。於茲兩役也，可以見政治之衰朽也，可以見漢族之擡頭也，而更可以見八旗武力之衰頹也。質言之，則滿漢之同化是也。

考滿人自入關以前，常以不學漢俗，詔其部族。太宗諭衆曰：『先時儒臣巴克什達海庫爾禪等屢請朕改滿洲衣冠，效漢人衣飾制度。朕不從，輒以爲朕不納諫。朕試設爲比喩。如我等於此聚集寬衣大袖，左佩矢，右挾弓，忽遇碩翁科囉巴圖魯勞薩挺身突入，我等能禦之乎？若廢騎射，寬衣大袖，待他人割肉而後食，與尚左手之人，何以異？朕發此言，實爲子孫萬世之計。在朕之身，豈有變更之理。恐日後子孫，忘舊制，廢騎射，以效漢俗，故常切此慮耳。』（阿桂清開國方略卷二十二）卽入關以後，亦未嘗不以力杜漢化爲言。東華錄（雍正十年六月）云：『我朝設立各省駐防兵丁，原以捍衞地方，申明武備。其歷來所定規條，尚屬盡善，無可更張。乃近有以一二事瀆陳朕前者，一則稱駐防兵丁子弟，宜准其各省鄉試。獨不思國家設立駐防弁兵，原令其持戈荷戟，備干城之選，非令其攻習文藝，與文人學士爭名場屋也。』又乾隆（二十年五月）云：『滿洲本性朴實，不務虛名，卽欲通曉漢文，亦不過於學習淸語技藝之暇，略爲留心而已。近日滿洲熏染漢習，每思以文墨見長，並有與漢人較論同年行輩往來者，殊屬惡習。夫棄滿洲之舊業，而攻習漢文，以求附於文人學士，不知其所學者並未造乎漢人堂奧，而反爲漢人所竊笑也。』則世高二宗，力阻滿漢之同化，可見。

然而，此豈事之所許哉？

以言語言之，昭槤嘯亭雜錄卷七宗室小考曰：『乾隆中，上嘗召見宗室公盛寧額，以不能國語應對。上以清語爲國家根本，而宗室貴胄至有不能語者，風俗攸關甚重。因增應封宗室及近支宗室十歲以上者之小考。於十月中，欽派王子王公軍機大臣等親爲考試清語弓馬，而先命皇子較射，以爲諸宗室所遵式。故諸宗室無不諳習弓馬清語，以備維城之選焉。』正言若反，蓋隱示滿人之不能旗語也。

以學術言之，東華錄順治二年三月稱馮銓洪承疇等奏：『上古帝王，奠安天下，必以修德勤學爲首務。故金世宗元世宗，皆持綜典籍，勤於文學，至今猶稱頌不衰。皇上承太祖太宗之大統，聰明天縱，前代未有。今滿書俱已熟習，但帝王修身治人之道，盡備於六經。一日之間，萬幾待理，必習漢字，曉漢書，而後上意得達，下意得通。祈擇滿漢詞臣，朝夕進講，則聖德日進，而治化日光。』斯言也，則清帝所不敢駁斥者矣。

讀書自爲滿人漢化之一節目。清開國方略載天聰五年諭：『朕令諸貝勒大從子弟讀書，所以使之習於學問，講明義理，忠君親上，實有賴焉。聞諸貝勒大臣，有溺愛子弟，不令就學者，殆謂我國雖不讀書，亦未嘗誤事。獨不思上年我兵之棄灤州，皆由永平駐守貝勒失於救援，豈非未嘗學問，不明義理之故。今年明國築大淩河城，我兵圍之，經四越月，人皆相食，猶以死守。雖援兵盡敗，淩河已降，而錦州、松山、杏山，猶不忍委棄者，由讀書而明道理，爲朝廷盡忠故也。自今凡子弟八歲以上，十五歲以下，俱令讀書。』方略卷十五 則是未入關前，乃早有誦漢書者。及夫入關以後，則誦習漢書之風更盛。觀夫趙翼所記：『余內直時，屆早班之期，率以五鼓入。時部院百官，未有至者。然已隱隱望見有白紗籠一點，入隆宗門。則皇子入書房也。吾輩窮措大，專恃讀書爲衣食者，尙不能早起；而天家金玉之體，乃日日如此。既入書房作詩文，每日皆有程課；未刻畢，則又有滿洲師傅，教國書國語，及騎射等事。薄暮始休。然則文學安得不深，武事安得不嫻乎？』（簷曝雜記卷一皇子讀書）則洪承疇所言，至此乃全然生效矣。

故至乾嘉之間，滿漢之界，殆已可謂泯然。洪亮吉更生齋文甲集（卷四）書文成公阿桂遺事云：『文成公阿桂，滿洲正白旗人。……予登第日，公爲讀官，擬第一進呈。予素不工書，公獨賞之。嘗謂吾友刑部侍郎孫公星衍曰：人皆以洪編修試策該博，不知字亦過人。予首拔之者，取其無一毫館閣耳。』是滿人知隆風雅焉。英和恩福堂筆記（卷上頁三）云：『滿洲編檢出身而大拜者，自乾隆年間尹文端始。』陳其元庸閑齋筆記（卷八）云：『順治九年壬辰，十二年乙未，均分滿漢榜。壬辰科，漢狀元鄒忠漪，滿狀元麻勒吉。乙未科，漢狀元史大成，滿狀元圖爾宸，嗣後不分滿漢榜，則滿人無狀元。至同治乙丑科，崇公綺始以蒙古人得大魁，海內豔稱之。』則滿人能競科舉焉，以場屋之得失言之，又滿漢跡泯之徵歟！

滿洲初輕視科第，故梁章鉅退菴隨筆（卷六）云：『康熙二十八年，始定考滿洲生員舉人進士，皆兼試騎射。……國家政令所在，八旗有不與試之人，而無不能射之士。入則含毫挾册，出則躍馬彎弓，要皆爲有用之學。竊謂漢人亦可仿此。』梁氏慕滿人之『躍馬彎弓』，而不知後來滿人，則偏慕於『含毫挾册』焉。

至於嘉道以後，則旗人之名實，蓋益與漢人相近。鄭觀應論旗籍云：『竊嘗思古之王者，居中國爲一人，合天下爲一家，甚盛軌也。溯我朝龍興遼瀋，入關平亂，天下生民，皆仰賴焉。二百年來，久應畛域全銷矣。顧滿漢之名猶別，旗籍之生不遂。甚非所以示寬大圖久遠也。攷旗籍有三，上則天潢之貴胄，中則勳戚之世裔，下則甲士之子孫。國初生息無多，原可入給廩餼，中葉以後，生齒日繁，戶口滋盛，廩給錢米，何以濟其事畜？除漢軍八旗已於乾隆初年，奏准出旗自便外，尙有滿蒙二籍閑散無事。置產營建有禁，出京四十里有禁。局促一城，儼同禁錮。日臻貧乏，乃失恆心。作奸犯科者有之，窩賭包訟者有之，此強有力者所爲也。弱者則變易姓名，冒漢產赴外省謀生者有之，甚至服役執鞭，亦所不辭。」經世文三編二十七引 可知乾隆之時，漢軍之名實已澌，而嘉道以後，則貧弱之旗人乃相率而改爲漢氏。漢名，形跡無殊，態致不二。此因清世開國諸帝，所斤斤防範而卒不能卜效者乎？至於滿漢通姻，雖法所不禁，而亦事所不禁者也。

李慈銘越縵堂日記荀學齋日記丁集下記光緒九年事：「侍郎寶廷，曾劾工部尙書賀某，認市儈妻爲義女，寶廷曾買一船伎，被逃去。自閩典試歸至衢州，納江山船女爲妾，面麻，年已三十六七矣。故有人爲詩嘲之曰：昔曾浙水載空花，又見閩娘上使查。宗室八旗名士艸，江山九姓美人麻。曾因義女彈烏柏，慣逐京娼吃白茶。爲報朝廷除屬籍，侍郎今已婿漁家。」魚相忘乎江湖，人相忘乎滿漢，取其膾炙人口者記之耳。

良由洪楊鴉片二役以後，滿人既同化於漢人，則蠻力自退，在大事變中無以顯其一片石破闖之威烈。而國家所用，大抵反清初之舊，卽以漢人爲主，而以滿人輔之。薛福成庸盦文續編下頁四 記長白文端公相業云：「聖清馭宇，餘二百年，凡磊落宏偉蓋世之勳業，皆出滿洲世族及蒙古漢軍之隸旗籍者。漢臣雖不乏賢儒，不過以文學議論，黼黻隆平而已。先皇措置之深意，蓋謂疏戚相維，遠近相馭之道，當如此。而風氣文弱，不嫻將略，騎射非所長，又其次也。乾隆嘉慶間，防畛猶嚴，如岳襄勤公之服金川，二楊侯之平教匪，雖倚任專且久，而受上賞爲元勳者，必以旗籍當之。斯制所由來舊矣。雖然，人材視時勢爲轉移者也。限於一格，則時棟不出；用之有方，則賡續不窮。必有深識偉量者，默燭先幾，乃能知窮變通久之道，而斷然行之不疑。此其斡旋氣運之功，何可及耶？長白相國文端公文慶，以咸豐初年爲大學士軍機大臣。是時海內多故，粵寇縱橫，經略大臣如賽尙阿、納爾經額兩使相，皆以失律獲咎。公嘗言欲辦天下大事，當重用漢人。彼皆從田間來，知民疾苦，熟諳情僞，豈若吾輩未出國門一步，瞢然於天下大計者乎？故平時建白，常密請破除滿漢藩籬，不拘資地以用人。曾文正公起鄉兵擊賊，爲壽陽祁文端公所觝排，又累戰失利，公獨謂曾某負時望，能殺賊，終當建非常之功。時時左右之。胡文忠公以庚子江南科場失察，與公同鐫秩。公嘗與胡公語，奇其才略，由貴州道員一歲中擢巡撫湖北。所請無不從者，公實從中主之』觀滿人之自居於無用，因八旗武力消沉之徵，而就其另一方面言之，則亦同化於漢俗，因致文弱之徵。辛亥革命以後，所以偏中國之大，而不得一滿人者，卽此之由。故爲詳述之，著於編。

統治之權，由滿至漢，非止文端公知之。庸庵文編卷四有書益陽胡文忠公與遼陽官文恭公交驩事，可參證也。

第六章　由海洋來之波浪

一八　由禁海至開海

滿漢之同化也，國力之消縮也，吏治之腐敗也，舉足證清世政治之轉換方面。然就其轉換之方面言之，蓋莫若由海而來之波浪之猶域中國也乎？

斷自元代朱張之海運事固昭昭。（詳近古卷二十七節）然自有明開國，而海事稍衰。明史二〇五朱紈傳，所謂『初，明祖定制，片板不許下海』是也。顧海亦安得而嚴錮之哉？穆宗嘉靖中梁夢龍已『請以河爲正運，海爲備運。萬一河未易通，則海運可濟，而河亦得悉心疏濬，以圖經久。又海防綦重，沿海衛所，玩愒日久，不加繕飭，識者有未然之憂，今行海運，兼治河防，非徒足裨國計，兼於軍事有補。』（明史二二五梁夢龍傳）而隆慶六年王宗沐『遂運米十二萬石，自淮入海，五月抵天津，與夢龍俱進秩，賜金帛。』（明史二二三王宗沐傳）及明之季，而海運遂爲神功聖績，觀明史倪元璐傳可知：『先是有崇明人沈廷揚者，獻海運策，元璐奏聞，命試行。乃以廟灣船六艘，聽運進。月餘，廷揚見元璐，元璐驚曰：我已奏聞，上謂公去矣，何在此？廷揚曰，已去復來矣。運已至，元璐又驚喜聞上，上亦喜。』（明史二六五）至於賢智之士，主張海運，更不待言。

謝肇淛五雜俎（卷三）云：『運河之開，無風波之患，誠爲良策。然因之遂廢海運，亦非也。』嚴從簡殊域周咨錄（卷二頁七）云『按陳建謂國初海運之行，不獨便於漕綱，實令將士習於海道，以防倭寇。自會通河成，而海運廢。近日倭寇縱橫，海兵脆怯，莫之敢攖。亦以運道不習之故耳。此則言海運之當復者也。然給事中錢薇著論，唐宋無海運，故倭奴之修貢[illegible]勤。元爲海運，倭奴劫掠運舟，故其爲寇也繁。我洪武北伐，亦用海運以濟。永樂中海運凡十三舉行，給遼東等地。惟我運於海，故彼寇於海。宣德以來，倭患遂少。蓋運從內河，而寇無所利故耳。此不足見罷海運之功哉？二說各有所見，故並存之。』徵此，可知明人之於海運固有贊成反對二家之說。謂之海運之未有定論，可也。

入清以後，臺灣鄭氏存舊明衣冠於海外，屢侵金廈，清人引為厲敵。故朱緒曾昌國典詠云：『順治十二年，復下舟山。因海氛未靖，明年遷徙城鄉民人入內地。』（據繆荃孫輯繆燧遺愛錄引）而順治十八年（一六六一）又定東南海禁，其詳蓋見於江日昇臺灣外記（卷十）及王勝時漫遊記略（卷三粵游條）云。

臺灣外記云：『順治十八年，海澄公黃梧陳滅賊五策。其一云：金廈兩島，彈丸之區，得延至今日，而抗拒者，實由沿海人民走險，糧餉油鐵船桅之物，靡不接濟。若以山東、江、浙、粵、閩沿海居民，盡徙入內地，設立邊界，布置防守，不攻自滅也。其二云：將所有沿海船隻，盡行燒毀，寸板不許下水。凡溪河椿柵，貨物不許越界。時刻瞭望，違者死無赦。如是半載，海賊船隻無可修葺，將自然朽爛；賊衆既衆，糧草不繼，自然瓦解。此所謂不戰而坐看其死也。』漫遊紀略云：『嗚乎，倡為遷海之說者誰歟？辛丑（順治十八年）予從蔡襄敏公在淮南，執政者遣尚書蘇納海等分詣江、浙、閩、粵，遷瀕海之民於內地。蔡公曰：「此北平人張星煥所獻策也。」予請其說，公曰：「星煥，北平酒家子也。其兄星華，少時被擄出關。大淩河之戰，明師敗績，監軍太僕卿張公春被執不屈。太宗遣降將黑雲龍等多方說之，終不從。太宗深敬之，歎息語諸臣曰：此忠臣也。命館之於喇嘛寺中，待以客禮，稱為張大人。一日，星華偶從公兒入寺，張公舊嘗為北平監司，星華在里時，曾識公貌。遂向公叩首，知為北平兒也。因曰：若能侍我乎？其主聞之，即以歸公。公命寺僧薙染之，名曰和尚云。星華因黠，侍公左右，稍稍習書計。久之，張公卒，太宗以禮葬之。星華歸其主家，從入關，始與其弟星煥相聚。星華官至漳南太守，星煥從之官。漳城陷，兄弟皆被擄入海，旋縱之歸。其主因問海外情形，星煥乘間進曰：海外所用釘鐵麻油，神器所用硝磺，以及粟帛之屬，島上所需，皆吾瀕海之民闌出貿易，交通接濟。今若盡遷其民入內地，斥為空壤，畫地為界，仍厲其禁，犯者立死，彼島上窮寇，內濟既斷，來無所掠，如嬰兒絕乳，立可餓斃矣。」蔡公之言如斯。』以寸板不得下海，立界徙民為事，此則順治十八年之海禁，所以為歷來海禁之大觀也。

東華錄稱康熙十七年閏三月：『以海寇盤據廈門等地，勾連山賊，扇惑地方，皆由內地濱海居民為之藉也。應如順治十八年立界之例，將界外百姓，遷於內地。仍申嚴海禁，絕其交通。』大清律例（第二二五條）云：『凡將牛馬、軍需、鐵貨、銅錢、緞匹、紬絹、絲綿，私出外洋販賣，及下海者杖一百。挑擔駝載之人，減一等。貨物船車，均入官。於內以十分為率，三分付告人充賞。若將人口軍器出境及下海者，絞。因而走洩事情者，斬。其該拘束官司及守把之人，通同夾帶，或知而故縱者，與犯人同罪。其失察者，減三等。』此律也直至宣統二年，沈家本等重修大清律，始罷。可以見清初海禁之根柢深固焉。

關於爾時立界移民之慘，目擊者志其狀云：『以予所覩界外所棄，若縣若衞所城郭故址，斷垣遺礎，骷髏觸目，隱現草間。所存瓦礫鹽場，四漏化為沮洳。小絕橋梁，深厲淺揭，行者病之。其山皆叢莽黑箐，豺虎伏焉。田多膏腴，溝塍久廢，一望汙萊，良可惜也。』（王勝時漫游紀略卷三）史論者道其敝曰：『臺灣鄭氏舟師入討，懼海濱居民為之鄉導，特申海禁。其後海外僑民，為荷蘭所僇者，三萬餘人。自以開釁中華，上書謝罪。大酋弘歷，悉置不問，且云寇盜之徒，任爾殄滅。自是白人始快其意，遂令南洋僑民，死亡無日。』（章炳麟太炎文錄卷二討滿洲檄）雖至康熙二十二年，臺灣平，『時沿海居民雖復業，尚禁商舶出洋互市。施琅等屢以為言，又荷蘭以曾勸助鄭氏，首請通市，許之。而大西洋諸國，因荷蘭得請，於是凡明以前未通中國，勤貿易而操海舶為生涯者，皆爭趨。疆臣因請開海禁，設粵海、閩海、浙海、江海榷關四，於廣州之澳門，福建之漳州，浙江之寧波，江南之雲台山，署吏以涖之。』（柔遠記卷二）——然吾民族在海洋上之活動，蓋已大受挫折云。

開海禁事，見康廿三年七月東華錄。然廿四年四月，議政王大臣會議：『今海內一統，寰宇寧謐，滿漢人民，俱同一體。應令出洋貿易，以彰庶富之治。得旨：開海貿易，原欲令滿漢人民，各遂生息。倘有無賴棍徒，倚勢横行，貽害地方，反爲不便。應嚴加禁飭，如有違法者，該督撫卽指名題參。』則是所謂開海禁者，乃開而未開云。

自康熙禁海之後，海運之事，仍以不公開式進展。其著名者，如康熙五十二年三月，以江南漕糧，由海轉運廣東。東華錄 是清人固知海運之利也，知海之不當『晦』而爲厲禁也。嘉慶十六年三月，兩江總督勒保會議海運，謂爲不可行十二事，而結論之曰：『斷不可輕議更張，所謂利不百，不變法！』東華錄 是清人力反海運也。因謬襲訛，相沿不改，幷至道光之初，海運終不成定局。觀夫爾時洋人，挾艨艟以横行於海上，君子於是歎國力之消縮，由於海禁，蓋亙當不易之論也。

英和恩福堂筆記上頁十三云：『未第時，因倉有海運名，卽注意於運務。迨入翰林後，每於清祕辦公之後，輒閱永樂大典，凡有元一代海運事宜，手自摘錄，彙抄成册，藏之於家。歷數十年，每以河工爲患，糧艘挽運爲艱，時思海運而未敢輕舉也。道光初年，任大司農，……閩督孫文靖聞之，書來。是歲臺米豐收，閩浙兩省，足敷接濟十萬石，可浮海來，當卽促其速運。適南路河水阻滯，盤駁官糧，粒米狼戾，勢不得不行海運，不能顧恤人言也。疏凡兩上，仰蒙宸斷，飭江督蘇撫琦靜庵、陶雲汀等籌辦。天佑吾皇，迅速蕆事。一百六十餘萬石之南糧，穩然入倉。較之元季初行，僅得數萬石，後亦不過數十萬石，明季初運三十萬石，最多至七十萬石，相去何啻倍蓰哉。』蓋道光五年七月，『李鴻賓等籌議海運事宜，本年以不及行，來年籌運。』翌年三月，

『陶澍奏海船初運兌竣，仍接續趕辦一摺，本年初次試行海運，據該撫奏，截至二月二十一日止，共兌過正耗米一百十二萬二千餘石，事機極爲順利。』（各該年東華錄）則海上行運，始正式成爲故事云。

一九　西洋技藝之認識

然則海禁之法令的及事實之開放，謂之始於道光時，可也。蓋由另一方面視之，彼時與彼地西洋人之技藝，固不容深溝高壘自屛於『海內』而深拒之也。更無論西人航海而來，雜居數省，更不容我人有自塞聰明之海禁也。

東華錄嘉慶十年（一八〇五）十一月上諭：『朕恭讀皇考高宗純皇帝實錄，乾隆四十九年十一月內欽奉聖諭，以西洋人蔓延數省，皆由廣東地方官未能稽察防範所致……可見西洋人等來至內地，授徒傳教，爲害風俗，早在聖明鑒察之中。本年，因江西省拿獲爲西洋人送信之陳若望，及山西省民人李如，接引西洋人若亞敬傳教等案，業經根訊明確，分別懲創。嗣後著各該撫等，飭知地方官，於澳門地方，嚴查西洋人等，於貿易以外，如有私行逗留，講經傳教等事，即隨時飭禁，勿任潛赴他省，致滋煽誘。並當曉喻民人等，以西洋邪教，例禁綦嚴，不可受其愚惑，致蹈法網。』（東華續錄卷七）——案此年爲鴉片戰爭以前之二十五年，而西人勢力已有閉關閉不住之歎也。

蓋技藝之足以令西洋人表白自己者，自莫過於火器。此雖明季清初已有此事，（參本卷第五節第六節）而在鴉片戰爭之前後，則西洋火器之價值，自更擡高。今存李秀成供狀云：『此洋兵攻城，其力甚大。嘉定、青浦到省百餘里，其攻城只要五六個時辰，便成功也。其礮利害，百發百中。打壞我之城池，洋槍礮連響，一踴而進。是以我救不及。我兵死者萬餘人。』（頁四十一金陵大學藏本）此則洋礮表白自己之明驗也。

而更有西洋船。火輪船者，美人富爾敦所創，於仁宗嘉慶十二年（一八〇七）者也。然在輪船未發明之前，西洋船之扁大，已足以震懾吾人。咫聞齋雜記（卷四）記西洋船云『西洋船之屯深廣，已詳予所咏番舶詩，而其帆尤異。帆竿高數十丈，大十餘抱，一桅之費，幾數千金。二桅，中桅最大。中國之帆，上下同闊，西洋帆，則上闊而下窄，如翅翮展開之狀。遠而望之，幾如垂天之雲。』然此，猶僅指帆船也。王韜華英通商事略（頁一八）云：『英建輪船公司，往來各處，道光十年，輪船初至印度。水師總督訥白爾，始至我國之廣州。雖未必有心於窺伺，然其謀肇於此矣。』（光緒丁酉可閱山房校刊本）然此，猶指輪船之初至華也。江上蹇叟中西紀事（卷八頁二）云：『是月（道光二十二年七月）初六七等日，有夷船火輪四，自外洋一路探水而入。牛督（鑑）方自滬來，見其連檣內進，槍礮相接，其檣帆高出塘上丈餘，輪煙蔽天，牛督驚疑束手。』然此時，蓋猶輪帆並用也。世變推移，制作日巧，胡林翼因此而嘔血，則於片段之事實中，可見西洋技藝之動人令吾人知西洋之強也。

薛福成庸盦筆記（卷一蓋臣憂國條）云：『有合肥人劉姓，嘗在胡文忠公麾下為戈什哈。既而退居鄉里，嘗言楚軍之圍安慶也，文忠曾往視師，策馬登龍山，瞻眄形勢。喜曰：此處俯視安慶，如在釜底，賊雖強，不足平也。既復馳至江濱，忽見二洋船，鼓輪西上，迅如奔馬，疾如飄風。文忠變色不語，勒馬回營，中途嘔血，幾至墮馬。文忠前已得疾，自是益篤，不數日薨於軍下。蓋粵賊之必滅，文忠已有成算。及見洋人之勢方熾，則膏肓之症，着手為難。雖欲不變，而不可得已。』

西洋船者，指其強也，而更有證其巧者，則有如鐘表是。乾隆英使覲見記頁五五曰：『殿之一角，有一八音時辰鐘，發其奏樂之鍵，能奏樂十二闋，如 Balk Joke, Lillibulero 以及乞丐一劇中之歌曲等類，均爲英國舊時流行之樂曲。鐘上飾物，均爲舊式。有透明及五色之寶石多枚，此鐘雖非珍品，然以歷年既久，余不得不以其爲古董而貴之。鐘面有英文數字曰倫敦理敦赫爾街喬治克拉克鐘錶店造。原注一老太監語我此鐘係中國人自造予不屑與辨付之一笑』是巧器之投人所好，乾隆之季已然。（趙翼簷曝雜記卷二云：『自鳴鐘時辰表，皆來自西洋。鐘能按時自鳴，表則有針隨時刻指十二時，皆絕技也。今欽天監中占星及定憲者，多用西洋人，蓋其推算較中國舊法較密云。』）鐘表之外，則如洋畫，江上蹇叟中西紀事卷二紀之云：『工繪畫，雖刻本亦精絕，一幀之中，煙雲人物，備諸幻態，而尋其理，皆世俗橫陳圖也。又能刻物爲裸婦人，肌膚骸骨，耳目齒舌陰竅，無一不具。初折疊如衣服，以氣吹之，則柔輭溫暖如美人，可擁以交接，如人道。其巧而喪心如此。』是巧器之震撼流俗，嘉道之際益烈，要之皆其技藝之超拔，足以促吾人之省識。至道光以後，更無論焉。故陳其元曰：天下之巧，至泰西而極云。

陳其元庸閒齋筆記卷三云：『天下之巧，至泰西而極。泰西之巧，至今日而極。古人云鐵船渡海，爲必無之事，壬申（同治十一年一八七二）之春，竟有北德意志國鐵甲船至吳淞海口。其船純以精鐵鑄成大片鑲合，一船重數千萬斤，可載戰士萬人，大礮擊之，不損分毫。每造一船，須用銀三百萬兩，此時英法俄美各國，皆有此船，或數隻或數十隻不等。海中有此船，則各種大輪船皆不能敵矣。又有氣球，其身可分作五六間屋，用機轉運，則上昇數十丈，東西南北，無不如意所向。北德圍法蘭西都城時，法主乘氣球出亡，北軍亦乘氣球追之，空上爭戰，卒爲法王逸去。此則行於天上矣。』泰西製造之巧條以泰西製造之巧命題，具徵西洋技藝之

『巧』之動人云。

然道咸間人對於西洋技藝之巧，非認識其技藝本身之所以然，而僅僅認識其技藝之所表演。然如乾隆中英使來華，英使語福大人曰：『「大人爲中國兵家，功業彪炳，良使敝使欽慕。敝使擬請大人觀操，藉聆雅教，勿籓大人，亦肯賞光否？」福大人意頗冷淡，岸然答曰：「看亦可，不看亦可。這火器操法，諒來沒有什麽希罕！」余聆此答語，心乃不勝大異。余於福大人雖能斷定其曾否一覩火器之式樣，而中國目下之軍隊，則可決言其必無火器。旣無火器，而猶以沒有什麽希罕一語了之，吾誠不解其用意所在矣。』（覲見記頁一〇三）——則並技藝之表演而亦輕蔑之。若在道咸之間，則技藝之巧，決非國人所能輕蔑；國人亦不敢輕蔑之矣。

故道光二十年（一八四〇）林則徐有請戴罪赴浙圖勦片奏云：『議者以爲內地船礮，非外洋之敵。與其曠日持久，不若設法羈縻。不知夷情無厭，得一步又進一步。若使失威不克，卽恐患無已時。且他國效尤，更爲可慮。……卽以船礮而論，本爲防海必需之物，雖一時難以卒辦，而爲長久之計，亦不可不先事預籌。且廣東利在通商，自道光元年到今，粤海關已征銀三千餘萬。收其利者，必思預防其害。若前此以關稅十分之一制造礮船，則制夷亦可以裕如。……夫以通夷之銀量爲防夷之用，從此制礮必求其利，造船必求其堅，似經費亦可酌籌，卽裨益良非淺鮮。』（中西紀事卷五）——此卽不肯菲薄西人技藝，而他日船礮建設論者之權輿也。

技藝之出發點，自爲科學本身，不通科學之本身，而但重科學之所可表現，則與兒童愛好幻術何殊？蓋但論結果，不問原由，其弊害大致然也。薛福成出使日記（卷三）『中西醫理不同，大抵互有得失。西醫所長在實事求是，凡人之臟腑骨節，皆考驗極微，互相傳授。又有顯微鏡以窺人所難見之物，或竟飲人以悶藥，用刀剜人之腹，視其臟腑之穢濁，爲之洗刷，然後依舊安置，彌月卽平復如常。如人腿脚，得不可治之證，或傾跌損折，則爲截去一脚，而以木脚補之，驟視與常人無異。此其技通造化，雖古之扁鵲華陀無以過之。然亦間有不效者，如曾惠敏公之傷其一子，黎蒓齋之損其一目，人頗咎其篤信西醫之過。余謂西醫之精者，其治外證固十得七八，但於治內證之法，則得於實處者多，得於虛數者少，其用藥但有溫性而無寒涼斂散之用，以視古醫書之精者，如張仲景孫思邈之方，近代喻嘉言陳修園之說，其深妙之處，似猶未之得也。』蓋亦論技藝之表演而未重科學之本身焉。

二〇　民族創痛之開始

所謂承認外洋技藝之所表演，而不承認產生此技藝之科學本身，卽足以表示國力雖在衰耗，而民族之自尊意識，屹然未滅。然在道光之季，則東方第一雄主，與西方第一雄主，（用馬戛爾尼覲見記語）不免於一決鬭。北山之詩云『溥天之下，莫非王土；率土之濱，莫非王臣。』丁尼生 Tennyson 與殖民地國人詩 To Our Countrymen in Colonies 曰『不列顛的呼聲，威象萬千，孩兒們每人聯合，大家聯合，造成帝國之安全，心與靈魂，均付與不列顛一致。一個生命，一面旗幟，一座皇座，一隊兵船，不列顛之有衆，依着牠，莫牽連。』而決鬭之結果，北山之詩之誦讀者，無以維扶昔日之令問，此則鴉片戰爭所以爲中國文化史上由海而來之波浪之大而且烈者也。

海斯 Hays 今世歐洲政治社會史〔A Political and Social History of Modern Europe, Vol. II, p562〕『在此世紀，（十九世紀）之中，中國向所自滿之與世隔絕，遂爲下列三事所擾亂。其一，中政府自知無力禁歐商之沿海貿易，教士之宣揚教義，以及外國資本家之築路開鑛，建立工廠於中國之中。其二，中國邊省及藩屬之落於外人之手。其三，西洋思潮之浸淫於羣衆頭腦，而竭力反攻中國之政治生命。……在此許多步驟中，一重要之急步卽行於一八四〇年，所謂鴉片戰爭，由英人發動，以擊中國，卽在爾時。』又Bland 著 Recent Events and Present Politics in China, p257 記北平第二任英使在與人書中，談及南京和約，曾曰：『國如支那，和約之締結，乃困苦之開始，而非困苦之終了。』則鴉片戰爭之決鬭，與民族國家之運命，無論以政治、經濟、社會、學術而言，皆可知已。

鴉片戰爭者，肇始於道光十九年九月，而終結於道光二十二年八月之南京和約。據和約中之規定，一則五口通商也，一則賠償煙價（廣東所焚之煙）兵費也。一則關稅協定也。一則割讓香港也。嗣後又訂立中英五口通商條款，五口通商細則，如言：『英人如何科罪，由英國議定章程法律，發給管事官照辦』；如言：『現定值百抽五，若有更改，須行商酌。』藺縛日益，可以三歎，而由諸事一一細析之，割地之辱，無論已。賠償煙價，使毒物隨地流行，則霍特斯根謂：『終結戰爭之條約，反使鴉片貿易爲合法，是乃英吉利之大羞。』(Hodskins: China in the Family of Nations)愛德華云『爲自衛其國體，及阻止其人民之陷於罪惡，中國之所要求於洋商者，固非無理取鬧，亦非超乎主權。』Edward Fly: England, China and Opium, pg. 王之春云：『英吉利國王。謀於上下議院，僉以此項貿易，本干中國例禁。其曲在我。遂有律士，向衙門遞稟求禁，並請禁印度人栽種波畢。又有地爾洼者，在倫敦作鴉片罪過論，以爲既壞中國風俗，又使中國猜忌英人，反礙通商之局；英王聞而是之。』（通商始末記卷八）——凡中外之論，均謂曲在英而不在我也。

然由治文化史者視之，渠曰外交失敗而已。以今覘之，蓋有四象。

蓋至此而中國眞不能閉關自守而遂爲世界上之一國也。粤在唐時，貞觀二年（六二八）六月十六日敕：『諸蕃使人所娶得漢婦人爲妾者並不得將還蕃。』（唐會要卷一百）開成元年（八三六）六月『京兆府奏准令式中國人不合私與外國人交通買賣婚娶來往。又擧取蕃客錢以產業奴婢爲質者，請重禁之。』（冊府元龜九百九十九）是中國人之閉關自守久有成例；然寧約第二條則將此原則撲破之矣。

江寧約第二款：『自今以後大皇帝恩准英國人民，帶同所屬家眷，寄居沿海之廣州福州廈門寧波上海等五處港口貿易通商無礙。英國君主派設領事管事等官住該五處城邑，專理商賈事宜，與各該地方官，公文往來。』執此約以與乾隆賜英使勅：『況西洋諸國甚多，非止爾一國。若俱似爾國王，懇請派人留京，豈能一一聽許？是此事斷斷難行，豈能因爾國王一人之請，以致更張天朝百餘年法度。』（東華錄五十八年八月）相提並論，門戶之洞開可見。

蓋至此而中國之政權至是而不能完全行使也。唐律疏議（卷六）曰：『諸化外人同類自相犯者，各依本俗法；異類相侵者，以法律論。』宋史（四〇〇）汪大猷傳記大猷治蠻有『苟在吾境，當用吾法』之語。明律（卷一）名例云：『凡化外人犯罪者，並依律擬斷。』最近如乾隆癸巳『澳門華民遇害猝死，僞言爲英人肆閙所殺，執之，控於葡人公廨，欲定罪而苦無證。華官云，如不獻之出，必燬澳門一邑。葡人難之，集長老議其事，一曰：……不與，則民受害；與一人以救衆，似亦可爲。更一人曰：華官若阻塞通商，我將飢而死。與以英人，乃所保全我也。因與之，華官即殺之。』（華英通商事略頁五）是中國之司法之尊嚴，與國體之完整，昔人固嚴持之。至鴉片戰爭而此政權之行施，遂寓有限制已。

道光二十三年五口通商章程：第十三款『凡英國商人稟告華人者，必先赴管事官處投稟，候領事先行查察，誰是誰非，勉力勸息，使不應訟。間有華民控告英商者，亦應聽訴，一律勸息，免致小事釀成大案。……其英人如何科罪，由英國議定章程法律發給管事官照辦。華民如何科罪，應治以中國之法。』此後美法等國，一致效尤，亂階至此未已，可吁也。

蓋至此而中國之經濟命脈遂受人之支配也。自此以前，國家財政之主要，厥爲田賦。舊唐書楊炎傳謂錢穀國之大本，民之司命是也。『清初稅收，什九出自田賦。逮乾隆三十一年，歲入四千餘萬兩之中，地丁正耗，達三千二百萬兩，而米麥豆之征本色者，猶不與焉。咸豐軍興，轉以釐金關稅爲大宗。』萬國鼎中國田賦之鳥瞰載地政月刊四卷三期頁一六〇 自江寧約後，關稅受有限制，而大宗之來源，遂受有限制。外貨源源，漏巵日甚，其阻礙民族國家者，又何限焉？國人對於外貨之稅，向不主張重稅。全唐文七十五載文宗太和八年四八三：敕『南海蕃舶，本以慕化而來，固宜接以仁恩，使其感悅。如聞比年長吏，多務征求，嗟怨之聲，達乎殊俗。朕方寶勤儉，豈愛遐琛。深慮遠人未安，稅率猶重，不有矜卹，何以綏懷？其嶺南福建及揚州蕃客，宜委節度觀察使，常加存問，除舶脚收市進奉外，任其流通往來，自爲交易，不得重加率稅。』惟前此出乎自動，今茲由於索迫，故未病於古而獨病於今云。

蓋至此而中國之行政黑暗，愈有以見其加甚也。牛應之雨窗消意錄卷一云：『道光壬寅年，英夷犯廣東。果芳侯楊芳爲參贊，因夷人礮利，下令收糞桶及諸穢物爲厭勝計。和議成，遂不果用。有無名氏嘲之曰：楊枝無力愛東風，參贊如何用此公？糞桶當年施妙計，穢聲長播粵城中。』則是人以新異之科學利器而來，而當事者竟以神祕之腐說爲用也。道光二十一年正月：『琦善奏，英吉利見已遣人前赴浙江，繳還定海，並將粵省之沙角大角礮臺，及原奪師船鹽船，逐一獻出，均經驗收。兵船全數退出外洋，奴才查勘各情形，地勢則無要可扼，軍械則無利可恃。兵力不固，民情不堅，若與交鋒，實無把握。不如暫加羈縻。得旨：朕斷不能如汝之甘受欺侮，迷而不返。汝被人恐嚇，爲此遺臭萬年之舉。今又摘舉數端，恐嚇於朕，朕不懼也。』（道光東華錄卷十）案此時，琦善已以香港許英，而飾詞爾爾。則是人以辟土之精神而來，而我以省事之惡習爲用也。後之君子，讀史而不憤憤於一『牛』者有幾？而在當時，則滔滔者，天下皆『牛』爾！

牛，謂爾時江督牛鑑，當時英兵逼南京，而『新調壽春鎮兵，已抵城外，將弁陳平川等，皆憤憤，請決一戰。牛曰，虎鬚未可撩也。曰，然則請閉城登陴而守。牛曰：是令寇疑我。』（中西紀事卷八）後開議軍費，英索軍費一千二百萬，議及此款時，隨從之僕張喜，拂衣而起，而一品大員則一詞莫贊。（同上卷九）此與無名氏一翦梅所云好也彌縫歹也彌縫者，同可爲之一哭歟！

綜言之，閉關局面之打破，政權完整之破碎，經濟命脈之受人制限，行政黑暗之愈暴於世，實足使全中國之民族，首開膺受創痛之記錄。觀夫鴉片戰爭之前：（道光八年）『先是洋商在粵通市，定制不得攜家屬；自大班公司既設，出入自便。是時，遂有大班挈一洋婦來粵城，時東裕洋行司事謝治安，爲置肩輿出入。久之，侈然自大，翻不許行中人乘轎入館。大吏聞之，立拏究治，安死獄中。大班輒架大礮，洋館外設兵自衛。大吏恐激變，乃遣通事諭令撤兵礮，速遣洋婦返國。於是洋行具稟，託於大班患病，需人乳爲引，請俟稍愈遣之。』（通商始末記八卷）乘轎者，財力也。架礮者，武力也。是洋商之武力財力，已足以籠套吾貧弱之中國而有餘。至鴉片戰爭以後，則更甚矣。不謂爲民族之創痛，得乎？

二　對外態度之轉變

在鴉片戰爭以後，如咸豐八年（一八五八）則有英法聯軍之役。天津條約，及北京條約所由簽訂者也。此後俄占西域，法據安南，英占緬甸。（光緒十年）至光緒二十、二十一年，而有中日之役，馬關之和，國恥固絕頂矣。至光緒庚子（二六年）辛丑（一九〇一）而有四百五十兆之賠款，蓋除近時之東省不守，無與比倫者也。

蓋自鴉片戰爭終結後，主持洋務者，終有『非戰之罪』『不肯服輸』之度。故道光二十九年，廣州紳民，有拒絕英人入城之事。宣宗上諭云：『夷務之興，將十年矣。沿海擾累，糜餉勞師。近年雖略臻靜謐，而馭之之法，剛柔不得其平，流弊以漸而出。朕恐沿海居民蹂躪，故一切隱忍待之。蓋小屈必有大伸，理固然也。』（通商始末記十二）是年四月上諭：『我粵東百姓，素稱驍勇。乃近年深明大義，有勇知方，固由化導之神，亦由天性之厚。』（道光錄卷十三）可知在洪楊發難之時，論洋務者，尚存小屈大伸之說云。

然此時西人，實已兇狠。李秀成供狀（頁四二）云：『打入城者，洋兵把守城門，凡清朝官兵，不准自取一物。大小男女，任其帶盡。清朝官兵不言，若多言者，不計爾官職大小，亂打不饒。我天王不肯用洋兵者，為此也。』朱克敬暝廬雜識（卷四）云：『曾國荃攻江寧，久不下。洋人請以兵助戰，如蘇杭故事，兵費半之。國荃不可，曰：彼眈眈者可恃乎？倚以殺賊，將益輕我。是殺狼豢虎也。固謝之。』則當時小屈大伸之說，蓋亦漸漸自知不可靠矣。

即如咸豐間，英法聯軍之役，非薄西人，要亦不免有之。薛福成（庸庵文續集卷下）書漢陽葉相廣州之變云：『葉相（名琛）

以翰林清望，年未四十，超任疆圻。初以拒洋人入城有賢聲，因頗自負，常以雪大恥尊國體爲言。凡遇中外交涉事，駁外人尤嚴。每接文書，輒略書數字答之，或竟不答。顧其術僅止於此。』其後廣州傾敗，名琛虜焉。時人因爲之語曰：『不戰不和不守，不死不降不走，相臣度量，疆臣抱負，古之所無，今亦罕有。』考名琛未敗前，清帝曾贊其外交。七年十一月咸豐錄七十七 則虛憍憤事，固不能自葉氏一人負之，而亦當由時世之風氣負之爾。

其後英法聯軍進犯津沽，夷務令文宗三歎。咸豐十年七月東華錄 東南正有太平天國之役，曾國藩雖請北上勤王，十年四月東華錄 詎曰可能？據近人毛以亨太平天國之對外政策時事月報十四卷二期云：『法大使 Gros 云：『廣東當局葉名琛，卽令盡從我輩之要求，我人亦將提兵北上。北上之原因，卽爲予清室以直接威脅，使其感受痛苦，以得重大讓步。再則俄美是時，俱以討平內亂，要求清室。英法懼俄美計劃之萬一成功也，故有揚兵耀武之必要，以促成清室之借重。』然則津沽之寇事非偶然，人以其實，我以其虛，又安得而不敗哉？

且自津約保護新舊基督教原約第八條以後，咸豐十年之京約又准宣教師在各省租買田地，建造教堂。劉彥近時外交史頁五六於是而仇教排教，與國人之厭惡宗教之積習，反有激水過額之慼，而秉國鈞者則懲於前此之敗，虛憍之氣化而爲畏懾。曾國藩之外甦清議，內疚神明，可爲同治中葉之對外態度之代表；李瀚章之曲徇英人，戮及無辜，可爲光緒初葉之對外態度之代表。由昧外而漸漸至於畏外，賢者不免，鄶以下又何譏焉？故李慈銘越縵堂日記荀學齋乙集下頁五十二光緒七年，引劉雲生英軺私記云：『中國外交之道，當據理直言，不可爲客氣之談，尤不可爲陰陽之論。凡自詡強大，不憚用兵，及中外一家，懷柔遠人等等，皆彼所共識，傳相嫺笑。而或自相輕薄，詆華媚夷，至效其衣冠，習其禮節，尤彼所深鄙。』自昧而至於畏之趨勢可見。

同治九年，天津以教案斃法領豐大業。國藩戮罪人以謝，始寢。『公與人書云：內疚神明，外慙清議，深自引咎而已。』（朱孔彰中興名臣事略一）故李慈銘越縵堂日記（第十三冊乙集頁七五）有感憤詩。陳衍年譜（光緒三十四年戊申）云：『學部尚書徐華卿協揆，就部中宴廣雅（張之洞）談次，協揆逢迎廣雅意，曰三儒（黃顧王）業已從祀，聞外間亦將以曾文正請矣。廣雅嘆嘖曰：曾某亦將入文廟乎？吾以爲將入武廟。舉座愕然，廣雅曰：天津教案，曾某至戮十六人以悅法人，其時德兵（普法之戰）已入巴黎，曾某尚如此。』——是畏外之議，曾公自知不免，而果不免焉。

光緒元年，雲南殺英使隨員瑪嘉里。瑪嘉里者，英使使入滇以偵虛實者也。副將李國珍語滇督岑毓英，英將窺滇，當防之。因得岑之密札，結野人而殺瑪於火焰山畔。李根源記瑪嘉里案，（國學論衡第五期蘇州國學會出版）謂李瀚章訊瑪案，英人格維納傍聽。受賄者野人耳。『野人不達漢語，應對必賴舌人。瀚章曰：殺瑪嘉里，汝輩爲之乎？舌人則曰：官問汝，汝是臘都耶？野夷頷其首。瀚章又曰。汝曹殺瑪嘉里，作何狀乎？舌人曰：官問汝，汝在山中，伐木斫薪狀，可得見乎！野夷羣舉手，作持斧下劈狀。瀚章曰，殺瑪嘉里，信乎，誰爲汝謀主乎？舌人曰：官問汝窮苦，何所啖？啖蝮蛇乎？野夷搖其首者數。瀚章顧格維納曰：案定矣。……英使威妥瑪憤不能罪毓英，至下旗出都，調戰艦北上。李鴻章追威妥瑪於煙臺，與定煙臺條約。』然則畏外之甚，亦可謂煞費苦心矣。

自光緒二年（一八七五）與英人煙臺締約之成，外患初未已也。越四年，而日縣琉球，（一八七九）越十年而英吞緬甸，法吞安南。至甲午（一八九四光二〇）而有中日之戰，乙丑而有馬關之和，光緒二十三四年，而德借膠州，俄租旅大，法借廣灣，英租威衛。『故光緒廿三年十二月，德佔膠州之事起，康有爲上書，極言事勢之急云：……竊自馬江敗後，法人據越，隱憂時事，妄有條陳。發英俄之謀，指朝鮮之患，以爲若不及時圖治，數年之後，四鄰交偪，不能立國。已而東師大偪，遂有割臺賠款之事於是外國蔑視，海內離心。……願皇上稍采其言發奮維新，或可圖存，宗社幸甚，天下幸甚。否則沼吳之禍立見，裂晉之事即來。職誠不忍見煤山前事也。』（戊戌政變記卷一）徵此可知光緒廿三年頃外氛之緊急。畏外之徒，不免有困獸之鬭，果也又三年而有庚子之事云。

庚子事變者，畏外之反動也，仇教之餘波也，抵抗海洋勢力最後之掙扎也。故瓦德西拳亂筆記（頁一一六）云：『中國排外運動之所以發生，乃由於華人之漸漸自覺外來新文化實與中國國情不適之故。更加建造鐵路之時，漠視墳墓以致有傷居民信仰情感，重以近年以來，瓜分中國常為世界各國報紙最喜討論之題目，復使中國上流階級之自尊情感深受刺激。最後更以歐洲商人時常力謀損害華人以圖自利，此種閱歷，又安能使華人永抱樂觀？至於一二牧師作事毫無忌憚，以及許多牧師為人不知自愛，此必吾人不必加以否認疑惑者。』然則庚子事變者，即就西人之言而言之，因華人自求生存之掙扎也。梁任公軍國民篇云：『甲午一役以後，中國人士不欲為亡國之民者，羣起以呼嘯叫號，聲撼大地，或主變法自強之議，或吹煽開迪民智之說，或故立危詞以警國民之心，或故自尊大以鼓舞國民之志。未幾而薄海內外皆懼為亡國之民，皆恥為喪家之狗。未幾而有戊戌變法自強之舉，此振興之自上者也。未幾而有長江一帶之騷亂，此奮起之自下者也。未幾而有北方諸省之亂，此受外族之憑陵，忍之而無可復忍，乃轟然而一爆者也。』（新民叢報十三）然則庚子事變者，即史人之言而言之，因外力憑陵之所激成者也。蓋由畏而生恨，由恨而生仇，原為思想過程之順敍，惟感情之放一發而慘敗，則畏外者又趨於媚外云。辜鴻銘之言，亦一時之實錄也。

漢濱讀易者幕府紀聞（卷上頁四二）曰：『厩焚，子退朝，曰：傷人乎，不問馬。今日地方有一事故，內外袞袞諸公，莫不函電交馳，曰：傷羊乎，不問民！』辜文成於宣統二年庚戌，蓋憤嫉之言，而亦深切事勢云。

然則由鴉片戰爭，以至於庚子事變之六十年間，國人之對外態度，其涯略可得而言：首爲昧外，葉名琛之徒是也。次爲畏外，曾國藩之徒是也。繼爲媚外，李鴻章之徒是也。威妥瑪答東方時局問云：『中國驕傲之氣，不可一世。而所作之事，則正與相反。即如中國素稱文明之國，而其民乃有至愚極拙者。中國之教化，因所謂最古而最上者也，然衡以各國今日之教法，則中國今日之所教，僅未成丁之稚子耳。華人又有不肯自謙之弊，豈知適成爲不能交戰之人。』（陳忠經世文三編卷五） 此蓋就中日戰爭之後而立論耳。若夫汪康年言：『華人初見西人，人人懷惡怒之心，至今日則惡怒之心，一變而爲信畏矣。夫不問是非曲直，而輒以惡怒之心待人，非公理也。至若不信畏己之人，而信畏他人，則尤異矣。夫中國商人雖未可盡信，然錢莊銀號，因不亞於西人也。而今則富貴人之金，多託匯豐矣。修造輪機，中國非不能爲也，而今則購辦之人，必託耶松矣。同一器皿，而必鑿洋行字者爲貴；同一貨物，而必以來自西土者爲佳。若夫亂兵肆横，非口舌所能喻也，乃亦見西人而斂迹。差役恣暴，非禮讓所能禁也，乃亦見西人而戢威。無怪乎聞公使之驕横，而駭汗長流；遇西兵之嚴整，而聞風遠避也。』（同上卷十三） 人侮我而不敢言，人辱我而不敢校，此則海內勢力，在吾國之登峯造極之時，西人所稱爲門戶開放，而吾人所當引以明恥弱教者也。

新民叢報（卷十四）國聞短評曰：『駐俄公使楊儒暴卒，世人固稍已疑之，未幾而其子復自縊，瀕死時有極痛心之語，世人乃益疑之。近者日本報乃詳述楊儒之死，實被俄人從樓上踢下致命。蓋因滿洲條約，爲各國所制，不得行其志，故以此洩忿云。其言確否，未能知。然諒非無因矣。嗚呼，德公使之死，遂致八國聯軍，神京陸沉，意國公使夫人途中遇羣兒譁笑，遂勞明詔，皇恐謝罪。鉅鹿之亂，法教士受傷，政府弔慰之電稍緩，天津法領事，卽相責言。吾國公使獨非人乎。』此卽庚子變後，對於外侮，寧媚毋校之證也。

三一　堅甲利兵政策之來因去果

雖然海禁之洞開，洋人技藝之認識，以及民族之創痛，外交之慘敗，均以洋人之堅甲利兵，爲之階緣。故林則徐云：『制礮必求其利，造船必求其堅』言洋人他無可取，而堅甲利兵，蓋自有其不磨之價值云。豈特林則徐言之，他日薛福成輩，亦以爲言！

戊戌政變記（卷一頁二八）曰『甲午以前，我國士大夫言西法者，以爲西人之長，在乎船堅礮利，機器精奇，故學之者不過槍礮鐵艦而已。此實吾國致敗之由也。乙未和議成後，士大夫漸知泰西之強，由於學術。』

薛福成光緒十六年閏二月初七日記，記在法京晤土耳其國頭等公使愛薩德魯交談之下，『土使則歎息痛恨於英俄諸國之恃強相陵。大抵謂今之時世，一鐵艦槍礮之世耳。未有勢不強而可立國者，蓋王道之不講也久矣。所謂公法條約，皆不過欺人之談耳，奚足恃哉。其寄慨之旨如此。』（出使日記卷一）

以今覘之，論洋人之富強，以爲由於堅甲利兵者，道咸之世，固屬無怪其然。但得就輪船洋礮二端而推論之，足矣。

李秀成云：『其礮利害，百發百中。』（供狀頁四十一）是秀成知洋礮之猛也。咸豐六年正月，『胡林翼奏，請飭粵東購運洋礮，當經諭令葉名琛等，趕緊購運。……由湖南舟運解往湖北，胡林翼營應用。』（咸豐錄五十六）是秀成之敵人，知洋礮之猛也。蓋在太平天國與淸室之決鬬中，有以洋槍之有無，爲勝負之關鍵者，此堅甲利兵之所以啓人信任者一也。

曾國藩奏咸豐十一年三月初二日六安抗敵之敗云：『適驟雨如注，衣服火藥盡濕，騎賊皆用洋槍，乘我於危，遂致挫敗。』（咸豐錄九十九）此則土槍與洋槍之競決於此見之。

至於輪船者，如咸豐六年三月，曾望顏奏：『請雇火輪船以清江面一摺，據稱火輪船船身高大，最爲利用。若雇募四隻入江，必可將江內賊船悉行埽蕩。赴粵雇募，以江南士商報效爲詞。』（咸豐錄五十八）同年同月，江督怡良奏『英吉利司稅李泰國呈請買辦火輪船，以備勦逆。現飭上海道藍蔚文隨機辦理。』（同上）蓋在清室與太平天國之決鬬中，有以輪船之有無爲勝負之關鍵者，此堅甲利兵之所以啓人信任者二也。

薛福成出使日記（卷二）云：『嘗考火輪船之權輿，乾隆元年，英人議造小火輪船，運用之力，不用水氣而用風氣。船頭置輪，船尾置機，以大繩運轉其輪，欲拖大船出海口，未成。是後製作日精，道光十八年，英人造一大火輪船，載貨一千四百噸，開行十五日，可抵美國之紐約，是爲輪船出大西洋之始。咸豐二年，始造鐵船，卽遇颶風，可免迸裂沈沒之虞。又有隔船之法，以防滲漏。自是輪船之制益備，殫無窮之財力，積數國奇智異能之士苦心經營，有美必備，然後無遺憾焉。然則握富強之樞者，豈非以輪船爲第一要圖乎？』——薛氏記此於光緒十六年三月，第輪船之爲我重視，則遠兆於前此也。

至於太平天國以後，洋兵洋器大有造於清之中興。於是而時人之論，對於西洋人之堅甲利兵，更有神祕之崇拜。如時務報（十二　五頁二）云『德國克虜伯廠有機器工程師，新造一種礮，以紙造之，可以卷舒，分量極輕，可爲軍士包裹之用。礮口大五個生特，據聞五個生特之鋼礮，尚不及此礮之耐用。水陸險阻之區，林木叢雜之境，用此礮，最爲合宜。』（經世文三編六十二卷亦引此）薛福成云：『西人制造，愈出愈奇。美國新法，以紙製造各物，令其堅實，以代鋼鐵之用。火車之輪，亦以紙爲之。又造貨廠一所，牆壁屋瓦以及樓板階磚，無不以紙爲之。耐久不頹，火不能然，水不能入，較磚瓦之用，爲尤堅。』（出使日記續刻卷六）——觀夫兩處所記，知太平天國以前，戊戌政變以前，國人對於洋人堅甲利兵之崇拜，可謂至矣盡矣。

故江南製造局之產生，實基於此等觀念而產生者。此實同治四年（一八六五）即曾國荃攻拔金陵之翌年也。陳其元庸閒齋筆記（卷十一）記之云：『李爵相既平粤賊後，於同治四年，先在上海開機器局，以造洋槍洋礮。比督兩江，於金陵亦設製造局。曾文正公繼督兩江，仍踵行之。嗣福建創造輪船，文正亦令於上海兼造。數年來已成八艘，十二年又仿造鐵甲船一艘。洋人所能者，吾盡能之矣。十三年，李爵相復請開輪船招商局，共集貲一百五十萬兩，官給二十萬，商給一百三十萬。先購買外國輪船，而以機器局所造之輪船益之，以運江浙兩省漕糧。漕運既畢之後，准商人雇載赴外洋，及各海銷售貨物，以分外洋之利。無事則運糧販貨，取其貲爲修購船隻之用；有事則用爲戰船，以之巡防，以之攻擊。蓋一舉兩得之術也。』黃式權淞南夢影錄（卷二）記之云：『自粤匪克復後，當道諸鉅公，漸知泰西火器之利，乃於各省衝要之地設局製造。滬局在城南高昌廟側，度地四百餘畝，工匠皆閩粤寧波人。以西人之精通機器者督之。局側設廣方言館，招華童之聰穎者肄業其中。禮延西儒傅蘭雅諸君，授以西法化學、算學、光學、行陣造作等事。而兼聘中儒教授華文，歲一考校，拔其尤者，充繙譯管駕等官。其事創始於李少荃傅相，而觀成於應敏齋方伯。謀國遠猷，萬世攸賴矣。——』同治中之江南製造局，蓋集堅甲利兵政策之大成者也。

「此種堅甲利兵政策，在當日自有小效。大公報（二三年五月三一日）云：『中國之海軍，成於日本之先。甲午戰前，北洋戰艦駛至橫濱，軍容甚盛。水兵上岸，道路以目。東鄉見我軍艦上，有水兵所洗衣服，晾於大礮之上，以爲不知戰爭之尊嚴。獨謂中國海軍不足深畏。甲午黃海之戰，中國海軍實力原較日本爲厚。而開礮時礮彈，竟多贋鼎。龔照嶼且不戰而棄旅順軍港。我國既受挫辱，復使東鄉獲知言之明，豈不可痛？今日本已握海權，爲世界三大海軍國之一。中國雖先舉步，今日直等於零，撫今思昔，感斯生已。』案中興名臣事略卷五沈葆楨傳：『前後造成兵輪二十艘，分布各海口。居無何，而有進視臺灣之役。同治十三年夏，有日本船避風來泊，爲生番所殺。日本調集兵船，藉辭生事。公據理詰責之。倭人爲之奪氣。』是堅。甲。利。兵。之。收。效，有時。固。能。以。虛。聲。恫。嚇。洋。人。焉。

然。而。堅。甲。利。兵。之。收。效，竟。不。驗。於。甲。午。故文廷式五百餘人，聯名劾李鴻章云：『用一衞汝貴，而百戰之淮軍，化爲叛卒。用一丁汝昌，而大梳之鐵甲，盡屬漏舟。倭國國勢兵力，不能與西洋各國，同年而論。國債重而民力困，則根本未堅也。有快船而無巨艦，則武備不足也。兵出於卒募，非素練之師也。權紛於黨論，非劃一之政也。東事之興，凡曾經戰陣之士，通曉夷情之人，莫不以爲螳臂當車，應時立碎。雖西人亦鑿鑿言之。——而事竟有大謬不然者。』（張廷驤不遠復齋見聞雜誌卷四）是。則。由。海。洋。而。來。之。波。浪，經百年之搖撼，而吾國文化之所得，仍不免限於工匠器事之末。窮民喪財，而。結。果。於。甲。午。之。慘。敗。使國家、民族、政治、經濟，均無以證其自全。蓋大而言之，當爲中國仍輕視西洋文明之本，而無法否認西洋文明之末。夫以輕視西洋文明之本之人，而駕馭西洋文明之末，則吳大澂之懸古印而統新軍，其。不。敗。者。幾。希？過而存之，治近世史者，儻有取焉。

新民叢報（二十三文苑）有黃公度（題人境廬主人）渡遼將軍歌云：『聞雞夜半投袂起，檄告東人吾來矣。此行領取萬戶侯，豈謂區區不予畀。將軍慷慨來度遼，飛鞭躍馬誇人豪。平時蒐集得漢印，今作將印懸在腰。將軍嚮者曾乘傳，高下句麗蹤跡徧。銅柱銘功白馬盟，隣國傳聞猶膽懾。自對珥節駐雞林，所部精兵皆百練，人言骨相應封侯，恨不遇時逢一戰。雄關巍峩高插天，雪花如掌春風顚。歲朝大會召諸將，銅爐銀燭圍青氈。酒酣舉白再行酒，拔刀親割生彘肩。自言平日習鎗法，煉目煉臂十五年。目光紫電閃不動，袒臂視客如鐵堅。淮河將帥巾幗耳，蕭娘李姥實可憐。看予上馬快殺賊，左盤右辟誰當前？鴨綠之江碧蹄館，坐令萬里銷烽煙。坐中曾黃大手筆，爲我勒碑銘燕然。么麼鼠子乃敢爾？是何雞犬何蟲豸？會逢天幸遽貪功，它它藉藉來赴死。能降免死跪此牌，敢抗顏行可一試。待彼三戰三北餘，試我七縱七禽計。兩軍相接戰甫交，紛紛鳥獸空營逃。棄冠脫劍無人惜，只幸腰間印未失。將軍終是察吏材，湘中一官復歸來。八千子弟空摧折，白衣迎拜悲風哀。幕下部卒皆雲散，將軍歸來猶善飯。平章古玉圖鼎鐘，搜篋價猶值千萬。聞道銅山東向傾，願以區區當芹獻。藉充歲幣稍補償，毀家輸國臣所願。燕雲北望憂憤多，時出漢印三摩挲。忽憶遼東浪死鬼，印兮印兮奈汝何？』治古印者，卽輕視洋學之態度；統新軍者，卽認可西洋技藝之態度，卒致勞師糜財，朝鮮熸焉。而究其所以，則由於鴉片之役，下迄中日之戰，雖海潮之波靡一世，而崇奉仍在皮毛之故乎？

第七章　國家財計之變革

二三　賦稅制度之因革

清世政治之轉換方面，自乾隆始；外交政策之轉換方面，自道光始；至光緒甲午之戰時，則政治之弊日甚，外交之害日烈之秋也。而謂僅僅以堅甲利兵救之，欲有效得乎？不寧惟是，『四海困窮天祿永終，』卽國家財計之成爲問題，固亦非支離破碎之淸室所能支持焉。

考自海禁未啓之前，國家主要歲入，首指田賦，關於此項歲收，丁明盛時，有就田問賦之魚鱗册，可以應用。參本卷二〇節近古卷卌一節 而國家歲有工作，又有徵之於民之力役。粵在明季，賦役册無可考。於是而有一條鞭法：『一條鞭者，總括一縣之賦役，量地計丁，丁糧畢輸於官。一歲之役，官爲僉募。力差，則計其工食之費，量爲增減。銀差，則計其交納之費，約以增耗。立法頗爲簡便，嘉靖間數行數止，至萬曆九年，乃盡行之。』明史七八食貨志 若此諸唐世之租庸調而立說，則國家所責，偏責於田，自無疑也。其在淸初，賦役之册，頗沿訛襲謬。故淸史列傳卷五范文程傳云：『時宮闕灰燼，百度廢弛。明季賦額屢增，而籍皆燬於寇。惟萬歷時，故籍猶存，或欲於直省求新册，文程不可曰：卽此爲額，猶恐病民，豈可更求哉？自是天下田賦，悉照萬歷年間則例征收，除天啓崇禎間諸加派，民獲甦息。』——然則淸人初入關時，征於財計之主要部分，未嘗爲整理也。國受蠹矣，民亦病之。

故呂留良死雍正時，『其文集內云，今日之窮，爲羲皇以來所僅見。』雍正七年五月東華錄 呂留良力主反淸，所言或有失實。然淸室盛時，已不能改良賦制，救濟民人，則十口不殊也。

康雍之間，又有混丁於地之令。俞正燮述之曰：『康熙五十三年，御史董之燧請統計丁糧，按畝均派，部議不便而止。然舍此別無長策。故廣東四川兩省先行之，雍正元年，直隸撫臣請行之，三年，山東撫臣請行之，五年，竟通行之。』癸巳類稿卷十二地丁原始 於是富戶多丁，稅亦一率於田；下戶少丁，稅亦一率於田。而賦役册之外，丁口册亦無所取憑，此又國計凌亂之一徵焉。

清康熙五十二年詔『海内承平日久，戶口日繁，地畝並未加廣，宜施曠大之恩，共享恬熙之樂。嗣後直隸各地方官，遇十年編審之期，止將（人口）實數另造清册奏聞，其征收錢糧，但照康熙五十年丁册定爲常額，續生人丁，永不加賦。』（康熙東華錄八十九）是地丁未合一前，人口猶有十歲一報之制。至乾隆三十七年五月上諭『今丁糧既皆攤入地畝，而滋生人戶又欽遵康熙五十二年聖祖恩旨永不加賦，則五年編審，不過沿襲虛文，嗣後編審之例，著永行停止。』（乾隆錄七五）是則地丁合一以後，非但賦册無憑，即人口之籍，亦因之而失於攢造也。

且雍正間之併丁入地，原有康熙時之盛世滋生，永不加賦，爲之基因。（盛世滋生者，即云生於康熙五十年以後之剩餘丁口，不出丁糧，見康熙五十一年二月東華錄。）此所謂永不加賦，蓋指人口之賦而後人傅會『仁政』，即指田賦爲不可增減。於是國家歲入又無形的受有道義的限制，而稅收所至，遂不得不別開方便法門，則有如火耗也，雍正即位，諭州縣曰：『至於錢糧，關係尤重，絲毫顆粒，皆百姓之脂膏。前有請暫加火耗，抵補虧空帑項者，皇考示諭在廷不允其請，諸臣共聞之矣。今州縣火耗任意加增，視爲成例，民何以堪，嗣後斷宜禁止！』（雍正東華錄一）而雍正二年『山西巡撫諾岷，請以通省耗羨，提解存公，將全省公事之費及上司下屬養廉之需，咸取於此。於國計民生，上下公私，均有裨益。』（雍正錄十二事在六年四月）至此而賦稅史上，遂有額外取贏，公開祕密之『耗羨』兩字矣。火耗之外，則又有平餘也。清史（列傳十五）碩色傳記碩於乾隆二年爲四川巡撫『疏言川省陋例相沿，火耗羨餘外，銀百兩提解六錢，名曰平餘，充各衙門用度。諭曰：川省耗羨，向因公用不敷，每兩完銀兩錢五分，朕馭極以來，減去一分，只存一五之數。今據碩色之奏，不勝駭異。火耗報官，原以杜貪官汙吏之風。今若耗外復聽其提取，豈非小民又添一交納之項乎？』乾隆三年十二月諭『四川火耗，較他省爲重。今聞該省耗銀雖減，而不肖有司，巧爲營私之計，將戥頭暗中加重，每兩有加至一錢有餘者。』（乾隆錄八）巧取與營私，是又國受蠹矣，民亦病之之一徵焉。

蓋火耗之得名，原由於銀之應用，亭林文集卷一錢糧論云：『漢志言秦幣二等，而銀錫之屬施於器飾，不爲幣。自梁時，始有交廣以金銀爲貨之說。宋仁宗景祐二年，始詔諸路歲輸緡錢，福建二廣易以銀，江東以帛。所以取之福建閩廣者，以坑冶多而海舶利也。至金章宗始鑄銀名之曰承安寶貨。（登原案元寶之名始見元史一七〇楊湜傳）民但用以市易而不用鑄，至於今日，上下通行，而忘其所自。』自銀子通用以後，遂有火耗。故亭林又云：『火耗之得名，其起於征銀之代乎。此所謂正賦十而餘賦三者歟？此所謂國中飽而姦吏富者歟？原夫耗之所生，以一州縣之賦繁矣，戶戶而收之，銖銖而納之，不可以瑣屑而上諸司府，是故不得不有資於火。有火則有耗。所謂耗者，特百之一二而已。有賤丈夫焉，藉火耗之名，爲巧取之實。此法相傳，官重一官，代重一代，以至於今。於是官取其贏十二三，而民以十三輸國之十。里胥之輩，又取其贏十一二，而民以十五輸國之十。解之藩司，謂之羨餘；貢諸節度，謂之常例。責之以不得不爲，護之以不可破，而生民之困，未有甚於此時者矣！』

然而巧取營私之外，又有附加稅也。此蓋起於洪楊發難之後，要之，亦國家財政，以無辦法而出此者也。附加稅者，淵源明季之加派。（廿二史劄記三六明季劉餉練餉條）清初，屢奉禁絕之令，如康熙初年『兩河爲患，歲用銀三四十萬，舊皆按畝以征，至是（佟鳳采）請發公帑修之。』（先正事略二佟傳）卽其一例。至同治軍興，軍食不繼，乃沿明季加派之陋而不能自已。

如同治元年正月上諭：『皇帝雖在沖齡，亦當存民飢民溺之思，不可稍耽安逸。前以軍餉浩繁，度支不足，不得議畝捐釐捐之舉。地方有司不知善爲經理，暴斂橫征，漫無限制。方希逆賊蕩平，輕徭薄賦。何意貪吏朘削，民不聊生，殊堪痛恨！』（同治東華錄五）同治八年又謂：『據倭仁奏稱，臚陳河南省官民情形，內稱該省州縣誅求無厭，錢漕浮收，雜派訛索，日增月益；甚至零星小口，偏索無遺；胥役劣紳，從中私飽。』（同治錄十二）雖痛恨之語，語有明文，而禁止之意，亦在言內。具足徵西洋人侮華最烈之時，太平軍爲勢尚張之日，國家財政實無辦法，而欲『僅僅以堅甲利兵救之，欲有效，得乎？』（重述上文）

咸同間之國家經濟，真可謂黑漆一團。如行用鈔票也，（咸豐錄三十三）行使當千大錢也，（同上五十四）要可證明國計家之捉襟見肘。至光緒之初，此病原未能盡除。如光緒二年三月八日申報云：『按畝派捐，照民田而核數之，一圖約有二千畝田，核一縣之田，可得三十餘萬畝。按畝一文而算之，可得錢三百餘千。若以十文算之，可得錢三千餘千。若倍忙倍數算之，則有錢一萬五千萬文矣。若又倍之，則此項將何用處？且捐之意，願捐之意也，非勒捐之謂也。按畝加捐，小民有願捐之稟狀乎？小民不願，而一二紳董聳成，則紳董不過一言，而官長已受其欺矣。』然則以財計之不足，而豪紳劣胥狼狽爲奸，又躍躍眼底也。

二四　社會經濟之病態

且以社會經濟之分配言之，固非僅僅堅甲利兵所能奏效也。

往昭槤嘯亭續錄（卷二）記本朝富民之多云：『本朝輕徭薄稅，休養生息，百有餘年。故海內殷富，素封之家，比戶相望，實有勝於前代。京師如米賈祝氏，自明代起家，富踰王家。其家屋宇，至千餘間。園亭瑰麗，人游十日，未竟其居。宛平查氏盛氏，其富麗亦相仿。然二族喜交納士大夫，以爲干進之階。故屢爲言官彈劾，致興獄訟。不及祝氏退藏於密也。懷柔郝氏，膏腴萬頃，喜施濟貧乏，人呼爲郝善人。純皇帝嘗駐蹕其家，進奉上方，水陸珍錯，至百餘品。其他王公近侍，以及輿臺奴僕，皆供盛饌。一日之餐費，至十餘萬云。王氏初爲市販弄童，後以布帛起家，築室萬間，招集優伶，耽於聲色。近聞其家已中落，然聞其子弟云：器皿變置，猶足五十載，其他可知矣，蓋皆極一時之盛者也。』是則在乾嘉盛世，社會病態，歷歷可見。更無論仕宦者之宦囊之剝削平人焉。至嘉道之間，更無論已。

沈守之借巢筆記（人文七卷四期）曰：『風俗之壞，其起甚微，皆視鄉先生爲轉移。乾嘉之前，闤闠之子，雖擁厚貲，士大夫絕不與通慶弔。憶兒時聞先大母言，我大父中乾隆癸卯鄉試第一，有袖二百金來賀求一喜單不可得。道光中，士人一登科第，擇鄉里之富厚者，廣送硃卷，不問其出身奚若，喜單稱謂，隨意填寫。眷弟眷姪字樣。甚且結爲婚姻。一派市井之氣，令人不可嚮邇。軍興以來，以捐餉例得優保，干預公事，罔顧大局。訖於蘇城失陷而後止。嗚呼，是誰之過歟？』然則嘉道以後，富人之勢更張也。

道咸之際，國力新蹙，而富人之力未蹙。其蠹害政治者，則如捐官入班，其貽害地方者，則如財可通神。以前者言：閩撫王凱泰應詔陳言疏云：『史記，司馬相如以貲爲郎，漢書食貨志，令民得入粟補吏。捐納之制，由來久矣，然必家有餘財，而後輸將獻納。固可抒報效之私，又可爲進身之階，此中非無人才也。乃自捐章折減以來，持銀百餘兩，而得佐雜矣，持銀千餘兩，而得正印矣。即道府例銀巨萬以上，今亦折算至三四千兩矣。家非素封，人思躁進。或攢湊於親友，或借貸於商賈，以本求利，其弊可勝言哉？』（同治中興京外奏議卷一）以後者言：則宰白鴨之慘，尤慘極一時云。陳其元云：『福建漳泉二府，頂兇之案極多。富戶殺人，出多金與貧者代之抵死。雖有廉明之官，率受其蔽，所謂宰白鴨也。先大夫在讞局，嘗訊一鬬殺案，正兇年甫十六歲，檢尸格，則傷有十餘處，似非一人所能爲。且年稚弱，亦非力所能致。提取覆訊，則供口滔滔，與詳文無絲毫之差。再令覆述，一字不訛，蓋讀之熟矣。加以駁詰，矢口不移，再四開導，始垂泣稱寃，卽所謂白鴨者也。乃駁回縣更審。未幾，又頂詳，仍照前議。再提犯問之，則斷斷不肯翻供矣。……案定後，先大夫過諸門曰：爾何故如此堅執？則涕泗曰：極感公解網恩，然發回之後，縣官更加酷刑，求死方不得，父母又來駡曰：賣爾之錢已用盡，爾乃翻供以害父母乎？若出獄，必處爾死。吾意進退皆死，不如順父母而死耳！先大夫亦爲之垂泣。』（庸閒齋筆記卷三）——秉此兩事而論，然則富民之橫行不法，固足以致世於黑暗而有餘。何况洪楊戰役以後，兵過如洗，賊過如篦，平人之經濟，更陷於萬刦不復之境哉？

曾文正集（奏稿二十一卷）遵旨覆陳疏云：『今（同治四年）鳳潁徐泗歸陳等郡，幾於千里廢耕。而官兵又騷擾異常，幾有賊過如篦，兵過如洗之慘。圩民仇視官兵，於賊匪反有恕詞，卽從賊亦無愧色。』又文正集（書札卷十三）復馮魯川云『昨者東來金陵，目覩萬寶焚燒，白骨山積，益復慘不成歎。自五季以來，生靈塗炭，蓋無踰於今日。』又求闕齋日記（軍謀第四）云：『近年從事戎行，每駐紮之處，周歷城鄉，所見無不毁之屋，無不伐之樹，無不破之富家，無不欺之貧民。大抵受害於賊者十之七八，受害於兵者亦有二三。目擊心傷，喟然私歎。行軍之害，一至此乎？』陳康祺燕下鄉脞錄（卷十三）云：『同治三四年，皖南到處食人，人肉始貨三十文一斤，後增至百二十文一斤，句容二溧，八十文一斤，慘矣。』——此皆述亂後社會景象之駭人聽聞者。何况更重之以洋人經濟之侵略哉。

黃爵滋請塞漏卮原奏云：『竊見近年銀價遞增，每銀一兩，易制錢一千六百有零；非耗銀於內地，實漏銀於外洋也。蓋自鴉片流入內地以來，道光三年以前每歲漏銀數百萬兩，其初不過紈袴子弟，習爲浮靡，嗣後上自官府縉紳，下至工商優隸，以及婦女僧尼道士，隨在吸食。粵省奸商勾通兵弁，用扒龍快蟹等船，運銀出洋，運烟入口。故自道光三年至十一年，歲漏銀一千七八百萬兩。十一年至十四年，歲漏銀二千餘萬兩。十四年至今，漸漏至三千萬兩之多。福建、江浙、山東、天津各海口，合之亦數千萬兩，以中土有用之財，塡海外無窮之壑。易此害人之物，漸成病國之憂，日復一日，年復一年，臣不知伊於胡底。』（中西紀事卷四頁十二）——然則鴉片戰爭之所以，固屬於經濟方面者不少也。

禁銀出口，固非始於此時。唐會要（八十六）載開元二年勅：『金鐵並不得與諸番互市。』冊府元龜（九百九十九）記德宗建中元年勅：『銀銅鐵奴婢等並不得與諸番互市』，是也。

蓋國內經濟，嘉慶以後，已呈動搖之象，而洋人勢力，日益東漸，如洋錢之排斥紋銀也，洋貨之排斥土貨也，皆其徵也。而民族經濟之日趨凋殘，自遲早成爲意中事爾。嘉慶十九年正月蘇楞額請嚴海禁：『近年以來，夷商賄通洋行商人，藉護回夷兵盤費爲名，每年將內地銀兩偸運出洋，至百數十萬之多。該夷商已將內地足色銀兩私運出洋，復將低潮洋錢運進，任意欺蒙商賈，以致內地銀兩漸形短絀。』（嘉慶錄卷十二）鷹洋之握我貨幣之權，此殆爲其先路。此洋錢之排斥紋銀也。道光丙午（二十六年）包世臣作齊民四術，其中（卷二十六）有云：『松太利在棉花梭布。近日洋布盛行，價才當梭布三之一。吾村專以紡織爲業，近聞已無紗可紡。松太布市，消滅太半。』洋貨之排斥土貨，此已見其先形也。求民生之安全，社會之康吉，得乎？

中國自元明間用銀以來，素無定量通貨。光緒甲申中西冷廬翁作西俗雜誌（二十頁）云：『泰西銀錢，行於中土，謂之洋錢。以其鑄鷹於其上，故謂之鷹洋。近則訛爲英洋，因訛成訛，遂疑爲英國所鑄。殊不知各國自有所鑄之洋，非此式也。此式實由墨西哥國所鑄，墨西哥遠在北阿墨利加洲，與美國相近。有識洋文者，謂其洋面之上，本鑄有墨西哥字樣云。』外幣通行，自有影響。故光緒二十九年，清德宗雖思鑄造銀幣，以兩爲單位，銀幣分五錢二錢一錢三種，而卒未果。至光緒三十四年（一九〇八）盛宣懷呈新計劃，以銀元爲本位，銀輔幣采用一角二角，銅輔幣采用一文二文十文二十文四等，而以十分銅幣等於一銀元百分之一焉。（詳廿一年八月十二新聞報假影印國幣制小史）是則吾國幣制，亦受外人影炙之片影焉。

至於洋貨之通行，本卷第二節已引梁章鉅言。案陳作霖炳燭里談（卷二）云：『道光年間，凡物之極貴重者，皆謂之洋。重樓曰洋樓，彩轎曰洋轎，衣有洋縐，帽有洋筩，挂燈名曰洋燈，火鍋名爲洋鍋，細而至於醬油之佳者，亦名洋。秋油顏料之鮮明者，亦呼洋紅洋綠。大江南北，莫不以洋爲尚。洋乎洋乎，蓋洋洋乎？』是當時風氣，已重洋貨矣。

列舉而言之，凡富人之剝削也，兵燹之創痛也，國族經濟命脈之操於外人也，社會病態，百孔千瘡，『而欲僅以堅甲利兵藥之，欲求有效，得乎？』

一二五　農商業之凋敝

言道咸同間社會經濟之病態，其應挺筆特敍者，則更有農村之艱難也，商業之艱難也。

考農村生活，由於業佃之間，俱應無藝，曾見上文。（近世卷廿六節）然業主之權威，與有心人對於佃租之救濟；仍為相持並行，而後者終致失敗。朱子語類（卷一三二）曰：『岳太尉飛本是韓魏公家佃客，每見韓家子弟必拜。』盛如梓老學叢談（下頁十二）云：『里人周竹坡守產家居。……為佃客告其私酒。公（馬裕齋）判曰：私醞有禁，不沽賣者其罪輕。然告主之風大不可長。周某杖八十，贖銅。佃者杖一百。聞者快之！』是地主，佔特殊地位焉。宋史（卷三九）寧宗紀：『詔兩浙江淮諭民雜種菽麥麻豆，有司毋收其賦，田主毋責其租。』是減租確乎為問題焉。即在清初之世，而此兩端之事，仍矛盾。於農村社會間云。

康熙間鈕琇觚賸（說鈴後集本頁三十）曰：『扶溝有孫家莊，惟孫姓者居之，性黠而驁，多行不義。頗富於財，危樓高臺，高至百楹，周以繚垣，甓甃甚固。佃戶之依以居者，茅舍三十餘家。康熙十三年七月初八日雨中……狂風亂吼，其聲若雷。孫姓之屋，蕩埽無遺，摧壓而斃者九人。旁居佃奴，完然如故。』此斥地主之不義者也。

徐慶賓信徵錄（同上本頁四六）云：『康熙三十四年，浙西大水，嘉屬幸不成災，而各邑佃戶以水藉口，不論高下，每畝止吐三二斗。田主以不成災，無有蠲減。嘉善有一佃戶，素號強梗，佃某宦田二十餘畝，畝收二石五六斗，僅完租五六石，餘米六十餘石。載至嘉郡，糶銀四十餘兩，得意之極，入城探親；其子止十三歲，在船獨坐，為騙者騙取。頃之父來，詢知其故，知為騙子拐去，持槳向子一擊，破顱立斃。不惟失所賴租米，又失其子矣。』此斥佃戶之不義者也。

然在土地私有之制以下，佃人疾苦，清人不乏明知之者。故清儒之言井田、言限田者，上自黃宗羲，下訖譚獻，史不絕書。（拙作田制叢考頁二四一—二四九又頁二八〇—二八一）章炳麟云：『孫文曰：兼併不塞，而言定賦，其治末矣。夫業主與傭耕之利分，以分利給全賦，不任也。故取於傭耕者，率三而二。古人有言，不爲編戶一伍之長，而有千室名色之役，夫貧富斗絕者，寇盜之媒。……故不稼者不得有尺寸畊土，故貢賦不設，不勞收受而田自均。章炳麟曰：善哉。田不均雖衰定賦稅。民不樂其生。今欲惠農耕，宜稍稍定租法。昔者予在蘇州，過馮桂芬祠堂，人言同治時，桂芬爲郡人減賦，功德甚盛。嘗聞蘇州園田，皆在世族，大者連阡陌，農夫佔田寡，而爲傭畊。其收租稅，畝錢三千以上，有缺乏，卽束縛詣吏，榜笞與逋賦等。桂芬特爲世族減賦，顧勿爲農人減租，其澤裕矣。」（檢論七定版籍）是爲農人而主均田者，迄清季而未已。

言土利均配者外，則有明言減租者。自呂留良言富田盡爲富戶所收，（見攟作田制叢考頁二四二引大義覺迷錄）顧炎武言，卽當禁減私租（日知錄十蘇松田租之重）以後，乾隆之時，遇有蠲賦，亦命地主減佃戶租。（攟作土地制度頁三一五）雍正三年，杭奕祿官江南，以蘇州松江「其中有田者多，無田而佃於人者亦不少。有田納賦，旣邀減損舊額，佃人納租，業主亦擬酌損常式，俾貧佃均沾實惠，得旨，此奏甚公。尋議減十分之二三，如業戶減糧一錢，則佃戶免租米三升，詔如議速行。」（清史列傳一一七本傳）而道光七年，「通州民人王文弼，呈遞封單，控告大學士英和家人張天成增租擾累。命托津等治其獄。讞定，坐英和失察，停大學士職，仍下部嚴議。王文弼等，論罪如律。」（清史例傳三十二托津傳）此等有利於佃人之片段事實，正所以表示農人疾苦之水深火熱耳。

故乾隆十一年八月，汀州有羅日光等抗租案，見東華錄該年該月。道光二十八年，乾州有石覩保等，糾衆抗租事件，見清史列傳（四十三陸費瑔傳）咸豐八年，餘姚有黃春生抗租事，見光緒餘姚縣志。（卷二十三謝敬傳）官書明稱之曰：「浙江餘姚縣匪徒，因紳富平日收租苛刻，業佃不和，乘機煽惑。」（咸豐錄八十六九年三月）具見事態嚴重也。咸豐四年閏七月諭：「鄉民糾衆抗糧，法所難宥。該地方官（蘇省）亦應痛加懲辦，勿稍姑息。至於佃欠業租，旣經該業戶控告，亦應照例懲辦，以儆刁風。』咸豐錄三十八 則國家庇業而不袒佃，亦躍躍眼底已。以此之故，農人困苦，自更利害。考淸史列傳四十二程裔采傳云：『先是道光二年江西鄱陽，向有各村殷戶於青黃不接之時，仿錢典之例，聽農以物質穀，每石加息二斗。春出秋歸，三年不贖，則將質物變價作抵，行之稱便。旋經巡撫毓岱，恐富民不願，請定章程，每穀一石，加息三分，質物以一年爲限，已經允行。至是裔采以息穀過多，期限過迫，官爲限制，轉涉煩苛。仍聽民間自便，毋庸另立章程，上是之。』則地主與官吏之勾結爲姦，又可知也。

農困病矣，商亦受病也。

蓋自關稅受制限以後，國家對於商貨，幾無自由征課之權。於是乎而有釐金。此等稅收，雖云於古有之，如解縉言：『茶椒有糧，菓樹有稅，旣稅於所產之地，又稅於所過之津，何其奪民之利，至於如此之密也？』明史一四七解縉傳 第此過津問稅之辦法，不如淸季之普徧。朱克敬暝庵雜識卷二云：『釐金之議，剏於上元周騰辰，卽漢代算緡法也。揚州某帥奏行之，駱秉章繼行於湖南，胡林翼又仿於湖北，自是天下皆有釐局，而以湖南立法最善。』今考其議，蓋始於錢江。東平云：『錢東平江者，浙之歸安人也。負氣使才，俯視一世，故無鄉曲之譽。薄遊廣東，會林文忠禁烟，江心憤其事，遂糾衆舉義，與夷爲難。所作檄文，多所指斥。大府惡之，坐法戍新疆。遇赦歸，會粵賊日亟，副都御史雷公以誠，辦理糧臺，開府邵伯埭。當是時，江北屯兵數萬，而各省協餉不至，空手不名一錢，焦愁仰屋。江爲之劃策，創立抽釐法。於行商坐賈中，視其買賣之數，每百文捐取一文。而小本經紀者免。居者設局，行者設卡。日會其數，以濟軍需。所取者少，故商人不病。所入甚鉅，故軍餉有資。源源而來，取不窮而用不竭。不期月而得餉數十萬，資用旣裕，兵氣遂揚。江上諸大帥，倚公若長城，而公亦視江如左右手矣。江後以恃功使氣得罪去，然其創立釐捐法，各直省皆仿行之。曾文正公尤以爲善，謂軍餉無出，與其病農，不若病商。軍興二十年以來，不加賦，不勒派，而卒成勘定之功者，釐捐之功爲多。商賈雖不免怨謗，然一省之中，每年或得數十萬或百餘萬，而不甚費力。然江以一匹夫創立釐捐之舉，論平賊之賞，固屬功首；思病商之源，亦是罪魁也。按釐捐之法，實肇於陳康伯之經制錢，增酒價，添商稅，及公家出納，每千收二十三文。紹興時入共一百二十萬緡，史稱其事。江之釐捐，實祖其意。』陳其元庸閒齋筆記卷十二——以錢江釐捐與陳遘康伯之經制錢爲比，具徵其病商云。

陳遘字康伯，宋史入忠義傳。經制錢云云，葉適盛非之，具見亭林文集卷五讀宋史陳遘傳。釐金與雷以誠有關，見咸豐東華錄卷三十三，咸豐四年三月，及趙祖銘文獻邁古錄卷十二釐捐條。蓋國家於海關無權收稅，乃立此駢枝於內陸港卡云。

蓋釐捐之病商也，始創之時，端倪已見，屢記於咸豐東華錄。四年十二月又五年七月其弊害之最大者，則以洋貨來華，於約不受釐金之限制。故薛福成論利權云：『自巨寇竊發以來，軍餉告匱，始立權釐之法。……有洋商運貨入中國，……關稅交納之後，運入內地，無守候驗貨之繁，無逐卡停留之苦，行運既速，成本較輕。利之所在，顯然易明。』經世文續卷一一六然則，釐金之立，於國計爲病民也，兼亦爲洋商而爲叢敺爵也！

津約第二八款：『英商已在內地賣買，准照行納一次之課，其內地貨，准在內地首經之子口，輸交洋貨，則在海口完納，給票爲他子口毫不另征之據。每百兩抽銀二兩五錢。』蓋洋貨除正稅五，子稅二點五外，毫無糾牽，則華商受病可知。釐金至民國十九年元旦，始由國民政府下令撤消，然病商已數十年矣。

且商人之困苦，非限於釐金一端，如高利貸借，亦其一也。曝書亭集七十五監察御史任公墓志銘云：『京師坊市勢豪，多以私錢謀重息。有印子、樸子、坊子之類。貧民稱貸者，不勝其苦。君告示禁之。』是重債盤駁，清初已然。而道光十七年，梁章鉅作退庵隨筆（卷七）云：『古之放債取息，皆有限制。漢書王子表旁光侯劉殷，坐貸子錢不占租，取息過律，免。陵鄉侯，坐貸穀息過律，免。則知古者取息有律，而重息之罪甚嚴也。今赴京守候者，所假京債之息，以九扣三分為常，甚至有對扣四扣三扣者。』所陳雖限於京債，亦可占商人借貸之困艱矣。

綜而言之，道咸以後，國計之無辦法也，社會經濟之病態也，農商業之凋殘也。苟無西力，亦且崩潰；重以歐風，更易欹側。而謀國之士，但望海潮而興歎，欲僅僅以堅甲利兵藥之，其欲有效，不可得也。

第八章　追求西洋文明之彷徨

二六　機械之仿造與採用

然而同光之間，秉謀國之忠者，固以西洋問題，為最成問題之問題，因而機器救國之論，尚不失為時彥之讜論，開明之思想。蓋以視夜郎自大者之崇我貶人，尚自有間。

如倭仁者，道學家也，在彼目中，則正途出身者，不必學西學。（清史列傳四十六）梁啓超論學校二云：『昔同治中葉，恭親王等曾請選編檢庶常並五品以下，由進士出身之京外各官，及舉人恩拔副歲優貢等，入同文館學習西藝，給以廩餼，予以升途，得旨依議。其時正當日本初次遣人出洋學習之時，此議若行，中學西學，不至劃為兩途，而正途出身之士大夫，莫不擘心此間以待用，至今三十年，西方大國，猶將畏之，而況於區區之日本乎？乃彼時倭文端，方以理學名臣，主持淸議。一時不及平心詳究，遂以用夷變夏之說，抗疏力爭，遽尼成議。』（時務報八）此言同治中也。光緒三年，李文忠復郭筠仙書云：『西洋政敎規模，弟雖未至其地，然留心諮訪考究，幾二十年。亦略聞梗概。自同治十三年海防議起，弟卽力陳鐵礦必須開挖，電線鐵路必應仿設。各海口必應添設洋學格致書館，以造就人材。其時文相目笑存之。廷臣會議，皆不置可否。是年晤恭邸，極陳鐵路利益，請先試造淸江至京，以便南北轉輸。恭邸亦以爲然。謂無人敢主持耳。復請其乘間爲兩宮言之，渠謂兩宮亦不能定此大計，從此遂絕口不談矣。』（朋僚函稿卷十七）此言光緒初也。

然而大勢所趨，何可一律否認？故曾氏求闕齋日記（治道第三）云：『欲求自強之道，總以修政事求賢才爲急務，以學作炸礮學造輪舟爲下手工夫。但使彼之所長，我亦有之。順則報德有其具，逆則報怨亦有具。』故同治五年，左宗棠請造船。（清史列傳五十一頁三八）光緒八年，陳啓泰陳興利除弊事宜：『今日之勢，不能不亟籌試辦者，則修鐵路是也。通商各國，莫不有鐵甲船而兵強，有火輪舟而國富。中國相形見拙，宜其環而侮我。莫可如何。夫知己知彼，與師其長技，皆兵家上策。鐵路若成，徵調轉輸，貨運文報之捷，在在均收實用矣。』（清史列傳六四本傳）富強之需求。大勢也。凡富強之需求，均機械仿造采用之所以也。

於是乎而有招商局焉，馬尾船廠焉。

『船政局之設在同治五年，（一八六六）湘鄉左宗棠，總制閩浙，實創是局。相地之宜，以馬尾爲最。議既定，宗棠移督陝甘，舉侯官沈葆楨以代。聘法員日意格德克牌爲正副監督，並法員匠數十人以爲導。同治八年，第一號萬年淸輪船造成。十二年，華匠徒於製造之技，漸能悟會。遂於是年遣散洋員匠回國。計九年之間，成大小兵商輪船十五號。』（東方雜誌十四卷馬江船塢之歷史）此後於江南製造局者，（參本卷第廿二節）僅僅一年耳。又六年，而招商局剏焉。李文忠公奏稿云：『同治六七年間，曾國藩丁日昌在江蘇督撫任內，疊據道員許道生同知容閎，創議華商置造洋船章程，分運漕米，兼攬客貨。經總理衙門核准，飭由江海道曉諭各口試辦。』（同治十一年試辦招商輪船摺）至今海上輪業除洋商以外，猶以此為巨擘。實造端於此時。

於是而興築鐵路焉：

文忠奏議（卷十）有光緒六年妥議鐵路事宜摺云：『嘗者鐵路之興，大利要當有九端。江淮以北，陸路為多。非若南方諸省，河渠貫注，而百貨流通。故再歲所征洋稅釐金二三千萬兩，在南省者約十之九，在北方者僅十之一。倘鐵路漸興，使之經緯相錯，有無得以懋遷，則北民必化惰為勤，可致地無遺利，民無遺力，漸臻殷富之象。其鐵路扼要之處，征收釐稅，必漸與南方相埒。此便於國計者，利一也。從來兵合則強，兵分則弱。中國邊防海防，各萬餘里。若處處設備，非特無此巨餉，抑且無此辦法。苟有鐵路以利師行，則雖黔滇甘隴之遙，不過十日可達。十八省防守之旅，皆可為游擊之師。裁兵節餉，併成勁旅。一呼立集，聲勢聯絡。一兵能抵十兵之用。此便於軍政者，利二也。京師為天下根本，獨居中國之北，與腹地相隔遼遠。控制綦難，緩急無助。咸豐庚申之變，議者多請遷都，卒以事體重大，未便遽行。而外人一有要挾，即欲撼都城。鐵路既開，萬里之遙，如在戶庭。百萬之衆，尅日徵集。四方即拱衛之勢，京師有磐石之安。則有警時勿陷於擾攘矣。遠方糧貨轉輸迅速，皆願出於其途，藏於其市，則無事時易於富庶矣。不必再議遷都，而外人之覬覦永絕。此便於京師者，利三也。曩歲晉豫薦飢，山西米價騰踴，每石需銀至四十餘兩。核以天津米價與火車費運，不過七兩左右。以此例之，各省遇有水旱偏災，移粟輦金，捷於影響，可以多保民命，而貨物流轉，自免居奇之弊。此便於民生者，利四也。自江浙漕糧，改行海運，論者嘗欲恢復河運，以防海運之不測。鐵路若成，譬如人之一身，血脈貫通。一旦海疆有事，百萬漕糧，無虞梗阻。其餘如軍米軍火軍餉協餉，莫不應手立至，此便於轉輸者，利五也。輪舟之行，較驛馬十倍之速。從此文書加疾，而頒發條教查察事件，疾於置郵。他如偵敵情捕盜賊，皆朝發夕至，並可裁正路驛站，以其路擴充鐵路，此便於郵政者，利六也。煤鐵諸礦，去水遠者，以火車運送，斯成本輕而銷路暢，銷路暢而礦務日興，從此煤鐵大開，修造鐵路之費可省，而軍費利源，更取不盡而用不竭。此便於礦務者，利七也。凡遠小之區，洋貨不易入而土貨不易出，今輪船所不達之處，可以火車達之。出入之貨愈多，則輪船運貨，與鐵路相爲表裏。此便於招商輪船者，利八也。無論官兵民商，往來行役，千里而瞬息可到，兼程而旅費可輕。無寇盜之虞，無風波之險，此便於行旅者，利九也。以上各端，西洋諸國，所以勃興罔不恃操此術，而國計軍謀兩事，尤爲富強切要之圖。』——可知鐵路之興作，其目的在求中國之富強，以抗衡洋人耳。果也，至光緒七年，而唐山至胥克店間之鐵路成矣。

據英文中國年鑑 China Year Book 1926 Railway Historical 云：『同治二年（一八六三）上海英商已向李鴻章請開蘇申鐵道，曾不幾時，英人 Macdokaln Stephenson 正式建議造路於北京政府。同治四年，英商又請建淞滬鐵道，建立吳淞道路公司 Woo-Sung Road Company，然以經費支絀，只能收買土地，不遑其他。六年，怡和洋行繼公司之業，有設二六吋輕便鐵道之計劃。又一年而英人 James Morison，由英攜工程師及材料來上海，以此努力進行。至次年（一八六九）二月十四日，成路數里，行駛機車，是爲中國境上車輪第一次之運轉。六月，全功告竣。七月一日正式通車。八月三日，適有火車碾斃鄉人之事，於是輿論大爲反對。乃由我方出賫二十八萬元收買，將路料沉之基隆海峽，其汽鍋，則沉之長江，以洩民忿焉。』西書記此，爲同治間事。案薛福成出使日記續刻卷三云：『光緒丙子年二自滬上之天后宮起，至吳淞四十里間，有洋商價買基地，造鐵路，行火車。但搭客而不載貨，每日開車往返七次。上等車價來回一圓。旋由中國給價銀二十六萬兩，買回拆毀。然其舊址尚在也。今日風氣大開，廷議已准造鐵路。』光緒十七年十一月記 袁德宣中國鐵路史云：『同治五年七月，英怡和洋行，擬設上海江灣間鐵路。光緒二年，上海江灣間鐵路，延長至吳淞口，長三十里，名淞滬鐵路。時風氣未開，國人視爲異物。兩江總督沈葆楨，以銀二十八萬五千兩，購回淞滬鐵路，毀拆棄諸河。』華書記此爲光緒初事。綜言之，則同光之間，國人厭惡鐵路可想。

光緒七年，劉錫鴻力陳鐵路不可行，而鍾天緯痛駁之。經世文續一百〇三 薛福成言鐵路有九利。庸盦文續卷上頁十 或則言其六便。經世文三編卷六十三 然則在光緒初年，輪舟鐵路之利用厚生，殆已爲明達者所承認矣。李慈銘荀學齋日記壬集上頁五 光緒十三年丁亥四月記云：『近日有議開鐵路，先由天津造至開平。徐致祥太常兩疏爭之，皆留中。然徐君此舉，不啻朝陽鳴鳳矣。近有御史陳琇瑩疏請於今後鄉會試第三場，專考算學洋務，謂合詔各部院保奏遊歷外洋人員，而應者寥寥，自以士大夫平日不肯講求之故。故宜亟重洋學，以變風俗。而曾紀澤侍郎著中國初醒論，謂孔門教典，冥冥如在夢中。嗚呼，彼何人哉。』可知在光緒十三年，匪特對鐵路者，已如『朝陽鳴鳳』，即講求洋學，亦允乎其爲當務之急也。

二七　西洋政術之探討

顧如光緒六年之設電線，光緒八年之上海始立電話，光緒中之電燈傳入，在舊頭腦者視之，變革不可謂細。然此均爲枝節之采用耳。至於國家大計，則當時猶有韓安國利不十不變法之見（漢書五二安國傳）也。威妥瑪答東方時局問曰：『余久游中國，甚愛中國，緣此變故，（指中日之役）悵代傷心。而其未肯豫備之咎，則斷不能爲之恕也。前後六十年間，泰西官紳之游華者，剴勸中國亟宜整頓，不啻口敝唇焦。而中國仍率由舊章，不動不變。偶有急難，則似蝦一跳而水一動，及至事過情遷，則又相與淡忘矣。』（經世文三編卷五）蝦跳式之變革，及枝節而不及根本，威妥瑪之說是也。

雖然，明眼之士，卽無洋人猶興者也。故同治十二年李經義已云『臣聞自古覘國勢者，在人材之盛衰，不在財用之贏絀；在政事之得失，不在兵力之強弱。未聞以器械爲重輕也。且西人之所以強者，其心志和而齊，其法制簡而嚴。其取人必課實用，其任事者無欺詐侵漁之習，其選兵甚精，故臨陳勇敢而不畏死。不察其所以強，而徒效其器械，豈足恃哉？』（清史列傳卷五十四）斯言也，已謂器械之外，當另有所取法云。

至光緒元年，而郭嵩燾等開明之外交家，更於西洋政術有所瞭知。郭氏使西紀程云：『西洋立國，自有本末。誠得其道，則相輔以致富強，由此而保國千年可也。不得其道，其禍亦反是。』牛運之雨窗消意錄（卷二）云：『郭侍郎嵩燾學問極博，於古今治亂升降之故，皆有得於心，言之成理。……以禮部侍郎出使英國，至倫敦，上書李相曰：「此間政教風俗，博大深厚，似其氣象方日加新。推求其立國本末，其始君民爭權，相繼屠殺，大亂數十百年，至若干日而後定。初非有至德善教，累積之久也。百餘年來，其官民相與講求國政，自其民而行之，蒸蒸日臻於上理。至今君主，以賢明稱。人心風俗，進而益善。」』（朱克敬暝厂二識卷二亦云。）此戊戌變政者之祖師也。而當時人固厲聲相詬。雨窗消意錄卷二又云：『光緒二年，郭侍郎嵩燾，將使英吉利，值鄉試，湖南舉人訛言洋人將至，譟於闈，請兵迎擊。又榜於道，欲毀嵩燾家，久之寂然。』李慈銘桃花聖解盦日記己集二光緒三年記云：『閱郭嵩燾使西紀程，紀道里所見，極意夸飾。大率謂其（英）法度修明，仁義兼至，富強未艾，寰海歸心。其尤悖者，云以夷狄為大忌，以議和為大辱，自南宋始。西洋立國二千年，政教修明，具有本末，與遼金崛起一時，倏盛倏衰，情形絕異。今無故懸一和字，以為劫持朝廷之資，誠不意宋明諸儒議論流傳，為害之烈，一至斯也。嵩燾為清議所賤，迨此書出，而通商衙門為之刊行。凡有血氣者無不切齒。何金壽編修上疏嚴劾，有詔燬板，而流布已廣矣。伊為此書，不知是何肺腑，而為之刻者又何心哉？』

曾紀澤光緒四年戊寅十月初五日復楊商農書曰：『今世所謂清議之流，不外三種。上也者，硜硜自守之士，除高頭講章外，更不知人世有何書，井田學校，必欲遵行，秦漢以來，遂無政事，此泥古者流，其心無他者也。中也者，好名之士，附會理學之緒論，發為虛憍無薄之莊言，或陳一說，或奏一疏，聊以自附於腐儒之科，博持正之聲而已。』可知當時探討西洋政術，良自不易。見曾侯日記申聚珍本

考郭氏，為第一次駐外公使。其繼起有名者，則推無錫薛福成。薛氏出使日記續刻卷八頁十光緒十六年三月十三日記云：『昔郭筠仙侍郎，每歎西洋國政民風之美，至為清議之士所詆排。余亦稍訝其言之過當，以詢之陳荔秋中丞，黎蒓齋觀察，亦謂其說不誣。此次東來歐洲，由巴黎至倫敦，始信侍郎之說，當於議院、學堂、監獄、醫院、街道徵之。徵之同人，有談美國風俗之純厚者。余謂泰西諸國在今日正為極盛之時，固由氣數使然。然開闢之初，戶口未

繁，元氣未洩，則人心風俗，自然純厚。蓋美洲之開闢，後於歐洲，歐洲之開闢，又後於中國。而歐洲各國之中，開闢有先後，故風俗亦有厚薄。美利堅猶中國之唐虞時也。俄羅斯猶中國之商周時也。英吉利德意志猶中國之兩漢時也。法蘭西意大利西班牙，其猶中國之唐宋時乎？若法人之意氣囂張，朋黨爭勝，則幾似前明之世矣。』——案此年，卽中日甲午戰爭之前四年云。而譽泰西爲極盛，如此。

故譚嗣同瀏陽集續編報貝元徵書云：『彭剛直號爲不喜洋務，然沿江礮臺，亦何嘗不用西法。其序鄭陶齋盛世危言，至謂孔孟復生，不能不變法而治。是於洋務，可謂獨得精蘊。黎蒓齋爲兵部時，上書言事，似深薄洋務。及使東章奏，恍然如出兩人。郭筠仙侍郎，歸自泰西，擬西國於唐虞三代之盛，幾爲士論所不容。叔耘初疑其言之太過，後身使四國，始歎此言不誣。』頁六十一 亦可見探討西洋，漸有進步也。

甲午以後，外患日深，於是而西洋立國，自有本末之說，益深中於人心，而爲政術討探之基礎。故康有爲保國會演辭云：『光緒十八年，傅蘭雅譯書事略，言上海製造局譯出西書，售出者僅一萬三千餘部。中國四萬萬人，而購書者乃只有此數，則天下之士，講求西學者，能有幾人？非經甲午之役，割臺償款，創巨痛深，未有肯翻然而改者。於是天下之士，乃知漸漸講求自強學會一八九五首創之，遂有官書局時務報之發起，於是海內繽紛，競言新學，自此役始也。』中國近百年史資料頁五〇三 而光緒二十四年戊戌，卽西元一八九八年，遂有政變之。。。。。逼演云。

戊戌政變者有戊戌政變記可查。首由康有爲上萬言書，政變記一頁一 是年四月，詔定國是。同上一頁二二 廢八股，行經濟特科。同上一頁三四 。。。。。。。開設學堂，准道府以上專摺言事。同上一卷五月廿八日 然至是年八月，慈禧后囚光緒帝，而戮『六君子』，是謂百日新政之消滅。

政變之所以失敗，其一，由於新政諸公之躁進，譚嗣同報貝元徵書云：『嗣同之紛擾，殆生於欲新而卒不能新。其故由於性急而又不樂小成。不樂小成，是其所長。性急，是其所短。性急則欲速，欲速則躐等。躐等，則終無所得矣，』（參天一閣卷一）此其徵也。其二，則由於滿漢之界。『英國駐京公使，嘗語醇親王云：「貴國之兵，太不足恃，方今外患日偪，何以禦之。」醇親王云：「吾國之兵，將以防家賊而已，非以禦外侮也。」英使喟然而去。大學士剛毅，嘗語人曰：改革者，漢人之利，而滿人之害也。我有產業，吾寧贈之於朋友，而必不使奴隸分其潤也。』（政變記三頁一）此其徵也。其三，則由於革命道德：『戊戌變法，惟譚嗣同楊深秀，爲踔厲敢死。林旭素佻達，先逮捕一夕，知有變，哭於教士李佳白之堂。楊銳者頗圓滑，知利害。既入軍機，知其事不可久。時張之洞爲其父祝壽京師，門生故吏皆往拜。銳舉酒，不能飲。徐語人曰：「今上與太后不協，變法事大，禍且不測。吾屬處樞要，死無日矣。」吾嘗問其人曰：「銳之任此，固爲富貴而已。既睹危機，又不能去，何也？」其人答曰：「康黨任事時，天下望之如登天。仕宦者爭欲饋遺，或不可得。銳新與政事，饋獻者踵相接。今日一袍料，明日一馬褂料，今日一狐桶，明日一草上霜桶。是以戀之，無能去也。」烏乎，使楊銳林旭輩，皆赤心變法無他志，頤和之圍，或亦有人效力歟？』（太炎文別錄卷一箴新黨）此其徵也。而八股之士，疾之如仇，則又爲其中之一因也。

戊戌政變記（卷三頁三）曰：『五月初五日，下諭廢八股取士之制。全國守舊迂謬之人，失其安身立命之業。於是日夜相謀，陰謀與新政爲敵之術矣。』可見八股朋友之憤憤。是年八月二十四，新政敗，復八股取士。雖至光緒三十二年，科舉終於棄廢。而當時新政，使士人有無從出身之歎。急兔反噬，固其中之一因云。

葉昌熾緣督廬日記鈔（卷七）戊戌八月十三日記云：『午刻。歸經菜市，知爲行刑，急詢之，知爲決官犯六人。……六人者，新政四章京及楊侍郎康廣仁也。以叔喬之學行，而竟遭大辟。卽此數人者，雖良莠不一，要之皆中國之雋也。天乎？一至此乎！外國新舊相爭無不流血者，中國流血自此始也。』流血自此始，蓋在穩健者之心目中，已知西洋政術之探討激而他之終於上革命之大道焉。

二八　國人視聽之更易

政術之探討，固明眼人之作爲也。明眼人之作爲，其在堅甲利兵之外，而爲後日新中國之一助者，則又有國人視聽之漸易，因以自能利用其聰明焉。此非如機械之皮毛仿造也，政術之仿用皮毛也。

以今視之，國人視聽之所以更易，一則在研求外國之語言文字也。

故同治元年總理衙門奏設同文館於北京，先挑八旂學生，於五月十五日入館學習。（中國近代教育史料一冊頁七）王之春柔遠記（卷十六）云：『同治六年春三月，設同文館於京師。』蓋追記之。淸會典（卷百）云：『同文館管理大臣，掌通五大洲之學，以佑朝廷一聲教。考選八旂子弟與民人之俊秀者，記名入册，以依傳館。設四國語言文字之館，曰英文前館，曰法文前館，曰俄文前館，曰德文前館。曰英文後館，曰法文後館，曰俄文後館，曰德文後館。凡文字，先考其母以別異同，次審其音以別淸濁重輕之殊。次審其比會爲體以成文。次審其兼通互會以識其名物象數之由。設洋教習以分導之，設總教習以合語而董成之。』洋文之研求，斯則自啓聰明之一助也。

參看經世文續編（卷一二〇）總署王大臣上酌議同文館章程疏。惟當時人士，雅不以爲是。故朱克敬暝廬雜識（卷三）云：『同治初，總理衙門奏設同文館，聘洋人教習算法。一時都中人士，諠議甚紛。會天久旱，詔求直言。候選直隸州知州楊廷熙上言，以為十不可解。』勞乃宣桐鄉勞先生遺稿卷一云：『同治初，總理衙門議設同文館。倭文端公抗疏極論，一時守舊之徒，羣起附和，以新學為詬病。而有志之士，刼於衆論，瞻顧而不敢涉足。故館雖設，而不能得人材。』王侃放言卷下頁五九同治乙丑刊云：『彌利堅於新加坡立彌夏書院，英吉利於麻六甲設英夏書院，皆習漢文，及翻刻漢字書籍。魏默深云今日使有人翻夷書，刺夷事，籌夷情，如外夷之偵我虛實，其不罪以多事，甚或坐以通番者幾希？余謂此與不准生員上書陳事同一自蔽其耳目。洋人最重知識，中國則皆欲不識不知，順帝之則者也。』——兹三論者，實同文館之所以成立，與其所以遭人反對也。

同文館立後，匪久而有廣方言館，立於上海。同治二年李鴻章奏設廣方言館於上海，一切均照北京同文館章程辦理。惟招生，則為漢人。李文忠集奏稿三當時，馮桂芬有上海設同文館議，以為：『互市二十年來，彼酋類多習我語言文學之人。其尤者，能讀我經史，於朝章國政，吏治民情，言之歷歷。而我官員紳士中，絕無其人。宋𩦅鄭昭，罔以相形見絀。且一有交涉，不得不寄耳目於所謂通事者。而其人，遂為洋務之大害。……愚以為莫如推廣同文館之法，令上海廣州仿照辦理。』顯志堂稿卷十而李鴻章遂有請設廣方言館之疏。經世文續編卷一二〇至同治八年，而廣方言館規恢於春申江濱，『廣方言館向設於舊學宮之西偏，同治八年己巳，應敏齋方伯於南門外製造局，大拓基池，以建書院。庚午春間，廣方言館，移設於此。』蘊𡏖雜志頁九聲氣之漸開，實為吾耳目聰明之一助乎！

緣督廬日記卷三乙酉光緒十一五月十八日記：『潘子靜來，極言西學為當務之急。欲於里中設塾，課子弟，先由語言文字，起漸及歷算氣化製造等學。其言誠當。然與拘墟者言之，鮮不以為河漢而無極也。』光緒間有主張習西文者，可見研求外國之語言文字，而外國人視聽之所以更易，二則在出洋留學也。亦所以自廣視聽者也。

考洋人來華者，未必皆上上之技，則出洋留學，直探本源，自爲急需。（詳清史列傳五十三頁四十一）故同治十年，曾文正李文忠已請募子弟出洋學藝。（通商始末記卷十七）曾有擬選聰穎子弟出洋習藝疏，（經世文續編一百廿卷頁三至四）即成於爾時，李有論幼童出洋肄業函（同治十一年五月）云：『擬派員在滬設局，選各省聰穎兒童，每年以三十名爲率，四年計一百二十名，分年搭船，赴洋在外國肄習，十五年後，按年分起挨次來華，計回華之日，各幼童不過三十歲上下，年力方強，正可及時報效。』（譯署函稿卷一）此實中國留學生運動之嚆矢矣。

容閎西學東漸記（頁一〇八）云：『予與曾督，籌議甚久，議定後，乃返上海，爲第一步之進行，先於上海，設立預備學校，此校至少須能容學生三十人，因必有此數，方能足第一批派送之定額也。……當一八七一年（同治十）之夏，予因所招學生未滿第一批定額，乃親赴香港，於英政府所設學校中，遴選少年聰穎而於中西文略有根底者數人，以足其數。』是當初留學生，初亦不甚踴躍。

留學運動之外，國人所以自廣聰明者，則譯述西書，此殆其三。

考鴉片戰時，林文忠已翻譯西報，光緒初，宋恕六齋卑議（敬鄉樓叢書本光緒十七刊）云：『京師及各商口各名城，宜開譯書大局，除廣譯白種各國書籍外，若印度波斯埃及，亦宜廣譯其書。』（廣譯學頁十八）此猶在甲午之前也。下及甲午之冬，馬建忠擬設翻譯書院議云：『竊謂今日之中國，其見欺於外人也甚矣。……彼之所以悍然不顧，敢於爲此者，欺我不知其情僞，不知其虛實也。然而其情僞虛實，實非予我以不可知也。……近今上海製造局，福建船政局與京師譯署，雖設有同文書館，羅致學生，以讀諸國語言文字，第始事之意，止求通好，不求譯書，即有譯成數種，或僅爲一事一藝之用，未有將其政令治教之本原條貫，譯爲成書使人人得以觀其會通者。……今也倭氛不靖，而外禦無人，無人不追悔於海禁初開之後，士大夫中能有一二人深知外洋之情實，而早爲之變計者，當不至有今日也。』（適可齋紀書卷四）

至於甲午戰後之二年，嚴復已標譯事三難之旨，而翻譯之成爲要務，固亦盡人皆知者乎？

光緒丙申（二十二）嚴復天演論譯例言云：『譯事三難：信、達、雅。求其信已大難矣。顧信矣不達，雖譯，猶不譯也。……易曰：修辭立誠，子曰：辭達而已。又曰：言之無文，行而不遠。三者乃文章正軌，亦即譯事楷模。』

然無論習外國語，翻譯西書，以及出洋留學，不及辦教育之爲清季之要政，更足以自廣聰明也。

考光緒十九年（一八九三）張之洞已奏設自強學堂於武昌省城，分方言算學格致商務四齋。光緒二十一年，湘鄉立東山精舍，亦仿自強學堂辦法。至二十二年，官書局復議開辦京師大學堂，奏摺云：『泰西各國，近今數十年，人才輩出，國勢驟興，學校徧於國中，咸力行於海外。其都城所設之大學堂，規模閎敞，經費充盈。教習以數百計，生徒以數萬計。其學有分四科五科六科者。仍廣立中學小學以次遞升。暗與中國論秀書升之古制相合。遂以爭雄競長，陵抗中朝。取之國中而皆備，非僅恃船堅礮利爲也。』因定天學、地學、道學、政學、文學、武學、農學、工學、商學、醫學、十科。（時務報二〇）光緒二十九年，京師大學堂章程，正式頒布，其綱領云：『京師大學堂之設，所以激發忠愛，開通智慧，振興實業，端正趨向，造就通材，爲全學之綱領。』其第二節云：『中國聖人垂訓，以倫常道德爲先，外國學堂於體育智育之外，尤重德育。中外立教，本有相同之理。今無論京外大小學堂，於修身倫理一門，視他學科更注意，爲培植人材之始基。』即在是年（一九〇三）張之洞輩遂奏定學堂章程。雖云西學爲用，中學爲體，張氏夙昔之所懷抱。然張氏亦知以西洋教育之制，可使國人目光放朗，則追求西洋文明之徬徨，即謂至此而臻定境也可焉！

此自便利於西人學說之輸入者也。學語言也，出洋留學也，翻譯也，新教育也，蓋均有其輸入西說之功效。於是乎反對拜跪之說，（經世文新編卷三頁十九）謀反不爲大逆之說，（出使日記續刻卷三頁六六）治新學者自更得有證佐。推本窮源，則新中國之解放與改造，自以光緒季年國人視聽之更易爲之基，而戊戌政變之敗，滿洲權貴之愚，則無非促成之者耳。

第九章　中國之演變

二九　新政治之建設

光緒季年，國人視聽之頓易，已使西洋政術之探討，更加一步，而追求西洋文明之彷徨，至此亦可略告解決。而自庚子拳亂以還，中國之政治並未有顯明之改革，則以政治爲一切文化之原動力者，自當以建設新政治爲當務之急，於是而辛亥革命成焉。

自戊戌政變以後，清人雖行些許新政，然以態度未正。新民叢報（十四）『今日舉國之學堂，皆奴隸學堂也。而奴隸程度最高者當必以廣東大學堂首屈一指。自梁鼎芬一電後，改聘半男半女之丁長仁爲總教習。丁以堂中舊有體操一科也不喜之，改爲習禮。所習之禮惟何？曰朝覲之禮，曰見官之禮，曰跟班之禮。豈不可以入天下萬國之無雙譜哉？聞在堂中行步，必須彎腰低頭，頭稍昂，必記過。嗚呼，養奴隸不足責，何苦更養肺病之奴隸哉？』此爲光緒二十六年壬寅事。

原夫辛亥革命之成因，其初固有單純之排滿宗旨。仁學（卷下）云：『十八省之華人，宛轉於刀碪之下，方命之曰此食毛踐士之分然也。夫果誰食誰之毛？誰踐誰之土？人縱不言，己獨不自媿於心？吾願華人，勿復夢夢，自引以爲同類也。』柳棄疾丹徒趙聲傳云，『自滿洲盜中國，二百數十餘年，胤禎宏曆，屢以文字興大獄，士無敢言種族者。民益惛然忘仇事虜。太平天國坐此敗，談者猶寃洪王，帝愛新，勿悟也。孫逸仙建議惠州，響應未衆，踰歲而蘇報倡導於滬瀆，昌言夷夏之防。鄒容諸子，相繼起，著書立說，始一日徧東南諸省。君自肄業陸師時，已隱然自任匡復之重矣。既掌兵柄，意氣益發舒，嘗率部下謁明孝陵，狎詢其衆曰：若輩亦識此爲大明太祖高皇帝陵寢乎？』東大國學叢刊一卷四期

但以排滿爲革命宗旨，章炳麟亦云然。

檢論卷九小過：『自王夫之、顧炎武、朱之瑜、呂留良、戴名世、全祖望之徒，隱顯不常，皆以光復期之後嗣。其後風義稍衰，而戴望孫詒讓，發言嘗有隱痛。望過魯監國詩，「倘寓陽秋筆，尊王未敢刪。」詒讓校亭林集後系以詩曰：「亡國於今三百年。」……余始識故大總統孫公於東京對陽館，及陶成章、蔡元培、鄒容、張繼、汪兆銘、宋教仁之徒。此數公者，雖明闇殊情，狂狷異行，皆能艱難其身，以爲表儀。蒙霜露，涉波濤，乞食囚繫而不慍悔。四方之人，感其至誠。亦會清政不綱，喪師假地。民望日移。僞清宣統三年，緣因鐵道事狀，武昌諸豪，因之以擠瑞澂。』章意與柳意不殊。

但政治之革命，民族意識之外，自有惡劣之政治爲之基。故史稱『張文襄督鄂時，舉行孝欽皇太后萬壽。各衙門懸燈結綵，鋪張揚厲。邀請各國領事，大開筵宴，並招致軍界學界，奏西樂，唱新編愛國歌。余時在座陪宴，謂學堂監督梁某云：滿街都是唱愛國歌，未有人唱愛民歌。梁某曰：君胡不唱試編之。余略一佇思，曰：余已得佳句。天子萬年，百姓花錢，萬壽無疆，百姓遭殃。坐客譁然。』辜鴻銘幕府紀聞上頁二十三 何况更有外力憑陵，則新政治之需求，自更形逼切矣。

秋瑾者，女革命黨。其感懷詩云：『莽莽神州歎陸沉，救時無計媿偷生。摶沙有願興亡楚，博浪無錐擊暴秦。國破方知人種賤，義高不礙宦囊貧。經邦恨未酬同志，把酒悲歌涕泗橫。』而熊成基供狀云：『我平日革命宗旨，以推翻政府改革政治為主務，不盡係滿漢種族之見。』（國學叢刊一卷四期）此革命目標之在於滿漢問題之外者。

蓋滿漢久屬同化，且自洪楊以後，漢人已多握政權。（參看本卷十七節）故辛亥之役，倏焉成焉。蔡元培辭職宣言云：『辛亥革命，清室何以傾覆如此之速？其惟一之原因，當為清季國人皆知北京政府絕無希望，其思想激越者，固已南奔而為革命運動。即使和平者，亦陸續離去北京。於是其時之北京，幾乎無一有智有能之人，故革命軍一起，袁項城一入京，清室之倒，直如摧枯拉朽矣。』（東方二十卷一號）

倏焉而成者，自必無美滿之結果。故言法則已設議會矣，擲墨盒之議會耳。例如：『民國十二年十二月十八日，眾議院之憲政黨議員黃翼反對吳景濂主席，用墨盒擲傷吳氏頭部，吳氏大怒，令警衛隊拘反對派議員，闔門投孫閣同意票，且因法官到場驗傷，不如其意，竟致拘禁法官。』（東方廿一卷三號吳景濂出奔後之北京政潮）言軍則已有新軍矣，自相斫殺之新軍耳。『民國十一年，各地兵變共一七九次。壽康君再按年按省以分配之，計元年二八次，二年四次，三年一三次，四年三次，五年二四次，六年一七次，七年八次，八年七次，九年十九次，十年十一次，十一年四五次。以地分之，直隸九次，奉天三次，吉林四次，黑龍江六次，山東十五次，河南二十次，江蘇十次，安徽十四次，江西一一次，湖北二七次，湖南一一次，福建一六次，廣東八次，廣西一次，雲南二次，貴州一次，四川五次，陝西五次，甘肅一次，新疆一次，山西五次，京兆四次，綏遠四次，川邊兩次，察哈爾一次，阿爾泰一次，浙江一次。全無可謂獨遭天幸。』（十二年八月孤軍雜志推倒軍閥專號）

但自十三年江浙齊盧之戰以後，浙江亦非乾淨土。——統此『軍』『法』兩端而言，新政治之建設，幾有過淮之橘，盡化爲枳之感哉！

東方雜誌（廿九卷五號 廿一年十一月十日）云：『山東之韓柳衝突，尚未解決，而四川軍人又在相互火併；據路透通訊員計算，此爲民國以來四川省第四六七次之戰爭。』數字驚人，書此志喟！

然自民國十四年七月一日，國民政府成立之後，至十七年七月六日，蔣中正馮玉祥閻錫山等，卒能於旅居北京之孫文靈櫬前，爲北伐完成之祭告，自此行三民主義五權憲法之政治，蓋見於二十年六月一日所公佈之訓政時期約法。政治至此，不得不謂略有進步。揆諸舊史不詳近史之例，自可暫置勿論。第有不得已於言者，外患之嚴重，實爲有史以來之第一次。南疆之多事也，西藏之脫幅也，外蒙之獨立也，警報迭傳，固已驚心動魄！而民國二十年九月十八日，以南滿路之些許損壞，日本竟夷東三省以爲朝鮮第二。管君樓居之地，袁公苦戰之邦，於是淪焉。且從此而下熱河，窺平津，讀彼黍離離之詩，憶畫蘭無根之痛，則百爾君子，當磨淬以赴新政治之改進，以應付此空前之國難，卽以此而保證我國數千年文化之本身與歷史者，豈非當務之急乎？

淩霄漢閣恭讀密諭記（原文見民國四年五月卅日北京日報 此錄越風十三期）云：『政事堂交片，國務卿面奉大總統諭。仲虺之誥曰：「兼弱攻昧，取亂侮亡。」今歐洲，則謂野蠻或半開化之人，宜由文明人取而代治，以爲天職。每一念及，毛骨悚然。吾果無弱昧亂亡之象，誰得而兼之併之，取之侮之？然試閉目以思，軍隊之龐雜，吏治之廢弛，水旱之災荒，人思權利，靡有公心，厝火積薪，自謂已安已治，其能知己無實力，而明世界之大勢者，幾何人？其地方盜賊絕迹，官吏發憤爲雄者，幾何處？不謂之弱與昧得乎？不謂之亂與亡得乎？或謂廣土衆民，殆無亡理。不知朝鮮方里，比三島何如？近閱日本報紙，謂支那雖成空前大革命，而內容之腐敗墮落，實與前清無異。賄賂之公行，賭博之熱盛，眞爲可驚。新國氣象，毫不存在。局外旁觀，意在言外。試思甲午庚子二役，何嘗不臥薪嘗膽？而作僞日拙，以迄於亡。但清之亡也，亡朝而非亡國，今之滅國新法，亡其語言，亡其文字，並亡其人種。波蘭越南之史，不可不知！近自中日交涉，全國恐慌，若事過情變，仍前沓泄，亡不踵旋，實可預言！彼東西列強，百事修明，何等氣象？返觀吾國，則蕪穢不治，偷惰苟安，南滿實權，所存無幾。外力至臥榻鼾聲，而猶上下恬嬉，不知亡之將至！予老矣，受之前清而亡之，吾躬其甘心乎！救亡之道，惟在自責。苟有弱昧亂亡之一點，必痛除之。勿謂禦暴民者，卽可以禦外國。勿以保各國均勢之局而爲卽安。來日大難，寸陰是競，老子云：生於憂患。死於安樂。兵法云：置之死地而後生。孤舟大海，非從容雅步之時也。昔楚莊王日討國人而訓之曰：告以民生之不易，禍至之無日。心所謂危，涕泗而道。其毋忘五月七日之事。去矜去惰，勇往邁進，挽回氣運，以救我子孫黎民。傳曰：惟知亡，斯不亡。願共勉之。」——嗟夫，爲政不難，端在自覺，以人廢言，君子無取，細味。袁氏之所言，默矚來日之不易，新政治之建設者，固將有以自勉也。

三〇　新經濟之建設

且自庚子拳亂，以迄民國二十年之九一八，於茲三十餘年中，國家社會之經濟，固亦需有新政治之建設，以建設新經濟也。

蓋自嘉道以來，國民經濟本已危殆。（參本書廿四節）至此三十餘年中水深火熱，程度益甚。道光中錢泳作履園叢話，其間已有一錢財吾使役也，百工技藝官吏縉紳亦吾子孫也』之語。七叢話 又云：『治國之道，第一要務在安頓貧民，潘榕阜農部遊虎丘之冶坊浜詩云『人言蕩子銷金窟，我道貧民覓食鄉，眞仁者之言也！』同上卷一 譚嗣同云：『今日縮一食，明日節一衣，坐視餓殍蔽路，一無動乎中，而獨室家子孫之爲計，天下且翕然歸之，曰儉美德也。是以奸猾之資，陰行兼併之實，此鄉愿所以爲賊德，而尤爲僉人之尤矣。』仁學上頁廿六 凡此矯激之語，皆可徵國民經濟之危殆。其在近日，則有殺孫求食者矣；則有未成年而爲盜者矣；則有全家自殺者矣。四海困窮，不得諱也。

大公報：二十五年二月十三『萬源來客談，縣屬新三區蘭草溪有老嫗向楊氏者，年近花甲，子媳俱爲匪殺死，僅遺一孫，約三四歲。二十四年臘月內，刦後餘生，飢餓難堪。於無可奈何中，乃用柴塊將伊孫打死，藉以充飢。惟孫幼肉少，該嫗終亦餓死。鄰人往視，見礶內尚有其孫之骨，地下遺有殘餘殖骸云。』申報：二十五年三月二日『報載閘北橫浜路某里有空屋一所，已爲法院封閉，不意某天晚上，爲偸兒破壁而入，私運雜物，其後偵緝是案竊犯，最大者年僅十五，餘三人，僅十三歲耳。』新聞報：二十四年六月六日『昨夜十一時，大世界游藝場有三男三女在第六層燈塔上跳樓自殺，首一五旬外之老嫗，次一年約三旬之少婦，又一七八歲之女孩，又一十歲上下之男孩，同時跳下。繼四人而跳下者，爲一約三旬之男子及十三四歲之一男孩。除後者奄奄一息，至醫院始死外，餘均腦漿迸裂，當場斃命。細察六人情態，老婦爲母，男子爲子，少婦爲妻，餘均子女。且顯係有計劃之自殺。據一般人推測，必受經濟壓迫而出此下策云。』據此，則社會秩序，家庭倫理，室家幸福，已在經濟之不安而搖盪也。

蓋經濟之恐慌，其一，則爲消費之不當也。黃任之華北當前之危機云：『三年前，馬君武東游歸來，嘗爲兩句名言日本新式生產，老式消費。而我國，則老。式。生。產，新。式。消。費。鄉間婦女，啻意摩登，工斧農鋤，相沿不變，此其徵也。去年朱仙舫君，參觀一日紗廠。見其紗綻萬枝，布機百臺，而全廠自經理至工人，人員只十八人。仍穿木屐，少穿皮鞋。力用國貨，拚命節儉。譬之兩個家庭，一則生者衆而食者寡，一則食者衆而生者寡，何能比賽貧富？』（廿三年六月十七大公報）其二，則爲農。村。之。不。景。氣。也。大晚報云：『據上海金融界之估計，自民國十八年起至民國二十二年止，江浙兩省主要城市，所吸收各地農村，而轉流集中於上海之現銀，平均每年達八千餘萬元。夫農村血液自有限度，今則已到枯竭之時。穀賤傷農，蠶桑路絕。廉價之外國商品，深入農村之每一角，其不患乾血癆者幾希：』（二三年三月廿七日）其三，則爲洋。貨。之。壓。迫。土。貨。也。仰葊君云：『近年吾國國貨因受洋貨之大量傾銷，銷路日見阻滯。辦工廠者之最大困難，莫過於銷路問題。最近全國朝野，雖一再努力於提倡國貨運動，然外貨對於我國之傾銷，仍一天激增一天。』（廿三年二月一日申報）其四，則爲流。通。資。金。之。缺。乏。也。哲明中國農村經濟中之借貸問題云：『農村中高利貸者之作威作福，乃非一般人所能想到。例如湖南之孤老錢，則每月按照算術級數，而增加其利息。臨湘更有借銀一元，每日還利一角，十日後併以複利計算，因此本金一元，在一個月以後，便可得本息約八元。又如廣東省之借穀債，青黃不接時，借銀一元，到收穫時須償還白米四斗至五斗。（約合銀三元）海豐之圈仔利，借銀一元，在一年之內，除按照十日一結，加利一成，必須償還所有本利之外，每十元更迫繳白米一石。全國各省類此者頗多，惜不及枚舉也。』（新中華一卷八期）凡此數。事，雖互有其。循。環。之。因。果，然其。造。成。民。生。之。疾。苦，固大致一也。

例如以農立國。（嘉慶十三年東華錄）而近年則洋米進口至鉅。國際貿易導報（八卷六號）有馮柳堂民食中國問題云：『愚嘗根據同治六年至民國二十四年之洋米進口量，依多寡分爲三期。卽同治六年至光緒十二年，此二十年爲第一期。進口洋米，最多之年，不過一一五萬擔。最少僅六千餘擔。自光緒十三年，至民國九年，此三十四年，爲第二時期。最少卽爲民九之一一五萬擔，最多則爲光緒三十三年之一二七六萬擔。民十年至民二十四年，此十五年，爲第三時期。最多爲民國二十一年之二二四八六六三九擔，最少爲民十年之一〇六二九二四五擔。其進口在二千萬擔以上，則有民十二年，民十六年，民二十一年，民二十二年，民二十四年。』根據此文，則經濟的國本，豈得曰不陷於動搖耶？

雖然，盤根錯節，乃見利器，觀乎比歲以來國家經濟政策之設施，則亦有足述者。

蓋有二五減租焉。蓋私租當減，固有其歷史的背景。（本卷二五節）其在近年，需求益切，故民國十五年十月，國民黨之最近政綱，已規定減輕佃農田租百分之二十五。而民國十七年七月二十六日，浙省又明定二五減租，以正產全收穫量百分之五十，減去其百分之二五，爲佃人繳租之最高額。（參拙作田制叢考七十六節）而民國二十年六月一日，公布之訓政約法，其第三十四條云：『爲發展農村經濟，改善農民生活，國家應實施左列事項：（一）墾殖全國荒地，開發農田水利；（二）設立農業經濟機關，獎勵農村合作事業；（三）實施倉儲制度，預防災荒，充裕民食。』第四十五條云：『借貸之重利，及不動產使用之重租，應以法律禁止之！』（六月一日中央日報）救濟農村，斯則新經濟之建設一也。

二十五年六月，國府實業部又明令設農本局，『請各銀行聯合組織農本局，從事於流通農業資金，調整農業產品。』（國際貿易導報八卷六號）此事若有成功，農困其稍蘇乎！

則又有禁減重債焉。民法二〇五條云：『約定利率超過周年百分之二十者，債權人對於超過部分之利息，無請求權。』樓桐孫釋之云：『此爲防止重利盤駁之故，國民經濟發達之國，無有約定利率至百分之二十者。本法斟酌本國習慣，利率最高額定爲百分之二十，如有超過部分，債權人無請求權，亦爲保護經濟上弱者之利益也。』——規定利率，斯則新經濟之建設二也。

私債行爲之取締，宋時則限定不得過本，見宋史一七三食貨志，李心傳建炎以來繫年要錄卷一百六五紹興二十三年。新元史世祖紀則限定不得過三分。至元十九年附錄之。則又有禁減房租也。上海市各區減低房租聯合會呈市參事會云『竊以滬上近年百業蕭條，工商崩潰，物價跌落。惟房租則仍舊高昂，市民不勝痛苦。殊有要求房主減低房租之必要。兩年以來，奔走呼號，未有實效。不得已呈請鈞會迅予設法救濟。』二十四年九月十五申報 依照民法之規定，則以房產百分之十二爲最高額，嘉惠商人，斯則新經濟之建設三也。

土地法：一百六十三條『標準（房屋）租金，以不超過地價册所載土地及其建築物之估定價額，年息百分之十二爲限。』卽指房租。

而民國二十四年十一月四日，財部又頒發幣制改革條令六條『一以中央中國交通三行之紙幣爲法幣，一切公私收付概用法幣，不得使行現金，違者全數沒收，以防白銀之偷漏。如有意圖偷漏者，應照危害民國緊急治罪法處治。二，雜色鈔票逐次由中中交三行收兌。三，法幣準備金保管，另設委員會管理。四，銀幣生銀，應立卽兌換法幣。五，舊有契約，應照原有數額，以法幣支付收受。六，對外匯價由中中交三銀行無限制買賣外匯。』蓋一以防現銀之外流，二爲安定外匯兌率，三爲限制進口貿易，四以獎勵生產事業，五爲準備非常事變。參新中華三卷二十二號，周憲文中國新幣制之檢討 由結果所表現者視之，微特近世經濟史上之大事，蓋亦西力東漸，進出口不平衡後，吾國經濟政策之犖犖大者也。

三二　新婦女之建設

政治建設，經濟建設以外，其社會建設之重要者，則新婦女之建設，尤爲文化史上大事云。蓋自宋時，婦女地位低落以來，（參近古卷第三節）如弓足之摧殘體性，守節之戕賊人趣，以及無才爲德之塞斷聰明，使社會中之半數國民無形中陷於病態，其事至足痛也。

暇嘗論之，自守節之說興，而不人道之待遇往往用於女子。搭臺死節之謬，固見於閩雜記，（卷八）吳陳琰曠園雜志（下頁三）云：『湖州胡氏女歸杭州潘某，未幾潘以疾卒。康熙辛未六月，坐龕中，遂請師來舉火，俄頃火延龕頂，出五色香烟，四達，男女送者數百人。』此又其徵，而刲股旌者又不可勝計矣。

李慈銘桃花聖解盦日記（丙集二頁十九）光緒元年記云：『近來婦女之以刲股旌者，累日有書，僂指難盡。蓋格令之外，請必見從。閨闥之中，事無左證，職彤管者，疲於鉛槧也。』可見節婦之多！

至於無才有德之說，則『節婦興而才婦少，』足以盡之。王韜瀛壖雜志（卷四）云：『偶閱邑志，自國朝至今，所載節婦三百餘人，才婦寥寥無幾。』蓋已深致其喟於女教之不修矣。若弓足，則曾文正集（卷二）討粵匪檄云：『婦女而不肯解腳者，則立斬其足以示衆。』不幾以弓足爲天之經也，地之義也，而不可破壞者乎？

然在民國以前，開明之思想家，對此佔人口半數之女性，久罹疾苦，自當有所致疑。錢大昕云：『婦人以不嫁爲節，不若嫁之以全其節；兄弟以不分爲義，不若分之以全其義。此至正直記所記沈教授圭之言也。雖爲下等人說，卻是救時名論。』養新錄十八沈主說此則反對貞節也。袁枚金纖纖墓志銘：『目論者往往謂詩文非女子所宜，殊不知易卦兌爲少女，而聖人系曰朋友講習。離爲中女，而聖人系曰重明以麗乎正。其他三百篇葛覃卷耳之詩，誰非女子所作？迂儒穴坏之見，誠不然也！』小倉山房集三十二此則反對無才爲德之陋說也。至嘉道間，俞正燮作癸巳類稿，則更明明主張男女平等。

類稿卷十三節婦說：『禮郊特牲云，一與之齊，終身不改，故夫死不嫁。范書曹世叔傳云夫有再娶之義，婦無二適之文。按婦無二適之文，固也，男亦無再娶之儀。聖人所以不定此儀者，如禮不下庶人，刑不上大夫，非謂庶人不行禮，大夫不懷刑也。自禮意不明，苛求婦人，遂爲偏義。』又同卷妒非女人惡德論云：『妒在士君子爲惡德，謂女人妒爲惡德者，非通論也。夫婦之道，其致一也。夫買妾而妻不妒，則是恝也，恝則家道壞矣。天地絪縕，萬物化醇。男女構精，萬物化生。易曰三人行則損一人，一人行則得其友。言致一也。是夫婦之道也，依經史正義言之，妒非女子惡德。妒而不忌，斯上德矣。』前者，則貞操之相對論，後者則唶斥多妻之制也。

然能事實上爲婦女開辟光明者，則當爲行西政時期之諸彥。宋恕六齋卑議頁二十九敬卿樓叢書本云：『趙宋以前，大家媜女，不禁再適。名臣名儒如范文正，其媳亦再適。程正叔雖創餓死事小，苛刻不情之說，徒快一時口舌耳。其胞姪女，仍由正叔主持再適。自洛閩餘黨，獻媚元明，假君權以行私說。於是士族婦女，始禁再適。而亂倫獸行，其風日熾。逼死報烈，慘事日聞。夫再適再娶，均爲名正言順之舉。古聖所言，不爲失節。失節古誼，專指淫亂。今嚴禁古聖所許之再適，而陰縱古聖所惡之淫亂，洛黨私說，流殃至此！』此光緒間之舉人託於古人而立說者也。譚嗣同仁學卷上頁十一云：『佛書雖有女轉男身之說，惟小乘法爾。若華嚴維摩詰諸大經，則女身取女身，無取於轉。自絕無重男輕女之意。』又（卷上頁九）云『男女構精，名之曰淫，此淫名也。淫名亦生民以來，沿習已久，名之不改，故皆習謂淫為惡耳。向使生民之初，即相習以淫為朝聘宴饗之禮典，行之於朝廟，行之於都市，行之於稠人廣衆，如中國之長揖拜跪，西人之抱腰接吻，沿習至今，亦烏知其為惡哉？又使生民之初，天不生其具於幽隱，而生於面額之上，舉目即見，將以淫為相見禮矣，又烏由知為惡哉？』此託於詭辨而立說者也。嚴復譯法意，其案語云：『已則不義，而專責事己者以貞，已之媵妾，列屋閒居，而女子其夫雖亡，雖恩不足戀，貧不足存，而其身猶不可以再嫁。夫曰事夫不可以二，固也。而幽居不答，終風且暴，又豈理之平哉？夫婦之際，以他人之制，為終身之償，稍一違之，罪大惡極。烏乎，是亦可謂束於禮而失其和矣。』此則託於西書而立說者也。

故民國初建，孫文即先禁弓足云。（近古卷三節巳引）自此以後，女道日宏。蔣夢麟者，教育界之耆舊也，而娶其友之嫠，胡適譽為勇邁。民國七年七月，胡適作貞操問題，以貞操為男女間交互之道德，以為夫之與妻，妻之與夫，均應負貞操之態度。以為男子之無貞操，如嫖妓納妾，社會當視為失行之婦，以為婦人對於無貞操之丈夫，不應守貞操責任。以為褒揚貞操之法令極應反對。（文存卷四）司法部統計二十二年七月至二十三年六月離婚案件，以江蘇九十起為最多，浙六十九起次之。統計之後，知都市愈發達，風氣愈開通，離婚案亦愈多。計男方提出者一〇四起，女方提出者三四四起。』（二五年二月二十時事新報）夫婦間之離合，非如前此之一與之齊，終身無改，而貞操為相對之道德，此亦破壞中之建設其事一也。

且自清季興女學後，女子教育已有長進。二十一年一月二十七新聞報成都通訊云『彰明縣長許乃清，請假返里。現委楊善卿女士代理。川省之有女縣長，當以楊爲嚆矢。』受教無二於男子，執業不殊於鬚眉，斯則建設之事二也。

二十二年七月二十三時事新報記路透廣州電：『黃埔自革命北伐後，已爲勝地。此間有一最老之初小學生一名，其人爲女性，名賴章施，今年六十。以夫與子均在國外，有來書苦不能讀，深以爲苦。故入校求學，當局念其心切好學，故力助其讀書，俾得早日應用云。』此眞開女教後之珍聞矣。

民國十八年，國府頒已嫁女子追溯繼承財產施行細則云：『依民國十八年五月十五日中央執行委員會政治會議第一百八十一次會議，關於女子繼承財產權新解釋發生效力時期，決議案：凡財產繼承，開始在左列日期後者，雖已嫁之女子，亦有繼承財產權。(一)第二次全國代表大會關於婦女運動決議案，經前司法行政委員會，民國十五年十月，通令各省到達之日。(二)通令之日尚未隸屬國民政府各省，以其隸屬之日爲斷。』東方廿六卷十七號 蓋由民國十五年十月之後，女子已有財產繼承之權，斯則建設之事三也。

案女子自屬可以承繼，原始時女性中心時代已然。語見金史卷十一太和元年條。然則，在今之時，女子之得受教育，得享財產，得參政權，得膺職業，已與男子無殊！依最近民法所定，『子女從父姓，但另有約定者從其約定。』民法一〇五九條，十九年十二月公布，廿年五月五日施行 然則子女之從父而姓，抑爲從母而姓，得從其便。如曩日姓氏初定之時。參看本書上册頁九十四 是亦社會之鉅變，國史之新資，而當爲新中國之演變中佔一建設之大節目者歟。光緒中尚不准婦女出入教堂，見經世文續編一一二 總理衙門與各西國大臣書 以今例之，婦女之自由，增進不少矣。

第十章　中國之文藝復興

三二　新文學運動

且也，新中國之演變中，其更可樂觀者，則文藝之復興也。而首開其朔者，則新文學運動云。

蓋自唐宋之古文，明人之復古，清人之桐城陽湖一線相承以來文之與語，久矣相離。彭遵泗蜀碧卷三記：『張獻忠過梓潼，夢文昌帝君儆之，欲致祭，令士人爲文，獻不解，輒殺之。蜀士被禍甚衆。後屢易，皆不屬意。獻大聲曰：咱自做，自念爾輩書之。其文曰：咱老子姓張，你也姓張，爲甚嚇咱老子？咱老子與你聯了宗罷。』顧炎武日知錄，又力斥文人求古之病，文人摹倣之病，卷十九 蕭一山太平天國新史料跋云：『李春發諭闔朝官員書，辛酉十一年，干王洪贊王蒙天將李會銜宣諭一件，既當開國之際，一切奏章文諭，更當朴實明諭，不得一切嬌豔，不須古典之言。』又云：『文以紀實，浮文所在必刪。文貴從心，巧言由來當禁。況當開國之際，一切奏章文諭，尤屬政治所關，更當朴實明曉。不得稍有刺激，挑激唆間，故令人驚奇危懼之筆。即具本章，不得用龍德、龍顔及百靈承運、社稷宗廟、妖孽字樣。至祝壽浮辭，如鶴算、龜年、嶽降、嵩生，及三生有幸字樣，尤屬不倫，且涉妄誕。』國聞周報十二卷二十二期 可知下自盜賊，中吏學者，上至政治之負責者，胥以文言之不合一爲病。此新文學運動之背景也。

以故清季之時，主張文學革命者，固有人矣。時務報卷十七 引梁任公言：『古人之文卽言也，言卽文也。自後世語言文字分，始有離言而以文稱者。然必言之能達，而後文之能成，有固然矣。』（時務報十七變法通議三之五）是梁氏主張文卽言而言卽文也。黃公度雜感詩云：『羲軒造書契，今始歲五千。以我視後人，若居三代先。俗儒好尊古，日日故紙研。六經字所無，不敢入詩篇。古人棄糟粕，見之口流涎。沿襲甘剽盜，妄造叢罪愆。黃土同摶人，今古何愚賢？卽今忽已古，斷自何代前？……我手寫我口，古豈能拘牽？卽今流俗語，我若登簡編，五千年後人，驚爲古斕斑。』是黃氏主張吾手寫吾口也。

啓超自述云：『啓超夙不喜桐城派古文，幼年爲文，學晚漢魏晉，頗尙矜煉。至是（新民叢報時代）自解放，務爲平易暢達，時雜以俚語韻語及外國語法，縱筆所至不檢束，學者競效之，號新文體，老輩則痛恨，詆爲野狐』胡適評人境廬詩草云：『黃遵憲是近代詩界改革成績最大的詩人，也是最能賞識民間白話文學而主張以俗語作詩的詩人。他的我手寫我口的作詩主張，是詩界革命的宣言。』由是觀之，梁黃二人固文學運動之健將焉。

新民體之生也，甚風靡一時。丁斯時也，反抗之而言之成理者，獨有餘杭章炳麟，云：『明末猥雜佻脫之文，霧塞一時，桐城方氏起而廓淸之，自是以後，異喙頓息，可以不言流派矣。乃至今日而明末之風復作，報章小說，人奉爲宗。幸其（桐城）流派未亡，學者守此，不致墮入下流，故可取也。』（菿漢微言頁六八）是卽指斥新民。然炳麟文主魏晉，『魏晉之文，大體皆卑於漢，獨持論彷彿晚周，氣體雖異，要其守己有度，伐人有序，和理在中，孚尹旁達，可以爲百世師矣。』（國故論衡中頁九四）雖其文章爾雅卓爾不羣，要亦背歷史之趨勢矣。

故至民國六年而文學改良之議起。是年一月，胡適成文學改良芻議云：『吾以爲今日而言文學改良，須從八事入手。八事者何？一曰，須言之有物。二曰，不摹仿古人。三曰，須講求文法。四曰，不作無病之呻吟。五曰，務去爛調套語。六曰，不用典。七曰，不講對仗。八曰，不避俗字俗語』（胡適文存初集卷一）同時，劉半儂作我之文學改良觀，除補充胡氏意見之外，又謂韻文當改良者有三，一曰破壞舊韻，重造新韻。二曰增多詩體。三曰提高戲曲在文學上之位置。（張若英新文學運動史史料頁七一至七四）至七年四月，胡適既歸國，又成建設的文學革命論，以『八不主義』改作肯定語氣。『一曰，要有話說，方纔說話。二曰，有什麼話，說什麼話。話要怎麼說，就怎麼說。三曰，要說我自己的話，別說別人的話。四曰，是什麼時代的人，說什麼時代的話！』（文存初集一）於是而曹施之書，膾炙人口，小說之波盪一時，成爲智識階級之精神食糧，蓋亦於此而微露端倪矣。若散文韻文之出於白話，前者已有定論，後者似少成功，可不論也。

平心論之，新文學運動之成績，白話詩似最不可解。白話文之表白功績，則小說自爲其重鎮。文學改良芻議云：『文學者，隨時代而變遷者也。一時代有一時代之文學，周秦有周秦之文學，漢魏有漢魏之文學，唐宋元明，有唐宋元明之文學。此非吾一人之私言，乃文明進化之公理也。即以文論，有尚書之文，有先秦諸子之文，有司馬遷班固之文，有韓柳歐蘇之文，有程朱語錄之文，有施耐庵曹雪芹之文。此文之進化也。』以施曹與韓柳竝，此即增高小說之位置。至民國九年十一月，胡作吳敬梓傳，則謂『我們安徽的第一個大文豪，不是方苞，不是劉大櫆，也不是姚鼐，是全椒縣的吳敬梓。』（文存四吳敬梓傳）小說是成爲時代風趨，無此等倡導，或未必爾爾。

原夫『白話文』之所以通行，固自有其時勢的，及歷史的驅策。至於提行別寫，中隔標點，乃救時之要，更無可非。提行別寫，余於正史史通中，別有論。即如標點，明何孟春餘冬敍錄記：『富民張某，妻生一女，贅一婿於家，久之妾生子，名一飛。甫四歲而張老卒，謂婿甲曰，妾子不足任吾財，吾當全畀爾夫婦。因出券曰：「張一非吾子也。家財與吾女壻外人不得爭奪。」甲遂擁有張業。妾子長告官求分。甲以劵呈，遂不問。他日奉使者至，妾子復訴，甲仍前赴證。使者諭云：「汝婦翁明謂『女壻外人』，爾尚能據有其業耶？詭書飛作非者，慮彼幼爲爾害耳。」於是斷給妾子，人稱快焉！』（據俞樾茶香室續鈔卷六引）然則標點之當用，亦屬其理至明。明於史而知新文學運動之來因有素，足以知其結果之自足存乎世焉。

然民國七八年間時人風習究未忘情於白話之爲俚語。故林紓與蔡元培書云：『果以篆籒之文雜之白話之中，是引漢唐之環燕與村婦談心，陳商周之俎豆爲野老聚飲，類乎不類？……今全國父老以子弟託公，願公留意，以守常爲是。況天下溺矣，藩鎮之禍邇在眉睫，我公爲南士所宗，宜痛哭流涕助成和局，使民生有所蘇息。乃以清風亮節之躬而使議者紛紛，甚爲吾公惜之。』蔡覆書云：『若謂白話不足以講說文講古籒，則豈於講壇之上，背誦徐氏說文解字繫傳、郭氏汗簡、薛氏鐘鼎款識之文。或編爲類此之文言而後可，必不容以白話講演之歟？……白話與文言形式不同而已，內容一也。天演論、法意原文皆白話也，而嚴又陵君譯爲文言。少仲馬、迭更司所作小說，皆白話也，而公譯爲文言。公能謂嚴君及公之所譯高出於原本乎？』（新文學運動史料頁一〇八）守古者之悲憤與『謹厚者乃亦爲之』之革命態度可以知此中之盈虛進退矣。

教育年鑑（戊編第三教科書概況）云：『至八年教育科令國民學校一二年級用語體文，並頒新式標點符號，教科書體裁又爲之一變。』九年三月，『教部通告國民學校文言體教科書分期廢止，逐漸改用語體。』（同上大事記）則文學革新蓋不久而爲世所公認焉。

民國二十三年，中央政治學校教育學系主任汪懋祖著禁習文言與強迫讀經，主張小學高級必參用文言文。

初中應讀畢孟子。教育部科長吳研因著論駁之，題爲關小學參用文言與初中讀畢孟子及指斥語體文諸說。而大公報六月九日記者掇其事而名之曰南京教育界之風流韻事。亦可見文白之爭，已有定論，允爲中國文藝復興之一徵矣。

三三　新文字與新語言

文藝復興之又一徵，則新文字之演變，及新語言之訂立乎！

考中國文字自篆而隸，本爲趨簡以宏用。參上古卷第十節 魏書九十一江式傳言：『皇魏承百王之季，紹五運之殊，世移風易，文字改變，篆形謬錯，隸體失眞。』葉昌熾以爲別體之興，皆在斯時。本書頁三四九引 故石經多俗體字，錢大昕養新錄卷四 良由人事日繁，則文字書體之求簡，自有其需求也。

方清之初，呂留良有送黃太沖東歸詩云：『俗字抄書從省筆，奇文割本棄餘材。』自注：『自喜用俗字抄書，云可省功夫一半。』東莊書存佚集頁二三風雨樓叢書本 及清之季，則時務報四頁六 記沈學來盛世元音序云：『今日議時事者，非周禮復古，即西學更新，所說各異，所志則一，莫不以變通爲懷。余則以變通文字爲最先。文字者，智器也。載古今言語心思者也。文字之易難，智愚強弱之所分者也。』此光緒二十二年事。蓋文字改革已有意矣。民國十二年，胡適作國語月刊漢字改革專號序，其言曰：『二千年來中國的小百姓，不但做了驚人的文法革新，還做了一件同樣驚人的革新事業，就是漢字形體上的大改革。例如一個「錢」字有十六畫，小百姓嫌他太難寫了，就改用四畫的「钅」字。……這些驚人的大改革，處處都合於經濟的大原則。』隨俗求簡，人有同心。故至民國二十四年而教部公佈簡體字表矣。

其選編經過云『簡體字之功用，及社會之需要，茲不再述。先是本部雖已決定采用簡體字，以增進教育上之效率。但以此項字體，包括簡筆字，（即手頭字）俗字，別字，行草等體。自漢以來，爲數已夥。應選其最通用者，採定公布，適民國二十四年一月前國語統一籌備委員會有搜采固有而較通用之簡體字，編爲簡體字譜之建議。其大意謂漢字改簡，本非對漢字爲根本之改革，故在草書、行書、別體、減筆字中，搜采固有之體，而選用之，則勢順而易於推行。若自我作古，別剏新體，則因無歷史之習慣，易受阻力，目的反不易達到。……其言切實可行。當即擬定推行簡體字辦法三項，提請行政院會議核准。』（二十四年九月二十一新聞報）考其初意，蓋原以式簡用宏爲主也。

教部於八月二十一日公布簡體字表，分十八韻三百二十四字，見國聞周報，（十二卷卅四期）如『么』之爲麼，『执』之爲執，均有明定。教部一三〇七一訓令云『我國文字向苦繁難。數千年來，由象形文字，遞改篆隸草書。以迄今之正體字，率皆由繁複而簡單，由詰詘而還直，由奇詭而平易。演變之跡，歷歷可稽。惟所謂正體字者，雖較簡於原來之古文篆隸，而認識書寫，仍甚艱難。前人有鑒及此，於各種公私文字，往往改用簡體。在章表經典及通問書禮中，簡體字亦數見不鮮。……本部委託前國語統一籌備委員會，妥愼選擇，並經規定一依述而不作之原則，二擇社會上比較通行之簡體字，最先采用。三原字筆畫已簡者，不再求簡等項，以爲選定簡字標準。嗣據該委員會依此標準，擬定簡體字表，呈奉前來，復經本部鄭重審核，將社會之最通用第一批簡體字表選編完成。……仰卽令行所屬各學校各出版機關，以及各書店遵照規定辦法，及日期，一體采用。』（廿四年十一月廿九鄞縣教育周刊九九期）後『二十五年一月二十九日，行政院第六一六號訓令內開：『案奉國民政府第一二七號訓令內開，『為令飭事，案准中央政治委員會二十五年一月十七日函開：「查推行簡體字辦法，前由教育部擬呈行政院，轉請中央政治會議，准予備案。茲本會議認為尚須重加考慮。爰議決簡體字，應暫緩推行，相應函請政府，令行政院轉令教育部遵照等由。」……茲准前由，自應照辦。』錄自餘姚縣府檔案 考二十四年十月二十二申報長沙電云：『何鍵認為中國不宜推行簡體字，特詳列理由多種，電請教部採納，收回成命，以重中國固有文化。』——則所以停用。非廢止 其消息可推知矣。

文字之式簡用宏以外，語言之當劃一，蓋無非亦求用宏。中國各地之語言在上古史上，已見歧異。本書上冊頁二二三 中州音韻五土音 云：『方言豈但分南北，區域比隣便異音。不有指南並砥柱，更於何處定浮沉。』董含三岡識略卷八 云：『吳閶蔣進士瑱，不操鄉音。與吾輩相敘，終日劇談，無一土語。閨房燕私，如對北客。偶見一書，記陸文裕公深，喜作官話。與妻子僮僕言，亦然。陸公名人，此卻可怪。』——蓋因方言有歧而以京都之聲為則，元明間亦有漸云。參本卷第一節

施可齋閩雜記卷三 言：『閩中各縣，從前皆有正音書院，所以訓習官音也。雍正六年，欽奉上諭：……朕每引見大小臣工，惟有閩廣兩省之中，仍係鄉音，不可通曉。……則赴任他鄉，又安能宣讀訓諭，審斷詞訟，皆歷歷清楚，使小民共曉乎？……即伊等身為編氓，亦不能明白官長之言，是上下之情，捍格不通，其為不便實甚！』『各處正音書院，蓋當時督撫，遵奉上諭，飭屬所建。無如地方有司，皆視為不急之務，慮應故事，久且任其墮廢。』至乾隆十年七月，竟廢之。——此亦近世史中之國音運動也！

故至光緒之季，遂發生一種語言之統一運動。譚氏仁學下頁十一 云：『語言文字，萬有不齊。越國即不相通，愚賤尤

難偏曉。而象形文字尤爲之梗也。故盡改象形字爲諧聲，則地球之學，可合而爲一。』譚氏空論者耳。就其實行者言，則王小航勞乃宣，此中之翹楚也。王照小航文存大謬云：『憶庚子四月，予以僧裝，由日本潛入北京，南游吳楚。八月，歸抵天津潛伏一年，創製官話字母。辛丑八月，赴北京賢良寺謁李合肥。……曰：今莫說秀才舉人進士，沒有能爲。就說是有能爲，全國計二十萬秀才舉人進士，比日本五千萬受過普通教育之人，少二百五十倍，所以我的下等見識，中國政府非注意在下層的小學教育不可。但是中國的下層教育有比外國較難之原因，非制出一種溝通文語的文字使文字語言，合而爲一不可。』國聞周報十卷三十二號引 勞乃宣自訂年譜，光緒三十一年頁十六—二一云：『秋，陳請督部周公設簡字學堂。簡字者，拼音字也。寧河王小航造官話字母，行於北方。余見其譜，知爲普及教育之利器。顧原譜專用官音，不能通行於南。予增其母音聲號，爲合聲簡字譜一編。而寧屬各府縣，及皖屬各處語音相近之處，皆可通行。又爲重訂合聲簡字譜一編，而蘇州及蘇屬各郡縣，以及浙省語音相近之處，皆可通行。先設於金陵，任程君一夔爲總經理，奏明立案。』王勞之努力如此，至民國五年，而遂有注音字母之製定，與簡體字之製定，同爲利教便俗之作也。

叔遠注音字母一夕談云：『問者曰，從前勞玉初王小航諸先生，提倡簡字，字音讀音，大抵與注音字母相似。當時亦辦學堂傳習，今已寂寂無聞。究竟注音字母與簡字有何區別乎？曰，有。注音字母與簡字，形似而用不同。簡字者以吾國字體太多，故製拼音字，使人學習。注音字母者，則因南北方言隔閡，設一標準音，以通行中國俾語言可以互通。其主旨在乎統一讀音。二者各有利有不利焉。……即以教會論，向來內地傳教，皆用羅馬音拼音，今皆改用注音字母。』東方十七卷二號 然簡字與注音字母之關係，要不可全然否認之也。

民五三月，王璞國音講義序云：『習國語者，先從音韻起。習音韻者，先從字母起。中國舊日，本有音韻字母，由於參用西域梵音所定。其法繁重，不易領悟。故經籍之中，雖有反切與直音並用，尋常識字之人，不易解也。……今讀音統一會，定爲聲母二十四，介母三，韻母十二，爲發音之根。凡國語所有之音，靡不綜貫。各省人士，各爲方土所牽，發音不等，子細推求，必能脗合。我國人習外國語言，未有不能，況本國語乎？且此字母，爲讀音統一會暨蒙回藏代表，費三閱月審定，非率爾從事者所可比擬也。』（注音字母書報印行社印行）顧自注音字推行之後，其聲勢之震撼，較簡體字，或簡字爲甚者，固非審定周至之故，實自有其語言統一之背景而致然，亦有其教育上的掃除文盲之機能而致然也。

其在近日，則有注音漢字，教育部一一三九一訓令：『查注音符號，可以補助識字，統一國語，雖成效可見，惟小學所用課本，仍多專用漢字，書寫印刷，未能充分采用符號注音。本部詳加考慮，特用籌款，交商鑄造漢字注音銅模，以利需要，業經委託上海中華書局趕造各種注音銅模，令各著作人及各出版者，備價購用。』（廿四年九月一八申報）則文字語言之改革，又有最近之進步。申報記者譽爲掃除文盲與推行注音漢字，非過論也。（二十四年四月廿四申報）

四三 新教育之演進

簡體字及注音字之應用，其於文化上的推進，自屬於教育方面者爲多。於斯亦足徵在新中國之文藝復興中，亦如西洋中世之文藝復興，教育之推進，爲其重大之現象也。

蓋自光緒中葉國人已知重教育。譚獻復堂文集卷二云：『欲著一文，名曰學論，未屬草也。其大要四言耳曰天下無私書天下無私師人材皆出於學國政皆關於學繼而讀明夷待訪錄，則黃先生已發其凡。』上座主湖北張督學書光緒十一年是譚氏以爲一切當出於學也。同時薛福成作出使日記。其光緒十七年正月初三日記云：『西洋各國教民之法，莫盛於今日。凡男女八歲以上，不入學堂者，罪其父母。男固無人不學，女亦無人不學。即殘疾聾啞之人，亦無不有學。其貧窮無力及幼孤無父母者，皆有義塾以收教之。在鄉則有鄉塾，至於一郡一省，以及國都之內，學堂林立。有大，有中、有小。自初學以至成材，及能研究精微者，無不有一定程限。文則有仕學院，武則有武學院，農則有農政院，工則有工藝院，商則有通商院。非僅爲士者有學，即爲兵爲工爲農爲商，亦莫不有學。其書多曲折該備，有讀之十年不能罄其奥者。平時所見所聞，莫非專門名家之言。是以習之而無不成，爲之而無不精。近數十年來，學校之盛，以德國爲尤著。而諸大國亦莫不競爽。德國之兵，出於學校，所以戰無不勝，推之於士農工賈，何獨不然？推之於英法俄美諸國，亦何獨不然？夫觀大局之興廢盛衰，必究其所以致此之本原。學校之盛有如今日，此西洋諸國所以勃興之本原歟？』出使日記卷六上二說者，蓋譚爲託於古而立說，薛則託於今而立論。此光緒以來，同文館及廣方言館以後，國內新教育之所以勃興也。參本卷二八節

興學以來教育大事記：教育年鑑戊編載戊戌四月二十三日下定國是之上諭，着軍機大臣總理衙門大臣會議舉辦京師大學堂，爲各省興辦學堂之倡。辛丑八月，復命各省書院於省城改設大學堂，各府廳及直隸州，改設中學堂。各州縣改設小學堂，並多設蒙養學堂。是爲各級學堂完成之始。及二十九年閏五月，張之洞張百熙等，又會訂京師大學堂及各省學堂章程。於是興教之成績，已漸漸可觀也。

然自興學以來，教育宗旨亦屢變矣。光緒二十九年，張之洞等之學堂章程，以『端正趨向造就通材爲宗旨。』至三十二年學部尙書榮慶等請以忠君、尊孔、尙公、尙武、尙實五端爲宗旨。至民國元年，則以『注重道德教育，以實利教育及軍國民教育輔之，更以美感教育完成其道德』爲宗旨。民國四年一月，袁世凱更申明之曰：『注重道德實利尙武，並運之以實用。』至二月而又定愛國、尙武、崇實、法孔孟、重自治、戒貪爭、戒躁進七項爲教育宗旨。此第一期之教育宗旨也。『民國十一年十一月一日公布新學制系統改革論中有標準七項：一、適應社會進化之需要。二、發展平民教育之精神。三、謀個性之發展。四、注意國民經濟力。五、注意生活教育。六、使教育易於普及。七、多留各地方伸縮餘地。除第六第七兩項外，其餘均似教育宗旨。』此第二期之教育宗旨也。民國十八年，國民政府公布教育宗旨：『中華民國之教育，根據三民主義，以充實人民生活，扶植社會生存，發展國民生計，延續民族生命爲目的。務期民族獨立，民權普徧，民族發展，以促進世界大同。』（以上皆據教育年鑑甲編）此第三期之教育宗旨也。——自忠君保國之教育，進而至於平民教育，又進而至於三民主義之教育，——色采漸端，此微特可以覘國內新教育之勃興，抑又可以覘國人對於教育當重之自覺也。

國人對於教育視爲當重，光緒間已有自覺。本師蔣竹莊武訓傳云：『武七者，山東堂邑人也。三歲喪父，家貧，行乞以度日。飲食必先其母，人稱曰孝丐。六歲喪母後，孑然一身。晝行乞，夜績麻，得一錢即存之。積至萬餘緡，自以孤貧，目不識丁，慨然欲創建義舉。人勸之娶，執不可。曰：吾興學之念，未或一日忘也。先在堂邑柳林集購置地畝，建造學舍。遠近聞其義，咸助之。延師課讀，束修必豐，禮意尤周。摯入學之日，武先拜塾師，次徧拜諸生，具盛饌饗師，而請邑紳爲之主。自立門外，屏營以待。讌罷，則入啜其餘，自以乞人，不敢與師抗禮也。一日師晝寢，武見之，跪於門外；久之，師醒，見武，驚起，自是不敢晝寢。學生有輟業嬉戲者，亦長跽以哀之。學生亦相戒不敢怠。邑令聞而義之，呼至署，與語，不答。與之食，不食而去。其所設學塾，始於柳林，次及館陶臨清，凡四所。光緒二十二年四月，病歿於臨年五十有九矣。武七爲人形貌寢陋，蠢蠢若狂愚，然其行乞三十餘年，未嘗妄費一錢，積銖累寸，惟以興學爲事。以一乞人而教化及三州縣，何其盛也！既遂其興學之志，而行乞宿破廟如故，不肯娶妻育子，圖一己之樂，非所謂奇節瑰行，得於天者獨厚歟？」教育界之自覺此眞可歌可泣之史事，因錄存之。

故至民國九年二月，北京大學招收女生二名上課，爲我國男女同校之始。（年鑑戊頁二十五）而民國二十三年，吳縣教育局興辦塾師講習所，「報到各塾師年齡最大者爲胡德之，年六十五歲，設塾於葑門之外，女性有張彩貞、馮淑賢二人，居然男女同學，亦足傳爲美談。」（二十三年五月十一吳縣日報）是在新教育之發展中，「性別」與年齡，已不成其爲限制。申報（二十五年六月四日）云：「默察國內迪智運動，惟在少許都市中，猶堪樂觀。大部分之鄉區僻壤，要皆冥昧之徒，不審秦漢，遑論魏晉？於是而欲謀教育之普及，夫豈能得？頃聞教部已有定議，救濟全國文盲，期於六年之間，將二萬萬文盲掃除淨盡。樹教育之基礎，策社會之進展，空谷足音，有不令人跫然而喜者乎？」信如此也，此匪特可以覘國人對於教育當重之自覺，抑亦可以覘教育之普徧化也。

民國十九年，教部統計各省市初等教育概況：全國有二十五萬八百四十校，有學級五十五萬七百四十二級，有入學兒童一千九十四萬八千九百七十九人，教職員五十六萬八千四百八十四人，歲出經費數有八九四一六九七七二八元。（廿三年四月六日上海晨報）又統計民元以來全國中等學校校數，學生數，經費數，其附加之說明云：『元年度及十九年度，中學及初中，幾加四倍，師範加三倍有半。職業學校亦幾四倍。而學生數，則中學及初中數七倍。師範三倍。職業只二倍半。歲出經費則中學及初中，加有十倍。師範加有四倍餘，職業亦僅四倍餘。是普通中學之增加率，較師範及職業爲多。』（廿三年五月十一時事新報）就此初等教育及中等教育之進步，知教育之普及，固亦民族復興史中之大現象云。

語有之，十年樹木，百年樹人。樹木所以成材，樹人所以建國。欲求中國文化之復張大者，舍教育其道末由！且同文館時代之教育，所以赴堅甲利兵之目的之教育也；光緒二十九年奏定學堂章程時代之教育，忠君抗外（尚武）之教育也。民元以來之教育，以迄於最近，則注重於國民經濟，民族生命，社會生存。昔人譽西洋之文藝復興爲『人的發見』；謂中國而亦有人的發見者，則新教育之進步實亦與新文學新語文，同當列之於中國之文藝復興而無媿者歟。

中華民國訓政時期約法（第五章）國民教育：第四十七條，『三民主義爲中華民國教育之根本原則』四十八條『男女教育之機會一律平等。』四十九條『全國公私立之教育機關，一律受國家之監督，並負國家所定教育政策之義務。』五十條『已達學齡之兒童，應一律受義務教育，其詳以法律定之。』五十一條：『未受義務教育之人民，應一律受成年補習教育，其詳以法律定之』（廿一年六月一日中央日報）是人民於國家受教育，爲義務而非權利，法有明文，此亦近世教育史中之大節目也。

三五　科學運動與國故整理

然而，中國而果有文藝復興者，則科學精神之采取，允為其中之一助云。

中國古時，雖有科學。(詳本書上册卷首十節又中古卷二八節近古卷二十節) 然程朱之學主張玩物喪志；所謂格物者，誠有如王守仁所指斥：『衆人只說格物要依晦翁，何曾把他的說去用。我着實曾用來，初年與錢友同論做聖賢，要格天下之物。因指亭前竹子，令去格着。錢子早夜去窮格竹子的道理，至於三日，便致勞神成疾。當初說他是精神不足，某因自去窮格。早夜不得其理，到七日亦以勞思成疾。遂相與歎聖賢是做不得的，無他大力量去格物了。』然陽明之以心悟學，亦何有科學精神可言。

同光以後，漸知取法西學。故沈葆楨言：『原奏稱用之外洋交鋒，斷不能如外國輪船之利，名為遠謀，實同虛耗。夫以數年草創伊始之船，比之百數十年孜孜汲汲精益求精之船，是誠不待較量，可懸揣而知其不逮。然亦思彼之擅此利者，果安坐而得之耶？抑亦苦心孤詣，不勝靡費而得之也？』(同十一年駁內閣學士請暫停製造疏) 而王闓運作衡言(卷一)又謂：『今西洋機器，仿之終不能及。中國自古不乏巧人，今何沒沒？良由不尚機巧，人多不肯用心。獨怪不用心於器物，而偏用心於無用之文字，是可歎也！』之兩論也，蓋已有采取科學精神之宣言矣。故至戊戌變政，而光緒帝有『考取西法，精益求精』之言！(政變記一頁四〇)

故自宋以來之道學，至淸季遂宣告死亡。曾文正書札(卷十四)復郭筠仙書云：『僕更參一解，云性理之說，愈推愈密，苛責君子，愈無容身之地，縱容小人，愈得縱容無忌。如虎飛而鯨漏，談性理者，熟視而若敢誰何？獨於一二訥朴之君子，攻擊慘毒無已。』曾紀澤曾侯日記(中聚珍本)戊寅(光緒四年)九月十二日記：『近世談性理者，好持朱陸異同之論，以立門戶，然學士大夫能講求實際，任艱鉅，著績效者，未可多得。』宋恕六齋卑議(洛閩章第七云：『洛閩講學、陽儒陰法。』又救慘章云：『洛閩師徒，本不能目爲道學』救慘章三十四又記李善蘭痛罵洛閩神主之事。善蘭爲科學家，參本卷第五節宜其大罵道學，此皆道學之訃告也。參本卷十二節

入民國後，中國之當採取科學，益無問題。惟歐戰以後，一時如梁漱溟、梁任公等，略於殺僇之慘，以爲西方之物質文明已告破產，而代之者當在東方之精神文明。胡適嘗記之曰：『這三十年來，有一個名詞，在國內幾乎做到了無上尊嚴的地位，無論懂與不懂的人，無論守舊和維新的人，都不敢公然對他表示輕視和戲侮的態度，那名詞，就是科學。這樣幾乎全國一致的崇信，究竟有無價值，那是另一問題。我們至少可以說自從中國維新變法以來，沒有一個自命爲新人物的人，敢公然誹謗科學！』胡適文存卷二頁三此亦可以見科學信仰之深入人間，而梁胡云云，蓋反動也。

民國八九年間，梁啓超有歐洲之行。時歐洲大戰新戢之後也。其歐游心影錄云：『當時謳歌科學萬能的人，滿望着科學成功，黃金世界便指日出現。如今功總算成了，一百年來物質的進步，比從前三千年所得還要增加幾倍。我們人類不但沒有得到幸福，倒反帶來許多災難，好像沙漠中失路的旅人，遠遠見個大黑影，拚命往前趕去，以爲可靠他嚮導。那知趕上幾程，影子卻不見了。因此無限淒涼失望。影子是誰，就是這位科學先生。歐洲人做了一場科學萬能的惡夢，如今卻叫起科學破產來。』任公近著第一輯上卷頁二三而張君勱因之，於是有科學不能解決人生觀之主張。其言曰：『人生觀之特點所在，曰主觀的，曰直覺的，曰綜合的，曰自由意志的，曰單一性的。惟其有此五點，故科學無論如何發達，而人生觀問題之解決，決非科學所能爲力，惟賴之人類之自身。』然其說玄祕，自無以已丁文江一流人之非難。——此則更可以見科學信仰之深入人間也。

丁文江答張君勱云：『科學方法，無論用在智識界的那一部分，都有相當的成績。所以我們對於智識的信用，比對於沒有方法之情感要好。凡有情感的衝動，都要想用知識來指導他，使他發展的程度提高，發展的方向得當。』胡適科學與人生觀序云：『歐洲的科學已到了根深蒂固的地位，不怕玄學鬼來攻擊了。幾個反動的哲學家，平素飽饜了科學的滋味，偶爾對科學發幾句牢騷話，就像富貴人家吃厭了魚肉，想嘗鹹菜豆腐的滋味。這反動並沒有多危險。那光燄萬丈的科學，決不是幾個玄學鬼所能搖撼得動。一到中國，便不同了。中國此時，還沒有享着科學的賜福，更談不到科學帶來的災難。試睜開眼來看看：這遍地的乩壇道院，這遍地的仙方鬼照相，這樣不發達的交通，這樣不發達的實業，——我們那裏配排斥科學。』胡適文存二集卷二頁七 丁胡二氏所言，亦可謂言之有理，持之有故者也。

自此以往，科學之深入人心益甚。如葛來普 Grabau 於民國十年演講中國科學的前途云：『研究是智識努力的光榮結果，世界上的事業，還有增加智識之總和，再要光榮的麼？征服人民和土地的英雄，亞力山大，拿破侖，成吉斯汗，他們的名字，容許在歷史小說上，暫時存留。但他們的事業，則早已彼此相消了。而一個蓋利略，一個牛頓，一個達爾文，同其餘的爲眞理而工作的科學家，是不朽的。他們智識的努力，是人類進步的界碑。』科學十四卷六期在中國科學社 而民國二十二年，教部有取締文法學院之令。蓋自清季探討西洋政術以來，文法學生，已如過江之鯽。所以取締之者，已含有提倡實科之深意存云。亦提倡科學之明徵也。時事新報二十二年九月九日南京通訊：『自教部限令全國各地不完善之文法學院辦理結束後，各學院有請求續辦，或展緩結束者，亦有請准予籌劃改辦實科者。據教部負責人談，結束辦法，或可展緩，但總以本年度結束完畢爲準。至有請求改辦理工農科者，方今中央已力主提倡生產教育，改辦實科，自不能謂其不合需要。惟理科照章須有二十萬元開辦費十五萬元經常費。工科須有三十萬元開辦費二十萬元經常費。農科須有十五萬元開辦費十五萬元經常費，並須有充分之設備及優良合格之人材，方准設立。』——於是，亦可見中國之科學化矣。

中國之科學化，其影響於中國舊有之學術，理學自當遇之而消沉。而考證學，則猶可勉附於科學化也。太炎文錄卷一說林下云『昔吳萊有言今之學者，非特可以經義治獄，乃亦可以獄法治經。萊，金華之末師耳，心知其意，發言卓特。近世經師，皆取此爲法。審名實，一也。重左證，二也。戒妄牽，三也。守凡例，四也。斷情感，五也。汰華辭，六也。六者不具，而能成經師者，天下無有！』之六事者，與科學家持義，未免有相同處。於是而嘉道以後，暫遭廢斥之考證學，遂略得一新生機焉。

清季考證學之挫折，一則因西學之進步也，二則以經世學之發展也。董康跋皕宋樓藏書考云：『近年日本學者，研究歷史，覃思冥索，進步可駭。而吾國淺躁之士，方且藉新學之名，以便其不學之實。拙傑者視書之存亡，淡如漠然，無與於己。其猖狂恣肆者，直欲投書一炬而後快。』此考證學以新學而衰也。魏源古微堂內集卷三云：『工騷墨之士，以農桑爲俗務，而不知俗學之病人，更甚於俗吏。託玄虛之理，以政事爲粗材，而不知腐儒之無用，亦同於異端。』此考證學以經世學而衰也。

自清之末，考證學之地位，固漸有復興之萌芽。故時務報譯日人漢學再興論云：『今夫一國之古學，必與其國家之存亡相消息。苟其國體制度與歷朝史册，存而不革，則古學亦應當復興於後昆。試徵諸民事，如南洋諸國，指希臘拉丁等文，稱爲死語。在今日，雖不復操用其語，猶且研究不止。遂稱曰古學，以爲上流人士之學問。若漢學，則不獨爲古學，實是現時之學也。』（時務報二十二）著日人之論而存之，可見清季之人蓋亦以考證學有復興之理云。

故至民國之初，而有胡適之中國哲學史大綱也，有梁啓超之清代學術概論也，有胡適之國故整理之主張也，有梁啓超之國學入門書要目也。而胡適於民國十二年一月，著國學季刊發刊宣言，分國故整理爲索引式的整理，結賬式的整理，專史式的整理。（文存二集卷一）民國十三年，顧頡剛劉掞藜等又在努力周報力辨層層堆積沿誤襲謬之古史。而王國維羅振玉輩之孜孜考古，又適與之並存。於是中國之科學化運動，遂與中國之國故整理，成爲新舊合璧，東西交映之兩大運動矣。

劉節著中國近世考古學中兩大發見（二十三年一月二十大公報）云：『三十年來，吾國考古界有兩大發現，卽殷墟書契及流沙墜簡是也。前者爲吾國人所發見，後者則匈加利人斯坦因博士所得，而考校訓釋之功，法人沙畹博士開其山，吾國人總其成。與於斯兩役者，上虞羅振玉海寧王國維，其著者也。殷虛書契出於河南安陽縣西北五里之小屯。其地在洹水之南。史記項羽本紀所謂洹水南殷虛者也。光緒戊戌己亥間，洹曲爲水所齧，土人得龜甲獸骨，上有古文字。估人攜至京師，爲福山王懿榮所得。庚子秋，王氏殉國難，所藏悉歸丹徒劉鶚。而洹水之虛土人每歲農隙所得者，亦多歸劉氏。劉氏曾拓千餘片，影印鐵雲藏龜行世。時光緒癸卯甲辰之間也。瑞安孫詒讓據以作契文舉例，自是始有殷契之名。其後丹徒劉氏客死西陲，所藏甲骨，歸哈同氏。光宣之間，上虞羅氏因廠肆估人購之於安陽，所得逾萬片。復遣人至其地采掘之，所得更倍焉。鼎革以後，羅氏避地日本，歲壬子，擇其所藏甲骨墨本之精者，編爲殷虛書契前編八卷，後二年，又編印其尤精者，爲殷虛書契菁華一卷，乃草殷虛書契考釋。商略其事者，則海寧王國維也。其書於殷代制度文物，多所發明。歲乙卯，羅氏返國，又於洹水上，得殷虛器物甚多。在此數年中，王氏於殷虛書契，致力最勤。先後成殷卜辭所得先公先王考及續考各一卷，又據其研究所得，成殷商制度論一卷。總之，殷虛書契，收集材料，功在羅氏。至於考訂古史，王氏之力爲多。流沙墜簡之發見，在光緒戊申。時斯坦因博士，訪古於我新疆甘肅，得漢晉木簡千餘以歸。法國沙畹博士，爲之考釋。越五年癸丑歲暮，乃印行於倫敦。上虞羅氏，得沙畹所著稿本，因與海寧王氏，重爲考訂。成流沙墜簡考釋三卷，又補釋一卷。分爲小學、術數、方技，及屯戍叢殘簡牘遺文三部。關於小學方技者，羅氏所考：屯戍叢殘以下，皆王氏作。其中最古者，當爲後漢遺物，近者亦在隋唐之際。』羅王兩氏在古史之貢獻不少，此其略也。

三六　最近中國之進步

觀乎中國之政治建設、經濟建設以及婦女問題之建設，中國在此三十年間，固不能謂爲毫無進步。至於新文學之成立，新文字新語言之推行，以及中國之科學化運動，尤足徵四千年來文明古國之行健不息。惟考證學之流行，則或稍有流弊。何也？以一二人治之，固不厭其精深。若盡率國人而穿穴於古書，則或足以阻最近中國之進步耳！

申報二十五年三月二六時評，爲出版業進一言云：『評論最近一二年之出版界者，往往宜仿國貨年，兒童年之例，名此一二年爲古書年。誠以經史子集，紛集翻印。易木版而爲新裝，減繁重而成縮本。一時匯爲風氣，謂之古書年，洵足道其實際。迄於今歲，此風未殺。櫃頭之所陳列，廣告之所宣揚，可以知印刷術之運轉，大部仍復致力於此。古書年殆將賡續三年四年，以及九年十年乎？』紘外之音，不言自喩。

然比來之政治，則有可以樂觀者在焉。如槍決土販之事，首於民國十五年。是年一月七日時事新報而比來之禁烟運動，尤爲雷厲風行。二十五年六月三日國府頒禁烟治罪暫行條例，種煙者得處死刑，第三條販賣在五百兩以上者處死刑，第五條吸煙者戒而復吸，吸而復戒，三犯不悛者處死刑。第八條（原文見該年六月四日申報）蔣中正對於剿匪，又有七分政治，三分軍事之言。烏乎，豈特剿匪而已？即對外關係，當亦有七分政治三分外交之感。古語云，惟其知亡，所以不亡。此則行政建設之實效一也。

即最近之經濟，亦有可以樂觀者在焉。國際貿易導報八卷六號記農本局云：『實業部爲救濟農村，發展工商業起見，特於上月頒布農本局組織大綱，擬請各銀行聯合組織農本局，從事於流通農業資金，調整農業產品兩大工作。因其事爲創舉，且規模宏鉅，故頗引起各界之注意及議論。綜觀月來各界之意見，於農本局原則，莫不贊同。』此則經濟建設之新猷二也。

即就交通而論，亦有可以樂觀者存焉。中國總稅務司梅樂和，『休假返英，記者叩以中國時局。梅氏不欲發表宣言，惟云中國目下方大規模發展實業，又從事於道路之建築。概括言之，即改良交通是也。中國各種事業，現均從事組織，蒸蒸日上，循此以往，中國將在國際關係中占有重要位置。此爲公平觀察中國之人士所能目見者。』廿三年五月廿三上晨報此則交通建設之成績三也。

惟外交上之陰霾，其足以阻礙中國之進步者，則有耳共聞，有目共見之事。二十四年十一月，蔣中正對外關係演詞云：『總理對外，固爲吾民族主張求自由平等，及廢除不平等條約。但同時對內，則主張精神建設，物質建設。故吾人今日亟宜切實反省十數年來吾全國對一切精神建設物質建設，所謂自立自強之道，究竟至何程度？……吾人應以整個之國家及民族之利害爲前提，一切枝節問題當爲最大之忍耐。復以不侵犯主權爲限度，謀各友邦之政治協調。以互惠平等爲原則，謀各友邦之經濟合作。否則卽當聽命黨國，下最後之決心；質言之，和平未到絕望時期，決不放棄和平；犧牲未到最後關頭，亦不輕言犧牲。以個人之犧牲事小，國家之犧牲事大；個人之生命有限，民族之生命無窮故也！』（國聞周報十二卷四六期）——烏乎，尺蠖之屈，所以求伸。領袖云云，亦可以安慰此飄搖之民族者乎？

往李頓之來滬也，其演說云：『頃主席雖備述恐怖之情形，令人動容。而語氣之間，似微露前途尚有一線光明之意。敝國有格言云：最黑暗之時間，當在黎明之前。鄙人敢言數年之後，諸君必承認目下所感受之黑暗，必此類也。黑暗云云，實爲黎明之代名詞耳』（二十一年三月十七新聞報）李之陳言，在淞滬新戰以後；而曰黑暗在黎明之前，此亦激勉之言也。

綜而言之，中國之文化，旣如此其久長，又如是其瑰麗，念先人付與之重，戒後此光大之難，則於勉自奮發之餘，自當深加懲惕，而於驚心動魄之際，不應妄自菲薄。大公報云：『自國難嚴重以來，國家迭受挫辱，民氣亦屢經打擊。許多國民幾失其民族之自信力。卽號爲前驅之知識分子，亦動輒悲憤抑鬱，消極暴棄。其實中國國民，最富於彈力性。歷史上縱受國亡種奴之痛，不旋踵而攘臂能興。此其間祇須有少數堅苦貞節之志士仁人，躬任先鋒，以開血路，則假以時日，不難重覩光明。蓋人心所趨，精誠所結，任何強力，固不能遮斷其進取也！』（廿三年八月十五日民族復興之精神基礎）

偉哉言乎！此亦與李頓所言異曲而同工者乎？

陳登原曰：余述中國文化史自上古至近世，凡四十萬言。其於近世，特殿之以中國之文藝復興，而更以最近中國之進步，爲殿中之殿。蓋於民族復興文化重盛之蹟，三致意焉。江海不辭細流，故成其大；泰山不讓寸土，故成其高。觀於吾國文化之大而且高若此，則使國民得以恢復民族之自信力者，必有在矣，必有在矣。

中華民國三十六年二月新一版
中國文化史（上下二册）
每册定價國幣七元
外加運費匯費
編著者　陳登原
發行人　李煜瀛
出版者　世界書局
發行所　世界書局